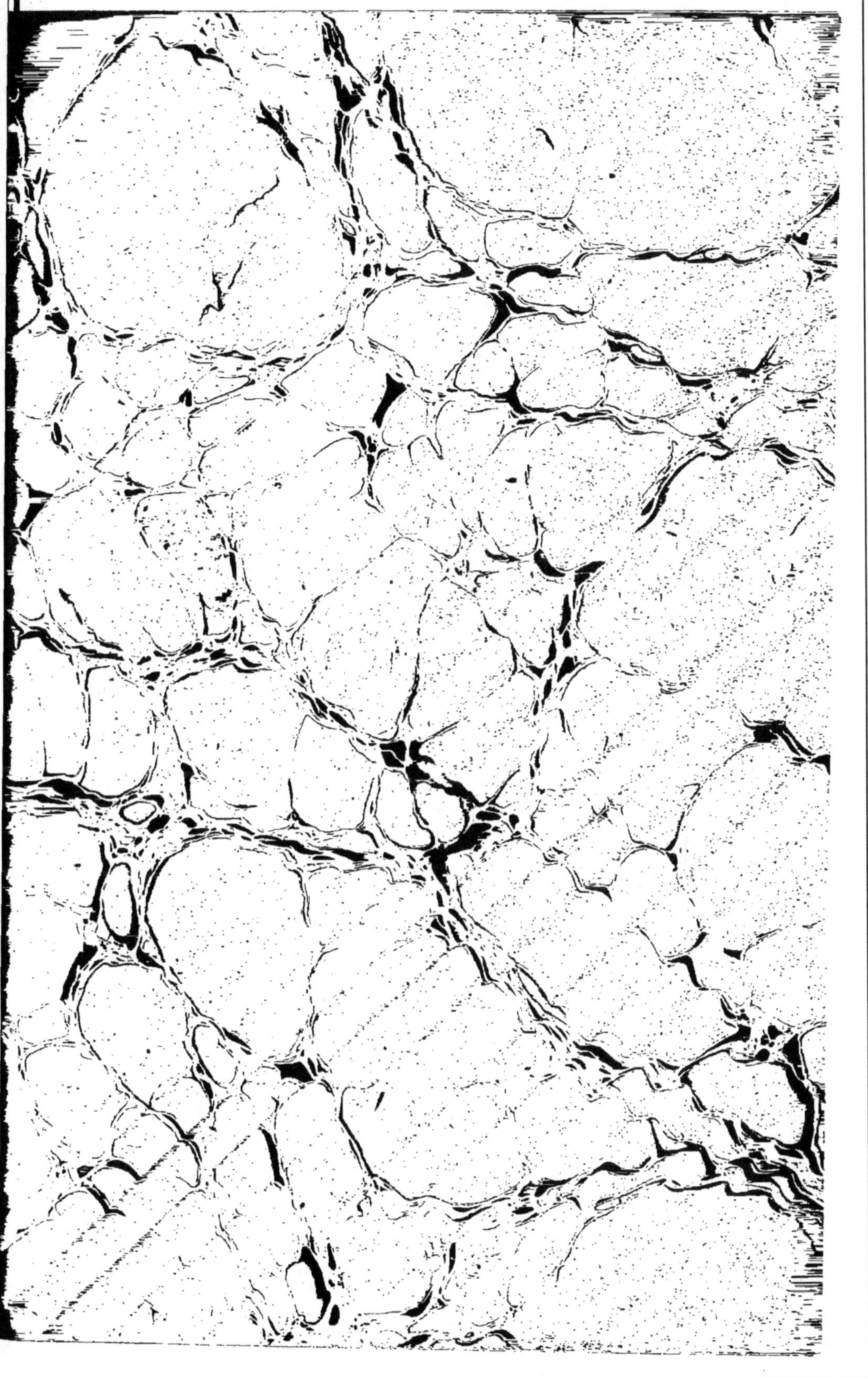

MUSÉE

DES THERMES ET DE L'HOTEL DE CLUNY.

—

IMPRIMERIE CHARLES DE MOURGUES FRÈRES,
RUE J.-J. ROUSSEAU, 8.

MINISTÈRE DE LA MAISON DE L'EMPEREUR ET DES BEAUX-ARTS.

MUSÉE
DES THERMES ET DE L'HOTEL DE CLUNY.

CATALOGUE

ET

DESCRIPTION DES OBJETS D'ART

DE L'ANTIQUITÉ,
DU MOYEN AGE ET DE LA RENAISSANCE,
EXPOSÉS AU MUSÉE,

PAR

E. DU SOMMERARD,

Directeur du Musée,
Membre de la Commission des Monuments historiques au Ministère d'État,
et du Comité impérial des travaux historiques au Ministère
de l'instruction publique et des cultes.

PARIS,
HOTEL DE CLUNY.

1867

Le MUSÉE DES THERMES ET DE L'HOTEL DE CLUNY, créé par la loi du 24 juillet 1843, est consacré aux monuments, meubles et objets d'art de l'antiquité, du moyen âge et de la renaissance.

Il est placé sous l'autorité du Ministre de la maison de l'Empereur et des Beaux-Arts, et dans les attributions de la Commission des Monuments historiques.

Directeur : M. E. DU SOMMERARD, membre de la Commission des Monuments historiques.

LE MUSÉE EST OUVERT AU PUBLIC

Le Dimanche et les jours de fête, de onze heures à quatre et demie.

—

Tous les jours de la semaine, *excepté le lundi*, le public est admis avec des billets d'entrée, et les étrangers sont reçus sur la présentation de leurs passe-ports.

NOTA. — Les billets d'entrée et les cartes d'étude sont délivrés à l'administration du Musée.

TABLE ET CLASSIFICATION.

NOTICE HISTORIQUE.

CATALOGUE.

Tous les objets sont rangés sous une seule série de numéros. — La classification adoptée est celle des différentes branches d'art et d'industrie des temps anciens. — Dans chaque division, les objets sont rangés par ordre chronologique, depuis l'antiquité jusqu'aux dernières années du XVIIe siècle.

Les divisions sont les suivantes :

I. SCULPTURE.

1° MONUMENTS. — STATUES. — BAS-RELIEFS.

VI. ORFÉVRERIE. — HORLOGERIE.

VII. ARMES.

VIII. SERRURERIE.

IX. TAPISSERIE.

X. MATIÈRES PRÉCIEUSES. — OBJETS DIVERS.

MUSÉE

DES THERMES ET DE L'HOTEL DE CLUNY.

NOTICE HISTORIQUE.

—

LE PALAIS DES THERMES.

Les ruines romaines connues sous le nom de THERMES DE JULIEN sont les restes du Palais des Césars, construit dans les premières années du IVe siècle. C'est le monument le plus ancien de Paris, et le seul vestige encore debout des somptueux édifices élevés par les empereurs sur le sol de l'antique Lutèce.

Les historiens ne sont pas d'accord sur la date précise de la construction de ce Palais, non plus que sur le nom de son fondateur. L'opinion la plus accréditée est celle qui l'attribue à Constance Chlore. Le séjour de quatorze années que cet empereur fit dans les Gaules, le genre des matériaux employés, leur disposition, et surtout le système de décoration du monument, sont les preuves les plus convaincantes à l'appui de cette assertion.

Quoi qu'il en soit, le Palais des Thermes existait, à n'en pas douter, du temps de Julien. Il est certain que ce prince y avait fixé sa résidence et qu'il y fut proclamé empereur par ses troupes en l'an 360. Les traces du séjour qu'y firent les empereurs Valentinien Ier et Valens sont également bien constatées.

Plus tard, après les longs déchirements résultant de l'invasion des peuples barbares, la puissance romaine et ses alliances durent céder à la valeur des Franks, et la demeure des Césars devint la résidence de nos rois de la première et de la seconde race, jusqu'à l'époque où, transférant leur séjour dans la Cité, ils firent construire à la pointe de l'île le vaste bâtiment connu sous le nom de Palais; dès lors l'édifice appelé *Palais des Thermes*, ou *Thermes de Paris*, devint le Vieux-Palais (1), et les terrains qui en dépendaient et qui, s'étendant vers la Seine, embrassaient tout le littoral jusqu'à l'église Saint-Vincent (aujourd'hui Saint-Germain-des-Prés), furent morcelés et divisés successivement par la nouvelle enceinte de Paris, élevée sous le règne de Philippe-Auguste (2).

Ces terrains furent couverts de constructions qui passèrent, ainsi que le Palais lui-même, dans les mains de divers propriétaires, parmi lesquels nous trouvons, d'après les titres des XIIIe et XIVe siècles, les sires Jehan de Courtenay, seigneur de Champignelles, Simon de Poissy,

(1) Voici la description qu'en donne Jehan de Hauteville, en l'an 1180 : « Ce palais des rois, dit-il (*domus aula regum*), dont les « cimes s'élevaient jusqu'aux cieux, et dont les fondements attei- « gnaient l'empire des morts....

« Au centre se distingue le principal corps de logis, dont les ailes « s'étendent sur le même alignement et, se déployant, semblent em- « brasser la montagne. »

(2) L'enceinte de Philippe-Auguste partait, du côté du midi, du point correspondant à l'extrémité occidentale de la Cité, vers la rue des Grands-Augustins, suivant à peu près le prolongement de cette rue, venait aboutir à la rue Hautefeuille par l'impasse du Paon, lon-

Raoul de Meulan, l'archevêque de Reims et l'évêque de Bayeux, jusqu'au jour de l'acquisition faite, vers 1340, par Pierre de Chaslus, au nom de l'ordre de Cluny, de la totalité de ce domaine, tel qu'il existait encore.

Pendant les cent cinquante ans qui s'écoulèrent depuis cette acquisition jusqu'à la construction de l'Hôtel de Cluny par Jehan de Bourbon et Jacques d'Amboise, on ignore quelle fut la destination des bâtiments. Toujours est-il qu'à la fin du XVe siècle il ne restait plus de cet immense édifice, complétement intact trois siècles auparavant, que les salles qu'on voit aujourd'hui, et qui ont conservé le nom de Palais des Thermes.

A cette époque, l'Hôtel de Cluny vint s'élever sur une partie des fondations romaines, et les salles antiques

geait la rue Pierre-Sarrazin, traversait celle de la Harpe vers la rue des Mathurins, et la remontait jusqu'à la place Saint-Michel. De là, elle rejoignait la rue Saint-Jacques, entre les rues du Foin et des Mathurins, pour aboutir, par la rue des Noyers et entre les rues Perdue et de Bièvre, au port Saint-Nicolas, vis-à-vis la pointe orientale de la Cité, dont il s'agissait avant tout de garantir les abords. Cette nouvelle enceinte restreignait considérablement la circonscription des jardins et dépendances du Palais des Thermes, telle qu'elle existait encore au commencement du XIIIe siècle. On trouve dans les titres du XIIe siècle la désignation bien positive de l'étendue de cet enclos, cité sous le nom de Clos de Lias ou de Laas, Clos du Palais (du mot *Arx*). Il était borné, du côté de l'orient, par les bâtiments du palais et par une voie romaine venant d'Orléans, traversant Issy, et qui, passant entre la Sorbonne et l'église Saint-Benoît, prenait, au-dessous de la rue des Mathurins, la direction de la rue Saint-Jacques jusqu'au Petit-Pont. — Du côté du nord, la Seine même formait sa limite, ce qui ajoutait à l'agrément de ses jardins. — A l'occident, sa limite résultait d'un canal dit la *Petite-Seine*, allant, du bas de la rue Saint-Benoît, baigner l'abbaye de Saint-Germain-des-Prés, et venait joindre la Seine à l'angle du quai Malaquais et de la rue des Petits-Augustins — Au midi, il s'étendait jusqu'aux abords du Panthéon.

encore debout furent conservées, comme dépendances, par les abbés de Cluny, qui demeurèrent propriétaires de tout le domaine jusqu'à la fin du siècle dernier. Ce fut alors que, par suite de la conversion des biens religieux en propriétés nationales, les restes du Palais des Césars furent mis en vente et adjugés à vil prix ; et, quelques années plus tard, la grande salle, louée à un tonnelier, fut concédée par un décret impérial, en septembre 1807, à l'hospice de Charenton.

En 1819, la ville forma le projet d'établir aux Thermes un Musée destiné à renfermer les antiquités gauloises et romaines trouvées à Paris. Ce projet fut abandonné aussitôt que conçu, et ce fut seulement en l'année 1836 que, grâce aux dispositions prises par le Préfet de la Seine, sur la proposition du Conseil municipal, les restes du Palais romain rentrèrent dans le domaine de la ville de Paris.

En 1843, lors de l'acquisition faite par l'État de l'Hôtel de Cluny et de la collection Du Sommerard, pour la formation du Musée des antiquités nationales, la ville de Paris s'empressa d'offrir le Palais des Thermes en pur don au gouvernement. De ce jour, les débris du Palais des Césars et de la première résidence de nos rois mis à l'abri d'une destruction imminente, sont devenus, comme l'Hôtel de Cluny, la propriété de l'État; les deux monuments, contigus et entés l'un sur l'autre, ont été réunis dans le même but et débarrassés des constructions modernes qui les entouraient de toutes parts; la communication qui existait entre eux a été rétablie ; et tandis que sous les lambris de l'Hôtel de Cluny sont rassemblés les meubles et les objets d'art du moyen âge et de la renaissance, les voûtes de l'ancien Palais romain, aujourd'hui complétement isolé, ouvrent un vaste abri à tous les fragments de l'art antique trouvés chaque jour sur le sol de Paris, et dont la réunion forme déjà un ensemble aussi intéressant pour l'art que pour l'étude des premières époques de notre histoire.

En entrant par l'Hôtel de Cluny dans la grande salle des Thermes, on est saisi du majestueux aspect et des proportions admirables de ce gigantesque édifice. L'architecture en est simple ; la construction se compose d'un appareil carré, mêlé de chaînes de briques superposées symétriquement. Les voussures sont d'une grande hardiesse et les seules sculptures servant de décoration à cette immense salle consistent en des proues de navires qui terminent chacune des retombées de la voûte, et constituent le point de départ des emblèmes de la ville de Paris.

Cette salle, qui forme un vaste parallélogramme, était le *frigidarium*, ou salle des bains froids du Palais. A côté se trouve une partie plus basse, contiguë et de forme analogue ; c'était *la piscine* (1).

La paroi qui fait face à la piscine, à gauche en entrant, est décorée de trois niches, dont une en hémicycle, et de deux grandes arcades.

Ces arcades, dont l'une est encore fermée avec des matériaux antiques, et dont l'autre donne accès aujourd'hui dans une petite pièce de construction romaine,

(1) Les dimensions de la salle sont les suivantes :
Hauteur, 18 mètres; longueur, 20; largeur, 11,50.
Les dimensions de la piscine sont :
Longueur 10 mètres; largeur, 5.

servaient de communication avec les salles voisines ; quant aux niches, elles présentent les vestiges bien conservés des canaux qui apportaient les eaux pour le service des bains. En effet, au centre de chacune d'elles existe un orifice garni d'un tuyau en poterie, qui donnait passage et issue aux eaux du réservoir général, placé dans une salle voisine, détruite aujourd'hui.

De ces orifices les eaux tombaient dans les baignoires disposées devant chacune des niches, et de ces baignoires elles se déversaient, en traversant le sol par un conduit existant encore, dans le canal de décharge construit au centre des caveaux.

Au milieu de la grande niche, et au-dessous de l'ouverture des tuyaux, est pratiquée une seconde issue garnie également en poterie et destinée à conduire les eaux à la piscine. Au fond de cette partie de la salle on retrouve un autre conduit de décharge pour l'écoulement des eaux dans le déversoir commun. Le même appareil qui amenait les eaux à la piscine servait à les diriger par un tube divergeant dans la salle voisine, le *tepidarium*, ou salle des bains chauds. Là se trouvait l'*hypocaustum* ou fourneau servant au chauffage du bain, et dont il reste encore quelques parties.

Il paraît donc certain que le sol de cette grande salle était anciennement un peu plus élevé, et qu'entre ce sol et l'aire actuelle s'étendaient les ramifications de la conduite des eaux.

En passant de cette partie dans l'ancien *tepidarium*, salle voûtée dans le principe, et dans laquelle on retrouve toutes les niches destinées à renfermer les baignoires, on traverse une petite pièce d'une construction remarquable.

Elle s'élève au-dessus d'un caveau dont elle n'est séparée que par une voûte plate sans voussures ni arêtes, et dont toute la force réside dans la cohésion du ciment. A droite était située une autre petite salle qui a été défoncée sans doute pour y pratiquer un escalier moderne descendant aux caveaux et supprimé depuis. Cette pièce était probablement découverte afin de donner passage à la lumière, par suite du changement d'axe des deux grandes parties de l'édifice.

De ces petites pièces on arrive au *tepidarium*, dépouillé de ses voûtes et orné de ses niches en hémicycle. Dans cette salle, qui forme aujourd'hui l'extrémité des ruines du côté du boulevard de Sébastopol, on trouve, en descendant quelques marches, une construction massive en briques plates, dans un état de calcination remarquable. Cette masse constitue les fondations de l'*hypocaustum*, placé plus ordinairement au centre de la salle des bains, dans les thermes antiques de Rome et de l'Italie. Les eaux arrivaient à cet hypocauste de la manière que nous avons indiquée plus haut, et séjournaient dans un réservoir situé probablement sous l'allée qui monte au boulevard. L'eau de ce réservoir allait s'échauffer dans les vases placés au-dessus des fourneaux, et de là elle se distribuait dans les baignoires disposées au devant de chacune des niches.

Derrière cet hypocauste est un conduit romain d'une profondeur de deux mètres et qui servait de canal, soit pour l'arrivée des eaux, soit pour leur décharge.

Les restaurations en pierre de taille que l'on remarque sur le mur de cette salle faisant face au boulevard, ont été exécutées comme travaux de soutènement et de consolidation, en 1820, sur la demande du duc d'Angoulême. A la même époque a été détruit le jardin qui couronnait l'édifice, et qui, semblable aux jardins suspendus des temps antiques, était planté d'arbres de haute taille.

Outre ces beaux débris du palais antique, il existe encore à l Hôtel de Cluny des traces de salles entières, des souterrains et des caveaux qui se continuent sous les maisons voisines et forment un vaste réseau de fondations romaines, embrassant toute une partie du littoral de la rive gauche de la Seine.

L'HOTEL DE CLUNY.

Ce fut en l'an 1340, comme il a été dit plus haut, que Pierre de Chaslus, abbé de Cluny, fit, au nom de son ordre, l'acquisition du palais des Thermes et des dépendances qui s'y rattachaient encore à cette époque, depuis la construction de la nouvelle enceinte de Paris, bâtie par Philippe-Auguste.

Un siècle plus tard, Jean de Bourbon, abbé de Cluny, fils naturel de Jean Ier, duc de Bourbon, jeta les premières fondations de l'Hôtel de Cluny sur les ruines d'une partie de l'ancien palais Romain ; mais les travaux d'édification furent arrêtés par sa mort, qui survint le 2 décembre 1485, et ils ne furent repris que cinq ans plus tard, en 1490, par Jacques d'Amboise, abbé de Cluny, depuis évêque de Clermont, et le septième des neuf fils de Pierre d'Amboise, seigneur de Chaumont. Cet abbé consacra, dit Pierre de Saint-Julien, « cinquante mille « angelots provenant des dépouilles du prieur de Leuve,

« en Angleterre, à l'édification de fond en cime de la « magnifique maison de Cluny, audit lieu jadis appelé « le palais des Thermes. »

Depuis l'époque de sa fondation jusqu'à la fin du siècle dernier, l'Hôtel de Cluny, mis continuellement à la disposition des rois de France, et habité pendant trois siècles par les hôtes les plus illustres, ne cessa jamais d'appartenir à l'ordre de Cluny, ainsi qu'en font foi les chartes et titres de cette abbaye (1), dont le siége était en Mâconnais, et qui tenait également en sa dépendance le collége de Cluny, situé sur la place de la Sorbonne (2).

Dès les premiers jours de l'année 1515, peu de temps après l'achèvement des travaux, la veuve du roi Louis XII, Marie d'Angleterre, sœur de Henri VIII, fit choix de l'Hôtel de Cluny pour sa résidence, et vint y passer la durée de son deuil, sur l'invitation du roi François Ier.

« Le dict sieur roy donna ordre, dit Jean Barillon, « secrétaire du cardinal Duprat, que la royne Marie,

(1) Le plus récent de ces titres date du 25 juillet 1789; ce sont des lettres-patentes signées de Louis XVI, qui reconnaissent le cardinal de Larochefoucauld, archevêque de Rouen, abbé de Cluny, comme *possédant en cette dernière qualité* une maison appelée l'Hôtel de Cluny, sise à Paris, rue des Mathurins-Saint-Jacques, et qui l'autorisent, « vu que les abbés de Cluny ne font pas dans ladite ville un « séjour assez long pour veiller eux-mêmes aux réparations de cette « maison », à céder ledit Hôtel à titre de bail emphytéotique, moyennant une redevance annuelle de quatre mille cinq cents livres et autres conditions portées à l'acte.

(2) L'ordre de Cluny remontait au commencement du Xe siècle; il dut sa fondation à Guillaume-le-Pieux, duc d'Aquitaine, qui, en 910, fit bâtir aux environs de Mâcon l'abbaye de Cluny. Louis IV, *d'Outre-Mer*, confirma cette fondation en l'an 939, et sept ans après le pape Agapet II déclara l'abbaye de Cluny et tous les monastères de sa dépendance relevant immédiatement du Saint-Siége (an 946).

« veufve du roy Louis dernier, décédé, fust honorable-
« ment entretenue; laquelle royne se veint loger en
« l'Hostel de Cluny, et le dict sieur la visitoit souvent
« et faisoit toutes gracieusetés qu'il est possible de
« faire. »

La chambre habitée par cette princesse a conservé jusqu'à nos jours le nom de *chambre de la reine Blanche* (les reines de France portaient le deuil en blanc).

Peu d'années après, cet hôtel fut le théâtre d'un événement qui lui donna une consécration plus royale encore : le mariage de Madeleine, fille de François Ier, avec Jacques V, roi d'Écosse.

« Le dimanche dernier de décembre 1536 (dit Pierre
« Bonfons), Jacques, roi d'Écosse, fit son entrée à
« Paris et vinst loger en l'Hostel de Cluny, lès Mathu-
« rins, où le roy l'attendait, et le lendemain, premier
« de janvier, il épousa Madeleine. »

Parmi les autres personnages illustres dont le séjour à l'Hôtel de Cluny est bien constaté par les chroniques, on doit citer les princes de la maison de Lorraine, et entre autres le cardinal de Lorraine, son neveu le duc de Guise, et le duc d'Aumale, en l'an 1565; les nonces du pape en 1601; et l'illustre abbesse de Port-Royal-des-Champs, en 1625.

A la fin du siècle dernier, dès les premières années de la tourmente révolutionnaire, l'Hôtel de Cluny fut, comme tous les biens du clergé, transformé en propriété nationale. C'est de cette époque surtout que datent les principales mutilations de son architecture.

Voici la description qu'en donne Piganiol de la Force, en 1765 :

« Tout ce qui reste entier de remarquable dans l'Hôtel « de Cluny, et dont aucune des éditions précédentes n'a « parlé, c'est la chapelle qui est au premier étage, sur le « jardin. Le gothique de l'architecture et de la sculpture en « est très-bien travaillé quoique *sans aucun goût pour le* « *dessin*. Un pilier rond, élevé dans le milieu, en sou- « tient toute la voûte très chargée de sculpture, et c'est « de ce pilier que naissent toutes les arêtes. Contre les « murs sont placées par groupes, en forme de mausolées, « les figures de toute la famille de Jacques d'Amboise, « entre autres du cardinal ; la plupart sont à genoux avec « les habillements de leur siècle, très singuliers et bien « sculptés (1).

« L'autel est placé contre le mur du jardin qui est « ouvert dans le milieu par une demi-tourelle en saillie, « formée par de grands vitraux, dont les vitres, assez « bien peintes, répandent beaucoup d'obscurité.

« En dedans de cette tourelle, devant l'autel, on voit « un groupe de quatre figures, de grandeur naturelle, « où la Sainte-Vierge est représentée tenant le corps de « Jésus-Christ détaché de la croix et couché sur ses ge- « noux ; ces figures sont d'une bonne main et fort bien « dessinées pour le temps. On y voit encore, comme dans « tout cet hôtel, un nombre infini d'écussons avec les « armoiries de Clermont et beaucoup de coquilles et de

(1) Ces figures, disparues à la fin du XVIIIe siècle, ont été retrouvées en 1844 pendant le cours des travaux d'installation du Musée ; elles avaient été placées par fragments et hachées pour former un mur dans la salle basse située au-dessous de la chapelle ; ce mur, composé entièrement de ces fragments, avait pour but de dissimuler le charmant escalier qui décore cette salle, et dont la découverte ne date que de ce jour.

« bourdons, par une froide allusion au nom de Jacques
« On montre dans la cour de cet hôtel le diamètre de la
« cloche appelée *Georges d'Amboise*, qui est dans une
« des tours de la cathédrale de Rouen, et qui est tracé
« sur la muraille de cette cour, où l'on assure qu'elle a
« été jetée en fonte. »

Plus tard, dans les premières années du XIXe siècle, les membres composant l'administration du département de la Seine aliénèrent *la maison de Cluny*, qui passa successivement en la possession du sieur Baudot, médecin, *ex-législateur*, puis enfin de M. Leprieur, l'un des doyens de la librairie moderne.

Ce fut à cette dernière époque, en 1833, qu'un amateur infatigable des monuments des siècles passés, M. Du Sommerard (1), fit choix de ce vieux manoir pour servir d'asile aux précieuses collections d'objets d'art du moyen âge et de la renaissance, réunies par ses soins pendant quarante années de recherches et d'études.

A la mort du célèbre antiquaire, et sur le vœu exprimé par la commission des monuments historiques, le ministre de l'intérieur, M. le comte Duchâtel, présenta un projet de loi pour l'acquisition de cette belle collection, destinée à devenir la première base d'un Musée d'antiquités nationales.

L'Hôtel de Cluny, le seul de tous les monuments civils du moyen âge qui restât encore debout sur le sol de

(1) Alexandre Du Sommerard, né à Bar-sur-Aube en 1779, est mort à Saint-Cloud, en août 1842, à l'âge de 63 ans. Il était alors conseiller-maître à la Cour des comptes. Il a laissé de nombreux travaux sur les arts, entre autres le grand ouvrage *des Arts au moyen âge*.

l'ancien Paris, fut choisi pour servir d'abri au nouveau Musée; la ville, s'associant à cette noble création, offrit en pur don au gouvernement les ruines du Palais des Thermes, base et point de départ de l'art gallo-romain.

La collection Du Sommerard et l'Hôtel de Cluny furent acquis par l'État, en vertu de la loi du 24 juillet 1843, et le nouveau Musée fut immédiatement constitué sous le nom de *Musée des Thermes et de l'Hôtel de Cluny*.

Dès ce jour, la communication qui reliait jadis les ruines du Palais des Césars et la résidence des abbés de Cluny a été rétablie. Les galeries de l'Hôtel, défigurées depuis deux siècles et transformées en appartements modernes, ont été remises dans leur état primitif; les sculptures ont été dégagées et restaurées; les collections d'objets d'art, classées et disposées sous les voûtes du IVe siècle et dans l'édifice du XVe, ont pris dans les deux monuments la place que leur assignait leur âge, et le Musée a été ouvert au public pour la première fois le 16 mars 1844.

La façade principale de l'Hôtel de Cluny se compose d'un vaste corps de bâtiment flanqué de deux ailes qui s'avancent jusqu'à la rue des Mathurins. Sa porte d'entrée, ornée autrefois d'un couronnement gothique richement sculpté, conserve encore un large bandeau décoré d'ornements et de figures en relief. Au-dessus du mur régnait une série de créneaux, ainsi qu'on peut en juger par ceux qui ont pu être conservés; ces créneaux ont été rétablis et la porte d'entrée a repris en partie son premier aspect.

Les bâtiments de la façade principale sont surmontés d'une galerie à jour derrière laquelle s'élèvent de hautes lucarnes richement décorées de sculpture, et qui présentaient dans leurs tympans les écussons de la famille d'Amboise, écussons dont il reste encore des traces bien apparentes.

Vers le milieu du bâtiment principal s'élève une tourelle à pans coupés que couronne une galerie analogue à celle qui décore les autres parties de l'édifice. Sur les murs de cette tourelle, on trouve sculptés en relief les attributs de saint Jacques, les coquilles et les bourdons de pèlerins, allusions au nom du fondateur Jacques d'Amboise.

L'aile droite est percée de quatre arcades ogivales qui donnent accès dans une salle communiquant directement avec les Thermes. Cette salle, dont les murs sont de construction romaine, était une dépendance du Palais. Sa couverture antique n'a été renversée qu'en 1737, et a été remplacée dans ces dernières années.

Les bâtiments du rez-de-chaussée de l'aile gauche renfermaient les cuisines et les offices de l'Hôtel. Auprès de cette partie de l'édifice, on aperçoit tracée sur le mur la circonférence de la fameuse cloche appelée Georges d'Amboise, destinée à la cathédrale de Rouen, et coulée en fonte dans la cour de l'Hôtel de Cluny.

Du côté du jardin, la façade est d'une architecture plus sévère; les galeries à jour n'existent pas, les lucarnes sont richement travaillées et présentent, ainsi que l'extérieur de la chapelle, une grande variété d'ornementation. La salle basse, construite au-dessous de la chapelle pour servir de communication directe avec le Palais des Thermes, est une des parties les plus curieuses de l'Hôtel de Cluny. Un pilier soutient la voûte aux arcades ogivales ;

il est surmonté d'un chapiteau sur lequel on remarque le K couronné du roi Charles VIII, date précise de la construction, puis les armes et écussons des d'Amboise, attributs des fondateurs.

De cette salle basse on arrive à la chapelle par un escalier travaillé à jour, et qui a été récemment découvert. L'architecture de cette chapelle est fort riche ; les voûtes aux nervures élancées retombent en faisceaux sur un pilier central isolé , et qui prend son appui sur celui de la salle basse ; les murs sont décorés de niches en relief travaillées à jour et d'une grande finesse d'exécution; ces niches, au nombre de douze, renfermaient les statues de la famille d'Amboise, qui ont été jetées bas à la fin du XVIIIe siècle , puis brisées et employées comme matériaux de construction.

Les vitraux qui garnissent les fenêtres ont été détruits et remplacés par d'autres ; un seul existait encore et a été remis en place, c'est le portement de croix; il avait été recueilli par le chevalier Alex. Lenoir.

Sur les murs sont gravées plusieurs inscriptions, dont l'une, datée de1644, rappelle la visite d'un nonce du pape.

La cage de l'escalier , travaillée à jour, a été dégagée en 1832, ainsi que les peintures du XVIe siècle que l'on voit de chaque côté de l'autel, et les sujets sculptés en pierre dans la voûte de l'hémicycle. Ces sujets représentent le Père Éternel entouré d'anges et le Christ en croix. Toutes les figures, les bas-reliefs, et même les choux sculptés et dorés, placés de chaque côté, étaient couverts d'une épaisse couche de plâtre à laquelle on doit leur conservation.

Cette chapelle était devenue, sous le régime révolutionnaire, une salle de séances pour la section du quartier, puis elle avait été convertie en amphithéâtre de dissection, puis enfin en atelier d'imprimerie.

Les écussons armoriés, disposés au-dessous des niches, ont été grattés et effacés, et les croix de consécration que l'on retrouve encore aujourd'hui n'ont survécu que grâce à l'épaisse couche de badigeon qui couvrait les murs.

La salle voisine de la chapelle a conservé jusqu'à ce jour le nom de **Chambre de la reine Blanche**, en souvenir du séjour qu'y fit Marie d'Angleterre, veuve du roi Louis XII, pendant la durée de son deuil, en janvier 1515.

La décoration peinte de cette salle a été retrouvée sous les papiers de tenture. Les peintures, mises au jour lors des travaux d'installation du Musée, étaient encore assez apparentes pour permettre une restauration complète; elles datent du règne d'Henri II et rappellent les motifs des ruines antiques de l'Italie. Au milieu est une sorte de fronton destiné probablement à l'encadrement d'un baldaquin, et de chaque côté se trouvent des médaillons ornés de guirlandes et d'animaux chimériques.

Les autres salles de l'Hôtel de Cluny ont été remises en état. Leur restauration s'achèvera successivement. Tous les supports et les consoles des plafonds ont été retrouvés avec leurs écussons aux armes de la maison d'Amboise, que l'on rencontre également sur les vitraux des fenêtres. L'Hôtel de Cluny est, du reste, entièrement construit sur des fondations romaines, anciennes dépendances du Palais des Césars.

CATALOGUE.

2

[illegible]

MUSÉE

DES THERMES ET DE L'HOTEL DE CLUNY.

CATALOGUE.

I. SCULPTURE.

1° MONUMENTS. — STATUES. — BAS-RELIEFS.

PIERRES.

1. 2. 3. 4. — **Autels gallo-romains élevés à Jupiter par les mariniers de Paris, sous le règne de l'empereur Tibère, et découverts en l'an 1711 dans les fouilles faites sous le chœur de Notre-Dame de Paris.**

Le premier de ces autels (n° 1) est complet; il se compose de deux pierres superposées et forme un cippe carré dont les faces présentent des personnages sculptés en relief.

Sur la première face est la figure de Jupiter; le dieu est représenté debout; la partie gauche du corps est couverte d'une draperie et dans la main droite est une pique sans fer; au-dessus de la tête on lit: IOVIS.

La seconde face représente la figure de Vulcain; le dieu du feu est coiffé d'un bonnet de forgeron; il tient d'une main les tenailles et de l'autre le marteau; Au-dessus est l'inscription : VOLCANVS.

Sur la face opposée l'on voit le Mars gaulois, Esus : il a le bras droit levé et tient une hache dont il frappe un arbre placé auprès de lui.

La quatrième face de cet autel représente un taureau debout au milieu des feuillages. Il porte trois grues; l'une est posée sur sa tête, et les deux autres sont sur son corps. Au-dessus on lit l'inscription : TARVOS TRIGARANVS.

Le second de ces autels (nº 2) est incomplet; la partie supérieure existe seule. Trois des faces sont sculptées à figures; la quatrième porte l'inscription de consécration ainsi conçue :

TIB. CAESARE.
AVG. IOVI OPTVM
MAXSVMO MO
NAVTAE. PARISIACI
PVBLICE. POSIERV
NT.

Sur chacune des autres faces, on voit trois demi-figures vêtues et armées de la lance et du bouclier. D'un côté on lit : EVRISES, et d'un autre on distingue les caractères suivants : SENANI. V.... ILOM.; — quant aux autres lettres, elles ont entièrement disparu.

Le troisième autel (nº 3) est également incomplet; la partie supérieure seule existe encore.

Les faces sont de même décorées de sculptures en relief. Sur la première, on distingue un homme vêtu d'une draperie et coiffé d'un bonnet; il a la main droite posée sur la tête d'un cheval qui est près de lui et il tient de la gauche une sorte de lance; au-dessus, on lit. CASTOR.

Le côté suivant représente une figure semblable, et dans la même attitude; mais elle est tout à fait mutilée, et l'inscription est enlevée. Il y a tout lieu de croire cependant que ce devait être la figure de Pollux.

Sur la troisième face est un vieillard à tête chevelue et barbue, portant de grandes cornes branchues et entourées chacune d'un gros anneau; au-dessus, on lit : CERNVNNOS.

Sur la quatrième face, on retrouve une figure de profil, nue et brandissant une masse sur la tête d'un serpent qui se dresse à son côté. L'inscription est presque complétement effacée.

Le quatrième autel (nº 4), également incomplet, et de forme analogue aux précédents, est décoré comme les autres de bas-reliefs à figures; aucune inscription ne se retrouve au-dessus des personnages qui sont fort mutilés et parmi lesquels on distingue seulement un homme couvert d'une cuirasse et portant une lance dans la main droite, ainsi qu'une femme vêtue et parée d'un bracelet au bras droit.

Ces divers fragments ont été trouvés pendant les travaux de construction de l'autel du chœur de Notre-Dame, élevé en exécution du vœu de Louis XIII; ils étaient placés au-dessous d'un mur qui traversait toute la largeur du chœur; ils sont tous de la même époque et datent, comme il est dit plus haut, du règne de Tibère, empereur, mort l'an 37 de J.-C.

5. — Le taureau de saint Marcel. — Bas-relief antique trouvé dans la base du clocher de l'église Saint-Marcel.

6. — Autel à quatre faces trouvé dans les fouilles de Saint-Landri, style gallo-romain du IVe siècle.

La première face représente une figure de Diane-Lucifère vêtue d'une tunique et tenant dans la main droite un flambeau; au-dessus de la tête sont les vestiges d'une draperie flottante.

Sur la seconde face est un guerrier couvert d'une tunique attachée sur l'épaule gauche. Il est coiffé d'un casque à cimier.

Sur la troisième face on distingue un guerrier armé d'une cuirasse dont la ceinture est enrichie d'un dessin en relief. — Cette cuirasse se termine, a son extrémité inférieure, par des lambrequins ornés. Sur le pectoral est une tête de Méduse. Le frontal du casque qui couvre la tête de ce guerrier est décoré d'une chimère.

La quatrième face de cet autel est couverte de feuilles d'eau sculptées en relief.

7. — Fragment d'un autel de forme analogue au précédent et de même époque.

Toute la partie supérieure manque. Trois des faces n'offrent que l'extrémité des jambes des personnages représentés sur les parties détruites. La quatrième est sculptée à feuilles d'eau.

8. — Fragments d'une frise gallo-romaine, trouvés dans les fouilles de Saint-Landri, en 1829.

Le sujet de ces bas-reliefs est une chasse aux lièvres. Deux de ces animaux sont vivement poursuivis par des chiens; — des génies tendent les filets dans lesquels les lièvres se précipitent pour échapper à leurs ennemis.

9. — Fragment d'un bas-relief trouvé dans les mêmes fouilles de Saint-Landri.

Ce fragment présente un torse d'homme nu; les mains sont attachées derrière le dos, et l'on voit l'extrémité d'une lanière qui sert à lier les bras du captif; auprès est un autre torse couvert d'un vêtement militaire que relève une ceinture.

Ces divers fragments de sculpture gallo-romaine (nos 6, 7, 8, 9) semblent remonter tous à peu près à la même époque, au IVe siècle. — Quelques médailles ont été trouvées en même temps : ce sont celles d'Antonin, de Faustine, de Posthume, et enfin, la plus récente, celle de Maximus, qui usurpa l'autorité suprême dans les Gaules, et y régna depuis l'an 383 jusqu'à l'an 388. — Cette dernière médaille peut donc préciser à peu près la date du monument qui a été sans doute élevé pour consacrer la mémoire de la bataille remportée par cet empereur sur Gratien, qui fut mis en déroute sous les murs de Paris, et qui fut pris et mis à mort à Lyon en 383.

10. — Fragments d'architecture gallo-romaine, trouvés dans les fouilles du Palais-de-Justice.

11. — Inscription gallo-romaine, trouvée dans les fouilles du Palais-de-Justice.

Cette inscription est incomplète; elle paraît néanmoins se rapporter à la mort d'une jeune fille. Les caractères que l'on peut lire sont les suivants :

....E. RAPVISTIS. AIA....
....RAT. PROPENSO. D....
...IXTO. LASCIVA.....
...NS COMIS. PIA. CA....
...ATORUM. MORT....
...IO. IVNGIT. SES....

12. — Tombe gallo-romaine, trouvée à Paris.

13. — Tombe de même époque et de même provenance.

14. — Tombe d'époque et de provenance analogues.

15. — Tombe antique, d'origine gallo-romaine trouvée à Hérouval (Oise), et donnée au Musée par M. Sanson-Davillier, membre du conseil général de la Seine.

16. — Fragments d'une voie romaine découverte à Paris, au mois de juillet 1842, sous les rues du Petit-Pont et Saint-Jacques.

Ces fragments se composent de grands blocs de grès de différentes dimensions, ajustés les uns près des autres. Les plus grands portent 1 mètre 50 centimètres de longueur sur 35 à 40 centim. d'épaisseur.

17. — Chapiteau provenant de la nef de l'église Saint-Germain-des-Prés. — XIe siècle.

18. — Chapiteau à figures, de même provenance. — XIe siècle.

19. — Chapiteau décoré d'ornements en relief, de même provenance. — XIe siècle.

20. — Chapiteau à figures, de même provenance. — XIe siècle.

21. — Chapiteau de même provenance. — XIe siècle.

22. — Chapiteau décoré de figures et d'animaux chimériques, même provenance. — XIe siècle.

23. — Chapiteau décoré d'ornements et d'entrelacs, même provenance. — XIe siècle.

24. — Chapiteau couvert de feuilles et d'animaux chimériques, provenant de Saint-Germain-des-Prés. — XIe siècle.

25. — Chapiteau à figures, de même provenance. — XIe siècle.

26. — Chapiteau de même provenance. — XIe siècle.

27. — Chapiteau décoré de feuilles en relief, de même provenance. — XIe siècle.

28. — Chapiteau de même provenance. — XIe siècle.

Ces douze chapiteaux ont été donnés au Musée par la ville de Paris.

29. — Statue mutilée provenant de la décoration extérieure de Notre-Dame de Paris. — XIIe siècle.

30. — Statue mutilée de même provenance. — XIVe siècle.

31. — Statue mutilée de même provenance. — XVe siècle.

32. — Fragment d'une statue provenant de Notre-Dame de Paris. — XVe siècle.

33. — Statue mutilée provenant de la décoration de Notre-Dame de Paris. — XVe siècle.

34. 35. 36. — Statues mutilées de même provenance. — XVe siècle.

37. — Fragment d'une statue provenant de Notre-Dame de Paris. — XVe siècle.

38. 39. 40. — Statues mutilées provenant du même monument. — XVe siècle.

41. — Fragment d'une statue provenant du même monument. — XVe siècle.

42. — Fragment d'une statue de même provenance. — XVIe siècle.

43. — Tronçon de statue de même provenance.

Ces quinze statues, toutes mutilées, ont été retrouvées dans la rue de la Santé, où elles servaient de bornes.

44. — Bénitier en pierre trouvé dans les fouilles faites dans la rue de Constantine, sur l'emplacement de l'ancienne église Saint-Martial. — XIIe siècle.

45. — Chapiteau trouvé dans les fouilles faites sur l'emplacement de l'ancienne église Saint-Martial. — XIIe siècle.

46. — Chapiteau de même provenance et de même époque.

47. — Chapiteau du chœur de l'ancienne église Sainte-Geneviève. — XIIIe siècle.

Donné par la ville de Paris.

48. — Chapiteau et base provenant de l'église Saint-Jacques-la-Boucherie. — XIIIe siècle.

Donnés par M. Vacquer.

49. — Tombe d'abbesse provenant de l'abbaye de Montmartre. — XIIIe siècle.

Donnée par la ville de Paris.

50. 51. 52. 53. — Chapiteaux en pierre sculptée, décorés de figures chimériques et d'ornements, provenant de l'ancienne église Notre-Dame de Corbeil. — Fin du XIIIe siècle.

Ces quatre chapiteaux ont été recueillis et donnés au Musée par M. le baron Taylor.

54. — Fragments sculptés provenant de l'ancienne église de Corbeil. — Fin du XIIIe siècle.

Donnés par M. le baron Taylor.

55. — Chapiteau de l'église de Cluny. — XIIIe siècle.

Donné au Musée par M. Paul Durand.

56. — Chapiteau provenant de l'Abbaye-aux-Bois, à Bièvre. — XIIIe siècle.

Donné par M. Bourla, architecte.

57. — Rétable de l'autel principal de la Sainte-Chapelle de Saint-Germer, construite par Pierre de Wuessencourt, en 1259.

Ce rétable est un des plus beaux bas-reliefs du XIIIe siècle que possède la France; malheureusement toutes les têtes ont été mutilées en 1794, lors de la dévastation de la chapelle où il était placé.

Les sujets sont tirés de l'histoire de la vie et de la passion du Christ et de la légende de saint Germer. Au centre du bas-relief est le Christ en croix entre la Vierge et saint Jean. A la droite du Sauveur et à côté de la figure de la Vierge on distingue la vraie Religion, la croix d'une main et le calice de l'autre; à gauche et auprès de saint Jean est la Religion juive; on voit encore le bandeau qui lui couvrait les yeux, l'étendard brisé et la table de la loi renversée. Plus loin, et de chaque côté, sont les figures de saint Pierre et de saint Paul; à la droite du premier se trouve la salutation angélique, puis un guerrier le bras en écharpe, guéri par saint Ouen, oncle de saint Germer. La figure de saint Germer termine ce côté du bas-relief.

A côté de saint Paul on voit la visitation, puis un seigneur qui s'entretient avec un pèlerin; puis enfin saint Germer demandant au roi Dagobert la permission de quitter la cour pour fonder l'abbaye qui porte encore son nom.

Toutes ces figurines, peintes avec un soin extrême, étaient de plus couvertes de dorures, ainsi qu'on peut en juger par les traces encore visibles, et elles se détachaient sur un fond en pâte gaufrée et dorée, appliquée sur la pierre. Sur la moulure qui contourne le rétable sont les traces d'une inscription aujourd'hui tout à fait incomplète.

Sous la restauration, cette belle sculpture, descendue de l'autel, fut déposée face contre terre dans le cimetière, où l'humidité du sol détériora en peu de temps les peintures et les applications d'or.

58. — Tête sculptée en pierre; fragment d'une statue trouvée à Saint-Pierre-aux-Bœufs. — Fin du XIVe siècle.

Donnée par M. Lassus, architecte.

59. — Chapiteau du cloître de Montmartre. — XVe siècle.

Donné par M. Naissant, architecte.

60. — Bas-relief en pierre, composé de quatre figures avec des encadrements d'architecture de style gothique, trouvé à Saint-Germain-l'Auxerrois. — XVe siècle.

61. — Double croix en pierre, représentant d'un côté le Christ en croix, et de l'autre la Vierge et l'Enfant-Jésus. — XVe siècle.

Cette croix a été trouvée à Montmartre.

Donnée par M. Naissant, architecte.

62. — Monument en forme de piscine, trouvé à Saint-Germain-l'Auxerrois. — XVe siècle.

63. — Gargouilles à figures chimériques provenant de Saint-Germain-l'Auxerrois. — XVe siècle.

64. — Tombe en pierre, trouvée dans les fouilles faites autour de l'église Saint-Germain-l'Auxerrois. — XVe siècle.

65. — Fragment d'une pierre tumulaire du XVe siècle, trouvée dans les fouilles de la rue des Prêtres-Saint-Germain-l'Auxerrois, le 17 août 1841.

Ces divers objets ont été donnés au Musée par la ville de Paris.

66. — Fragment de sculpture provenant de l'ancienne chambre des comptes de Paris et représentant un dauphin. — Fin du XVe siècle.

Trouvé dans les travaux du Palais-de-Justice et donné par la ville de Paris.

67. — Rétable en pierre représentant diverses scènes de la vie et de la passion du Christ. — XVIe siècle.

Au milieu du rétable est le sujet principal, la résurrection du Christ; à droite, l'annonciation; et à gauche, l'apparition à la Madeleine. — Plus bas sont six sujets tirés de la vie et de la passion du Christ, et dans la partie la plus élevée l'on voit le Seigneur dans sa gloire au milieu d'un chœur d'anges.

Ce rétable, qui conserve encore quelques traces des couleurs variées qui enrichissaient sa sculpture, a été donné par M. Hubert, architecte, à l'École des Beaux-Arts, puis transporté à l'Hôtel de Cluny lors de la fondation du Musée.

68. — Fragment d'une statue de saint Jacques. — Commencement du XVIe siècle.

Donné par M. le capitaine Petit.

69. — Chapiteau du château de Madrid, bâti au bois de Boulogne par François Ier. — XVIe siècle.

Donné par M. A. Lenoir, architecte.

70. — Le fleuve la Seine; figure allégorique provenant de la porte Saint-Antoine. — XVIe siècle.

71. — La rivière la Marne; figure allégorique provenant du même monument.

Ces deux figures, dont l'exécution est attribuée à Jean Goujon, décoraient l'arc principal de l'édifice.

72. — Bas-reliefs en pierre sculptée, provenant d'un château près de Bruxelles. — XVIe siècle.

Ces bas-reliefs, d'une conservation remarquable, représentent un fleuve, deux cartouches d'animaux encadrés dans de riches ornements et les quatre figures de la Foi, de l'Espérance, de la Charité et de la Prudence. L'écusson placé au-dessus du fleuve porte la date de 1555.

73. — Chapiteau en pierre, de forme allongée, trouvé dans les fouilles faites aux Célestins. — XVIe siècle.

74. — Chapiteau en pierre de même époque et de même provenance.

Ces deux chapiteaux ont été donnés par M. Charles, architecte de la ville de Paris.

75. — Fragment d'une figure grotesque en pierre sculptée, trouvé à l'Hôtel de Cluny. — XVIe siècle.

76 — Fragment d'un bas-relief à figures, trouvé dans un mur de l'hôtel de Cluny. — XVIe siècle.

77. — Fragment d'un petit bas-relief représentant des moutons. — Même provenance. — XVIe siècle.

78. 79. — Fragments divers de même provenance. — XVIe siècle.

80. — Grand bas-relief de pierre, couvert d'écussons armoriés du XVIe siècle, trouvé dans les fouilles de Saint-Landri.

81. — Écusson d'armoiries en pierre. — XVIe siècle.

82. — Figure en pierre peinte et dorée, portant une banderole avec le nom : SIDONIUS APOLLINARIS. — XVIe siècle.

83. — Saint personnage, figure en pierre peinte et dorée. — XVIe siècle.

84. — Pilastre en pierre à pans coupés, trouvé en 1841 dans les fouilles de la rue des Prêtres-Saint-Germain-l'Auxerrois.

85. — Médaillon en pierre calcaire, bas-relief représentant un évêque, sculpture peinte et dorée du XVIe siècle.

MARBRES.

86. — Bas-relief antique en marbre, représentant un combat. — Fragment d'une frise analogue à celle du temple de la Victoire-Aptère à Athènes.

87. — Bas-relief antique en marbre, représentant la mort d'une jeune fille.

Ce bas-relief a été trouvé dans des fouilles faites rue Montholon, à Paris.

88. — Buste antique en marbre de Paros.

89. — Chapiteau et console en marbre d'une église chrétienne d'Athènes, près du monument de Lysicrate.

Ces deux objets ont été rapportés d'Athènes et donnés au Musée par M. le baron Taylor.

90. — Marbre sculpté. — Petit monument à quatre faces. — Xe au XIe siècle.

Chacune des trois premières faces représente un buste d'homme, et sur la quatrième est un ornement sculpté en relief. Les figures sont nimbées : la première, à la tête chevelue et barbue, repose sa main gauche sur une épée et tient une lance dans la droite; les autres figures lèvent une main vers le ciel tandis que l'autre repose sur une épée.

91 — Chapiteau en marbre provenant de l'abbaye de Montmartre. — XIIIe siècle.

Donné par la ville de Paris.

92. — Pierre tumulaire de Nicolas Flamel, provenant de l'ancienne église de Saint-Jacques-la-Boucherie. — An 1418.

L'inscription est ainsi conçue :

Feu Nicolas Flamel jadix escri
vain a laissé par son testament à

leusvre de ceste église certaines
rentes et maisons qu'il avoit
acquestées et achetées à son vi
vant pour faire certain service
divin et distribucions d'argent
chascun an par aumosne tou
chans les Quinze Vins : lostel di
eu et aultres églises et hospiteaux
à Paris. — Soit prié pour les trépassés.

93. — Statue en marbre représentant une figure d'ange vêtu, et provenant d'Autun. — XVe siècle.

94. — Statue en marbre de même provenance et de même époque.

95. — Jésus présenté au temple. — Groupe en marbre. — Commencement du XVe siècle.

96. — La Vierge et l'Enfant-Jésus. — Statue en marbre mutilée. — XVe siècle.

97. — Le Saint-Sépulcre. — Groupe en marbre. — XVe siècle.

98. — *Mater dolorosa*. — Groupe en marbre rehaussé de couleurs. — Fin du XVe siècle.

99. — Support en marbre représentant un moine accroupi et petit dais gothique sculpté à jour en marbre blanc rehaussé de couleurs. — XVe siècle.

100. — Le portement de croix. — Bas-relief en marbre provenant d'une église de Château-Thierry. — XVIe siècle.

101. — La mise au sépulcre. — Bas-relief de même époque et de même provenance.

102. — L'ascension. — Bas-relief de même époque et de même provenance.

103. — Vénus et l'Amour. — Groupe en marbre par Jean Cousin. — XVIe siècle.

Ce groupe remarquable et qui malheureusement a

subi de nombreuses mutilations, est dû au ciseau de Jean Cousin, peintre, sculpteur, architecte et graveur français, né à Soucy en 1530, et mort en 1589, après avoir créé les belles verrières de la chapelle de Vincennes, celles du château d'Anet, le mausolée de l'amiral Chabot, et après avoir exécuté dans toutes les branches des arts les travaux remarquables qui lui ont valu le surnom de Michel-Ange français.

104. — Ariadne abandonnée. — Statue en marbre; allégorie représentant la figure de Diane de Poitiers. — XVIe siècle.

Cette figure a été trouvée, il y a peu d'années, dans la Loire, en face le château de Chaumont; château que la reine Catherine de Médicis avait obligé Diane de Poitiers à accepter en échange de celui de Chenonceaux, dont elle l'avait dépossédée.

105. — Diane chasseresse. — Bas-relief en marbre blanc, de l'école de Jean Goujon. — XVIe siècle.

Diane est assise; à ses pieds sont ses deux chiens, Procion et Cirius; un de ses bras est appuyé sur le cerf, et sa main gauche tient un javelot.

106. — Le Sommeil. — Marbre blanc; figure couchée. — XVIe siècle.

Le socle est en ébène, sculpté et orné d'un médaillon d'ivoire qui représente l'Enfant-Jésus et saint Jean.

107. — Catherine de Médicis sous la figure de Junon. — Médaillon en marbre dont l'exécution est attribuée à Germain Pilon; provenant du château d'Anet. — XVIe siècle.

108. — Diane de Poitiers représentée en Vénus. — Médaillon en marbre attribué à Germain Pilon et provenant du château d'Anet. — XVIe siècle.

109. — Le Christ apparaissant à la Madeleine, *Noli me tangere*. — Bas-relief en marbre blanc. — XVIe siècle.

110 — La salutation angélique. — Bas-relief en marbre blanc du XVIe siècle.

111. — Le jugement de Salomon. — Bas-relief en marbre blanc du XVIe siècle.

112. — La reine de Saba déposant ses présents au pied du trône de Salomon. — Bas-relief en marbre du XVIe siècle.

113. — Combat des Centaures et des Lapithes. — Bas-relief en marbre du XVIe siècle.

114. — Vénus et l'Amour. — Bas-relief en marbre du XVIe siècle.

115. — Vénus et l'Amour. — Bas-relief en marbre. — XVIe siècle.

116. — Saint Jean. — Bénitier en marbre blanc. — XVIe siècle.

117. — Fragment d'un bas-relief à figures, en marbre blanc. — XVIe siècle.

118. — Amour endormi. — Marbre blanc. — XVIe siècle.

119. — L'Ange gardien. — Bas-relief en marbre blanc. — XVIIe siècle.

120. — La Vierge et l'Enfant-Jésus. — Bas-relief en marbre. — XVIIe siècle.

121. — Pied de croix en marbre blanc, orné de trois petits bas-reliefs : la salutation angélique, la nativité et l'adoration. — XVIe siècle.

122. — Grand écusson d'armoiries en marbre blanc avec un Hercule et une licorne pour supports. — XVIe siècle.

123. — Mascaron de fontaine en marbre blanc. — XVIe siècle.

124. — Écusson d'armoiries en marbre blanc.

125. — Enfants jouant avec un agneau. — Bas-relief en marbre blanc.

126. — La Vierge. —Statuette en marbre blanc. — XVIIe siècle.

127. — Groupes de chiens adossés, provenant d'un ancien tombeau. — Marbre blanc.

128. — Cheminée en marbre couverte de bas-reliefs et de cariatides en bronze, moulés sur des ivoires et des bois sculptés des XVIe et XVIIe siècles.

ALBATRES.

129. — Le couronnement de la Vierge. — Albâtre sculpté en relief. — XIVe siècle.

La Vierge, couronnée par le Père et le Fils, est debout sur les ailes d'un chérubin; autour d'elle sont groupés des chœurs d'anges.

130. — Sainte Ursule. — Bas-relief en albâtre peint et doré. — Fin du XIVe siècle.

131. — La salutation angélique. — Bas-relief en albâtre. — Fin du XIVe siècle.

132. — L'adoration des mages. — Bas-relief en albâtre. — Fin du XIVe siècle.

133. — Le Calvaire. — Bas-relief en albâtre de même époque.

134. — Le baiser de Judas. — Bas-relief en albâtre de même époque.

135. — Le Christ à la colonne et la flagellation. — Bas-relief en albâtre de même époque.

136. — La mise au sépulcre. — Bas-relief en albâtre. — Fin du XIVe siècle.

137. — La résurrection. — Bas-relief en albâtre de même époque.

138. — Même sujet. — Bas-relief en albâtre de même époque.

139. — La Sainte-Trinité. — Bas-relief en albâtre de même époque.

140. — Même sujet. — Bas-relief en albâtre de même époque.

141. — Le couronnement de la Vierge. — Bas-relief en albâtre de même époque.

Ces bas-reliefs proviennent d'un rétable de la fin du XIVe siècle.

142. — La Vierge dans sa gloire, au milieu d'un chœur d'anges. — Bas-relief en albâtre. — Fin du XIVe siècle.

143. — Saint Pierre. — Statue d'applique en albâtre. — XVe siècle.

144. — Saint Jean. — Figure d'applique en albâtre — XVe siècle.

145. — La Vierge et l'Enfant-Jésus. — Statue en albâtre. — XVIe siècle.

146. — Le Christ à la colonne. — Figure en albâtre du XVIe siècle, sur socle en albâtre sculpté à figures.

147. — La Mère de Dieu. — Groupe en albâtre. — XVIe siècle.

148. — La Vierge et l'Enfant-Jésus. — Bas-relief en albâtre encadré en ébène. — Ouvrage italien du XVIe siècle.

149. — La cène. — Bas-relief en albâtre, entouré d'une bordure d'arabesques en pâte coloriée et dorée. — XVIe siècle.

150. — Le jugement de Salomon. — Bas-relief en albâtre. — XVIe siècle.

151. — Le baiser de Judas. — Bas-relief en albâtre. — XVIe siècle.

152. — La résurrection. — Bas-relief en albâtre. — XVIe siècle.

153. — Le portement de croix. — Bas-relief en albâtre. — XVIe siècle.

154. — La mise au sépulcre. — Bas-relief de la même époque.

155. — La cène. — Petit bas-relief en albâtre encadré dans une bordure d'arabesques en pâte dorée. — XVIe siècle.

156 — La résurrection des morts. — Bas-relief en albâtre. — XVIe siècle.

157. — La Vierge, l'Enfant-Jésus et saint Jean. — Bas-relief en albâtre. — XVIe siècle.

158. — La résurrection du Christ. — Bas-relief en albâtre. — XVIe siècle.

159. — *Ecce Homo*. — Bas-relief en albâtre. — XVIe siècle.

160. — Le couronnement d'épines. — Bas-relief en albâtre. — XVIe siècle.

161. — La mise en croix. — Bas-relief en albâtre. — XVIe siècle.

162. — La descente de croix. — Bas-relief en albâtre. — XVIe siècle.

163. — La résurrection. — Bas-relief en albâtre. — XVIe siècle.

164. — La présentation au peuple. — Bas-relief en albâtre. — XVIe siècle.

165. — L'entrée à Jérusalem. — Bas-relief en albâtre. — XVIe siècle.

166. — Actéon changé en cerf. — Bas-relief en albâtre. — XVIe siècle.

167. — Scène de la vie du Christ. — Bas-relief en albâtre. — XVIe siècle.

168. — Orphée attirant par ses accords les animaux des forêts. — Bas-relief en albâtre. — XVIe siècle.

169. — Jésus dans sa gloire. — Bas-relief en albâtre. — XVIe siècle.

170. — La crèche. — Bas-relief en albâtre. — XVIe siècle.

171. — Loth et ses filles. — Bas-relief en albâtre. — XVIe siècle.

172. — Le portement de croix. — Bas-relief en albâtre — XVIe siècle.

173. — L'adoration des mages. — Bas-relief en albâtre. — XVIe siècle.

174. — L'enlèvement. — Groupe en albâtre d'après Jean de Bologne. — Fin du XVIe siècle.

175. — La Renommée. — Statuette en albâtre. — Fin du XVIe siècle.

176. — Statue fragmentée en albâtre gypseux. — XVIIe siècle.

177. — Corbeille en albâtre, décorée d'arabesques travaillées à jour, et flanquée à ses angles de figures accroupies — XVIe siècle.

178. — Salière en albâtre soutenue par trois figures d'amours. — XVIe siècle.

PLATRES.

179. — Tête de l'empereur Julien, moulée sur la statue du Musée du Louvre.

180. — Autel votif consacré à la déesse Néhalénia de l'île Walkren. — Moulage en plâtre.

L'original, apporté en France, a été rendu aux alliés en 1815, après avoir fait partie du Musée des Petits-Augustins.

181. — Jupiter antique, statue provenant des fouilles du vieil Évreux. — Moulage en plâtre.

182. — Vénus mâle, statue provenant des fouilles du vieil Évreux. — Moulage en plâtre.

183. — Autel taurobolique de Mont-Dole. — Réduction en plâtre.

Le taurobole était, chez les anciens, un sacrifice expiatoire. — On égorgeait un taureau sur une grande pierre disposée en forme de grille. Sous cette pierre était une fosse dans laquelle le criminel se plaçait pour recevoir sur son corps et sur sa tête le sang de la victime.

184. — Fragment d'une tombe en plâtre, ornée de dessins en relief, trouvé dans les fouilles faites pour l'établissement d'un égout, rue de l'Arbre-Sec, n° 28, le 17 août 1841.

185. — Fragments de tombes en plâtre trouvés dans les fouilles de la place Saint-Germain-l'Auxerrois, le 27 juillet 1841.

186. — Estampage en plâtre du tombeau de saint Saturnin de Carcassonne.

Donné par M. le préfet de l'Aude.

187. — Chapiteau du chœur de Notre-Dame de Paris, construction primitive. — Moulage en plâtre.

188. — Chapiteau de même provenance et de même époque.

189. — Chapiteau du même monument.

Donnés par M. A. Lenoir, architecte.

190. — Colonne de la façade de la basilique de Saint-Denis. — Moulage en plâtre.

191. — Colonne de même provenance et de même époque.

192. — Chapiteau de la façade de la basilique de Saint-Denis. — Moulage en plâtre.

193. — Bas-relief de l'église Saint-Nazaire, à Carcassonne. — Moulage en plâtre.

Le sujet de cette sculpture serait, suivant la tradition, l'épisode de la mort de Simon de Montfort. Elle aurait été exécutée au XIe siècle, du temps de Roger II, comte de Carcassonne, qui abattit la nef de Saint-Nazaire. — Ce bas-relief, enclavé dans le soubassement de la nef, a été débarrassé par les soins de Mme Delessert, femme du préfet de l'Aude.

Donné au Musée par M. Viollet-Leduc, architecte de la basilique de Saint-Denis.

194. — Estampages en plâtre de divers bas-reliefs de la façade de Poitiers.

Donnés par M. Mallay, architecte.

195. — Chapiteau du cloître de Moissac. — Moulage en plâtre.

Donné par M. A. Lenoir, architecte.

196. — Fragments du portail de Civray (Vienne), moulés en plâtre.

197. — Morceau de la grande frise du cloître de Moissac. — Moulage en plâtre.

198. — Morceau de frise orné de feuilles de vignes, du même cloître.

199. — Trois fragments moulés en plâtre provenant de l'ancienne église de Saint-Côme.

Donnés par M. A. Lenoir, architecte.

200. — Bas-relief de Saint-Julien-le-Pauvre. — Sujet légendaire : Le Christ passant l'eau sous la conduite de saint Julien, transformé en batelier. — XVe siècle.

Moulage en plâtre donné par M. Lassus, architecte.

201. — Bas-reliefs du château de Gaillon. — Fragments moulés en plâtre.

202. — Bas-relief provenant de la chapelle de Philippe de Comines, aux Grands-Augustins.

Moulage en plâtre donné par M. A. Lenoir, architecte.

203. — Console du portail de l'église Saint-Michel de Dijon. — Moulage en plâtre.

Ce moulage a été exécuté par les soins de la commission départementale des antiquités de la Côte-d'Or, et donné au Musée par M. de Saint-Mesmin, conservateur du Musée de Dijon.

Cette console, placée en avant du portail, servait anciennement de support à une statue de saint Michel, brisée dans la première révolution.

Elle a été exécutée en pierre dure, et son plan a la forme d'un fer à cheval. Son ornementatioa consiste en un grand nombre de bas-reliefs allégoriques et de sujets tirés de l'histoire du Nouveau et de l'Ancien Testament. Parmi ces allégories et ces sujets on remarque les figures de l'Abondance et de la Paix, plus loin celles d'Apollon, dieu de l'harmonie, de Vénus et de l'Amour, puis d'Apollon chasseur; à côté sont représentés les sujets suivants : Judith tenant la tête d'Holopherne, le jugement de Salomon, saint Roch et son chien, puis enfin l'apparition de Jésus-Christ à la Madeleine.

Au-dessous de ces divers petits bas-reliefs sont d'autres scènes parmi lesquelles on remarque : l'Amour porté par un centaure, Jupiter et Léda, Jupiter et Ganymède, Jason et le dragon, Hercule et les bœufs de Géryon, puis enfin des animaux, des fleurs et des emblèmes.

204. — Achèvement de la façade de Saint-Ouen de Rouen. — 1er projet.

205. — Achèvement de la façade de Saint-Ouen de Rouen. — 2e projet.

206. — Achèvement de la façade de Saint-Ouen de Rouen. — 3e projet.

Ces trois projets ont été exécutés par M. Grégoire, architecte, et déposés au Musée par les ordres du Ministre de l'Intérieur. Le 3e projet est celui qui a été adopté pour l'exécution.

BOIS SCULPTÉS.

207. — Rétable en bois sculpté, provenant de l'abbaye de Cluny, et représentant les diverses scènes de la passion du Christ. — Fin du XIVe siècle.

208. — Grand rétable en bois sculpté et doré, provenant de l'abbaye d'Everborn, près de Liége. — Travail flamand du XVe siècle.

Cette grande sculpture se divise en trois parties : le sujet du milieu représente la messe de saint Grégoire. Sous un ciel d'architecture dentelée apparaissent quelques figures aux lucarnes des maisons, et au-dessous de la scène principale sont deux anges tenant un bel ostensoir placé sur un socle richement sculpté. La partie de gauche représente l'épisode d'Abraham et de Melchisédech, et sur le côté droit on voit la cène en figures de haut-relief. La table qui supporte ce rétable est de la même époque.

209. — Rétable flamand en bois sculpté, peint et doré. — L'adoration des mages. — Règne de Louis XII.

Les figures sont exécutées en ronde-bosse, et les volets sont couverts de peintures; à l'intérieur on voit saint Roch et un saint archer, armé de toutes pièces, l'arc et les flèches en main; et sur les faces extérieures, Jésus au jardin des Olives et le Christ apparaissant à la Madeleine dans le jardin. Les côtés du rétable sont ornés de trophées de musique et de guerre peints en grisaille.

210. — La Mère de Douleurs. — Bois sculpté, peint et doré, du XVe siècle.

Sur le premier plan, la Mère de Douleurs se tient agenouillée et dans l'attitude de la prière. Dans le fond sont les murailles crénelées d'une ville à l'architecture gothique, et au-dessus s'élève un dais à dessins à jour et richement dentelé. Cette sculpture provient sans doute d'un rétable flamand.

211. — Saint Michel terrassant le démon. — Groupe en bois sculpté et doré. — Fin du XVe siècle.

212. — La Vierge et l'Enfant-Jésus. — Statue en bois. — xve siècle.

213. — Statue de sainte en bois sculpté et peint. — Figure allemande de la fin du xve siècle.

214. — Groupe en bois sculpté. — Un seigneur et un saint personnage. — Fin du xve siècle.

215. — Bas-relief, bois sculpté. — Archers. — Fin du xve siècle.

216. — La circoncision. — Rétable en bois sculpté à jour, peint et doré, avec figures en haut-relief. — Règne de Louis XII.

217. — La circoncision. — Rétable en bois sculpté à jour, peint et doré, de même époque

218. — L'arbre de Jessé. — Bois sculpté, peint et doré. — Règne de Louis XII.

219. — Figure de Pandore. — Statue en bois. — Époque de Louis XII.

220. — La mise au sépulcre. — Groupe en bois sculpté et peint. — Commencement du xvie siècle.

221. — Rétable en bois sculpté, peint et doré, provenant d'une église d'Amiens : le Calvaire. — xvie siècle.

222. — La décollation de saint Jean. — Groupe en bois sculpté, travail allemand. — Règne de François Ier.

223. — Chapelle portative en bois peint et doré. — Sainte Catherine. — Commencement du xvie siècle.

Les volets sont fleurdelisés à l'intérieur ; leur face externe porte les figures peintes de la Vierge et de saint Jean-Baptiste.

224. — Chapelle portative à volets en bois sculpté, peint et doré. — La Vierge et l'Enfant-Jésus. — Commencement du XVIe siècle.

Les volets sont ornés de figures en relief.

225. — Le Calvaire. — Triptyque en bois sculpté. — XVIe siècle.

Les volets représentent, en relief, le Christ à la colonne, Jésus-Christ au mont des Olives, le couronnement d'épines et la présentation au peuple.

226. — Le Calvaire. — Petit rétable en bois sculpté, peint et doré. — XVIe siècle.

227. — La fuite en Égypte. — Petit rétable en haut-relief, flanqué de pilastres décorés d'arabesques. — XVIe siècle.

228. — Le *Credo* en action. — Volets d'un rétable provenant de l'abbaye de Saint-Riquier, et portant la date de 1587.

Chacun de ces panneaux, au nombre de quatre, est divisé en trois bas-reliefs qui représentent la mise en action des versets du *Credo*.

Le premier a pour sujet les trois versets :

Credo in unum Deum, factorem cœli et terræ;
Et in Jesum Christum qui propter nos descendit de cœlis;
Et incarnatus est ex Maria Virgine et homo factus est.

Le second de ces panneaux représente les trois versets suivants :

Crucifixus sub Pontio Pilato, passus et sepultus est
Et resurrexit tertia die secundum scripturas;
Et ascendit in cœlum, sedet ad dexteram patris.

Sur le troisième volet sont les versets :

Et iterum venturus est cum gloria judicare vivos et mortuos;
Et in Spiritum Sanctum qui ex patre filioque procedit;
Qui locutus est per prophetas.

Le quatrième volet porte les versets :

Unum baptisma in remissionem peccatorum.
Expecto resurrectionem mortuorum;
Et vitam venturi sæculi. — 1587.

229. — Petite chapelle portative à volets, en bois sculpté, peint et doré, représentant les figures du Christ et du Père Eternel entre les séraphins. — XVIe siècle.

Le Père Éternel et le Christ sont assis, la main droite levée en signe de bénédiction, la gauche placée sur le livre de vérité. — La destination de ce petit monument est indiquée par une inscription placée au dos et signée par la propriétaire, sœur Perrette Dobray :

« *Et luy feut donée l'an* **1592**, *au moys de decenbre*
» *p. ses frères et seur et a couste* XVIII *L.*
» *Je prie a tous ceulx et celles qi y prendront devoon*
» *ce gardent de la gaster et prie por moy et por ceulx*
» *qi me l'ont donee.*

» *Ser Perrette Dobray.* »

230. — Le Christ à la colonne. — Haut-relief en bois de poirier sculpté, d'après Sébastien del Piombo. — XVIe siècle.

231. — L'éducation de la Vierge. — Groupe du XVIe siècle.

232. — Même sujet. — XVIe siècle.

233. — Le Christ en croix. — Bois peint et doré. — XVIe siècle.

234. — Larron en croix. — Bois sculpté. — Fragment d'un rétable du XVIe siècle.

235. — Larron en croix. — Même époque et même provenance.

236. — *Mater Dolorosa.* — Groupe en bois sculpté et peint. — XVIe siècle.

237. — La mort de la Vierge. — Groupe en bois. — XVIe siècle.

238. — Deux petits groupes en bois sculpté et peint. — XVIe siècle.

239. — La circoncision. — Groupe sculpté et peint ; travail allemand. — XVIe siècle.

240. — La Vierge et l'Enfant-Jésus. — Groupe en bois sculpté. — XVIe siècle.

241. — Figure en bois sculpté, peint et doré. — Saint Jean. — XVIe siècle.

242. — Figure en bois sculpté, peint et doré. — XVIe siècle.

243. — Sainte femme en prière. — Figure du XVIe siècle.

244. — Saint évêque. — Figure en bois sculpté, peint et doré. — XVIe siècle.

245. — Saint André. — Figure du XVIe siècle, en bois sculpté, peint et doré.

246. — Figure en bois sculpté, peint et doré. — Saint Jean. — XVIe siècle.

247. — Vierge. — Bois sculpté et doré. — XVIe siècle.

248. — Saint Nicolas. — Figure en bois sculpté, peint et doré. — XVIe siècle.

249. — La Vierge et l'Enfant-Jésus. — Groupe en bois sculpté, peint et doré. — XVIe siècle.

250. — Tête d'ange ailée. — Bois sculpté. — XVIe siècle.

251. — Deux bas-reliefs en bois sculpté. — Saints personnages.

252. — Vénus et l'Amour. — Petit groupe en bois sculpté. — XVIe siècle.

253. — Une école. — Groupe en bois sculpté, peint et doré. — XVIe siècle.

254. — Sainte Catherine. — Groupe en bois sculpté, attribué à Lucas de Leyde. — XVIe siècle.

255. — La Foi. — Figurine en bois sculpté, travail flamand du XVIe siècle. — La Charité, idem. — L'Espérance, idem. — La Force, idem. — La Prudence, idem.

256. — Quatre figures en bois sculpté, peint et doré, représentant des divinités allégoriques. — XVIe siècle.

257. — Bas-relief en bois sculpté, peint et doré. — Fragment d'un rétable. — XVIe siècle.

Ce fragment se compose de trois étages : à l'étage supérieur, le portement de croix; plus bas, Jésus présenté au peuple, et dans la partie inférieure, des têtes de spectateurs dans les galeries.

258. — Gardes à cheval. — Groupe en bois sculpté provenant d'un rétable du XVIe siècle.

259. — Divers fragments d'un rétable en bois sculpté. — Sujets tirés de la passion du Christ. — XVIe siècle.

260. — Fragment d'un rétable en bois sculpté. — La mort de la Vierge. — Pilate et le portement de croix. — Les gardes du Calvaire et la descente de croix.

261. — Les saintes femmes. — Fragment d'un rétable en bois sculpté, peint et doré. — XVIe siècle.

262. — La résurrection. — Fragment d'un rétable en bois sculpté. — XVIe siècle.

263. — La crèche. — Fragment d'un rétable du XVIe siècle.

264. — La résurrection. — Fragment d'un rétable en bois sculpté. — XVIe siècle.

265. — Le portement de croix. — Groupe en bois sculpté, peint et doré. — XVIe siècle.

266. — La mort de la Vierge. — Bois sculpté, peint et doré. — XVIe siècle.

267. — La mort de la Vierge et les gardes au Calvaire. — Fragment d'un rétable en bois sculpté, peint et doré. — XVIe siècle.

268. — La Vierge, l'Enfant-Jésus et saint Joseph. — Groupe en bois sculpté, peint et doré. — XVIe siècle.

269. — Les saintes femmes. — Bas-relief en bois sculpté, peint et doré, provenant d'un rétable du XVIe siècle.

270. — Les gardes au Calvaire. — Groupe en bois sculpté, peint et doré, provenant d'un rétable du XVIe siècle.

271. — Le jardin des Olives. — Fragment d'un rétable du XVIe siècle.

272. — Les gardes montant au Calvaire. — Fragment d'un rétable de même époque.

273. — La résurrection. — Fragment d'un rétable de même époque.

274. — Le couronnement d'épines. — Fragment d'un rétable de même époque.

275. — Le Christ à la fontaine. — Bas-relief en bois sculpté.

276. — Figure en bois sculpté et doré. — Sainte Catherine. — Fragment d'un rétable du XVIe siècle.

277. — Figure en bois sculpté et doré, de même provenance et de même époque.

278. — Figure en bois sculpté et doré, provenant du même rétable.

279. — Figure en bois sculpté et doré, provenant du même rétable.

280. — Jésus au milieu des docteurs. — Bas-relief en bois sculpté. — XVIe siècle.

281. — La salutation angélique. — Tableau en bois sculpté et peint. — XVIe siècle.

282. — La salutation angélique. — Bas-relief en bois sculpté. — XVIe siècle.

283. — Le couronnement de la Vierge. — Bas-relief en bois. — XVIe siècle.

284. — Le couronnement de la Vierge. — Bas-relief en bois sculpté. — XVIe siècle.

285. — Jézabel livrée aux chiens. — Bas-relief en bois sculpté, peint et doré. — XVIe siècle.

286. — Panneau en bois sculpté, à trois compartiments décorés de figures et d'ornements en haut-relief et séparés entre eux par des cariatides et des figures. — XVIe siècle.

287. — Panneau de bois sculpté, décoré de figures et d'ornements en haut-relief. — XVIe siècle.

288. — Le portement de croix. — Bas-relief en bois sculpté. — XVIe siècle.

289. — L'adoration des mages. — Bas-relief en bois sculpté, peint et doré. — XVIe siècle.

290. — Panneau en bois sculpté, décoré de six figures. — XVIe siècle.

291. — Bas-relief en bois sculpté, représentant le Christ et les petits enfants. — XVIe siècle.

292. — Panneau en bois sculpté, composé de bas-reliefs, de trophées et d'attributs du XVIe siècle, parmi lesquels on distingue la salamandre dans les flammes.

293. — La crèche. — Bas-relief en bois sculpté, peint et doré. — XVIe siècle.

294. — Bas-relief en bois sculpté. — Les douze apôtres. — XVIe siècle.

295. — Tableau en bois sculpté et coloré, représentant quatre divinités de l'antiquité : JUPITER, JUNON, DIANE et NEPTUNE. — XVIe siècle.

296. — Un sacrifice. — Bas-relief en bois sculpté, travail italien. — XVIe siècle.

297. — Panneaux d'arabesques en bois sculpté. — XVIe siècle.

298. — Saint Pierre repentant. — Bas-relief en bois sculpté. — XVIe siècle.

299. — Sainte Madeleine. — Bas-relief en bois sculpté. — XVIe siècle.

300. — Un prisonnier. — Bas-relief en bois sculpté. — XVIe siècle.

301. — Déposition de croix. — Bois sculpté. — XVIe siècle.

302. — La descente aux limbes. — Bois sculpté. — XVIe siècle.

303. — Grandes cariatides d'applique, avec culs-de-lampe et pendentifs de fleurs et de fruits. — XVIe siècle.

304. — Grandes figures d'applique, en bois sculpté. — XVIe siècle.

305. — Fragment d'une frise en bois sculptée à rinceaux. — XVIe siècle.

306. — Bas-relief en bois représentant un combat entre deux femmes.

307. — La présentation au temple. — Bas-relief en bois sculpté.

308. — La visitation. — Bas-relief en bois sculpté.

309. — La Vierge et l'Enfant-Jésus. — Groupe en bois de poirier. — Commencement du XVIIe siècle.

310. — Jésus-Christ bénissant le monde. — Statue en bois sculpté, par Duquesnoy, dit *François Flamand*. — XVIIe siècle.

311. — La Force. — Figurine en bois sculpté, d'école flamande. — XVIIe siècle.

312. — Vénus et l'Amour. — Bois sculpté. — XVIIe siècle.

313. — Saint personnage. — Statue en bois peint. — XVIIe siècle.

314. — Saints personnages. — Figures en ébène. — XVIIe siècle.

315. — Ecusson d'armoiries en bois sculpté, surmonté d'une couronne de comte avec deux anges vêtus pour supports.

316. — Cinq pilastres en bois de cèdre sculpté en relief, exécutés d'après les pilastres de Saint-Pierre-de-Rome. Les chapiteaux et les bases sont en cuivre ciselé et doré.

317. — Une chasse. — Bas-relief en bois sculpté, du temps de Louis XIII.

318. — La reine de Saba. — Bas-relief en bois sculpté.

319. — Panneau de bois sculpté, représentant la fuite en Egypte, la naissance du Christ et le massacre des innocents, avec encadrement de style gothique moderne. — XVIIe siècle.

320. — Colonnes torses ornées de guirlandes et surmontées d'un chapiteau.

321. — Colonne torse en ébène sculptée, ornée de guirlandes et d'amours. — XVIIe siècle.

322. — Croix en bois de cèdre sculpté, décorée des principaux sujets de la passion du Christ. — Travail du Liban au XVIIe siècle.

Les figures de Marie et de saint Jean sont peintes à l'huile dans l'encadrement.

323. — Petite croix en cèdre du Liban, décorée de figures en relief. — XVIIe siècle.

LES ROIS DE FRANCE.

Suite de figurines en bois sculpté, au nombre de soixante, exécutées sous le règne de Louis XIII. Hauteur, 7 centimètres.

La série des rois commence à Clovis, premier Roi chrétien et cinquième Roi de France. Les quatre premiers Rois païens, Pharamond, Clodion, Mérovée et Childéric, n'y sont pas figurés, mais leurs numéros d'ordre sont réservés, ainsi que celui de Clotaire, successeur de Dagobert II, couronné par Charles Martel, mais non reconnu par Jehan Dutillet, dans son Recueil des Rois. Chacune de ces figures est représentée debout; les deux dernières seules sont à cheval. — Sur les socles sont placées les légendes extraites du Recueil des Rois.

Ces figurines sont les suivantes :

324. — CLOVIS, 5e Roy de France, premier Roy chrétien. De l'an 485 à l'an 514.

Régna trente ans. Gist à Paris, en une église qu'il avait fait construire en l'honneur de saint Pierre et saint Paul, aujourd'hui Sainte-Geneviesve-du-Mont.

325. — CHILDEBERT, 6e Roy de France. — 515-560.

Régna quarante-cinq ans. Gist en l'église Saint-Germain-des-Prez, qu'il avait édifiée et dédiée au nom de saint Vincent.

326. — CLOTAIRE, 7e Roy de France. — 559-564.

Régna cinq ans. Gist à Saint-Médard de Soissons.

327. — CHEREBERT, autrement ARIBERT, 8e Roy de France. — 564-573.

Mourut à Blaye-sur-Gironde; y est enterré en l'église de Sainct-Romain.

328. — CHILPÉRIC, 9e Roy de France. — 573-588.

Régna quatorze ans. Gist à Saint-Germain-des-Prez, lès-Paris.

329. — CLOTAIRE II, 10e Roy de France. — 588-631.

Régna quarante-quatre ans. Gist à Saint-Germain-des-Prez, lez-Paris.

330. — **Dagobert, 11e Roy de France. — 632-646.**

Régna quinze ans. Mourut au lieu d'Épinay, près de Seine, le 29e jour de janvier, et fut enterré en l'église de Saint-Denis qu'il avait fait édifier.

331. — **Clovis II, 12e Roy de France. — 646-662.**

Régna dix-sept ans. Mourut au bourg de Chelles près Paris. Gist à Saint-Denis.

332. — **Clotaire III, 13e Roy de France. — 663-667.**

Régna cinq ans. Gist à Chelles.

333. — **Childéric II, 14e Roy de France. — 668-679.**

Régna douze ans; fut occis en la forêt Lanconis, près Chelles. Gist à Sainct-Germain-des-Prez.

334. — **Théodoric, 15e Roy de France. — 680-693.**

Régna quatorze ans. Gist à Arras, en l'église de Sainct-Vast.

335. — **Clovis III, 16e Roy de France. — 694-697.**

Régna quatre ans. Gist à Saint-Étienne de Choisy.

336. — **Childebert II, 17e Roy de France. — 698-715.**

Régna dix-sept ans. Gist à Nancy, en l'église de Saint-Étienne.

337. — **Dagobert II, 18e Roy de France. — 716-719.**

Régna quatre ans, d'autres disent six. Mort et enterré à Nancy.

« Après le règne de ce Roy, dit Dutillet, Martel » feit couronner 19e Roy de France, par dessus luy, » un nommé Clotaire, lequel affectant le royaume » s'efforça de s'en saisir et de l'occuper, mais il ne » peut avoir aucun lien en l'ordre des Roys, parce » que Paul-Émile ne l'y met pas. » Ce Roi n'est pas figuré dans la suite de ces figurines, mais son numéro d'ordre est conservé.

338. — CHILPÉRIC II, 20e Roy de France. — 722-725.

Régna trois ans, d'autres disent quatre. Gist à Noyon.

339. — THÉODORIC II, 21e Roy de France. — 725-741.

Régna dix-sept ans; trépassa au mois de juillet et fut enterré à Saint-Denis le 22 octobre.

340. — CHILDÉRIC III, l'*Insensé*, 22e Roy de France. 742-750.

Régna neuf ans, et fut contraint de se rendre moine à Soissons, en l'an 751.

Ici finit la première race dite des Méroviens, et commence la seconde, dite des Charliens.

341. — PÉPIN, 23e Roy de France. — 751-768.

Régna dix-huit ans, selon d'autres dix-sept; mourut à Paris le 24 septembre, l'an 768. Gist à Saint-Denis.

342. — CHARLEMAGNE, 24e Roy de France. — 768-815.

Régna quarante-sept ans; fut proclamé Empereur par le pape Léon, l'an 801, le jour de Noël; mourut âgé de soixante-douze ans, le 28 janvier, l'an 815. Gist à Aix, en la chapelle qu'il avait fait bâtir.

343. — LOYS, *le Débonnaire*, 25e Roy de France. — 815-840.

Régna vingt-six ans; mourut en l'an 840, le 21 may. Gist à Metz.

344. — CHARLES II, *le Chauve*, 26e Roy de France. 840-878.

Régna trente-huit ans; mourut à Mantoue, le 6 octobre 878; fut enterré à Saint-Eusèbe de Versay, puis sept ans après transféré à Saint-Denis, en France.

345. — LOYS II, *le Bègue*, 27e Roy de France. — 878-880.

Régna deux ans; mourut à Compiègne, le 13 avril 880. Gist en l'église Saincte-Cornille.

346. — Loys III, 28e Roy de France. — 880–884.

347. — Carloman, idem. — 880–885.

Sacrés et couronnés en l'abbaye de Saint-Pierre de Ferrières. — Le premier mourut à Tours en 884, et fut enterré à Saint-Denis ; le second mourut en 885, en la forêt Basine, et gist à Saint-Denis.

348. — Charles, *le Gros*, 29e Roy de France. — 886-890.

Régna cinq ans. Fut destitué le 6 octobre, l'an 890.

349. — Eudes, 30e Roy de France. — 891-899.

Sacré par Gautier, archevêque de Sens ; rendit le royaume à son pupille, et gist à Saint-Denis.

350. — Charles, *le Simple*, 31e Roy de France. — 900–927.

Sacré et couronné à Rheims, à l'âge de douze ans, l'an 892, par Foulques, archevêque de Rheims. Mourut en prison à Péronne, et gist en l'abbaye de Fourcy.

351. — Raoul, 32e Roy de France. — 923-936.

Régna treize ans. Gist à Sainte-Colombe lez-Sens.

352. — Loys, d'*Outre-Mer*, 33e Roy de France. — 936-954.

Régna dix-huit ans. Gist à Saint-Remy, à Rheims.

353. — Lotaire, 34e Roy de France. — 954-986.

Sacré et couronné le 13 novembre 954. Régna trente-un ans. Mourut à Rheims, l'an 986, le 10 mars. Gist à Saint-Remy.

354. — Loys V, 35e Roy de France. — 986–987.

Régna un an. Gist à Sainct-Cornille de Compiègne.

Ici finit la race des Charliens et commence la troisième race des Roys.

355. — Hugues Capet, 36e Roy de France. — 987-996.

Fut salué Roy à Noyon, puis sacré et couronné à Rheims. Régna neuf ans. Gist à Saint-Denis.

356. — ROBERT, 37e Roy de France. — 996–1031.

Régna trente-quatre ans. Gist à Saint-Denis.

357. — HENRY Ier, 38e Roy de France. — 1031-1060.

Régna trente ans. Gist à Saint-Denis.

358. — PHILIPPE Ier, 39e Roy de France. — 1060-1108.

Régna quarante-huit ans. Gist à Sainct-Benoist-sur-Loire.

359. — LOYS VI, *le Gros*, 40e Roy de France. — 1108–1137.

Régna vingt-huit ans. Gist à Sainct-Denis.

360. — LOYS VII, *le Jeune*, 41e Roy de France. — 1137–1180.

Régna quarante-trois ans. Gist au monastère de Barbeau, ordre de Cisteaux, lequel il avait édifié.

361. — PHILIPPE II, Auguste-Dieudonné, 42e Roy de France. — 1180–1223.

Régna quarante-trois ans. Mourut à Mantes, le 14 de juillet. Gist à Sainct-Denis.

362. — LOYS VIII, 43e Roy de France. — 1223-1226.

Régna trois ans. Gist à Sainct-Denis.

363. — SAINT-LOYS, 44e Roy de France. — 1226-1270.

Régna quarante-quatre ans, mourut en son camp devant Carthage, le 25 août 1270. Gist à Sainct-Denis.

364. — PHILIPPE III, *le Hardi*, 45e Roy de France. 1270-1285.

Régna quinze ans. Gist à Sainct-Denis.

365. — PHILIPPE IV, *le Bel*, 46e Roy de France. — 1285–1314.

Régna vingt-huit ans. Mourut à Fontainebleau. Gist à Sainct-Denis.

366. — Loys X, *le Hutin*, 47e Roy de France. — 1314-1316.

Régna seize mois. Gist à Sainct-Denis.

367. — Philippe V, *le Long*, 48e Roy de France. — 1316-1322.

Régna cinq ans. Gist à Sainct-Denis.

368. — Charles IV, *le Bel*, 49e Roy de France. — 1322-1328.

Régna sept ans. Gist à Sainct-Denis.

369. — Philippe VI, de Valois, *le bien Fortuné*, 50e Roy de France. — 1328-1350.

Régna vingt-deux ans. Gist à Sainct-Denis.

370. — Jean, *le Bon*, 51e Roy de France. — 1350-1364.

Régna quatorze ans. Mourut à Londres. Gist à Sainct-Denis.

371. — Charles V, *le Sage*, 52e Roy de France. — 1364-1380.

Régna 16 ans. Mourut à Beauté-sur-Marne. Gist à Sainct-Denis.

372. — Charles VI, 53e Roy de France. — 1380-1422.

Régna quarante-deux ans. Mourut en son hôtel de Sainct-Pol. Gist à Sainct-Denis.

373. — Charles VII, 54e Roy de France. — 1422-1461.

Ne fut sacré et couronné à Rheims que le 17 juillet 1429. Régna trente-huit ans. Mourut à Meun-sur-Yeurre, le 24 juillet 1461. Gist à Sainct-Denis.

374. — Loys XI, 55e Roy de France. — 1461-1483.

Régna vingt-trois ans. Mourut au Plessis-les-Tours. Gist à Notre-Dame-de-Cléry.

375. — CHARLES VIII, 56e Roy de France. — 1483-1498.

Régna quatorze ans. Mourut à Amboise. Gist à Sainct-Denis.

376. — LOYS XII, 57e Roy de France. — 1498-1515.

Régna dix-sept ans. Mourut le 1er janvier 1515, à Paris, en son hostel des Tournelles. Gist à Sainct-Denis.

377. — FRANÇOIS Ier, de Valois, 58e Roy de France. 1515-1547.

Nasquit à Cognac, le 12 septembre 1494. Fut sacré à Rheims, le 25 janvier 1515. Régna trente-deux ans, et mourut à Rambouillet, le dernier jour de mars, l'an 1547. Gist à Sainct-Denis.

378. — HENRI II, de Valois, 59e Roy de France. — 1547-1559.

Régna douze ans, et mourut à Paris, le 10 juillet 1559, au palais des Tournelles. Gist à Sainct-Denis.

379. — FRANÇOIS II, de Valois, 60e Roy de France. 1559-1560.

Régna seize mois et vingt-cinq jours, et mourut à Orléans, le 5 décembre, l'an 1560. Gist à Sainct-Denis.

380. — CHARLES IX, de Valois, 61e Roy de France. 1560-1574.

Régna quatorze ans. Mourut le 30 may, l'an 1574, à Vincennes. Gist à Sainct-Denis.

381. — HENRY III, de Valois, 62e Roy de France. — 1574-1589.

Régna quinze ans. Fut assassiné à Saint-Cloud le 1er aoust 1589. Gist à Sainct-Denis.

382. — HENRY IV, de Bourbon, 63e Roy de France. 1589-1610.

Nasquit en l'an 1553, à Pau, d'Antoine de Bourbon et de Jeanne d'Albret. Fut sacré à Chartres le dimanche 27 février 1594. Régna vingt ans neuf mois treize jours, et mourut à l'âge de cinquante-sept ans et cinq mois, assassiné par François Ravaillac, le 14 may 1610. Gist à Sainct-Denis.

383. — LOVYS XIII, de Bourbon, 64e Roy de France. 1610-1643.

Nasquit à Fontainebleau, le 27 septembre 1601, de Henry IV et de Marie de Médicis. Monta sur le trône en 1610, sous la régence de sa mère. Mourut en 1643. Gist à Sainct-Denis.

Ici finit la série des figures des Rois de France, exécutées au commencement du règne de ce dernier roi.

IVOIRES

384. — Figure panthée : — du IIIe au IVe siècle.

Cette sculpture, aussi remarquable par son exécution que par son antiquité, est un monument de la plus haute curiosité.

385. — Ivoire. — Boîte ronde destinée à renfermer les Eulogies. — VIe siècle.

Cette boîte est ornée dans son développement circulaire de compositions empruntées aux sarcophages des premiers siècles du christianisme. — Les sujets sont les suivants : la guérison du paralytique, celle de l'aveugle-ne, la Samaritaine et la résurrection du Lazare.

386. — Ivoire. — Boîte de forme ronde, destinée à renfermer les Eulogies. — VIe siècle.

Les sujets qui décorent l'extérieur de cette boîte sont : les pèlerins d'Emmaüs, et les quatre évangélistes.

387. — Ivoire. — Bas-relief byzantin : le mariage d'Othon II, empereur d'Occident (973-983), et de Théophano, fille de Romain II, empereur d'Orient. — Xe siècle.

Le Christ, la tête ceinte du nimbe crucifère, est debout sur un piédestal travaillé à jour, et pose la couronne sur la tête d'Othon et de Théophano. Il est vêtu d'une longue tunique, et ses pieds sont chaussés de sandales.

L'empereur et l'impératrice se tiennent à ses côtés, le premier porte pour vêtement une dalmatique brodée, recouverte d'une chlamyde enrichie de pierres précieuses, et relevée sur l'avant-bras gauche. L'impératrice est vêtue d'une dalmatique également brodée, et porte, ainsi que l'empereur, la main droite sur son cœur en signe d'adoration. Chacune de ces figures est placée debout sur un tabouret.

Aux pieds de l'empereur est un personnage accroupi dans une humble attitude, et couvert d'un manteau semé d'étoiles; sa main droite porte sur un des montants du piédestal qui sert de base à la figure du Christ.

Les inscriptions suivantes sont placées dans le champ du bas-relief :

A droite et à gauche du nimbe crucifère du Christ :

IC. XC., Ιησους Χριστος.

Au-dessus de la figure, à la droite du Christ :

OTTO IMP P man ac +. *Otto Imperator Romanorum augustus.*

Au-dessus de la figure, à la gauche du Christ

ΘΕΟΦΑΝΩ IMP. ac.

Théophano Imperatrix augusta.

Entre l'empereur et le Christ, on lit :

ΚЄ ΒΟΗΘΙ ΤΟ ΔΘ ΙΩ ΧΩ ΑΜΕΝ.

Κύριε βοηθει τῳ δουλῳ Ιωαννη Χω.....

Seigneur, secourez votre serviteur Jean Ch...... — *Amen.*

La date de 937, placée entre le Christ et Théophano, est évidemment une addition moderne. Elle est de plus inexacte; il y a transposition de chiffres — au lieu de 973, on a écrit 937.

La légende, d'un grec barbare, est encore remarquable par le mélange bizarre des caractères grecs et latins, mélange assez fréquent du reste dans les monuments du Bas-Empire.

La figure prosternée au pied du Christ est celle désignée sous le nom de Jean : c'est sans doute le donateur du bas-relief.

Othon II, fils d'Othon Ier et d'Adélaïde sa seconde femme, avait, dès l'an 962, été couronné roi des Romains. Il succéda à son père en 973; fut vaincu en 978 par Lothaire, Roi de France, qui lui prit la Lorraine; et mourut en 983.

C'est donc à l'année 973 qu'on peut rapporter la date précise de ce curieux bas-relief.

388. — Ivoire. — La Vierge et l'Enfant-Jésus, figure du xe siècle.

La Vierge est assise, la tête ceinte d'une couronne; elle porte sur ses genoux l'Enfant-Jésus, qui tient la main droite levée dans l'attitude de la bénédiction.

389. — Ivoire. — Plaque de couverture de livre, d'école grecque et de travail italien. — xe siècle.

Au milieu est le Christ en croix, entre sainte Marie et saint Jean. Au dessus de la tête du Sauveur, une figure d'ange ailée tient en main le sceptre et le globe crucifère. A ses côtés sont le soleil et la lune. Immédiatement au-dessous du crucifiement, sont les figures de saint Vital et de sainte Valère, placées debout sous des arceaux en plein cintre. Ce sujet principal est entouré de dix huit médaillons de forme circulaire, renfermant les figures des apôtres, des saints, et deux des attributs des évangiles. Ces médaillons sont rangés dans l'ordre suivant : saint Pierre, saint André, saint Jacques *le majeur*, saint Jean, saint Thomas, saint Jacques *le mineur*, saint Thadée, saint Jacob, saint Nicolas, saint Benoît, saint Hermagoras, saint Grégoire, pape, saint Pantaléon, saint Laurent, saint Jacques et saint Barthélemy. Aux deux coins de l'extrémité inférieure, sont les figures chimériques des évangélistes saint Marc et saint Luc, caractérisées l'une par le lion, l'autre par le bœuf, tous deux nimbés. Chacun des médaillons est entouré d'un ornement courant, et dans les fonds sont gravés les noms des personnages.

390. — Ivoire. — Figure de saint. — xe siècle.

391. — Couverture d'évangéliaire en ivoire, montée en filigrane doré. — xe siècle.

Deux panneaux d'ivoire sont disposés sur les faces

du livre. La face supérieure représente le Christ en croix entre Marie et saint Jean. — L'autre côté a pour sujet la Vierge entre les saints personnages. L'encadrement de filigrane doré est enrichi de pierreries.

392. 393. — Plaques d'ivoire sculpté à deux faces, représentant d'un côté des sujets mythologiques, de l'autre des sujets chrétiens et tirés de la vie du Christ. — Du Xe au XIe siècle.

Ces deux plaques d'ivoire sont des monuments aussi précieux par leur époque reculée que par leur exécution. On ne peut décider si dans l'origine elles existaient seules, ou si elles ne sont que les débris d'une couverture de livre, composée d'un certain nombre de sculptures analogues. Il est fort difficile de préciser au juste l'époque à laquelle ces belles plaques ont été exécutées. Il y a lieu de présumer cependant que la face conservée intacte de nos jours est d'une exécution postérieure à celle décorée de sujets chrétiens, rabotés, sans doute, pour donner une autre destination aux ivoires, la matière étant rare et d'un prix élevé.

Les sujets que l'on distingue au premier abord, sur le côté le mieux conservé des deux plaques, sont quatre des signes du zodiaque : le Verseau et le Lion, sur la première; le Capricorne et le Sagittaire, sur la seconde. Dans le haut de la première plaque (n° 392), un guerrier menace de sa lance le Verseau, qui se retient à un arbre; plus bas, un autre guerrier plonge un dard dans la gueule du Lion, et dans la partie inférieure, on distingue une figure d'homme qui se joue dans les branchages. La bordure se compose de feuillages, de lions ailés et d'animaux chimériques.

Dans la seconde de ces plaques (n° 393), le Sagittaire a l'arc en main et s'apprête à lancer une flèche. Le Capricorne est assailli par deux figures, dont l'une, vêtue, est debout sur son dos, et se suspend d'une main à ses cornes, et de l'autre à sa queue, tandis que la seconde, entièrement nue, saisit d'une main la barbe de l'animal chimérique, et de l'autre cueille un fruit que présente l'extrémité d'une branche.

Les sujets qui décorent l'autre face des deux plaques remontent à une époque à peu près analogue, mais certainement antérieure. Ils sont tirés de la vie et de la passion du Christ, et forment de véritables palimpsestes d'ivoire.

Sur la plaque (n° 392) est le Christ accompagné de quatre anges ailés, et assis sur un trône au milieu de sa gloire. Plus bas est un autre sujet composé de quatorze figures, dont l'une est assise sur un siége élevé. On croit y voir la Vierge et les apôtres réunis dans le Cénacle et recevant les langues de feu de la Pentecôte.

Les sujets de l'autre plaque (n° 393) ont conservé leurs silhouettes et sont plus distincts. Ils sont au nombre de trois : le Christ apparaissant à la Madeleine dans le jardin, le Calvaire et le Christ en croix, puis la salutation angélique.

394. — Plaque d'ivoire, sculptée en fort relief, représentant une figure d'apôtre nimbée, sous un portique en plein cintre, avec la légende : « GRATIA D. I; SUM ID QUOD SÛ. ».

Cette plaque était sans doute destinée à l'ornementation d'une couverture d'évangéliaire. — XIe siècle.

395. — Boîte en ivoire, richement travaillée, et représentant une sorte de chapelle autour de laquelle se développent diverses scènes de l'Evangile. — Ouvrage très-précieux du XIe siècle et provenant de Reims.

Les sujets sont : l'adoration des mages, le massacre des innocents et le baptême de Jésus-Christ. Sous une espèce de portique ou de loge qui se développe au-dessus des scènes précédentes, on voit diverses figures qui paraissent se rapporter à la vie de saint Remy et au baptême de Clovis. Les inscriptions sont les suivantes : ANGELUS. EUM. BLANDA. VOCE. SIC. AFATUR. NE. FRANGARIS. — SPIRITUM. ECCE. DEI.

La destination de cet ivoire est inexpliquée. Il y a lieu de croire cependant que c'était une sorte de reliquaire.

396. — Plaque d'évangéliaire en ivoire sculpté. — La mort de la Vierge. — XIIe siècle.

397. — Plaque d'ivoire décorée d'ornements et de rinceaux découpés à jour. — XIIe siècle.

398. — Coffret en ivoire représentant sur son couvercle la figure du Christ dans sa gloire, entourée des symboles des Évangiles. — XIIe siècle.

Le Christ est assis dans une auréole de forme elliptique, la tête surmontée du nimbe crucifère: ses pieds sont nus, et sa main droite est levée dans l'attitude de la bénédiction. — La ferrure de ce coffret est du temps.

399. — Châsse de saint Yvet, de l'abbaye de Braisne en Soissonnais, ivoire sculpté. — XIIe siècle.

Ce reliquaire présente sur ses faces quarante-deux figures en relief, qui sont disposées sous des arcades en plein cintre que soutiennent des pilastres décorés de bases et de chapiteaux à feuilles, et que séparent des tours crénelées.

Au milieu de la face principale on voit un ange ailé qui tient en main l'encensoir; à sa gauche, sont les trois rois mages : GESPAS, BALTHASAR et MELCHIOR; les deux premiers ont la tête ceinte du diadême, et chacun d'eux porte en mains les présents destinés au fils de Dieu; à la droite sont SCA MARIA, SAINT JOSEPH et SAINT SIMÉON. La Vierge porte dans ses bras le Christ qui tient dans la main gauche le livre aux caractères *alpha* et *oméga*, symboles du principe et de la fin, et qui lève la droite en action de bénir le monde. Saint Joseph s'appuie sur le *tau*, et saint Siméon porte les colombes.

Sur la face opposée, le Christ occupe la place du milieu; sa tête est ceinte du diadême; il tient d'une main le livre des Évangiles et de l'autre il bénit le monde. — A ses côtés sont figurés ses apôtres et ses disciples : saint Pierre, saint André, saint Thomas, à sa droite; saint Paul, saint Jean et saint Jacques, à sa gauche. Aux deux extrémités de la châsse sont, d'un côté, saint Philippe, saint Mathias, saint Mathieu et saint Simon; de l'autre, saint Barthélemy, saint Barnabé, saint Judas et saint Jacob. — Chacune de ces figures porte au-dessus d'elle son nom gravé en creux.

Le couvercle est décoré de seize figures principales.

Ce sont les patriarches, les prophètes et les rois. Sur la face antérieure : Moïse, Isaïe, Jacob, David, Salomon, Aaron; du côté opposé, Abraham, Balaam, Roboam, Samuel et Jérémie. Aux deux extrémités figurent d'une part, Jonas et Jessé, entre l'ange Chérubin et l'ange Raphaël; de l'autre, Adam et Noé, entre l'ange Michel et l'ange Gabriel. — Chacun de ces personnages porte une banderole à son nom; David seul a la tête ceinte de la couronne.

Toutes les figures qui forment la décoration de cette châsse sont placées debout; elles sont vêtues de longues robes drapées, leurs pieds sont chaussés et disposés la pointe en bas. — Le Christ seul ainsi que les prophètes et les disciples sont représentés les pieds nus.

Ce reliquaire était déposé dans la chapelle sépulcrale de l'abbé Barthélemy quand elle fut renversée en 1793. Il était regardé comme possédant la vertu d'opérer des miracles, et à ce titre fort vénéré des populations.

400. — Plaques d'ivoire sculpté. — Fragments d'un coffret du XIIe au XIIIe siècle. — Travail du nord.

401. — Boîte à miroir. — Ivoire sculpté provenant du trésor de l'abbaye royale de Saint-Denis, et représentant, suivant la tradition, le roi saint Louis et la reine Blanche de Castille, sa mère. — XIIIe siècle.

Le roi, la tête ceinte du diadème, est assis sur un siége élevé, auprès de la reine-mère; il tient le sceptre de la main gauche et porte un faucon sur le poing droit. Ses jambes sont croisées et l'un de ses pieds repose sur la tête d'un lion debout devant son trône.

La reine, la tête également couronnée, caresse un petit chien placé sur ses genoux; ses pieds reposent sur le corps d'une chimère.

Ce sujet est complété par quelques figures placées de chaque côté des personnages principaux. Celles du côté gauche subsistent seules, cette belle sculpture ayant subi une grave mutilation.

402. — Coffre en ivoire de forme octogone, décoré de marqueterie et représentant les diverses scènes d'un roman de chevalerie analogue à l'histoire de la Toison-d'Or. — XIII siècle.

Le sujet de ce roman est l'histoire d'un chevalier qui part pour combattre les monstres défenseurs du trésor confié à leur garde.— Sur le premier panneau on voit le chevalier recevant les adieux de sa dame; il s'embarque, conduit par ses compagnons, et arrive près de la terre où se trouve le bélier, objet de sa conquête. Il revêt ses armes et se prépare à débarquer. Dès qu'il a mis pied à terre, le chevalier rencontre un taureau furieux qu'il combat et dont il est vainqueur. Plus loin, il est assailli par un dragon dont il se rend maître, et il saisit le bélier qu'il rapporte dans ses bras, au milieu des félicitations de ses parents et de ses amis.

Le couvercle du coffret est également décoré de huit bas-reliefs, dont sept représentent les figures allégoriques des Vertus; le huitième porte deux écussons soutenus par des figurines.

403. — Coffret en ivoire décoré de marqueterie. — Travail vénitien du XIIIe siècle.

Les sujets sont tirés d'un roman de chevalerie. — Ils sont distribués en vingt-quatre panneaux à figures dont l'ensemble forme la légende entière. La frise est couverte de figures et d'ornements.

404. — Grande châsse en ivoire sculpté, décorée de cinquante et un bas-reliefs tirés de l'ancien et du nouveau Testament, avec rehauts d'or et de couleurs. — XIVe siècle.

Chacune des deux faces principales présente quinze bas-reliefs; la partie supérieure en comporte cinq, et chacun des côtés huit. Ceux de la partie supérieure et du couvercle représentent les sujets de la Passion et de l'ancien Testament; ceux de la partie inférieure, les divers épisodes de l'histoire de Job.

Les sujets sont les suivants :

Sur la partie supérieure du couvercle : — Ève, la tentation de la femme. — Michol, fille de Saül, favorise la fuite de David, que les gardes s'apprêtent à saisir dans sa maison, par les ordres du roi. — Le buisson ardent : le buisson apparaît en feu à Moïse, près de la montagne d'Horeb, et du milieu sort une voix qui lui dit d'ôter ses sandales parce que ce lieu est saint. — La salutation angélique.

Au-dessous, sur la face antérieure : La fuite en Égypte. — Le passage de la mer Rouge. — Le baptême dans le Jourdain. — Moïse, Aaron et sa sœur Marie. — Jésus chez le Pharisien.

Plus bas : Le portement de croix. — Le Calvaire et le Christ en croix. — La descente de croix. — Le sacrifice d'Abraham. — Jonas désigné par le sort et jeté à la mer.

Sur la face opposée, dans la partie supérieure : David, vainqueur des Philistins, rapporte la tête de Goliath ; les jeunes filles viennent au-devant de lui en jouant des instruments. — L'entrée à Jérusalem. — La manne dans le désert. — La cène. — L'enfant prodigue.

Au-dessous : Samson enlève les portes du temple. — Descente aux limbes. — Daniel dans la fosse aux lions. — Le Christ apparaissant à la Madeleine. — Elie enlevé au ciel dans un char de feu, l'an 892 avant J.-C.

Sur l'une des extrémités, à la suite : Le baiser de Judas. — La gloire du Christ. — L'ascension. — Les tables de la loi. — La Pentecôte.

Sur l'autre extrémité : Le jugement de Salomon. — Le sacrifice d'Abraham. — Le Saint-Sépulcre. — Jonas avalé par la baleine. — La résurrection du Christ.

Au-dessous de ces bas-reliefs sont les divers épisodes de l'histoire de Job. — Job au milieu de sa famille : il y avait un homme au pays des Huts, dont le nom était Job, et cet homme-là était intègre et droit ; il craignait Dieu et se détournait du mal. — Les richesses de Job : et il lui naquit sept fils et trois filles ; et il possédait sept mille brebis, trois mille chameaux, cinq cents couples de bœufs et cinq cents ânesses, et un grand nombre de serviteurs ; et cet homme était le plus grand des Orientaux. — Job, éprouvé par Dieu, est livré à Satan. — Job perd ses troupeaux par le feu du ciel. — Un serviteur vient annoncer à Job un nouveau malheur. — La maison de Job est renversée par le vent et le feu du ciel. — Un serviteur vient encore annoncer à Job une nouvelle épreuve. — Les enfants de Job sont écrasés sous les ruines de leur maison. — « Alors Job se » leva et il déchira son manteau, et il se rasa la tête, » et se jetant par terre, il se prosterna devant Dieu. » (Liv. de Job, ch. Ier.) — Job est soumis à de nouvelles épreuves : Satan le frappe d'un ulcère malin depuis la plante du pied jusqu'au sommet de la tête. — Job est visité par ses amis, qui ne le reconnaissent pas et pleurent sur son sort. — Ils s'asseoient auprès de lui pendant sept jours et sept nuits sans dire aucune parole, tant la douleur de Job était grande. — Sa femme lui dit : Bénis Dieu et meurs. — L'Éternel apparaît à Job et lui rend le bonheur. — « Tous ses » frères, sœurs et amis vinrent et mangèrent avec » lui dans sa maison ; Job eut aussi sept fils et trois » filles, vécut après ces choses-là 140 ans, et mourut » rassasié de jours. »

405. — Le portement de croix. — Fragment d'un bas-relief en ivoire, entouré de motifs d'architecture et encadré en ébène. — XIVe siècle.

406. — Légendes des martyrs. — Bas-relief en ivoire. — XIVe siècle.

407. — Crosse épiscopale à double face en ivoire sculpté, représentant d'un côté la Vierge et l'Enfant-Jésus entre les anges, et de l'autre le Christ en croix entre Marie et saint Jean. — L'enroulement de la crosse est formé par une branche couverte de feuilles de lierre ; il est soutenu par un ange en adoration. — XIVe siècle.

La monture en cuivre doré est gothique et date du XVe siècle.

408. — Ivoire. — Style à écrire. — XIVe siècle.

Cet objet, destiné à graver les caractères sur les tablettes de cire, est surmonté par une espèce de chapiteau gothique qui supporte deux figures, un seigneur et sa dame ; l'un tient en main un faucon, l'autre un petit chien.

409. — Boîte à miroir en ivoire sculpté. — La défense du château d'amour. — XIVe siècle.

410. — Boîte à miroir en ivoire sculpté, décorée de sujets tirés des romans de chevalerie. — XIVe siècle.

411. — Boîte à miroir en ivoire sculpté. — Sujets tirés des romans de chevalerie — XIVe siècle.

412. — Boîte à miroir, de travail analogue et de même époque.

413. — Grand diptyque, ou chapelle portative à deux volets, en ivoire sculpté. — Douze scènes de la vie et de la passion du Christ. — XIVe siècle.

Les sujets sont les suivants : La salutation angélique. — La nativité et les bergers conduits par l'étoile. — L'adoration des mages. — La présentation au temple. — Le baiser de Judas. — Le Christ à la colonne. — Le Calvaire. — La mise au sépulcre. — La résurrection. — L'ascension. — La descente du Saint-Esprit, et la gloire du Christ et de la Vierge. Ce diptyque est complet, avec sa bordure du temps.

414. — Petit diptyque représentant la vie et la passion du Christ. — XIVe siècle.

Les sujets sont au nombre de huit, ce sont : La salutation angélique. — La visitation. — Les bergers guidés par l'étoile. — La crèche. — L'arrivée des mages. — L'adoration. — La présentation au temple, et le Calvaire.

415. — Feuillet de diptyque en ivoire, décoré de trois sujets tirés de la vie et de la passion du Christ : La résurrection du Lazare. — L'entrée à Jérusalem, et le Calvaire. — XIVe siècle.

416. — Feuillet de diptyque en ivoire, décoré de quatre sujets de la vie de la Vierge : La nativité. — L'adoration. — L'apparition au jardin. — Le couronnement de la Vierge. — XIVe siècle.

417. — Croix en ivoire sculpté, colorié et doré. — XIVe siècle.

La face tout entière, la base et les côtés de cette pièce sont décorés de bas-reliefs en ivoire, au nombre de vingt-neuf; ces bas-reliefs ont pour sujets l'histoire de la vie et de la passion du Christ.

Au milieu est le Christ en croix. Dans les branches sont : La salutation angélique. — L'adoration. — La nativité, et l'apparition de l'étoile aux bergers.

Sur le montant de la croix : La fuite en Egypte. — La flagellation. — La descente de croix. — L'incrédulité de saint Thomas. — Des anges en adoration.

Sur la base : Le baiser de Judas. — La mise au sépulcre. — La résurrection. — L'apparition aux saintes femmes. — La cène. — Jésus au jardin des Olives. — La guérison des aveugles. — Le massacre des innocents. — Hérode ordonnant le massacre. — La salutation angélique. — L'adoration des mages. H. 0^{m} 70.

418. — Oratoire des duchesses de Bourgogne, tableau d'ivoire garni de figures et de sujets en relief, représentant la vie de saint Jean-Baptiste et provenant de l'ancienne Chartreuse de Dijon. — XIVe siècle.

Le titre suivant concernant ce petit monument existe aujourd'hui dans les registres de l'ancienne Chartreuse de Dijon, déposés aux archives de la Côte-d'Or :

Comptes d'Amiot Arnaut, de 1392 à 1393. « Payé » 500 liv. à Berthelot Héliot, varlet de chambre du » duc (Philippe-le-Hardi) pour deux grant tableaux » d'ivoire à ymaiges, dont l'un d'iceulx est la passion de Notre-Seigneur et l'autre la vie de monsieur » saint Jean-Baptiste, qui les a vendus pour les » chartreux..... »

C'est ce tableau de saint Jean-Baptiste, qui est désigné par Courtépée, dans son histoire du duché de Bourgogne, sous le nom d'ORATOIRE DES DUCHESSES.

Lors de la vente des biens du clergé, ce monument fut vendu avec les autres trésors de la Chartreuse de Dijon.

419. — Grand coffret en ivoire, décoré de vingt bas-reliefs, qui représentent divers sujets de la vie et de la passion du Christ. — XIVe siècle.

Ces sujets sont les suivants : Jésus au milieu des docteurs. — Le baptême dans le Jourdain. — L'entrée à Jérusalem. — La cène. — Le lavement des pieds. — Le mont des Olives. — Le baiser de Judas. — La flagellation. — Le portement de croix. — Le Christ en croix. — La descente de croix. — La mise au sépulcre. — La résurrection. — La descente aux enfers. — L'apparition à la Madeleine. — Les saintes femmes. — *Noli me tangere*, et la résurrection du Lazare.

420. — Coffret en ivoire, décoré de portiques d'architecture et de ferrures ouvragées. — XIVe siècle. (la couverture manque).

421. — Petit coffret en ivoire, décoré d'incrustations en marqueterie. — Travail de Venise. — XIVe siècle.

422. — Fragments d'un coffret en ivoire décoré de sujets tirés de la vie et de la passion du Christ. — XIVe siècle.

423. — Petit coffret en ivoire, décoré de vingt-deux sujets en relief. — Travail du XVe siècle.

Parmi les sujets qui forment la décoration de ce coffret, l'on remarque : Les douze apôtres. — Dieu le Père. — Sainte Catherine. — Saint Jean. — Sainte Barbe, et la salutation angélique.

424. — Coffret en ivoire, décoré de bas-reliefs à figures et d'incrustations de marqueterie. — Travail de Venise. — XVe siècle.

425. — Diptyque en ivoire travaillé à jour. — La vie et la passion du Christ. — XVe siècle.

Les sujets sont au nombre de quinze ; ce sont : — La salutation angélique. — La nativité. — L'adoration des mages. — Le Christ conduit devant Pilate.

— Le Christ à la colonne. — Le portement de croix. — Le Calvaire. — La descente de croix. — Le sépulcre. — La résurrection. — L'apparition à la Madeleine. — La mort de la Vierge. — La Vierge et l'Enfant-Jésus entre les anges. — La glorification de la Vierge. — Le couronnement de la Vierge, assise à la droite de Dieu.

426. — Triptyque, ou petite chapelle portative à trois volets en ivoire sculpté. — Au milieu, le Calvaire et le Christ en croix entre les deux larrons. — Sur les volets, Marie et saint Jean. — xve siècle.

427. — Fragment d'un diptyque en ivoire sculpté. — Scènes de la passion : le Calvaire et le Saint-Sépulcre. — xve siècle.

428. — Plaque d'ivoire sculpté. — Le Calvaire. — Le Christ en croix entre Marie et saint Jean. — xve siècle.

429. — Fragment d'une châsse en ivoire sculpté. — Scènes de la vie du Christ. — Commencement du xve siècle.

Les sujets sont : La salutation angélique. — La visitation. — La nativité. —La présentation au temple. — Jésus chez les docteurs. — Le baptême dans le Jourdain. — La cène. — L'entrée à Jérusalem.

430. — Tablette à écrire en ivoire sculpté. — La crèche et les bergers conduits par l'étoile. — xve siècle.

La partie postérieure était destinée à porter la cire.

441. — Plaque de missel en ivoire sculpté. —Le Christ en croix entre les saintes femmes. — xve siècle.

432. — Plaque d'ivoire gravé, fragment d'un coffret du xve siècle.

433. — Sainte Catherine. — Petit groupe en ivoire — xve siècle.

434. — Ivoire. — Figure de saint personnage, travail espagnol. — XVe siècle.

435. — La mise au sépulcre. — Bas-relief en ivoire. — XVIe siècle.

436. — Groupe en ivoire, la Vertu châtiant le Vice. — XVIe siècle.

La figure de la Vertu est debout; elle tient dans la main droite un fléau avec lequel elle s'apprête à châtier une autre figure agenouillée à ses pieds et personnifiant le Vice, qui implore merci.

Cet ivoire est attribué à Jean de Bologne, qui serait plus convenablement appelé Jean de Douai. Cet artiste naquit dans cette dernière ville en 1524, et mourut en 1612, après avoir commencé la statue équestre de Henri IV, renversée plus tard.

437. — Groupe en ivoire. — Saint Michel terrassant le démon. — XVIe siècle.

438. — Petit bas-relief en ivoire, représentant un combat et portant le monogramme de HANS SEBALD BEHAM, avec la date 1545.

439. — Plaque d'ivoire sculpté à figures. — Le Christ en croix entre Marie et saint Jean. — XVIe siècle.

440. — Manche de couteau en ivoire sculpté, formé par trois figures d'enfants groupées les unes sur les autres. — XVIe siècle.

441. — Ivoire. — La Vierge et l'Enfant-Jésus, travail espagnol. — XVIe siècle.

442. — Cippe en ivoire, décoré de figures en relief. — Le jugement de Pâris. — XVIe siècle.

443. — Petit cippe en ivoire, décoré de figures en relief. — XVIe siècle.

444. — Ivoire. — Figurine grotesque. — Bouffon portant une lettre. — XVIe siècle.

445. — Ivoire. — Figurine grotesque représentant la *charge* d'un peintre. — Fin du XVIe siècle.

Sa coiffure est surchargée d'une palette, et du milieu des plumes qui ornent sa toque sortent des brosses à peindre. D'une main il tient une palette ; de l'autre, un paquet de pinceaux. Sur ses épaules, en guise de nœud de rubans, il porte des godets, ainsi qu'autour de sa ceinture, et son surtout est couvert de têtes et d'images.

446. — La Vierge et l'Enfant-Jésus. — Figure en ivoire du XVIe siècle.

447. — Le Christ à la colonne. — Figurine en ivoire. — XVIe siècle.

448. — Petite figurine en ivoire. — XVIe siècle.

449. — Vénus et l'Amour; groupe en ivoire. — XVIe siècle.

450. — La Vierge portant l'Enfant-Jésus. — Figurine en ivoire. — XVIe siècle.

451. — Ivoire rehaussé d'or. — Figure de sainte. — Travail espagnol. — XVIe siècle.

452. — Cippe en ivoire, soutenu par des enfants. — XVIe siècle.

453. — Le Christ couronné d'épines. — Figurine en ivoire. — Fin du XVIe siècle.

454. — Ivoire. — Figurine grotesque accroupie, en costume de fou du XVIe siècle.

455. — Bas-relief en ivoire, représentant une femme et des enfants jouant avec une chèvre. — Travail italien du XVIe siècle.

456. — Apollon. — Figurine en ivoire. — XVIe siècle.

457. — Éphèbe courant. — Figurine en ivoire. — XVIe siècle.

458. — L'insouciance du jeune âge. — Figurine en ivoire, exécutée par **Duquesnoy**, dit **François Flamand**. — XVIIe siècle.

Cette petite figurine s'appuie d'un bras sur une tête de mort, et joue avec les doigts de son autre main.

Duquesnoy était né à Bruxelles, en 1594, la même année que le Poussin, qui devint son meilleur ami. Le Titien était son modèle favori, et non seulement il excella dans la reproduction des figurines d'enfant, mais aussi dans ses ouvrages de haute portée, parmi lesquels on peut citer le saint André de Saint-Pierre de Rome. Il mourut à Livourne, en 1664, empoisonné, dit-on, par son frère, au moment de partir pour la France avec le Poussin.

459. — Manneken-Piss. — Figurine en ivoire par **Duquesnoy (François Flamand)**. — XVIIe siècle.

460. — Figurine d'enfant. — Ivoire du même maître — XVIIe siècle.

461. — Amour couché. — Figurine en ivoire, exécutée par **François Flamand**. — XVIIe siècle.

462. — Amour couché. — Figurine en ivoire. — XVIIe siècle.

463. — Enfant couché. — Figurine en ivoire. — XVIIe siècle.

464. — Bacchus et bacchante. — Haut-relief d'ivoire travaillé à jour avec encadrement en bois sculpté et doré. — XVIIe siècle.

465. — Sainte Catherine. — Figure en ivoire. — XVIIe siècle.

466. — Saint Jean. — Figurine en ivoire. — XVIIe siècle.

467. — Vénus. — Statuette en ivoire. — XVIIe siècle.

468. — La Vierge portant l'Enfant-Jésus. — Figure en ivoire. — XVIIe siècle.

469. — Saint Pierre. — Statuette en ivoire colorié et doré, de travail espagnol. — XVIIe siècle.

470. — Moine franciscain. — Statuette en ivoire rehaussé de couleur et d'or, de travail espagnol. — XVIIe siècle.

471. — Saint Jean-Baptiste. — Figurine en ivoire rehaussé d'or, de travail espagnol. — XVIIe siècle.

472. — Jupiter. — Figurine en ivoire. — XVIIe siècle.
Il tient en main le bâton fleurdelisé.

473. — Vénus. — Figurine en ivoire. — XVIIe siècle.

474. — Jupiter. — Figurine en ivoire. — XVIIe siècle.

475. — Figure de saint personnage. — Ivoire. — XVIIe siècle.

476. — Deux bas-reliefs en ivoire représentant des enfants. — XVIIe siècle.

477. — Vase en corne sculptée, de la forme d'un vase à bière, représentant sur sa panse les travaux d'Hercule exécutés en relief. — La monture en argent est décorée d'une figure de buveur en ivoire, de travail flamand. — XVIe siècle.

478. — Petit drageoir en ivoire sculpté, décoré de cavaliers, de figures de génies et de guerriers, en haut-relief. — XVIIe siècle.

479. — Cuiller en ivoire avec manche travaillé à jour, représentant une figure de Bacchus. — XVIIe siècle.

480. — Cuiller en ivoire avec manche travaillé à jour, représentant un roi à cheval. — XVIIe siècle.

481. — Petit diptyque en ivoire travaillé à jour, composé de vingt-quatre sujets représentant tous les

principaux épisodes de la vie et de la passion du Christ. — XVIIe siècle.

Ce petit diptyque, dont les côtés, de la dimension d'une coquille de noix, renferment cent deux figures, a été exécuté au mont Liban. Il est monté en bois de cèdre.

482. — Pomme de canne à béquille, formée par une tête d'oiseau et surmontée de la figure d'Andromède.

483. — Pomme de canne décorée d'ornements en relief et surmontée d'une figure de Jupiter. — XVIIe siècle.

484. — Christ en croix. — Figure d'ivoire. — XVIIe siècle.

485. — Petite tête de mort en ivoire sculpté.

486. — Sainte Thérèse. — Figure d'ivoire. — Fin du XVIIe siècle.

487. — Figurine de femme, en ivoire, costume monastique, avec la légende : *Souffrir ou mourir*. — XVIIe siècle.

488. — L'Hiver. — Figurine en ivoire. — XVIIe siècle.

489. — La résurrection du Christ. — Monument exécuté en ivoire. — XVIIe siècle.

490. — Petit cippe en ivoire, composé de quatre têtes sculptées en relief.

491. — Tabatière en ivoire. — Combat de cavalerie. — Travail flamand du XVIIe siècle.

492. — Tabatière en ivoire, ornée de deux médaillons à sujets grotesques. — Scène de buveurs et scène d'intérieur. — Travail flamand du temps de Louis XIII.

493. — Ivoire. — Statue équestre de Louis XIV.

494. — Figure de saint. — Ivoire. — XVIIIe siècle.

495. — Statuette équestre de guerrier. — XVIIIe siècle.

496. — Cippe en ivoire, décoré de bas-reliefs qui représentent des tritons et des naïades. — Travail du siècle dernier.

497. — Saint Michel terrassant le démon. — Groupe en ivoire — Ouvrage moderne.

498. — Cippe en ivoire monté en ébène. — Bacchanale et triomphe de Silène. — Travail moderne.

499. — Cippe en ivoire monté en ébène. — Bacchanale. — Travail moderne.

500. — Cippe en ivoire, représentant une danse de bacchantes. — Bas-relief moderne.

501. — Cippe en ivoire monté en ébène. — Marche de soldats romains conduisant des captifs. — Travail moderne.

502. — Cippe en ivoire monté en ébène. — Le char de l'Amour. — Travail moderne.

503. — Ivoire. — Sainte Catherine, copie moderne d'une figure en bois attribuée à Lucas de Leyde.

504. — Cippe en ivoire monté en ébène. — Sacrifice à la nature. — Travail moderne.

505. — Figure de sainte, debout avec un génie à ses pieds. — Ivoire moderne.

506. — Ivoire. — Médaillons de travail moderne. — Antinoüs. — Vénus Callipyge. — Zénon. — Homère.

507. — Petite boîte en ivoire sculpté, avec couvercle décoré de fruits et d'animaux en relief.—Travail moderne.

TERRES CUITES.

508. — Fragments d'une frise antique. — Bas-reliefs en terre cuite.

509. — Terre cuite. — Modèle réduit des grandes cariatides du pavillon de l'Horloge, au Louvre, exécutées par J. Sarazin, au XVIe siècle.

510. — Saturnale — Estampage en terre d'un bas-relief de Jean Goujon. — XVIe siècle.

511. — Figurine d'enfant. — Terre cuite attribuée à Duquesnoy, dit François Flamand.— XVIIe siècle.

BRONZES.

512. — Ange en adoration. — Fragment d'un reliquaire en bronze doré du XIIIe siècle.

513. — Buste de Minerve en bronze doré. — XVIe siècle.

La chlamyde en marbre est antique. Ce buste a été trouvé dans des fouilles faites à Paris.

514. — Lutteur. — Figurine italienne. — Bronze du XVIe siècle.

515. — Figure en bronze. — Vénus debout, la tête ceinte du diadème. — École italienne du XVIe siècle.

516. — Junon. — Figurine en bronze provenant d'un chenet italien. — XVIe siècle.

517. — Figurine grotesque de faune. — Lampe en bronze. — XVIe siècle.

518. — Diane. — Bronze doré du XVIe siècle.

519. — Neptune armé de son trident. — Grand chenet italien en bronze. — XVIe siècle.

La figure est élevée sur un pied décoré de figurines, de tritons, de guirlandes et d'ornements.

520. — Mars. — Figurine en bronze de l'école italienne. — XVIIe siècle.

521. — Bellone. — Figurine en bronze de l'école italienne. — XVIIe siècle.

522. — Figurine de guerrier tenant en main la lance. Bronze italien. — XVIIe siècle.

523. — Statuette d'empereur romain. — Bronze italien. — XVIIe siècle.

524. — Bronze. — Cariatide à triple face.

525. — Deux petits mascarons d'enfants en cuivre repoussé et ciselé.

526. — Figure d'enfant couché, en cuivre fondu, d'après un ivoire de François Flamand.

527. — Bas-relief représentant un char antique. — Fonte de fer.

528. — Bas-reliefs en fonte de fer. — Sujets tirés de l'histoire romaine.

529. — La Vierge et l'Enfant-Jésus. — Bas-relief en fonte de fer.

530. — Plaques moulées en fonte de fer. — Bacchus et les Amours.

531. — Idole indienne. — Bronze ancien.

2° MEUBLES EN BOIS SCULPTÉ.

BANCS-D'ŒUVRE. — SIÉGES. — LITS.

532. — Grand banc de réfectoire, aux armes de France, provenant d'une abbaye royale. — XVe siècle.

533. — Chaire magistrale, à l'écu de France supporté par deux anges et surmonté de la couronne ouverte. — Règne de Louis XII.

534. — Chaire magistrale décorée de figures et de bas-reliefs. — Règne de Louis XII.

Les sujets sont les suivants : la présentation de la Vierge au temple par ses parents saint Joachim et sainte Anne; la crèche, l'adoration des mages, et la fuite en Égypte. Sur le devant du siége sont trois figures représentant sans doute les saints patrons des possesseurs : saint Jean Porte-Latine, sainte Anne, et saint Jacques de Galice.

Ces deux beaux siéges faisaient partie du cabinet de M. de Sennonnes avant d'entrer dans la *Collection Du Sommerard.*

535. — Siége à dais en bois sculpté, aux armes de la maison de France et de Bretagne, décoré de bas-reliefs : le Calvaire, la Mère de douleurs, et le couronnement de la Vierge. — Fin du XVe siècle.

536. — Siége à dais en bois sculpté, enrichi de bas-reliefs à figures et d'ornements, et surmonté d'un riche dais travaillé à jour. — Fin du XVe siècle.

6

537. — Banc-d'œuvre à trois stalles, surmonté d'un dais et décoré d'ornements et d'arabesques. — Règne de François 1er.

Les miséricordes sont couvertes de sculptures grotesques qui représentent : l'une, un porc qui touche de l'orgue ; l'autre, le même personnage avec un âne pour souffleur.

538. — Banc-d'œuvre à trois stalles et à dossier, décoré de figures, de médaillons et d'arabesques. — XVIe siècle.

Le bas-relief du dossier représente la salutation angélique.

539. — Fragments d'un banc-d'œuvre du XVIe siècle

540. — Fragment d'un siège seigneurial existant jadis au château de Poitiers. — XVIe siècle.

Les sculptures sont exécutées en haut-relief ; le sujet principal, la salutation angélique, d'après Raphaël, est entouré d'arabesques d'un travail fort remarquable.

541. — Grand lit à baldaquin, du temps de François 1er.

Ce beau lit, remarquable par la profusion des détails de son ornementation, est surmonté d'un baldaquin que soutiennent les figures de Mars et de la Victoire. Le dossier à fronton est enrichi d'ornements habilement sculptés. La couronne ducale occupe le milieu du chevet et les enroulements sont surmontés de dauphins en haut-relief. La corniche à modillons, d'une grande richesse de décoration, porte à l'intérieur lamême couronne ducale ; la frise est également couverte d'ornements.

La garniture, la courte-pointe, le ciel et les gouttières sont postérieurs de quelques années ; cette tenture provient du lit de Pierre de Gondi, premier évêque de Paris, de ce nom ; elle était conservée jadis au château de Villepreux.

542. — Lit en bois sculpté de la fin du XVIe siècle.

La garniture, les courtines et les gouttières sont en damas rouge.

543. — Banc d'église, à dossier volant. — Fin du XVIe siècle.

Donné par M. le capitaine Petit.

544. — Chaise en bois sculpté, à dossier renversé, ornée d'arabesques en relief. — XVIIe siècle.

545. — Chaise de même travail et de même époque.

546. — Fauteuil en bois, à bras et à pieds tors, couvert en cuir doré. — Meuble flamand du temps de Louis XIII.

547. — Fauteuil de même forme et de même époque, orné de têtes de femme.

548. — Fauteuil de même forme et de même époque.

549. — Fauteuil en bois sculpté, garni en cuir doré, de fabrique flamande. — XVIIe siècle.

550. — Fauteuil flamand, en bois sculpté, garni en canne. — XVIIe siècle.

551. — Chaise en bois sculpté, de style flamand, montée en canne. — XVIIe siècle.

552. 553. 554. — Chaises de même style et de même époque.

555. — Chaise flamande, en bois sculpté, garnie en cuir doré. — XVIIe siècle.

556. — Chaise de même travail et de même époque

557. — Grand fauteuil en bois sculpté, composé de bas-reliefs à figures et d'ornements.

CRÉDENCES. — BUFFETS. — DRESSOIRS. — CABINETS.

558. — Grand dressoir de sacristie, provenant de l'église de Saint-Pol-de-Léon. — xve siècle.

Ce meuble, à trois étages, était destiné à renfermer les ornements d'église. Les vantaux sont décorés des armoiries de France, accolées à celles de Bretagne. La partie principale consiste en un dressoir destiné à supporter les vases sacrés; les deux côtés sont formés par des armoires qui renferment les ornements sacerdotaux. Il est surmonté d'un couronnement sculpté à jour, d'une grande finesse d'exécution. Les serrures, verrous et ferrures, sont également aux armes de France et de Bretagne.

559. — Crédence en bois sculpté aux armes accolées de France et de Bretagne. — Règue de Louis XII.

560. — Petit meuble de hauteur d'appui, décoré de figures et d'ornements. — Commencement du xvie siècle.

561. — Petit meuble de forme architecturale, flanqué sur ses angles de tourelles crénelées, et décoré d'ornements à jour. — Commencement du xvie siècle.

562. — Petite crédence à cinq pans, en bois sculpté, décorée d'ornements gothiques. — Commencement du xvie siècle.

563. — Crédence en bois sculpté. — Commencement du xvie siècle.

564 — Crédence en bois sculpté, décorée d'ornements en relief. — Commencement du xvie siècle, règne de Louis XII.

565. — Crédence en bois sculpté à pans coupés, décorée de pilastres sur les angles, et enrichie d'arabesques et de médaillons, avec la date de 1524.

566. — Crédence en bois sculpté, décorée de pilastres et d'ornements en relief. — XVIe siècle.

567 — Crédence de même style et de décoration à peu près analogue. — XVIe siècle.

568. — Crédence en bois sculpté, décorée de pilastres à chimères avec incrustation de marbres de couleur. — XVIe siècle.

569. — Crédence décorée de bas-reliefs et d'arabesques. — XVIe siècle.

Les bas-reliefs à figures, au nombre de trois, représentent l'histoire de Suzanne. — Suzanne surprise au bain par les vieillards. — Le jugement et la lapidation des calomniateurs.

570. — Crédence en bois sculpté. — XVIe siècle.

Le bas-relief du fond représente une Léda, dans un médaillon entouré de riches ornements. Le vantail de la face a pour sujets trois épisodes de la vie de Samson.

571. — Petite crédence à cinq pans, décorée de bas-reliefs et de pilastres à figures. — La salutation angélique. — XVIe siècle.

572. — Petite crédence à cinq pans, en bois sculpté, décorée d'ornements et d'armoiries, style allemand. — XVIe siècle

573 — Grande armoire à deux corps et à quatre vantaux, en bois de noyer sculpté, provenant de l'abbaye de Clairvaux. — Règne d'Henry II.

Ce meuble, orné de sept cariatides en relief, couvert d'ornements et d'arabesques, provient directement de l'abbaye de Clairvaux. — La tradition rapporte que ce beau monument de sculpture en bois a été exécuté par les moines de l'abbaye, à l'occasion de la fête de leur abbé.

574. — Meuble à quatre vantaux surmonté d'un fronton coupé avec figures en relief et décoré de mascarons et de cariatides. — XVIe siècle.

Les sujets représentés sur les vantaux sont : la salutation angélique et les figures de Bacchus et de Cérès.

575. — Meuble à quatre vantaux, surmonté d'un fronton sculpté à jour, et couvert de figures et d'ornements en relief. — XVIe siècle.

Sur les vantaux supérieurs sont les figures de Mars et de Bellone.

576. — Armoire à deux corps et à quatre vantaux. — XVIe siècle.

Ce meuble est surmonté de son dressoir; les ornements et figures chimériques qui en forment la décoration se répètent sur chacun des panneaux.

577. — Armoire à vantaux, décorée de figures et de bas-reliefs. — XVIe siècle.

Les bas-reliefs des panneaux représentent les attributs de la Paix, de l'Abondance, de la Discorde et de la Guerre. Les montants sont garnis de figures au nombre de six, qui tiennent divers instruments de musique.

578. — Armoire à deux corps, décorée d'incrustations en nacre. — XVIe siècle.

Ce meuble, à quatre vantaux et à fronton coupé, est flanqué sur ses angles de colonnettes engagées au premier étage et dégagées au second. Les sujets des panneaux sont : Neptune et Amphitrite avec leurs attributs, les forges de Vulcain et le jugement de Salomon.

579. — Armoire à deux corps, ornée d'incrustations

en marbre et décorée de colonnettes cannelées. — Fin du XVIe siècle.

Le sujet du vantail supérieur représente Actéon changé en cerf; sur la partie inférieure est la figure de la Victoire.

580. — Armoire à deux corps, ornée d'incrustations en marbre, et flanquée de colonnettes torses et cannelées. — Fin du XVIe siècle.

Les vantaux sont décorés des figures de la Paix et de l'Abondance. Dans les niches disposées de chaque côté sont placées des figurines qui tiennent des instruments de musique.

581. — Meuble à hauteur d'appui. — XVIe siècle. —

La porte est ornée d'une figure de saint Jean-Baptiste.

582. — Petit meuble à hauteur d'appui, décoré d'ornements et de figures en haut-relief. — XVIe siècle.

583. — Petit meuble en bois sculpté, à deux vantaux, décoré d'ornements en relief. — XVIe siècle.

584. — Buffet en bois sculpté, décoré de trophées de guerre et d'attributs. — XVIe siècle.

585. — Buffet en bois sculpté, décoré de figures et d'ornements. — XVIe siècle.

586. — Armoire à quatre vantaux, décorée de trophées d'armes et d'ornements en relief. — Style flamand de la fin du XVIe siècle.

587 — Grand meuble à six vantaux, composé de fragments d'un meuble du château de Fontainebleau exécutés sur les dessins du Primatice et de Jules Romain.

Le sujet principal représente une Léda en haut-relief. — Les deux autres, exécutés d'après les peintures de Jules Romain qui existent au palais du T, à Mantoue, sont les filets de Vulcain et Mars revenant de la guerre.

588 — Armoire à deux corps, du temps de Louis XIII

Les vantaux de la partie supérieure présentent les portraits équestres d'Henry IV et de Louis XIII, sculptés en relief. Les figures de Bellone et de la Victoire en pied, avec leurs attributs, décorent les panneaux inférieurs. Les frises sont couvertes de sujets de chasse et des emblèmes de la paix et de l'abondance ; les montants sont ornés des figures de Diane, de Mercure, de Jupiter et d'Hercule. Le fronton est surmonté, sur ses côtés, de chimères aux ailes déployées et sur sa face d'une statue d'Hercule vainqueur du lion de Némée.

589. — Cabinet à fronton et à deux corps, du temps de Louis XIII.

La partie supérieure est ornée, sur ses angles, de colonnettes tosses; la partie inférieure est décorée de colonnes cannelées. Les vantaux du corps supérieur, séparés par une cariatide qui se termine par un mascaron à tête de bélier, sont ornés des figures de Jupiter et de Junon. Plus bas sont celles de Bacchus et de Cérès. Sur le fronton coupé sont deux femmes couchées. La frise qui sépare les deux corps est ornée de mascarons et de têtes de lion.

590. — Meuble à cinq vantaux. — Style flamand du XVIIe siècle.

Les vantaux et les montants sont décorés de figures allégoriques, telles que celles des Saisons, de l'Abondance, de la Musique, de la Vérité, etc. — Les frises sont garnies d'ornements, de figures d'enfants et d'animaux chimériques.

591. — Dressoir flamand à deux corps, décoré de bas-reliefs, de figures et d'ornements. — XVIIe siècle.

592. — Grand cabinet en ébène, à un seul corps, supporté par des colonnes torses sculptées, et enrichi de figures et de guirlandes. — XVIIe siècle.

Les vantaux sont décorés de sujets à figures. L'intérieur est richement sculpté et renferme un temple orné de marqueteries et de peintures.

593. — Grand cabinet en bois d'ébène, à quatre vantaux sculptés en relief et représentant des sujets de guerre et de victoire. — XVIIe siècle.

Les encadrements des sujets représentent des esclaves enchaînés et des trophées de guerre; les frises sont décorées d'arabesques en relief.

594. — Grand cabinet en ébène, décoré de bas-reliefs et de frises sculptées à figures et représentant des sujets tirés des romans de chevalerie. — XVIIe siècle.

Ce meuble a été envoyé d'Espagne par l'amiral Nelson, à Faivret, ébéniste alors en renom, pour être remis en bonne condition. C'est de cette époque que datent les restaurations qu'il a subies.

595. — Armoire en ébène, décorée de deux panneaux sculptés à figures. — XVIIe siècle.

Les panneaux représentent l'adoration des mages et celle des bergers, les quatre évangélistes et les saints personnages. Le meuble porte la date de 1649.

596. — Meuble de hauteur d'appui, en ébène sculptée. — XVIIe siècle.

Le bas-relief principal représente la figure de l'Automne. -- Les côtés sont flanqués de cariatides formées par les signes du zodiaque.

597. — Meuble de hauteur d'appui, en ébène sculptée, orné de bas-reliefs à figures et d'ornements. — XVIIe siècle.

Les angles sont flanqués de cariatides formées par les signes du zodiaque. — Ce meuble est le pendant du précédent.

598. — Meuble hauteur d'appui, en ébène sculptée, décoré de figures et d'ornements. — XVIIe siècle

599. — Meuble hauteur d'appui, décoré de panneaux en ébène couverts de sujets sculptés à figures et d'ornements du XVIIe siècle.

600. — Meuble de travail analogue et de même époque.

601. — Meuble de hauteur d'appui, décoré de panneaux en ébène couverts de sujets à figures en relief. — XVIIe siècle.

602. — Meuble de forme et de décoration analogues.

603. — Meuble de même forme et de même travail.

604. — Cippe en ébène, composé de bas-reliefs à figures et flanqué de colonnettes torses. — Le massacre des innocents et l'enlèvement d'Europe. — XVIIe siècle.

605. — Autre cippe de travail analogue et de même dimension. — XVIIe siècle.

606. — Pupitre en bois d'ébène sculpté, composé de bas-reliefs et décoré de figures et d'ornements.

607. — Petit cabinet en ébène, garni de tiroirs et de vantaux. — XVIIe siècle.

608. — Petit cabinet, modèle en ébène.—XVIIe siècle.

609. — Grand meuble en bois de placage, fabriqué en Hollande au XVIIe siècle.

Donné par Mme Grille de Beuzelin.

610. — Cabinet florentin, décoré de mosaïques en pierre dure de Florence, et de matières précieuses avec application d'écaille. — Fin du règne de Louis XIII.

Ce riche cabinet à trois étages est entièrement plaqué en écaille, tant à l'intérieur qu'à l'extérieur. Sa décoration se compose de mosaïques en pierre dure de Florence, de matières précieuses de toutes les natures, qui représentent des oiseaux et des paysages; il est, de plus, enrichi de pilastres en lapis lazzuli, de cornalines, de plaques en argent repoussé et surtout de peintures et de miniatures rapportées à la fin du XVIIe siècle, le tout entouré d'encadrements en cuivre repoussé à jour et doré.

Il porte sur une table à quatre pieds, garnis de chapiteaux en cuivre repoussé, découpé et doré. Cette table est entièrement couverte d'applications d'écaille avec des incrustations de nacre.

Le corps du meuble est formé d'un double vantail dont l'extérieur est décoré de paysages et d'oiseaux en mosaïque et de matières précieuses avec des encadrements en lapis. — La décoration intérieure est analogue: seulement un grand nombre de ces mosaïques ont été remplacées par des miniatures du temps de Louis XV. Le couronnement est enrichi de pierres de diverses natures et de figurines en argent.

Ce beau meuble, exécuté à Florence, sous le règne de Louis XIII, était passé en Pologne, d'où il a été rapporté par un commissaire impérial.

COFFRES. — BAHUTS (1). — COFFRETS.

611. — Coffre gothique chargé d'écussons armoriés soutenus par des lions, des licornes et autres animaux chimériques. — Règne de Louis XI.

612. — Coffre en bois sculpté. — XVe siècle.

La face principale est divisée en deux parties. La partie supérieure présente les figures du Christ et des douze apôtres; ils sont placés debout et tiennent en main les symboles qui les caractérisent. — Les sujets qui décorent la partie inférieure sont les supplices des martyrs de la foi. Les deux côtés sont couverts d'ornements et de motifs de chasse.

(1) L'expression de *bahut* que l'on emploie aujourd'hui pour désigner indistinctement toute espèce de coffre à couvercle, ne s'appliquait absolument qu'aux coffres à couvercle en forme de voûte. Tous les autres étaient désignés sous le noms de COFFRES, ARCHES ou HUCHES.

613. — Coffre gothique décoré d'ornements en relief. — XVe siècle.

614. — Coffre en bois de chêne sculpté, décoré d'ornements gothiques. — XVe siècle.

615. — Coffre gothique en bois sculpté, décoré d'ornements en relief, avec sa ferrure. — XVe siècle.

616. — Coffre gothique décoré d'ornements; le panneau du milieu présente la figure de saint Pierre. — XVe siècle.

617. — Devant d'un coffre gothique en bois sculpté aux armes du dauphin de France. — XVe siècle.

618. — Devant d'un coffre en bois sculpté. — XVe siècle.

619. — Coffre de mariage en bois sculpté, décoré de figures et d'ornements en haut-relief sur fonds dorés (école vénitienne). — XVIe siècle.

La façade et les côtés de ce beau coffre sont couverts de sujets à figures, de chimères, de mascarons et d'écussons en haut-relief. Les frises sont ornées de guirlandes et de trophées, et les angles sont formés par des figures chimériques aux ailes déployées.

620. — Coffre de mariage, forme d'arche ou de bahut, en bois sculpté. — XVIe siècle.

Ce coffre est décoré des figures de l'Hymen qui porte son flambeau, et de l'Amour qui tient son arc. Le couvercle est orné d'incrustations en bois de couleur et porte la devise : MITTE ARCANA DEI. Il provient du château de Loches.

621. — Coffre en bois sculpté, orné de bas-reliefs, de figures et de mascarons en saillie, avec ses ferrures du temps. — Travail flamand du XVIe siècle.

622. — Coffre en bois sculpté, décoré de figures, d'ornements et de pilastres. — XVIe siècle.

Le bas-relief du milieu a pour sujet le jugement de Pâris.

623. — Coffre en bois sculpté. — XVIe siècle.

La partie antérieure et les faces latérales sont décorées de figures chimériques, de pilastres et d'ornements. Le médaillon du milieu représente une figure de Neptune couché et tenant en main le trident.

624. — Coffre décoré de pilastres et d'ornements en relief. — XVIe siècle.

Le médaillon de la face antérieure représente l'histoire de Loth et ses filles.

625. — Coffre en bois sculpté, de style flamand, garni de sa serrure et orné de figures et de pilastres couverts d'arabesques. — XVIe siècle.

Le sujet principal représente la salutation angélique.

626. — Coffre en bois sculpté, de style flamand. — XVIe siècle.

Les sujets de la face antérieure sont: la salutation angélique, l'adoration de l'Enfant-Jésus et le Christ en croix.

627. — Coffre en bois sculpté représentant les divers épisodes de la vie de saint Jean. — XVIe siècle.

628. — Coffre en bois sculpté, à figures. — XVIe siècle.

Le Christ et les douze apôtres.

629. — Coffre en bois sculpté, décoré d'ornements et de médaillons en relief. — XVIe siècle.

Le sujet du milieu représente la salutation angélique.

630. — Coffre décoré d'arabesques en relief. — XVIe siècle

631. — Coffre en bois sculpté, décoré de pilastres et d'ornements en relief : le jugement de Pâris. — XVIe siècle.

632 — Coffre en bois sculpté, décoré des figures du hrist, de saint Pierre et de sainte Barbe. — VIe siècle.

633. — Coffre de style flamand, à colonnettes engagées. — XVIe siècle.

634. — Coffre de style flamand, décoré d'ornements et de figures qui forment pilastres. — XVIe siècle.

635. — Coffre de style flamand, décoré de pilastres et d'ornements. — XVIe siècle.

636. — Coffre de style flamand, décoré d'ornements en relief. — XVIe siècle.

637. — Coffre flamand, décoré de pilastres et d'ornements. — XVIe siècle.

638. — Devant d'un coffre en bois sculpté, décoré de pilastres et d'un bas-relief, le sacrifice d'Abraham. — XVIe siècle.

639. — Devant d'un coffre en bois sculpté, entièrement semblable au précédent. — XVIe siècle.

640. — Devant d'un coffre flamand, décoré d'ornements et de pilastres. — XVIe siècle.

641. — Devant d'un coffre flamand. — XVIe siècle.

642. — Coffret gothique en bois sculpté, aux armes accolées de France et de Bretagne. — XVe siècle.

La forme première de ce coffre a été dénaturée.

643. — Petit coffret en bois sculpté, décoré d'ornements gothiques découpés et de peintures. — XVe siècle.

644. — Coffret en bois de travail vénitien, couvert d'incrustations en ivoire et en bois de couleur — XVe siècle.

645. — Coffret en bois décoré d'ornements et de sujets symboliques en pâte, sur fonds dorés. — XVIIe siècle.

646. — Coffret en bois noir, avec appliques en cuivre doré. — XVIIe siècle.

647. — Coffret en écaille, avec appliques en cuivre doré. — XVIIe siècle.

648. — Petit coffret en écaille, avec appliques en cuivre doré et têtes en argent. — XVIIe siècle.

649. — Coffret en bois de merisier sculpté, décoré d'ornements, d'arabesques et de chiffres. — Règne de Louis XIV.

650. — Coffret de même époque, décoré d'un double écusson d'armoiries à la couronne de comte, avec deux hercules pour support.

MEUBLES DIVERS. — TABLES. — PORTES. — MIROIRS, ETC.

651. — Grande flèche gothique en bois sculpté, travaillée à jour. — XVe siècle.

652. — Fragment d'un campanile gothique en bois sculpté à jour et peint. — Fin du XVe siècle.

653. — Fragment d'un campanile gothique en bois sculpté et peint. — Fin du XVe siècle.

654. — Flèche d'une niche gothique en bois sculpté. — Fin du XVe siècle.

655. — Flèche d'une niche gothique en bois sculpté. — Fin du XVe siècle.

656. — Pupitre d'église, sorte de lutrin, de forme octogone, en bois sculpté, couvert d'ornements gothiques et surmonté d'une figure de saint Michel. — Fin du XVe siècle.

657. — Balustrade d'autel en bois sculpté, à deux battants, décorée de médaillons et d'ornements à jour. — Fin du XVe siècle.

658. — Fragment d'une barrière de chœur en bois sculpté. — Règne de François Ier.

659. — Prie-Dieu en bois sculpté. — XVIe siècle.

Le bas-relief qui décore la face de ce prie-Dieu représente la généalogie de la Vierge; il est flanqué de pilastres fleurdelisés. — La tablette porte l'inscription : *Memento finis.*

660. — Prie-Dieu en bois sculpté, décoré de bas-reliefs, de mascarons et d'ornements. — Style du XVIe siècle.

661. — Table en bois de noyer, à pieds sculptés, décorée de griffons et d'ornements. — XVIe siècle.

662. — Table en bois de noyer sculpté. — XVIe siècle.

663. — Table en bois sculpté, décorée d'inscriptions en marqueterie de Venise, ivoire sur bois de couleur, et montée sur pieds tors avec galerie à jour. — XVIIe siècle.

664. — Table en ébène, montée sur six pieds, et décorée de cariatides en relief, de frises et de sujets à figures. — XVIIe siècle.

665. — Dessus de porte. — Bas-relief en bois sculpté. — XVe siècle.

666. — Porte en bois sculpté, peint et doré, provenant de l'Hôtel-Dieu de Provins, et représentant sur ses panneaux la salutation angélique et plusieurs figures de saints personnages exécutées en relief. — Fin du XVe siècle.

667. — Porte provenant du château d'Anet, décorée de deux médaillons, au-dessus desquels figurent d'un côté la couronne de France, de l'autre une couronne de lauriers. — XVIe siècle.

668. — Porte en bois sculpté, du XVIe siècle, à l'écusson de France.

Les panneaux de la partie du haut sont d'une époque postérieure et ont été rapportés.

669. — Porte sculptée à jour, provenant de l'abbaye de Saint-Ricquier, près d'Abbeville. — XVIe siècle.

670. — Porte de même provenance et de même époque.

671. — Porte à deux battants, décorée de bas-reliefs, de figures et de trophées en bois sculpté. — XVIe siècle.

672. — Porte sculptée à jour et décorée d'ornements en relief avec son couronnement. — XVIe siècle.

673. — Porte décorée d'arabesques sculptées à jour. — XVIe siècle.

674. — Porte sculptée à jour, composée de fragments en ébène et en chêne de diverses époques.

675. — Porte composée de bas-reliefs et de panneaux, d'ornements sculptés en relief du XVIe siècle.

676. — Porte de composition analogue.

677. — Porte composée de fragments des mêmes époques.

678. — Porte composée de fragments semblables.

679. — Gaînes en bois sculpté, décorées d'arabesques en relief. — XVIe siècle.

680. — Cippe en bois sculpté et peint, à quatre faces, composé de huit bas-reliefs : histoire du siége et de la prise de la ville de Troyes. — XVIe siècle.

681. — Piédestal en bois peint et doré, formé par quatre colonnes cannelées, réunies par des cintres. — XVIe siècle.

682. — Petit meuble en forme de socle. — XVIe siècle.

La crèche et l'adoration de l'Enfant-Jésus.

683. — Billot de pharmacie. — XVIIe siècle.

Ce billot, à quatre faces sculptées, est formé par un groupe de quatre chimères à pieds de lion, et décoré de quatre écussons, sur lesquels on lit la légende : PRO COMMUNI OFFICINA — PHARMACOPŒORUM — LUTECIÆ, 1614.

684. — Bâton de confrérie en bois sculpté, à figures, représentant d'un côté un navire en construction, et de l'autre la fuite en Egypte, avec la date 1645 et les mots NICOLAS BILSIC.

685. — Bâton de confrérie en bois sculpté, représentant la fuite en Egypte et un navire en construction, avec la date de 1645 et les mots OLIVIER ETESSE

686. — Bâton de la même confrérie.

687. — Bâton de la même confrérie.

688. — Bâton de la même confrérie.

689. — Miséricorde. — Fragment d'un banc-d'œuvre. — XVe siècle.

690. — Paire de flambeaux d'église en bois sculpté et doré.

691. — Ecran en bois doré, du règne de Louis XIV.

Il est garni de sa tapisserie au petit point, qui représente des ornements et des oiseaux chimériques.

692. — Miroir en bois sculpté, rehaussé d'or, travail italien. — XVIe siècle.

Ce riche miroir, flanqué de deux pilastres cannelés, est recouvert par une plaque gravée qui représente une Léda. — Le fronton et le soubassement sont décorés de chimères, d'ornements et d'écussons en haut-relief. L'écusson d'armoiries placé dans le bas porte la devise LIBERTA.

693. — Miroir avec bordure en pâte, représentant des figures et des arabesques en relief, ouvrage italien du XVIe siècle.

694. — Grand miroir de Venise avec bordure en verrerie de couleur, richement ornée de fleurs de lis. — XVIe siècle.

695. — Miroir de toilette avec bordure en bois sculpté et doré, décoré d'anges et de génies en haut-relief, et surmonté d'un médaillon en ivoire qui représente une femme à sa toilette. La frise en ivoire est composée d'amours et de guirlandes de fruits. — XVIe siècle.

696. — Glace avec cadre en ébène, décoré de figures en relief et d'ornements gravés, et surmonté d'un fronton. — XVIIe siècle.

697. — Grand trumeau de cheminée en bois sculpté et doré. — XVIIe siècle.

Les sculptures représentent des figures d'enfants qui jouent avec des ceps de vigne. Le couronnement en ronde-bosse a pour sujet l'enlèvement de Proserpine.

698. — Miroir avec cadre en bois sculpté et doré, couvert de figures d'enfants et de ceps de vigne. — XVIIe siècle.

699. — Miroir avec cadre en bois sculpté et doré, décoré de figures de génies et de feuillages. — Epoque de Louis XIII.

700. — Miroir décoré d'estampages en cuivre du temps de Louis XIII.

701. — Miroir avec cadre en cuivre ciselé et doré, surmonté d'un mascaron d'ange. — Règne de Louis XIII.

702. — Miroir avec cadre en cuivre estampé et doré.— Règne de Louis XIII.

703. — Miroir avec cadre décoré d'appliques en cuivre estampé et doré. — Règne de Louis XIII.

704. — Miroir avec appliques en cuivre repoussé. — XVIIe siècle.

705. — Miroir avec bordure décorée d'ornements en cuivre estampé et doré

706. — Grand miroir avec bordure décorée d'ornements en cuivre repoussé. — Règne de Louis XIII.

707. — Grand miroir avec bordure en ébène décorée d'émaux et de plaques en cristal taillé.

II. PEINTURE.

—

1° TABLEAUX. — PORTRAITS.

708. — Fragments d'une peinture murale enlevée du réfectoire de l'abbaye des bénédictins de Charlieu (Loire), dont la fondation première remonte à Rasbert, évêque de Valence, en 876. — XIIe siècle.

Cette peinture couvrait une grande partie des murs du réfectoire. Au centre était le Christ dans sa gloire, entouré des symboles des Évangiles; de chaque côté s'étendait une longue ligne de saints personnages, parmi lesquels se trouvaient les têtes conservées aujourd'hui; une de ces figures paraît être celle du fondateur; elle porte un petit édifice de forme carrée, flanqué d'une haute tour.

709. — La salutation angélique. — Médaillons peints sur bois à fond d'or. — Ecole italienne. — XIVe siècle.

710. — Jésus au jardin des Olives, et les saintes femmes au sépulcre. — Peinture sur bois à fond d'or, de Gentile da Fabbriano, disciple de Giovanni da Fiesole, avec l'inscription: *Anno Domi*, MCCCCVIII.

711. — La Vierge et l'Enfant-Jésus. — Peinture sur bois à fond d'or. — Ecole florentine. — XVe siècle.

712. 713. — Archanges. — Peintures sur bois de la même école et du même temps.

714. 715. — Saints apôtres. — Peintures sur bois du même maître.

716. — La Vierge et l'Enfant-Jésus. — Peinture italienne sur bois à fond d'or. — Dans le fronton qui surmonte le panneau principal est un ange en adoration.

717. — La Vierge et les saints. — Peinture sur bois à fond d'or, d'école florentine. — xve siècle.

718. — Tête d'ange exterminateur. — Peinture sur bois, d'école florentine. — xve siècle.

719. — Cérémonie mystique. — Peinture sur bois à fond d'or, d'école italienne. — xve siècle.

L'objet de la cérémonie paraît être la distribution aux fidèles d'une liqueur ayant touché les reliques d'un saint, dont le corps, placé sous l'autel, est mis, par le moyen d'un tube, en communication avec une vasque taillée dans la table. C'est dans cette vasque qu'un personnage, debout sur les degrés, prend avec une sorte de cuiller ou de pince les reliques, objets de la vénération des fidèles.

720. — Les pèlerins d'Emmaüs et l'incrédulité de saint Thomas. — Peinture sur soie à l'eau d'œuf, exécutée par Cosmé, miniaturiste célèbre de l'école de Ferrare, en 1460.

Ces miniatures, contemporaines de l'époque de l'invention de la peinture à l'huile, ne sont pas moins remarquables par leur état de conservation que par la fraîcheur des tons et la beauté de leur exécution. Elles offrent une similitude complète avec les travaux analogues exécutés par le même artiste au palais public de Ferrare.

721. — La mise au sépulcre et la résurrection. — Peinture sur bois, de la même école et d'un travail analogue.

722. — Marie-Madeleine à Marseille. — Tableau peint sur bois par le roi René de Provence. — xve siècle.

Sur le premier plan sont les figures du roi René et de la reine Jeanne de Laval. Autour de ces person-

nages sont groupés les habitants de la ville de Marseille, rangés en cercle devant Marie-Madeleine, qui se tient debout sur une tribune, en attitude de parler à l'assemblée; dans le fond on voit la ville de Marseille, les forts et la haute mer. Le roi tient son sceptre de la main gauche; sa tête est ceinte de la couronne. La reine est assise à son côté, la tête également couronnée. Ce tableau emprunte une grande partie de son intérêt à son royal auteur, illustre soutien des arts et surtout de la peinture, qui, « par-
» dessus toutes ses sublimes et royales qualités, étoit
» bon musicien, très-bon poète françois et italien,
» se délectant singulièrement de lire les belles et
» naifves rythmes de nos poëtes provençeaux, leurs
» vies, mœurs et coustumes, tellement qu'il a com-
» posé en son temps plusieurs beaux et gracieux
» romans, comme la *Conqueste de la douce merci*,
» et le *Mortifiement de vaine plaisance*, outre quel-
» ques dialogues de divers et rares enseignements;
» mais sur toutes choses aimoit, et d'un amour pas-
» sionné, la peinture, et l'avoit la nature doué d'une
» inclination tout excellente à ceste noble profes-
» sion, qu'il estoit en bruit et réputation entre les
» plus excellents peintres et enlumineurs de son
» temps, ainsi qu'on peut voir en plusieurs divers
» chefs-d'œuvres achevés de sa divine et royale
» main, dans un labeur merveilleusement exact et
» plaisant, tant en Avignon, Aix, Marseille et autres
» villes de Provence, qu'en la cité de Lyon et ail-
» leurs. » *Hist. et Chron.* de Provence, par César NOSTRADAMUS, édit. de 1614.

723. — Tableau votif du Puy de l'immaculée conception. — Ecole française. — XVe siècle.

La société des Palinods ou du Puy de l'immaculée conception était instituée en l'honneur de la mère de Dieu, et il s'y distribuait des prix aux meilleures pièces faites à sa louange. Elle était dirigée par un maître ou prince que l'on élisait chaque année, et qui consacrait de ses deniers un tableau à la Vierge, le jour de son entrée en fonctions.

Ici, la Vierge, tenant dans ses bras l'Enfant-Jésus, est figurée au milieu d'un champ de blé, pour faire allusion sans doute au nom du maître donateur, FROMENT. Celui-ci est agenouillé sur le premier plan, en face de sa femme et de sa petite-fille. Derrière ces figures sont groupés les membres de la confrérie du Puy, entourés de leurs parents et de leurs amis.

724. — Tableau votif peint sur bois, représentant la Vierge debout devant une église gothique, et les portraits du donateur et de sa famille, avec la légende : *Eglise où Dieu a fait sa résidence.* — xve siècle.

725. — Sacre de Louis XII. — Tableau peint sur bois, d'école française. — xve siècle.

Cette peinture, d'un grand intérêt, représente le sacre de Louis XII, à Reims, en 1498. Elle est divisée en deux panneaux, qui formaient sans doute les deux volets d'un triptyque. Le panneau de gauche a pour sujet le sacre de David, allusion à l'origine de la cérémonie du sacre.

Dans le volet de droite, le roi Louis XII est à genoux, couvert de la robe fleurdelisée; auprès de lui se tient l'archevêque Guillaume Briçonnet, entouré des pairs ecclésiastiques et laïques, et des grands dignitaires qui lui confèrent les attributs de la royauté. La chapelle est pavée de mosaïques; l'autel est couvert d'un riche rétable, et au-dessus de la figure du roi est appendu le dais avec l'inscription : « *Ung Dieu, ung Roi, une foi.* » Dans les galeries sont groupés des écuyers sonnant des trompettes, dont les bannières sont à l'emprise du roi, le porc-épic et les L couronnés.

Dans le volet de gauche, le roi David est à genoux, portant le sceptre et prêt à recevoir la couronne. Samuël est agenouillé derrière lui et tient dans les plis d'un voile la corne remplie de l'huile sacrée. La chapelle, dont le fond est garni d'un immense dais en drap d'or, est remplie d'hommes d'armes en costumes du xve siècle, portant sur la poitrine les attributs du saint roi, la harpe couronnée; les mêmes attributs sont brodés sur les bannières des trompettes.

Ces peintures remarquables ont été sauvées d'une destruction imminente par les soins de M. Thieulloy, d'Arras.

726. — La délivrance des prisonniers. — Tableau peint sur bois, d'école allemande. — XVe siècle.

727. — Le Calvaire, grand triptyque peint par Herleinn de Nordlingen, élève de Van Eick. — XVe siècle.

Les volets représentent Jésus devant Pilate, et la résurrection du Christ.

728. — Sainte Ursule demandée en mariage. — Tableau peint sur toile par Israël Van Meckeinen, de l'école de Cologne. — XVe siècle.

729. — Le départ de sainte Ursule. — Tableau peint sur toile par le même maître.

Ces deux tableaux proviennent d'une église de Cologne.

730. — La messe de saint Grégoire. — Chapelle portative à trois volets, d'école allemande. — Fin du XVe siècle.

Le Christ, couronné d'épines, les mains et les pieds ensanglantés par les clous de la croix, est debout sur l'autel, au-dessus du calice. Dans le fond, derrière un rétable en bois sculpté et doré, sont figurés les instruments de la Passion. Les volets représentent les portraits du donateur, de sa femme et de ses enfants, avec leurs saints patrons.

731. — Cérémonie religieuse, peinture sur bois d'école flamande. — Fin du XVe siècle.

732. — Triptyque ou tableau à trois volets, de l'école d'Hemeling, peintre flamand de la fin du XVe siècle.

Le panneau du milieu représente l'adoration des mages. La Vierge est assise, tenant sur ses genoux l'Enfant-Jésus, devant lequel se prosternent les rois somptueusement vêtus, et portant en mains des vases d'or richement travaillés. Les sujets représentés sur les volets, sont : la circoncision, l'adoration de l'Enfant-Jésus, et la salutation angélique.

733. — Dieu le Père. — Peinture en or sur fond bleu. — Fin du XVe siècle.

734. — Jésus au milieu des docteurs. — Tableau peint sur bois, d'école allemande. — Fin du XVe siècle.

735. — La Salutation angélique, peinture sur bois, attribuée à l'école de Lucas Leyde, peintre et graveur hollandais, né en 1494, et mort en 1533.

736. — Légende de sainte Catherine, peinture sur bois, d'école flamande. — Commencement du XVIe siècle.

Sainte Catherine, vierge et martyre, était fille de Ceste, tyran d'Alexandrie. Elle souffrit le martyre sous le règne de Maximin.

Chacun des panneaux de cette peinture contient un épisode de l'histoire de la sainte.

737. — Croix vivante, peinture mystique sur bois. — XVIe siècle.

Le Christ est étendu sur une croix dont les extrémités sont terminées par des bras humains. La Religion catholique, entourée des quatre évangélistes, est couronnée par le bras droit, et recueille le sang du fils de Dieu. A gauche de la croix se tient le judaïsme, personnifié par une figure qui est montée sur un âne et porte un scorpion peint sur son étendard. Le bras placé au-dessus de la tête du Sauveur tient une clé qui ouvre la porte du Ciel, tandis que celui de l'extrémité inférieure frappe le démon enchaîné au pied de la croix. Le bas du tableau est rempli, d'un côté, par les images des bienheureux, et de l'autre, par les âmes qui implorent la bonté divine au milieu des flammes du purgatoire.

738. — Décollation de saint Jean, peinture sur bois, attribuée à Lucas von Kranach, peintre allemand du XVIe siècle.

Le bourreau est debout, l'épaule et la jambe droites entièrement nues ; d'une main il tient le glaive, et de l'autre la tête de saint Jean, dont le cadavre gît à terre.

Lucas von Kranach, peintre et graveur sur bois

et sur cuivre, né en 1470, à Kranach, près de Bamberg, mourut à Weymar en 1553.

739. — Légendes de Jean et de Jacques. — Volets d'un triptyque du XVIe siècle.

Ces deux peintures représentent, sur les premiers plans, les portraits des donateurs du tableau: à gauche est le donateur Jacques, il est agenouillé devant une table couverte d'un tapis armorié; derrière lui se tient debout un pèlerin décoré des insignes de saint Jacques, et dans le fond on voit l'échelle de Jacob.

Le volet de droite représente le donateur Jean; le personnage est également agenouillé, ses épaules sont couvertes d'une chape brodée d'or. La crosse d'évêque repose sur son bras, et la mitre est placée près de lui; ses mains sont gantées, et ses doigts ornés de bagues. La table qui est dressée devant lui est également couverte d'un tapis armorié. Le fond du volet représente la prédication de saint Jean. Ces peintures portent la date de 1594.

740. — La visitation. — Ecole flamande. — XVIe siècle.

741. — La mise au sépulcre. — Grand tableau peint sur bois, école flamande.

742. — La Vierge et l'Enfant-Jésus. — Peinture sur bois, école flamande.

743. — La Vierge et l'Enfant-Jésus. — Peinture sur bois, école flamande.

744. — Le Christ et les saintes femmes. — Tableau à volets, d'école flamande.

Les volets représentent six épisodes de la vie et de la passion du Sauveur: Jésus dans le temple. — La fuite en Egypte. — La présentation au temple. — Le portement de croix. — Le Calvaire et la mise au sépulcre.

745. — La descente de croix. — Tableau à volets, d'école flamande.

Sur les volets sont représentés un saint évêque et une sainte femme en prières.

746. — L'adoration des mages. — Tableau à volets, d'école allemande. — XVIe siècle.

Sur les volets sont les sujets de la salutation angélique et de la nativité.

747. — Peinture sur bois. — Fragment d'un triptyque d'école allemande, représentant un pape qui tient en main la corne et la croix à triple branche.

748. — Autre fragment du même triptyque; sainte terrassant le démon.

Les revers de ces deux panneaux sont couverts de figures en grisaille.

749. — Le portement de croix. — Peinture sur bois; fragment d'un triptyque d'école flamande.

750. — Le couronnement d'épines et le portement de croix. — Volet de triptyque d'école flamande avec encadrement en bois sculpté à jour et doré. — XVIe siècle.

751. — La descente aux enfers et la Mère de douleurs. — Volet du même triptyque. — XVIe siècle.

752. — Sainte Catherine. — Tableau peint sur bois, école allemande. — XVIe siècle.

753. — L'adoration des mages. — Tableau peint sur bois, école flamande. — XVIe siècle.

754. — Le portement de croix. — Peinture sur bois, école allemande. — XVIe siècle.

755. — La nativité et l'adoration. — Peinture sur bois à fond d'or, école florentine. — XVIe siècle.

756. — La Vierge et l'Enfant-Jésus. — Peinture sur bois, école italienne. — XVIe siècle.

757. — La Vierge, l'Enfant-Jésus et les saints. — Peinture italienne exécutée sur bois. — XVIe siècle

758. — Peinture sur bois. — Volets d'un triptyque d'école flamande. — XVIe siècle.

759. — Vénus et l'Amour, portrait de Diane de Poitiers, peint par le Primatice. — XVIe siècle.

La figure, presque nue, s'appuie d'une main sur l'épaule de l'Amour, et de l'autre tient une flèche acérée. A ses pieds sont jetés un masque et un carquois. Dans le fond on aperçoit l'incendie de Troie, et l'épisode d'Enée sauvant son père Anchise.

Le Primatice, né en 1490 d'une famille de haute naissance, fut appelé en France par le roi François Ier, en 1540, sur la réputation qu'il s'était acquise dans les travaux exécutés au palais du T, à Mantoue; c'est à lui qu'on doit en grande partie la décoration du château de Fontainebleau. Sous le règne d'Henry II, il arriva au comble de la gloire et des honneurs, et mourut en 1570.

760. — Lever d'une dame de la cour. — Tableau de l'école du Primatice. — XVIe siècle.

761. — Portrait de Charles-Quint, peint par Janet. — XVIe siècle.

762. — Portrait de Marie Gaudin, dame de La Bourdaisière, fille de Victor Gaudin, sire de La Bourdaisière et d'Agnès Morin. — Peinture française sur bois. — XVIe siècle.

Marie Gaudin naquit en l'an 1490, épousa, en 1509, Philibert Babou, seigneur de La Bourdaisière, secrétaire et argentier du roi, trésorier de France et surintendant des finances de la reine Eléonore d'Autriche. Ce fut la première maîtresse de François Ier, alors duc de Valois.

763. — Siége d'une ville par Sigismond Pandolphe Malatesta. — Peinture italienne sur bois, à fond d'or. — XVIe siècle.

764. — Tableau sur bois, à deux faces, volet d'un grand triptyque. — XVIIe siècle.

D'un côté, le donateur, Antoine Blondel, est à genoux, accompagné de son saint patron avec ses attributs et cette devise : « *Me pictam curavit dominus Antonius Blondel. — Æta. suæ* 50. 1632. »

L'autre face représente une cérémonie dans laquelle un empereur, vêtu d'un manteau fleurdelisé, délivre à des religieuses une charte de fondation abbatiale.

765. — L'annonciation. — Peinture sur bois, à fond d'or, école florentine.

766. — Peinture sur bois, divisée en quatre panneaux et représentant PAN, AMPHYON, MUSEUS et MARSYAS. — XVIe siècle.

Ce tableau provient de la décoration de l'hôte. Pimodan.

767. — Peinture sur bois représentant de saints personnages. — Volets d'un rétable du XVIe siècle.

768. — Pilate se lavant les mains. — Volet d'un triptyque, peinture sur bois d'école italienne.

769. — L'incrédulité de saint Thomas. — Volet de triptyque, école italienne.

770. — La résurrection. — Volet de triptyque, même école.

771. — Trois panneaux en bois peint, couverts d'arabesques rehaussées d'or. — XVIe siècle.

772. — Peinture sur bois. — Saint personnage avec la légende : « *Hic est panis qui de cœlo descendit.* »

773. — Petit tableau peint sur bois, scène de figures. — XVIIe siècle.

774. — Les vierges folles. — Tableau peint par Abraham Bosse. — XVIIe siècle.

Tableaux peints à l'huile sur basane dorée et travaillée au petit fer, provenant de la décoration d'une maison de Rouen.

Les sujets sont tirés de l'histoire romaine; ce sont les suivants :

775. — ROME, représentée par une figure assise, s'appuie sur une pique et tient dans sa main la statue de la Victoire.

La tête est couverte d'un casque surmonté de plumes et de panaches. A côté sont les attributs de la guerre; et aux pieds de la figure est la louve allaitant les jumeaux. L'inscription ROMA se lit dans le fond.

776. — SCŒVOLA, couvert d'une cuirasse ornée d'écailles, brandit une épée dans sa main droite; ses pieds sont chaussés de cothurnes.

Dans le bas du tableau, il est représenté en camaïeu d'or, le poing sur le bûcher.

777. — TORQUATUS tire son épée du fourreau, sa tête est couverte d'un casque au panache flottant.

Dans le fond on le voit sur un pont terrassant le Gaulois qu'il perce de son épée.

778. — COCLÈS s'élance brandissant un glaive de la main droite et se couvrant de son bouclier. Son casque est orné d'une chimère et surmonté d'un panache; il est couvert d'une cuirasse.

Dans le fond il est représenté se précipitant en armes dans les eaux du Tibre.

779. — CURTIUS, monté sur un cheval fougueux, tient en main le bâton du commandement. Le camaïeu d'or le représente s'élançant dans le gouffre. On lit l'inscription CURCIO.

780. — MANLIUS, à cheval, le glaive en main, le bou-

clier au bras gauche, porte un casque richement empanaché.

Dans le fond, on le voit perçant de sa lance un cavalier renversé.

781. — Calfurnius marche au combat, l'épée à la main, le corps couvert de son bouclier; sa cuirasse est unie; ses épaules sont chargées d'un manteau.

2° MANUSCRITS. — MINIATURES. — LIVRES A FIGURES.

782. — Heures. — Manuscrit à grandes vignettes et riches encadrements, sur fin vélin, avec or en relief. — Reliure du temps, en vélin. — XIVe siècle.

783. — Heures. — Petit manuscrit in-8°, avec figures et initiales peintes en couleurs et rehaussées d'or. Reliure en veau rouge. — XVe siècle.

784. — Heures du XVe siècle. — Manuscrit décoré de grandes vignettes, de lettres et de riches encadrements en couleurs rehaussées d'or.

785. — Heures. — Manuscrit du XVe siècle, orné de grandes vignettes avec encadrement. — Reliure moderne en velours, couverte de plaques d'émaux incrustés de travail byzantin.

786. — Heures. — Manuscrit du XVe siècle, orné de grandes vignettes richement rehaussées d'or. — Reliure en velours.

787. — Livre d'heures, du commencement du XVIe

siècle, orné d'un grand nombre de miniatures et de vignettes.

Ce manuscrit a appartenu au roi Henri III, en 1574, lors de la mort de Marie, princesse de Condé. La reliure porte les insignes du roi avec les têtes de mort, les larmes et la légende : *Jesus, Maria, mori memento.*

788. — Heures manuscrites du XVIe siècle, décorées d'un très grand nombre de miniatures, figures, sujets et encadrements en couleurs rehaussées d'or.

Parmi les sujets principaux sont les sibylles et la danse macabre, en vingt-quatre sujets, avec leurs légendes. — Reliure moderne décorée de plaques d'ivoire.

789. — Feuillets d'un psautier in-folio du XIIIe siècle. — Grandes heures avec vignettes et lettres coloriées et rehaussées d'or.

790. — Feuillets d'un manuscrit de droit, grand in-folio du XIIIe siècle, orné de vignettes à figures dont l'une représente un prisonnier au cep.

791. — Feuillets d'un manuscrit in-folio du XIVe siècle, orné de lettres en couleurs rehaussées d'or.

792. — Grands feuillets de plain-chant avec vignettes, encadrements et grandes lettres à figures. — XVe siècle.

793. — Fragment d'un manuscrit in-folio du XVe siècle. *De incarnatione verbi, de conceptu virginali.* Initiales coloriées.

794. — Camillus, vainqueur des Volsques. — Feuille tirée d'un manuscrit in-folio du XVe siècle.

795. — La résurrection. — Miniature formant B majuscule, extraite d'un psautier de plain-chant du XVe siècle.

796. — La visitation. — Miniature extraite d'un livre d'heures du XVe siècle.

797. — Miniature d'un manuscrit du XVe siècle. — La Vierge dans sa gloire, entourée d'anges.

798. — Miniature d'un manuscrit du XVe siècle. — Le Christ dans sa gloire, avec Marie et saint Jean, et la résurrection des morts.

799. — Feuillets d'un calendrier, extraits d'un manuscrit de la fin du XVe siècle.

800. — Sujet légendaire. — Miniature extraite d'un psautier de plain-chant du XVe siècle.

801. — La Santa-Casa. — Miniature extraite d'un psautier du XVe siècle.

802. — La visitation, lettre initiale S. — Miniature extraite d'un psautier du commencement du XVIe siècle.

803. — Rondeaux des Vertus contre les Péchés Mortels, faits pour Louise de Savoye, avec leur dédicace à cette princesse. — XVIe siècle.

L'inscription de la couverture est ainsi conçue :

« EN CE PETIT LIVRE SONT SEPT RONDEAUX DES
VERTUS CONTRE LES PÉCHÉS MORTELS. EN
CHACUN DESQUELS ES PREMIÈRES LIGNES
EST LE NOM ET SURNOM DE VOUS MADAME
ET POURREZ RELIRE LES DITZ RONDEAUX AU
REBOURS COMMENÇANT DU BAS AU
HAULT. LESQUELZ SE RENTRENT EN RE-
TOURNANT SUS LA DERRENIÈRE LIGNE. »

Ces rondeaux sont placés dans l'ordée suivant :

Humilité contre orgueil.
Libéralité contre avarice.
Charité contre envie.
Patience contre ire.
Sobriété contre glotonie.
Chasteté contre luxure.
Diligence contre paresse.

Chaque sujet se compose de la figure de la mère du

Roi, représentée, soit debout, soit à cheval, et accompagnée des attributs de la Vertu dont elle est l'image. Elle foule aux pieds le Vice qui lui est opposé. Les peintures sont entourées d'encadrements d'architecture. En bas est l'écusson armorié de la princesse, avec deux anges ailés pour supports. En face des peintures sont les rondeaux, dans lesquels, comme il est dit en la dédicace, la première lettre de chaque vers est une des lettres du nom de Loise de Savoye, de manière que ce nom se trouve répété de haut en bas à chaque rondeau.

804. — Miniature. — Combat entre Persée et Paul-Émile. La légende est au revers. — Commencement du XVIe siècle.

« QUANT LA GUERRE FUST COMMENCÉE AVEC PERSEUS, PAULUS EMILIUS CONSUL FUT ENVOYE A TOUT UNG OST CONTRE LUI. LEQUEL PAULUS SE COMBATIST AVEC LE DICT PERSEUS QUI FUT DESCONFIST EN LA BATAILLE ET VINGT MIL HOMMES Y FURENT OCCIS. DES ROMAINS Y DEMEURÈRENT SEULEMENT CENT CHEVALIERS — ETC.

805. — Fragment d'un manuscrit du XVIe siècle à l'écusson palé d'or et de gueules.

Le titre porte l'inscription :

Heures de Nostre-Dame a lusaige de
Coustàces aparten a noble et puissàt Seigneur
Francoys de Briqueville, sieur et chastelain
de Laulne, Ausebosc, Argueil, Saincte Croix,
et capitaine de Sainct-Lo, l'an 1553.

Le calendrier, qui date du commencement du XVe siècle, est complet et décoré de figures allégoriques pour chaque mois de l'année, de sujets et d'encadrement en couleurs rehaussées d'or.

806. — Miniature sur vélin représentant les figures de saint Augustin et de Cirille, évêque de Jérusalem. — XVIe siècle.

807. — Titre manuscrit sur parchemin. — XIIe siècle.

Cession du patronat de l'église de Boudaroy, gardé par le seigneur de ce lieu au profit du chapitre en 1157.

808. — Titre manuscrit sur parchemin. — XIIe siècle.

« Pour le patronat de Boudaroy, conféré en 1197, par Henri Ier, de Dreux, évêque d'Orléans. »

809. — Titre latin. Manuscrit sur vélin d'un achat de 55 arpens de terre à la ferme de Marsdorff. — Daté de l'an 1240.

Les sceaux en cire qui pendent à ce titre représentent, l'un l'archevêque Conrad et un autre saint Pierre.

810. — Titre manuscrit sur parchemin avec sceau en cire. — XIIIe siècle.

811. — Titres manuscrits. — 1401.

Vidimus authentique des lettres de Jean d'Armagnac, comte de Charolois, par lesquelles il donne et transporte aux abbé et couvent de Cluny le droit qu'il avoit de succéder aux biens des bastards qui mouroient sans enfants légitimes dans la ville et ressort du doyenné de Paroy, lesdites lettres en date du 27 juin 1370, et le vidimus du 12 octobre 1401. Signé Germancti.

812 — Titres sur parchemin du XVe siècle.

Quittance donnée à l'abbé de Cluny, pour quelques ouvriers, de l'argent qu'ils avaient reçu dudit abbé, pour les réparations qu'ils avaient faites au collége de Cluny, à Paris, au 25 aoust 1407.

813. — Titre manuscrit sur parchemin. — XVe siècle.

Provisions de la cure de Boudaroy. — 1457.

814 — Titre manuscrit sur vélin. — XVIe siècle.

Contestation en cour de parlement entre le grand archidiacre et les curés de Saint-Prix et de Taverny, concernant le droit de litige. — 1504.

815. — Titres manuscrits sur parchemin. — XVIe siècle.

Sentence du Châtelet de Paris du 6 mars 1577.

816. — Titre manuscrit sur parchemin, avec la signature de Catherine de Médicis, mère du Roi, renfermant une promesse d'indemnité pour le sire de Valan, chevalier de l'ordre du Roi, contresignée par le secrétaire des finances. — XVIe siècle.

817. — Explication d'un thème d'astrologie judiciaire, fait pour Henry III, et portant la date de 1573, avec l'écusson armorié en couleurs.

Le titre est ainsi conçu :

Exposition sur une devise inventée pour le Roy esleu de Poulougne.
Par Fran: Choisnyn de Chastelheraud. — 1573.

818. — Heures imprimées sur vélin, à gravures sur bois d'un grand luxe, par Simon Vostre. — Reliure du temps, dorée au fer avec les noms de LOUYSE SALIVET. — 1512.

La première page porte dans un riche encadrement l'inscription suivante, surmontée de l'écusson de l'éditeur, que supportent deux chimères :

SIMON VOSTRE.
LES PRÉSENTES HEURES A L'USAGE DE BESANSON SONT TOUT AU LONG SAS REQUIR : AVEC LES FIGURES ET SIGNES DE LAPOCALIPSE : LES MIRACLES NOSTRE DAME LES ACCIDÊS DE L'HÔME : ET PLUSIEURS AULTRES HYSTOIRES DE NOUVEAU ADIOUSTEES ONT ESTE FAICTES, PARIS PAR SYMÔ VOSTRE LIBRAIRE : DEMEURAT A LA RUE NEUFVE : PRES LA GRANT EGLISE.

819. — Heures imprimées sur vélin, ornées de gravures sur bois, vignettes et encadrements, avec initiales en couleurs, publiées par Simon Vostre. — Reliure du temps. — 1512.

820. — Heures imprimées sur vélin avec gravures sur bois, sujets, vignettes, encadrements, ornées de lettres initiales coloriées et rehaussées d'or, publiées par Germain Hardouin. — 1527.

La dernière page porte l'inscription suivante :

« LES PRÉSENTES HEURES SONT A LUSAIGE DE ROME TOUT AU LONG SANS REQUERIR ONT ESTE NOUVELLEMÊT IMPRIMES A PARIS : PAR GERMAIN HARDOUYN, IMPRIMEUR ET LIBRAIRE : DEMOURAT AU DICT LIEU ENTRE LES DEUX PORTES DU PALAIS : A LENSEIGNE SAINCTE MARGUERITE ET CE VENDENT AU DICT LIEU.

821. — Heures imprimées sur vélin, ornées de grandes gravures, vignettes et encadrements sur bois, avec initiales en couleurs, publiées par Simon Vostre. — Reliure du temps, frappée et dorée au petit fer, avec les noms du propriétaire *Caterine Lepeutre*.

822. — Heures imprimées sur papier, ornées de gravures, vignettes et encadrements sur bois, avec initiales en couleur, publiées par Anthoine Verard. — Reliure du temps, gaufrée au fer et représentant d'un côté la salutation angélique, et de l'autre l'adoration.

La dernière page porte l'inscription suivante disposée autour de l'écusson de France et des initiales de l'éditeur :

ANTHOINE. VERAD. HUMBLEMÊT. TE. RECORDE.
CE. QUIL. A. IL. TIENT. DE. TOI. PAR. DON.
POR. PROVOCQUER. TA. GRAT. MISERICORDE.
DE. TOUS. PECHEURS. FAIRE. GRACE. ET. PARDON.

823. — Estampes coloriées. Miniatures extraites d'un livre d'heures du commencement du XVIe siècle.

La crèche. — La présentation au temple. — La Sainte-Trinité.

824. — Livre d'office du XVIIIe siècle. — Reliure dorée au petit fer.

III. PEINTURE SUR VERRE.

—

VITRAUX.

825. — Le Christ en croix, entre Marie et saint Jean. — Vitrail provenant de l'Hôtel-Dieu de Provins. — Commencement du xve siècle.

826. — Légende de saint Lié. — Vitrail provenant de l'Hôtel-Dieu de Provins et représentant l'apparition du Christ à saint Lié. — Commencement du xve siècle.

827. — Vitrail. — Un duc de Penthièvre agenouillé, dans l'attitude de la prière. — Le personnage est vêtu de son armure et couvert du tabar aux armes de sa maison. — xve siècle.

828. — Panneau de verre peint. — Un personnage, couvert d'une robe rouge rehaussée d'hermine, et la tête ceinte d'une auréole, se tient debout et porte une sphère céleste dans la main gauche. Devant lui sont agenouillées deux autres figures qui représentent les donateurs du vitrail. Les fonds sont décorés d'architecture. — xvie siècle.

829. — Légende de saint Lié (Lætus). — Suite de peintures sur verre provenant de l'Hôtel-Dieu de Provins. — Saint Lié devant le Seigneur. — xvie siècle.

« Saint Lié était natif du village de Savins, près » Provins. Son père s'appelait Perrin, et sa mère » Egée. Ils étaient tixiers de leur métier.

» Cet enfant, d'une beauté remarquable, était d'un

» naturel doux, ce qui le faisait aimer de tout le » monde et particulièrement de ses compagnons.

» Elevé dans la religion chrétienne, il était très » pieux et priait Dieu jour et nuit avec beaucoup de » recueillement.

» Or, il y avait en ce temps-là, à Savins, de mé- » chants garnements, du nom d'Achins, qui étaient » ses cousins-germains et ses camarades, lesquels ne » connaissaient pas le vrai Dieu, adonnés aux vices » les plus infâmes et adorant les idoles.

» Ces impies ayant été plusieurs fois repris par » saint Lié, ne pouvaient le souffrir et résolurent de » le tuer. L'ayant donc rencontré proche une fon- » taine, dans la vallée de Savins, ils voulurent se » saisir de lui. Le jeune enfant s'échappa de leurs » mains et s'enfuit jusqu'à deux ormes qui étaient » sur une montagne proche une fontaine, et monta » sur un de ces arbres. Mais ces méchants l'ayant » aperçu, frappèrent l'arbre à coups de coignée » pour l'abattre.

» Saint Lié jeté à bas par ces cruels, tomba sur » un grès. Les vestiges laissés par ses mains et sa » tête se voient encore aujourd'hui imprimés sur » ce grès, conservé dans la chapelle bâtie sur le lieu » de son supplice. Pendant que ce jeune enfant priait » pour ses persécuteurs, un d'eux lui coupa la tête » sur le même grès.

» Après quoi, les meurtriers s'en étant allés, le » tronc du corps de ce saint martyr se leva, et pres- » nant sa tête entre ses deux mains, il la porta jus- » qu'à l'église de Saint-Denis, patron de Savins, de » laquelle les portes, quoique fermées, s'ouvrirent » pour recevoir le saint comme en triomphe.

» Et ceci arriva l'an mil cent soixante
» Et neuf, le deuxième jour de juillet.

» Ensuite, l'an mil deux cents, le xvij mars, un » évêque nommé Henry, commissaire du Saint-Siége » apostolique, assisté de l'abbé de Saint-Jacques de » Provins, fit lever le saint corps et le renferma dans » une châsse qu'il fit mettre dans la même église, » après lui avoir consacré un autel particulier.

» Dieu voulant honorer ce saint adolescent, opéra » plusieurs miracles en faveur de ceux qui venaient » implorer son secours dans leurs misères, ainsi qu'il

» est plus amplement rapporté en l'histoire de sa » vie. »

Il y a dans le chœur de l'église de l'Hôtel-Dieu de Provins une grande verrière où sont représentés le martyre de saint Lié et tous les outils du métier de tisserand, dont il est le patron, avec la légende qui suit:

« En l'année mil v^{c} vingt-cinq,
» Au mois de mars, par aumône
» Les marchands tixeraus de Provins
» Ont fait faire
» Cette verrière.
» Priez Dieu et monsieur saint Lié
» Qu'en paradis ils soient liés (joyeux). »

Les panneaux que nous décrivons ici formaient la suite de cette verrière. Au bas du premier panneau on lisait :

SAINT LIÉ AYANT SOUEF AU GRANT ORME
TROUVE DE L'EAU EN ABONDANCE
DIEU A CE AVAIT MIS ORDRE
PAR SA DIVINE PROVIDENCE.

830. — Légende de saint Lié; même suite. — 2° Saint Lié poursuivi par les mauvais garçons.

A UNG LABOUREUR DEMANDÈRENT
LES TYRANS S'IL A VEU SAINT LIÉ.
IL FAIT REPONSE QUE NON PAS
DEPUIS QU'IL EST SEMÉ SON BLAD (BLÉ).

831. — Légende de saint Lié; même suite. — 3° Saint Lié trouvé par les mauvais garçons.

COMMENT LES TYRANS LE TROUVÈRENT
SUS L'ORME DONT GRANDE JOYE MENÈRENT.
TROIS COPS LES TIRANS LE FRAPÈRENT
SUS L'ORME DONT LE SANG EN SORT.
SAINT LIÉ DESCEND ET N'A VOULU
QUE POUR LUI L'ORME SI FUST MORT.

832. — Légende de saint Lié; même suite. — 4° Saint Lié décapité par les mauvais garçons et ramené par les anges.

PRÈS DE L'ORME DESSUS UNE PIERRE
COMMENT LA TÊTE LUI TRANCHÈRENT
ET LA CACHÈRENT EN TERRE,
PUIS APRÈS ILS LE DÉLAISSÈRENT.
COMMENT LE CORPS A SAVINS FUT MENÉ
PAEGES DONT GRANT JOYE FUST MUÉ.

833. — Séraphin sonnant du cor. Fragment d'une verrière de l'Hôtel-Dieu de Provins. — XVIe siècle.

834. — Séraphin jouant de la viole. — Fragment de la même verrière. — XVIe siècle.

835. — Donatrices à genoux. — Panneau de verre peint, fragment d'une verrière de Provins. — XVIe siècle.

836. — Donatrices en prières. — Panneau de verre peint de même provenance. — XVIe siècle.

837. — Tête de Vierge. — Fragment d'un vitrail de l'Hôtel-Dieu de Provins. — XVIe siècle.

838. — Fragments d'une grande verrière de même provenance. — XVIe siècle.

839. — Saint Pierre. — Panneau de verre peint provenant d'une église de Provins. — XVIe siècle.

840. — Ange vêtu. — Fragment d'une verrière de l'Hôtel-Dieu de Provins. — XVIe siècle.

841. — Séraphin jouant de la viole. — Panneau de verre peint provenant d'une église de Provins. — XVIe siècle.

842. — Séraphin jouant de la guitare. — Panneau de verre peint de même provenance et de même époque.

843. — L'éducation de l'Enfant-Jésus. — Grand panneau de verre peint, entouré d'arabesques et provenant d'une église de Provins. — XVIe siècle.

844. — Le Père Éternel. — Grand panneau de verre peint, entouré d'arabesques et de sujets, même provenance. — XVIe siècle.

845. — Panneaux de verre peint du XVIe siècle, formant la décoration des fenêtres de la chapelle.

Un de ces vitraux, le portement de croix, faisait

partie jadis des verrières de la chapelle de l'Hôtel de Cluny; c'est le seul qui ait pu être conservé.

846. — La Vierge et l'Enfant-Jésus. — Médaillon de verre peint en grisaille et or, ouvrage allemand du XVIe siècle.

847. — Le Calvaire. — Grisaille allemande rehaussée d'or. — XVIe siècle.

848. — Médaillon de verre peint. — Ecusson aux armes de la maison de Créquy ou de Soissons-Moreul, dont les blasons ont été confondus par alliance.

« On y voit un MI-LION que, s'il faut en croire François d'Amboise, un Créquy aurait placé sur un champ d'azur semé de fleurs de lis sans nombre, le roi lui ayant donné « choix et option de demander » tel don qu'il voudrait, et à ce il ne fit autre requête » sinon qu'il lui permît de s'armer de lys, lui ayant » octroyé de les porter par MILLION. »

849. — Médaillon de verre peint. — Ecusson d'armoiries de la même provenance et de la même époque.

850. — Panneau de verre peint de forme semi-circulaire, représentant des amours qui tiennent des guirlandes de feuillage, avec la date de 1529.

851. — Vitrail aux armes et attributs du roi François Ier, présentant la salamandre et la couronne de France avec un entourage d'arabesques en grisaille. — Ce vitrail, exécuté par Bernard de Palissy, à la date de 1544, provient du château d'Ecouen.

852. — Vitrail aux chiffres du connétable Anne de Montmorency, provenant du château d'Ecouen, et exécuté par Bernard de Palissy. — XVIe siècle.

853. — Grand panneau de verre peint aux armes de France. — Règne d'Henri II.

L'écusson de France est surmonté de la couronne

et entouré du grand cordon de l'ordre de Saint-Michel, avec deux anges vêtus pour supports, et la devise : DONEC TOTUM IMPLEAT ORBEM.

854. — La conversion de saint Paul. — Panneau de verre peint en grisaille. — XVIe siècle.

855. — Fragment d'un vitrail : joueur de cornemuse. — Grisaille allemande du XVIe siècle.

856. — Panneau de verre peint à figures. — Grisaille du XVIe siècle.

857. — Ecusson d'armoiries entouré de figures et d'arabesques, peinture sur verre d'école italienne. — XVIe siècle.

858. — Vitrail. — Écusson d'armoiries représentant un cerf ailé courant, en or sur fond d'azur. — XVIe siècle.

859. — Légende de saint Eustache. — Panneau de verre peint en grisaille teintée avec encadrement d'arabesques et de médaillons. — XVIe siècle.

860. — Panneau de verre peint en grisaille. — La Vertu. — XVIe siècle.

VIRTUS INVIDIÆ SCOPUS.

Le vertueux tire après soy l'envie
Comme un brouillard qui ne tombe qu'au soir
De son beau jour : alors il se faict veoir
Et regretter quand il n'est plus en vie.

861. — Panneau de verre peint en grisaille. — La Charité. — XVIe siècle.

Ces deux panneaux sont entourés de figures peintes également en grisaille et vêtues de costumes allemands.

862. — Le martyre de saint Sébastien. — Vitrail peint en grisaille, entouré d'ornements et d'arabesques en couleurs. — XVIe siècle.

863 — Chasteté de Suzanne. — Panneau de verre peint, entouré d'arabesques. — XVIe siècle.

864. — La Pentecôte. — Panneau de verre peint, entouré de figures d'enfants et de femmes, en couleurs. — Fin du XVIe siècle.

865. — Panneau de verre peint. — Figure d'ange. — XVIe siècle.

866. — Panneaux de verre peint, à figures. — Fragments de verrières du XIIIe au XVIe siècle.

867. — Panneau de verre peint, à figures. — Fragment d'une verrière du XVIe siècle.

868. — Panneau de verre peint, à figures. — Fragment d'une verrière de même époque.

869. — Panneau de verre peint, à figures. — Fragment d'un vitrail du XVIe siècle.

870. — Fragment d'un vitrail de même époque.

871. — Médaillons d'armoiries d'origine suisse, avec la légende :

ÆGIDIUS. RÆM. EPISCOPUS. CHIEMENSS. ANNO. DOMINI. MDXXXIIII.

872. — Médaillon d'armoiries de la même famille, d'origine suisse. — XVIe siècle.

THEOPHILUS. RÆMDEKOETZ. CANONICUS. AUGUSTANUS. ET. CASTELLANUS. IN ZUSEMECK. MDLXIIII.

873. — Médaillon d'armoiries d'origine suisse et de la même famille, avec la légende :

WOLPH. ANDR. RÆMDEKOETZ. PRÆPO. S. M... CAN. ET. CELLAR. AUGUST. J. UD. CASTELLA. IN- ZUSEMECK.

874. — La Vierge. — Vitrail de consécration d'origine suisse.

DIESSENHOFFEN. 1544.

875. — Médaillon de verre peint, d'origine suisse, représentant un chevalier et sa dame, avec la légende :

MICHEL STORY, CAPITAINE DE GENDARMERIE A GLARUS, 1549.

876. — Écussons d'armoiries. — Vitrail suisse du XVIe siècle.

877. — Ecusson d'armoiries. — Vitrail du XVIe siècle.

878. — Officine d'un maître barbier. — Vitrail suisse aux armes de JOS. RICHWILLER. 1559.

879. — Légende d'un abbé de Glarus. — Vitrail suisse décoré d'armoiries de famille. 1559.

L'écusson, soutenu par deux guerriers, est aux armes impériales.

880. — Dévouement de Décius. — Vitrail suisse, armorié, avec les noms :

FRIDLY FROWLER ET HENRY FROWLER. 1564.

881. — Écusson d'armoiries. — Vitrail suisse avec la légende :

H. LEODOGARUS. RICHHOL... CANONICUS ET CANTOR ECCLESIÆ DIVI URSI MATII RISI APUD SOLODHOIN. 1578.

882. — Médaillon d'armoiries d'origine suisse, avec la légende :

HYERONIMUS REITTING A RADECKH, ET ANNE RECHLINGERIN, SA FEMME. 1577.

883. — Vitrail suisse. — Le Christ en croix avec le donateur à genoux, à la date de 1578.

884. — Ecusson d'armoiries. — Vitrail suisse avec la légende :

HENRICUS FLURI CANONICUS ET CUSTOS COLLEGIATÆ ECCLESIÆ S. URSI. SALODOREN. ANNO 1578.

885. — Le triomphe du Christ. — Vitrail d'origine suisse, aux armes du préfet du collége de Soleure, avec la légende :

D. URSUS. HANI. COLLEGII. S. URSI. SALODORENSIS. PRÆPOSITUS.

Et plus haut :

Christus rex regum celebri petit astra triumpho
Captiva que colla catenis
Vincla trahit. Cumulant passim donaria gentes
Læti pœana canentes. ps. 76. — 1578.

886. — Ecusson d'armoiries. — Vitrail suisse. — Audessus de la figure de la Vérité placée près de l'écusson, on lit la légende :

Elle a une chemise si blanche que le soleil donne à travers. de Glarus. 1581.

En haut est l'histoire d'Actéon changé en cerf.

887. — Daniel dans la fosse aux lions. — Vitrail suisse armorié, avec la légende :

Jean Leuw Landeman a Prÿ et Marguerite Butschin sa femme. 1587.

888. — Médaillon d'armoiries. — Vitrail suisse avec la légende :

Friderichus Recklinger a Goldensiain, et Marie Geborni Altin sa femme. 1591.

889. — Parabole du samaritain. Saint Luc, chap. 10. — Vitrail suisse armorié avec la légende :

Gaspard Elsinger a Schwanden, canton de Glarus. 1593.

890. — Le sacrifice d'Abraham. — Vitrail d'armoiries d'origine suisse avec la légende :

Josué Habrer. l'an du seigneur 1598.

891. — Le songe de Jacob. — Vitrail armoirié d'origine suisse avec la légende :

Adam Schiffmann de Clagenfort en Carinthie. Noe Kullman. 1596.

892. — Vitrail suisse. — Ecusson d'armoiries avec les figures de saint Benoît et de saint Fiodan. — XVIe siècle.

La partie supérieure représente la salutation angélique.

893. — Légende de Guillaume Tell. — Vitrail suisse décoré d'armoiries du XVIe siècle.

894. — Ecusson d'armoiries entouré de figures. — Vitrail suisse :

JEAN LOUIS DE MITTELHAUSEN. 1600.

895. — Saint Sébastien. — Vitrail suisse armorié :

MAITRE SÉBASTIEN SCHWARTZ, MARCHAND DE DRAPS A SCHWITZ. 1602.

896. — Vitrail suisse armorié. — La Vierge et saint Jean. — Jésus au jardin des Olives. — Jésus sur la croix. — La résurrection, avec la légende :

JEAN ULDERICH GOTTROUM, BAILLI A FRIBOURG ET MARIA ERHARTT, SA FEMME. 1604.

897. — Vitrail suisse. — Portraits et armoiries de famille avec la légende :

FREDERICH LINCK MEUNIER ET SON HEUREUSE FEMME DOROTHÉE SCHLOSS. 1606.

898. — La résurrection. — Vitrail suisse armorié avec la légende :

M. PIERRE DIETHERICH MAITRE D'ECOLE. 1607.

899. — Daniel dans la fosse aux lions. — Vitrail suisse exécuté en 1610, avec les noms des peintres verriers. — La légende est la suivante :

JEAN MELCHIOR SCHMITTER LIT HUG, BOURGEOIS ET PEINTRE SUR VERRE A WYL EN THURGOVIE ET JEAN JACQUES BISSY, BOURGEOIS ET VITRIER A LIECHTENSTEIG. 1610.

Au-dessus on lit : « les armoiries que vous voyez, nous les avons dédiées à un brave et honnête homme qui a pour nom Dias Grob, à Wasserflu. »

900. — Le Sacrifice d'Abraham. — Vitrail suisse armorié, avec la légende :

ABRAHAM MELLER AUJOURD'HUI MAIRE DE WATTWILL. 1610.

Ce vitrail est signé par JEAN MELCHIOR HUG.

901. — Le Christ et la Samaritaine. — Vitrail suisse armorié, avec la légende :

JEAN VORICH KUNTZLY. 1610.

902. — Histoire de Tobie. — Vitrail d'origine hollandaise, avec la légende :

« Tobie étant assis et reposant, est rendu aveugle par la fiente d'une hirondelle. »

En haut est la consécration :

MICHIEL VAN HEITHUSEN ET AGNÈS SA FEMME. 1619.

903. — Histoire de Tobie. —Vitrail d'origine hollandaise, même suite, avec la légende :

« Le vieux Tobie pris par la cécité, reprend de nouveau la vue. »

Au-dessus est la consécration :

JEAN PETERMAN ET MERRIKÊ VAN GOCH SA FEMME. 1619.

904. — Histoire de Tobie. — Vitrail d'origine hollandaise, même suite, avec la légende :

JACOB DINGENS LE JEUNE ET MERIKÊ SA FEMME. 1619.

905. — Histoire de Tobie, — même suite. — Retour du jeune Tobie et de l'ange, avec la légende :

JACOB DINGENS ET LEEN SA FEMME. 1619.

906. — Histoire de Tobie, même suite, avec la légende :

JEAN BERBEN ET MERRIKÊN SA FEMME. 1619.

907. — Vitrail suisse. — Portraits et armoiries de famille, avec la légende :

JEAN BACKMAN ET AGNÈ KUCHLIN SA FEMME. FAIT EN 1620.

908. — Ecusson d'armoiries entouré de sujets. — Vitrail suisse avec la légende :

JOS. VOGTT, ANCIEN GOUVERNEUR ET LANDEMAN A SCHWITZ. 1623.

909. — La Mère de douleurs. — Vitrail armorié d'origine suisse, avec la légende :

M. JOS. BLASSER, AUJOURD'HUI CONSEILLER A SCHWITZ, BARBARA ULRIG, SA PREMIÈRE FEMME, ET ANNA-MARIA GLASSERINN, SA SECONDE. AN 1629.

910. — Vitrail. — Médaillon d'armoiries d'origine suisse :

STEFAN BRAUN. 1632.

911. — Vitrail. — Médaillon d'armoiries de la même famille :

SIGISMUND BRAUN. 1646.

912. — Vitrail d'origine suisse. — Ecusson d'armoiries, entouré de figures avec la légende :

HENRICUS WLPIUS THEOLOGUS SEC... S. NICOLAI, DECANUS PROTONOTARI. ET. SEDE. VACANTE. EPTUS LAUSAN : VICARIUS. GLIS. OFFICIALIS. ET. ADMINISTRATOR. APLICUS. JAM. IN. EODEM. COMMISSARIUS, SANCTÆ. SEDIS. ET ILLMI. ET. RSSMI. D. LEGATI. VICES. GERENS. 1663.

913. — Médaillon d'armoiries d'origine suisse. — XVIIe siècle.

914. — Médaillon d'armoiries de la même famille. — XVIIe siècle.

915. — Gédéon, fils de Joas, inspiré de Dieu, combat, avec trois cents guerriers, les Madianites au nombre de trente-cinq mille homme, et les met en déroute. — Vitrail suisse du XVIIe siècle.

916. — Le Baptême dans le Jourdain. — Vitrail suisse armorié, signée H. C. G., avec la légende :

JEAN MAGION, LIEUTENANT A WATTWYL, ET MAD. MARIE-ELISABETH BUOTZIN, SA FEMEE. 1680.

917. — La Pentecôte. — Vitrail suisse armorié, à la date de 1681, avec les légendes :

LEONHARD SEERIN DE BASLE, DOYEN ET PRÉDICATEUR DE LA PAROLE DE DIEU A LIECHTENSTEIG,

CANTON DE TOGGENBURG, ET CATHERINE BECKH, SON ÉPOUSE.

JÉRÉMIAS MEYER DE BASLE, PRÉDICATEUR DE LA PAROLE DE DIEU A KILCHBERG ET LEUTENSPURG, ANNE-CATHERINE STOECHELIN, SA FIANCÉE.

EMMANUEL SCHLICHTER DE BASLE, PRÉDICATEUR DE LA PAROLE DE DIEU A WATTWIL, ET SUZANNE BUTZENDANERIN, SON ÉPOUSE.

JEAN-JACOB FREMLER DE BASLE, PRÉDICATEUR DE LA PAROLE DE DIEU A CAPPEL, ET JUDITH DIETSCHIN, SON ÉPOUSE.

« Voyez : la maison des apôtres est remplie d'un » sourd murmure ; le vent souffle avec bruit et tour- » mente lorsqu'on aperçoit au ciel une lueur claire » et brillante : c'est le Saint-Esprit, dont la venue » est prédite, qui tombe sur chacun d'eux. Leurs » bouches racontent avec ardeur les miracles de » Dieu ; chacun l'entend dans son langage. O maître, » donne de suite ton esprit à ton Eglise, et à tes ser- » viteurs donne l'intelligence pour professer ta vo- » lonté et pour démontrer à tous les peuples le salut » et le chemin de la vérité, et adorer uniquement » en Jésus-Christ son œuvre de grâce ! Garde aussi » dans ta grâce cette maison ; préserve-la des dan- » gers et des malheurs, et que tout blasphémateur » en soit mis à la porte ! »

918. — Abraham visité par les anges. — Vitrail suisse armorié, avec la légende :

ABRAHAM GROB A PLEICKHEN, EN CE TEMPS BAILLI GOUVERNANT DE LA COMMUNE DE WATTWEIL, A SA BIEN JEUNE ET BIEN PIEUSE FEMME ET ÉPOUSE URSULA LASSERIN. 1680.

919. — La circoncision. — Panneau de verre peint du XVIIe siècle.

920. — Panneau de verre peint, représentant des perdrix. — XVIIe siècle.

921. — Panneau de verre peint. — Paysage. — XVIIe siècle.

Les entourages sont composés de sujets tirés des fables de Phèdre.

922. — Panneau de verre peint. — **Paysage.** — XVIIe siècle.

Les entourages sont composés de sujets tirés des fables de Phèdre.

923. — Panneau de verre peint. — La Vierge et l'Enfant-Jésus sont représentés sur un trône élevé, au pied duquel de saints personnages se tiennent dans l'attitude de l'adoration. — XVIIe siècle.

924. — Panneau composé de médaillons d'armoiries et de sujet des XVIe et XVIIe siècles.

925. — Panneau composé de divers médaillons des mêmes époques.

926. — Panneau composé de médaillons et de sujets des XVIe et XVIIe siècle.

927. — Panneau composé de médaillons et de sujets des mêmes époques.

928. — Panneau composé de sujets et de médaillons du XVIIe siècle.

929. — Panneau composé de sujets et de médaillons des mêmes époques.

930. 931. — Panneaux composés de médaillons et de fragments de diverses époques.

932. — Médaillons d'armoiries — Travail moderne, avec la légende :

BÉNÉDICT VON PARIS A GAILENBACH UND KAROLINE VON RIESOW.

933. — François Ier et la belle Ferronnière dans l'atelier du Titien.

Ce vitrail, moderne, a été exécuté en 1826, par Bierre Robert, d'après un dessin de Fragonard; c'est le premier essai de peinture sur verre tenté à la Manufacture royale de Sèvres, et c'est à ce titre seulement qu'il figure au Musée.

IV. ÉMAUX.

1° ÉMAUX INCRUSTÉS.

NOTA. — Un certain nombre d'objets paraissant peut-être au premier abord se rattacher plus directement au chapitre ORFÉVRERIE, ont été classés dans cette division par suite de leur provenance directe des fabriques de Limoges.

934. 935. — Plaque en émail incrusté, à chairs teintées, exécutées à Limoges, au XIIe siècle, et provenant de l'abbaye de Grandmont.

La première représente le moine Étienne de Muret, fondateur, en 1073, de l'ordre de Grandmont, près de Limoges, en action de converser avec saint Nicolas.

La seconde a pour sujet l'adoration des mages. Dans chacune de ces plaques les émaux sont entièrement incrustés. La tête seule du Christ est en relief.

La plaque d'Etienne de Muret porte l'inscription suivante:

✝ NICOLAS ERT (ERAT) PARLA (PARLANT) A MONE TEVE DE MURET.

Etienne de Muret est représenté sans nimbe et la tête nue, c'est-à-dire avant sa canonisation, qui n'eut lieu qu'en 1188; son capuchon est rejeté, une de ses mains repose sur une espèce de *tau*, et l'autre indique un geste de conversation avec une figure nimbée qui représente le grand saint Nicolas, évêque de Myre, auquel Etienne de Muret et son père avaient voué un culte spécial qui les décida à se transporter en Calabre pour aller honorer les reliques de ce saint, récemment apportées à Bary.

Saint Etienne de Muret mourut à l'âge de quatre-vingts ans, en 1124. Dans cette reproduction, la figure est loin d'accuser au saint un âge aussi avancé ; on peut donc en conclure que cet émail date des premières années du XIIe siècle, à l'époque où les artistes grecs seraient venus donner un nouvel essor aux fabriques de Limoges.

Il est probable que ces belles plaques sont tout ce qui reste aujourd'hui des immenses richesses de l'abbaye de Grandmont.

936 — Les vierges sages. Plaque en émail incrusté, de Limoges. — Style byzantin. — XIIe siècle.

Cette plaque représente cinq figures debout et une seule assise sous des arcades en plein cintre. La figure assise est celle de la Vierge, la tête nimbée et ceinte de la couronne fermée. Elle tient en main l'effigie d'une basilique.

Les cinq autres figures placées debout sont également nimbées; ce sont les vierges sages; chacune d'elles porte un vase au fond duquel brûle le feu sacré. Les figures et les détails d'architecture sont exécutés en cuivre gravé et doré ; les fonds sont en émail de couleurs variées.

937. — Les vierges folles. Plaque en émail incrusté, de Limoges. — Style byzantin. — XIIe siècle.

Six figures décorent également cette seconde plaque; une seule est assise : c'est celle du Christ, la tête ceinte du nimbe crucifère, les pieds nus, la main droite dans l'attitude de la bénédiction, et la gauche sur le livre de vérité. Les cinq autres figures, placées debout, sont les vierges folles qui ont renversé leurs vases. Les figures sont également en cuivre gravé et doré sur fonds d'émail.

Ces deux plaques proviennent de l'église de Huiron, près Vitry-le-François.

938. — Paix en cuivre doré, incrustée d'émaux de couleurs variées et représentant un saint personnage debout sous un portique. Sa main droite est levée et la gauche porte un livre, ses pieds sont nus et sa tête est décorée du nimbe. La figure et l'architecture sont en émail incrusté sur fond de cuivre gravé. — XIIe siècle.

939 — La flagellation du Christ. Groupe de trois figures d'applique en bronze repoussé et doré, avec les yeux en émail. — Travail de Limoges, du XIIe au XIIIe siècle. Hauteur, 0 ^{m} 32.

940. — Grande couverture d'évangéliaire. — Le Christ, assis sur un trône, entouré des symboles de l'Evangile. Cuivre repoussé et doré avec incrustations d'émail. — Travail de Limoges. — Commencement du XIIIe siècle.

Le Christ est assis, la main droite levée en action de bénir et la gauche tenant le livre de vérité; de chaque côté sont les symboles des évangiles et au-dessus est le Saint-Esprit sortant des nuages.

941 942. — Plaque d'autel en émail incrusté, à figures en relief. — Travail de Limoges. — XIIIe siècle.

La première de ces plaques représente la salutation angélique. — Les figures sont placées sous des portiques d'architecture en plein cintre, elles sont en relief incrusté d'émail et les têtes sont nimbées.

Au-dessus du portique, en émail incrusté, est la figure du Christ, la tête ceinte de la couronne et surmontée du nimbe crucifère. Sa main droite est en action de bénir et la gauche porte, dans un pli de son manteau, le livre de vérité.

Les figures, en relief, sont incrustées d'émail et les fonds sont en cuivre repoussé et enrichi d'ornements et de pierreries.

La seconde plaque représente le Christ en croix entre Marie et saint Jean. — Ces deux figures sont debout sous les bras de la croix. Le Christ a la tête ceinte de la couronne. — Il est nu jusqu'à la ceinture. Au-dessus est incrusté, en émail, la main renversée, symbole du Père Eternel. Les bras de la croix sont surmontés de deux anges ailés, en relief plat, avec les têtes en saillie; les fonds sont en cuivre doré repoussé et décoré de cabochons en pierreries. Les figures sont en relief et incrustées d'émaux.

943. — Couverture d'évangéliaire. — Deux plaques en

émail incrusté, de Limoges, à figures en relief. — XIIIe siècle.

La première de ces plaques porte, à son centre, la figure du Seigneur dans l'auréole elliptique; la tête est coiffée de la couronne, la main droite est en action de bénir et la gauche tient le livre de vérité avec les caractères *alpha* et *oméga*, symbole du principe et de la fin; au-dessus, sont les emblèmes des évangiles. Le fond est repoussé et décoré en émaux et en pierreries. La bordure est ornée de bandes d'ornements en émaux incrustés. — Les figures sont en relief d'émail.

La seconde plaque représente le Christ en croix entre Marie et saint Jean. — Le Christ, nu jusqu'à la ceinture, a la tête couronnée. — Au-dessus est la main renversée de Dieu symbole du Père Eternel; les doigts ouverts en action de bénir; émail. — Les figures sont en relief et incrustées d'émaux. — Au-dessus de la croix sont les anges ailés. Les fonds sont également ornés de pierreries et les bras de la croix, ainsi que les bordures, sont décorés d'ornements en émail.

944. — Crosse des abbés de Clairvaux, en cuivre doré, décorée d'émaux et de pierreries et représentant dans son enroulement l'agneau crucifère. — Travail de Limoges. — XIIe siècle.

945. — Crosse épiscopale en cuivre doré, incrusté d'émaux. — Travail de Limoges. — XIIIe siècle.

L'enroulement de la crosse présente la figure de l'archange Michel terrassant le démon. — La base est décorée de lézards et d'animaux chimériques en cuivre doré.

946. — Crosse d'évêque incrustée en émail et portant dans son enrouement les deux figures de l'annonciation, exécutées en cuivre doré. — Travail de Limoges. — XIIIe siècle.

947. — Petite croix en cuivre doré et incrusté d'émaux de Limoges. — Les émaux sont détruits en partie et il est facile de juger par ce fragment du tra-

vail préparatoire à leur application. — Au revers de la croix sont des ornements gravés. — Commencement du XIIIe siècle.

948. — Grande croix en cuivre gravé et repoussé, décorée d'émaux. — Travail de Limoges. — XIIe siècle.

La face principale présente le Christ en croix et quatre demi-figures, parmi lesquelles on distingue Marie et saint Jean. — Ces figures sont en cuivre repoussé, incrusté d'émail. — Le Christ a la tête ceinte du diadème crucifère: ses reins sont entourés d'une jupe en émail. — Les fonds sont ornés de pierreries et de cabochons.

L'autre face de la croix est décorée de dix plaques en cuivre gravé et incrusté d'émaux; la principale présente le Christ debout, les bras ouverts et la tête ceinte du nimbe crucifère. — Il est entouré des symboles des évangiles et de médaillons d'ornements également en émail incrusté.

949. — Croix de procession en cuivre doré et incrusté d'émaux. — Travail de Limoges. — XIIIe siècle.

Au milieu est un Christ en cuivre repoussé et doré, les jambes croisées et la tête ceinte de la couronne. Le nimbe crucifère est émaillé et en relief. La face de la croix est décorée de têtes en relief et d'émaux de diverses couleurs. Au revers est le Sauveur sur son trône, la main droite en action de bénir: sur les quatre branches sont les symboles de l'Evangile.

Le Christ de cette croix a été rapporté. — La figure originale était d'une dimension plus grande.

950. — Grande châsse en cuivre doré, gravé, repoussé et incrusté d'émail. — Travail de Limoges. — XIIIe siècle.

La face principale représente le Christ dans sa gloire. Il est assis sur un trône dans une auréole de forme elliptique: la tête est ceinte du nimbe crucifère. et de chaque côté sont les caractères *alpha* et *oméga*, symboles du principe et de la fin. — La main droite est élevée en action de bénir et la gauche repose sur le livre de vérité. Autour de l'auréole sont les symboles des évangiles, et de chaque côté figurent, placés debout, de saints personnages vêtus de longues robes et disposés sous des arcades d'architecture. — Aux deux extrémités sont d'autres personnages, au nombre de cinq, dans des proportions analogues. Toutes ces figures sont exécutées en cuivre gravé et doré avec les têtes en relief sur fonds d'émail; le Christ est entièrement en relief.

Les figures qui décorent la toiture de cette châsse sont toutes en cuivre repoussé et doré. — Au milieu est le Père Eternel, assis dans une auréole elliptique, bénissant le monde et tenant le livre de vérité; sa tête est décorée du nimbe crucifère. Autour de lui sont les symboles des évangiles, et de chaque côté l'on voit de saints personnages debout sous des arcades d'architecture. — Parmi ces derniers l'on remarque un saint évêque crossé et mitré.

Les fonds sont d'un riche émail bleu, décoré d'ornements en cuivre doré et incrusté d'émaux de couleurs variées. — Le revers de cette châsse n'a pu être conservé.

951. — Châsse en cuivre doré, incrustée d'émaux et décorée de figures gravées et repoussées. — Travail de Limoges. — XIIIe siècle.

Sur la façade principale est le Christ en croix entre Marie et saint Jean; à droite et à gauche sont de saints personnages sous des portiques d'architecture. Les figures de Marie, de saint Jean et des anges placés sur les bras de la croix, sont en cuivre gravé; les têtes seules sont en relief; les yeux sont incrustés d'émail et les fonds sont décorés d'ornements et de médaillons de diverses couleurs. A chacune des deux extrémités de la châsse est une figure exécutée en cuivre gravé et doré, vêtue d'une longue robe, la tête ceinte du nimbe, les pieds nus, et tenant un livre dans les plis de son manteau.

Le revers de cette châsse est entièrement décoré d'émaux incrustés, de dessins et de couleurs variés.

952. — Coffret à quatre faces, surmonté d'un couvercle en forme de toiture, en cuivre gravé et doré, ri-

chement incrusté d'émaux.—Travail de Limoges. XIIIe siècle.

Le côté principal représente saint Michel et sainte Claire, les saints patrons des donateurs: sur l'autre face sont la Vierge et l'Enfant-Jésus assis sur un trône, puis saint Martin donnant son manteau à un pauvre, et saint Clément. Aux deux extrémités sont représentés sainte Catherine et saint Nicolas. Sur le couvercle on voit les figures du Christ, celles de saint Pierre et de saint Paul, puis deux autres saints personnages; et de l'autre coté, la salutation angélique.

Les figures sont exécutées en cuivre gravé et doré; les fonds sont en émail bleu avec des étoiles d'or. Tous les personnages sont nimbés d'or; le Christ seul est décoré du nimbe crucifère.

Sur toutes les faces de ce riche coffret se trouve répété l'écusson aux armes des donateurs.

953. — Châsse en cuivre doré, gravé et incrusté d'émaux. — Travail de Limoges. — XIIIe siècle.

L'une des faces porte cinq figures d'anges aux ailes déployées, dans des médaillons de forme ronde; ces figures sont en cuivre gravé et doré sur fond d'émail. — L'autre face est décorée de trois figures d'applique incrustées d'émail et de pierreries sur fonds dorés Les deux extrémités sont ornées de figures de saint personnages vêtus de longue robes et portant le livre sur le bras gauche. — La châsse est surmontée d'une galerie à jour.

954. — Châsse en cuivre doré, incrustée d'émaux et de pierreries. — Travail de Limoges. — XIIIe siècle.

Cette châsse est surmontée d'une galerie à jour. Aux deux extrémités sont de saints personnages en cuivre gravé et doré sur fond d'émail.

955. — Chasse en cuivre doré, gravée et incrustée d'émaux. — Travail de Limoges. — XIIIe siècle.

Cette petite châsse, surmontée d'un couvercle en forme de toiture et d'une galerie à jour soutenue par des animaux chimériques qui descendent le long de ses arêtes, est décorée de douze médaillons qui représentent des anges ailés, gravés et dorés sur fond d'émail. Ces médaillons sont séparés entre eux par des ornements également champlevés sur émail.

956. — Châsse en cuivre doré, incrustée d'émail. — Travail de Limoges. —XIIIe siècle.

La décoration de cette châsse consiste en seize médaillons renfermant des figures d'anges ailés en cuivre gravé et doré sur fond d'émail.

957. — Fragment d'une châsse. — Plaque de cuivre gravé, doré et incrusté d'émaux, représentant un saint personnage debout sous un portique d'architecture. — La figure est gravée sur cuivre avec la tête en relief sur fond d'émail. — Travail de Limoges. — XIIIe siècle.

958. — Jésus chez le Pharisien. — Plaque de châsse en cuivre repoussé, doré et incrusté d'émaux. — Travail de Limoges. — XIIIe siècle.

Les figures sont en cuivre doré et repoussé en haut-relief. Le Christ est debout, la main droite levée, la tête ceinte de la couronne et surmontée du nimbe crucifère Les fonds sont couverts de riches ornements émaillés par incrustation.

959. — Le Christ entre Marie et saint Jean. — Plaque de châsse en cuivre doré et incrusté d'émaux. — Travail de Limoges. — XIIIe siècle.

Le Christ, dans sa gloire, est entouré des symboles des évangiles. Il occupe le milieu de la plaque. Au deux extrémités sont les figures de Marie et de saint Jean; elles sont placées dans l'auréole elliptique et leurs têtes sont nimbées.

Les figures sont et cuivre gravé et doré sur fond d'émail; les têtes seules sont en relief Aux cotés du Christ sont les caractères *alpha* et *oméga*, symboles du principe et de la fin.

Au-dessous est le Seigneur dans une auréole de forme elliptique, la main droite en action de bénir et la gauche sur le livre de vérité; sa tête est ceinte du nimbe crucifère; à droite et à gauche sont les caractères *alpha* et *oméga* symbole du principe et de la fin. Autour de l'auréole figurent les quatre symboles des évangiles, et des deux côtés sont des anges ailés sous des portiques d'architecture.

Les six figures principales qui décorent ce côté de la châsse sont exécutées à mi-corps, en cuivre repoussé, gravé et doré, le Christ seul et le Père Eternel sont représentés en entier.

960. — Grande plaque en émail incrusté, de Limoges, style byzantin, représentant le Père Eternel. — XIIIe siècle.

La figure est exécutée en repoussé de cuivre; les yeux seuls sont incrustés en émail; la tête est nue et décorée du nimbe rayonnant, le front chauve et la barbe allongée. La main droite est levée, l'index et le petit doigt en l'air, et la main gauche porte le livre des évangiles.

961. — Bassin de forme ronde en cuivre doré et incrusté d'émaux. — Travail de Limoges. — XIIIe siècle.

Le milieu du bassin présente une figure de saint Michel terrassant le démon. La bordure qui entoure ce sujet porte huit figures de saints et de saintes vues à mi-corps. Ces figures sont placées sous des arcades en plein ceintre. Elle sont exécutées en cuivre doré sur fond d'émail.

962. — Bassin de forme ronde en cuivre doré et incrusté d'émaux. — Travail de Limoges. — XIIIe siècle.

Au millieu du bassin est un médaillon représentant un cavalier qui tient un faucon sur le poing. Dans les quatre médaillons de la bordure sont trois scènes de combats et un quatrième sujet dans lequel on distingue un personnage tenant un vase, et un autre portant un poisson sur ses épaules. Toutes ces figures sont entourées d'ornements exécutés comme elles en cuivre doré sur fond d'émail.

963. — Bassin de forme ronde en cuivre doré et incrusté d'émaux. — Travail de limoges. — XIIIe siècle.

Le millieu du bassin porte deux figures, un chevalier et une dame. A droite et à gauche sont deux figurines : l'une joue du rébec, l'autre de la lyre. La bordure est décorée de quatre personnages : deux sont des hommes qui jouent du même instrument, les deux autres sont des femmes. Deux écussons d'armoiries se répètent entre ces figures, qui sont en or sur fond d'émail, au millieu des ornements et des arcades.

964. — Le Christ en croix, figure en cuivre repoussé et incrusté d'émail. — Travail de Limoges. — XIIIe siècle.

La tête est ceinte de la couronne, et les reins sont entourés d'une draperie d'émail.

Donné au Musée par M. le capitaine Petit, en 1846.

965. — Le Christ en croix, figure en cuivre doré et incrusté d'émaux. — Travail de Limoges. — XIIIe siècle.

Le Christ a la tête ceinte d'une couronne. Il est vêtu d'une longue robe en émaux de couleurs variées.

966. — Le Christ en croix, figure en cuivre repoussé et doré sur fond incrusté d'émail de Limoges. — XIIIe siècle.

967. — Jésus imberbe, figure d'applique, provenant d'une châsse en cuivre repoussé et doré, décorée d'émaux incrustés. — Travail de Limoges. — XIIIe siècle.

Le Christ est assis, la tête ceinte de la couronne, la main droite en action de bénir, et la gauche sur le livre de vérité. Sa robe et son manteau sont décorés d'émaux incrustés et de pierreries.

La figure est assise sur un trône simulé sur le fond de la plaque, qui est enrichie d'émaux de couleurs et de dessins variés.

968. — La Vierge, grande figure d'applique en cuivre repoussé et doré, avec incrustations d'émail. — Travail de Limoges. — XIIIe siècle.

969. — La Vierge et l'Enfant-Jésus, figures d'applique

en cuivre repoussé et doré, avec incrustations d'émail. — XIIIe siècle.

L'Enfant-Jésus tient la main droite en action de bénir, et repose la gauche sur le livre de vérité.

970. — La Vierge et l'Enfant-Jésus, figure d'applique en cuivre doré et incrusté d'émaux. — Travail de Limoges. — XIIIe siècle.

971. — La Vierge et l'Enfant-Jésus, figure d'applique en cuivre repoussé, doré et incrusté d'émaux. — Travail de Limoges. — XIIIe siècle.

La Vierge est assise sur un trône, la tête ceinte de la couronne. Elle porte sur ses genoux l'Enfant-Jésus dont la tête est également couronnée, et qui tient la main droite dans l'attitude de la bénédiction. Le voile et la robe de la Vierge sont incrustés d'émaux, ainsi que son manteau. Le Christ est en repoussé doré.

972. — La cène, grand bas-relief en cuivre repoussé et doré, avec incrustations d'émail. — Travail de Limoges. — XIIIe siècle.

973. — Petite figure d'applique en cuivre doré et incrusté d'émaux. — Travail de Limoges. — XIIIe siècle.

974. — Médaillon d'applique en cuivre repoussé et doré, découpé à jour, et incrusté d'émaux, sujet chimérique. — Travail de Limoges. — XIIIe siècle.

La bordure est couverte d'ornements d'émail.

975. — Médaillon d'applique en cuivre repoussé, doré et incrusté d'émaux. — Travail de Limoges, découpé à jour, et représentant un oiseau chimérique entouré d'une bordure de fleurs sur fond d'émail. — XIIIe siècle.

976. — Médaillon d'applique en cuivre repoussé, doré

et incrusté d'émaux. — Travail de Limoges, représentant l'aigle des évangiles, sur fond d'émail. — XIIIe siècle.

977. — Médaillon d'applique en cuivre repoussé, doré et découpé à jour, avec incrustations d'émail. — La création de l'homme, avec la légende : *Postea factus homo qui dominetur eis.* — Travail de Limoges. — XIIIe siècle.

978. — Médaillon d'applique en cuivre repoussé, doré et repercé à jour, avec incrustations d'émail. — La grappe de la terre promise, avec la légende : *In ligno Botrus est pendens in cruce Xritus.* — XIIIe siècle.

979. — Médaillon d'applique en cuivre repoussé, doré et travaillé à jour, avec incrustations d'émail. — Le rocher frappé par Moïse, avec la légende : *Hic Moisi virga bis petra tacta fuit.* — XIIIe siècle.

980. — Petite plaque en cuivre doré et incrusté d'émaux. — Travail de Limoges. — XIIIe siècle.

981. — La Fuite en Egypte. — Plaque en cuivre gravé et incrusté d'émaux. — Travail de Limoges. — XIIIe siècle.

982. — Chandelier en cuivre ciselé et gravé, couvert d'ornements et incrusté d'émaux. — Travail de Limoges. — XIIIe siècle.

983. — Navette à encens en cuivre doré et incrusté d'émaux. — Travail de Limoges. — XIIIe siècle.

984. — Custode en cuivre doré, décoré d'émaux incrustés, de Limoges, au monogramme du Christ. — Style byzantin du XIIIe siècle.

985. — Custode ou boîte à hosties en cuivre doré, dé-

coré d'émaux incrustés de Limoges. — Style byzantin. — XIIIe siècle.

986. — Custode ou boîte à hosties en cuivre doré, incrusté d'émaux de Limoges. — Style byzantin du XIIIe siècle.

Cet objet provient de l'abbaye de Cunault.

987. — Couvercle de custode en cuivre émaillé de Limoges, décoré d'anges et de fleurs. — Style byzantin. — XIIIe siècle.

988. — Pied de reliquaire de forme ovale, en cuivre doré et incrusté d'émaux. — Style byzantin. — Travail de Limoges. — XIIIe siècle.

989. — Pied de reliquaire en cuivre gravé et doré, incrusté d'émaux de Limoges, et décoré de quatre figures d'anges aux ailes déployées, placées dans des médaillons que séparent des ornements en cuivre gravé sur fond d'émail. — XIIIe siècle.

990. — Rosace en cuivre doré et incrusté d'émaux. — Travail de Limoges. — Le Christ en croix, les saintes femmes et les anges. — Fin du XIIIe siècle.

991. — Douille de croix en cuivre repoussé et doré, avec la légende de donation incrustée en émail. — Fin du XIIIe siècle.

992. — Petit diptyque en bois sculpté, monté en argent et entouré d'une bordure enrichie d'émaux. — Travail grec du XIVe siècle.

993. — Coupe en cuivre repoussé et doré, ornée de rosaces et de boutons en cuivre incrusté d'émaux, — Travail italien du XVe siècle.

994. — Petit diptyque de travail slave, en cuivre incrusté d'émaux. — La Vierge et la vie du Christ. — XVIIe siècle.

2° ÉMAUX PEINTS.

995. — Triptyque ou tableau à trois volets, en émail de Limoges avec bordure du temps, représentant la nativité, l'adoration des mages et la circoncision. — Les vêtements sont ornés de pierreries et d'émaux en relief. — Fin du XVe siècle.

996. — Diptyque ou tableau à deux volets, représentant le portement de croix et le Calvaire. — L'exécution est en émail de couleurs sur paillons. — Fin du XVe siècle.

997. — Diptyque ou tableau à deux volets, représentant le Christ et la Vierge, en émail de couleur sur paillons. — Fin du XVe siècle.

La figure du Sauveur est encadrée dans une bordure d'ornements et d'enfants, avec la légende : *Speciosus forma præ filiis hominum.* Cette légende se répète sur le col et les manches de la tunique.

La mère de Dieu est entourée de la même bordure avec la légende : *Filia Jerusalem nigra sum sed formosa.* Autour du voile est l'inscription en caractères gothiques : *Ave Maria, etc.*

998. — *Mater Dolorosa.* — Email de Limoges. — Fin du XVe siècle.

Aux deux côtés de la Vierge et du Christ sont agenouillées les figures du donateur et de sa femme. Cet émail est exécuté d'après un dessin d'école allemande, dont il porte le monogramme dans la partie inférieure.

999. — Tête de vierge (fragment). — Email de Limoges colorié, de la plus remarquable exécution. — Fin du XVe siècle.

1000. — JUSTITIA (la Justice). — Grande plaque en émail de Limoges, exécutée en 1559 par Pierre Courtoys ou Courteis, pour le château de Madrid, bâti au bois de Boulogne par le roi François Ier.

1001. — PRUDENTIA (la Prudence). — Grande plaque en émail de Limoges, exécutée par Pierre Courtoys. — Même provenance. — 1559.

1002. — CHARITAS (la Charité). — Grande plaque en émail de Limoges, exécutée par Pierre Courtoys — Même provenance. — 1559.

1003. — SATURNE. — Grande plaque en émail de Limoges, exécutée par Pierre Courtoys. — Même provenance. — 1559.

1004. — JUPITER. — Grande plaque de Limoges, exécutée par Pierre Courtoys. — Même provenance. — 1559.

1005. — SOL (le Soleil). — Grande plaque en émail de Limoges, exécutée par Pierre Courtoys. — Même provenance. — 1559.

1006. — MARS. — Grande plaque en émail de Limoges, exécutée par Pierre Courtoys. — Même provenance. — 1559.

1007. — HERCULE. — Grande plaque en émail de Limoges, exécutée par Pierre Courtoys. — Même provenance. — 1559.

1008. — MERCURE. — Grande plaque en émail de Limoges, exécutée par Pierre Courtoys. — Même provenance. — 1559.

Ces plaques, exécutées à Limoges et signées par Pierre Courtoys, émailleur français, à la date de 1559, sont les pièces d'émail de la plus grande dimension connue. Elles ont 1m 65 de hauteur sur 1m de largeur. Elles faisaient partie de la décoration extérieure du château de Madrid, bâti au bois de Boulogne par le roi François Ier et achevé sous le règne de Henry II.

1009. — Triptyque. — Cabinet de deuil aux chiffres et attributs du roi Henry II et de la reine Catherine de Médicis. — XVIe siècle.

Ce cabinet, sorte de tableau à volets, est un des monuments les plus complets en ce genre. — La garniture est en cuir imprimé aux chiffres de Henry II et de Catherine de Médicis. Au-dessus des chiffres est la couronne de France, et les espaces libres sont semés de larmes.

A l'intérieur est le portrait en pied de la reine Catherine de Médicis, exécuté en émail ; elle est agenouillée dans son oratoire, son costume est celui du deuil. — Les volets sont décorés de divers sujets tirés de la vie et de la passion du Christ ; ce sont : la salutation angélique, le baiser de Judas, le portement et la descente de croix. Ces quatre médaillons sont de grande dimension. Cinq autres médaillons plus petits et de forme ovale complètent la décoration de ce beau triptyque. Ces médaillons représentent : saint Jean, sainte Madeleine, le Calvaire, la résurrection et l'apparition à la Madeleine.

1010. — Portrait du pape Clément VII. — Grand médaillon en émail de Limoges, entouré d'une riche bordure d'arabesques. — XVIe siècle.

1011 — Coffret en émail de Limoges, décoré de cinq plaques en camaïeu-grisaille avec rehauts d'or ; ces plaques représentent divers sujets de l'histoire sacrée : le passage de la mer Rouge, le serpent d'airain, la manne dans le désert, la grappe de la terre promise et Moïse recevant les lois du Seigneur. Ce coffret, qui porte dans un écusson la date de 1544, a été exécuté par Pierre Rémond. — XVIe siècle.

1012. — Coffret en émail de Limoges, décoré de cinq plaques en grisaille avec rehauts d'or. — XVIe siècle.

1013. — Coupe sur pied à couvercle, de la fabrique de Limoges, en grisaille rehaussée d'or sur fond noir. — Loth et ses filles, par Pierre Rémond. — 1554.

Cette coupe, d'une conservation remarquable, représente, dans sa partie concave, Loth assis entre ses deux filles et recevant leurs caresses; dans le fond du sujet on voit la destruction de Sodome et la femme de Loth changée en statue de sel pour avoir contrevenu aux ordres du Seigneur. La bordure est en arabesques d'or sur fond noir.

L'extérieur de la coupe est décoré de riches ornements en grisaille sur fond noir. Le pied est couvert de guirlandes de fleurs et de fruits et de médaillons à figures. Deux cartouches renferment, l'un la date de 1554, l'autre la signature de l'auteur P. R., qui se retrouve également dans l'intérieur du vase. Quatre fleurs de lis d'or décorent la base du pied.

Le couvercle est d'une grande richesse d'ornementation ; sa partie concave porte quatre médaillons qui présentent des portraits d'hommes et de femmes séparés entre eux par des figures de génies, des cartouches et des guirlandes de fleurs et de fruits. L'intérieur du couvercle est également décoré de quatre médaillons à portraits séparés par des arabesques d'or sur fond noir.

Pierre Rémond, également appelé *Rexmann* ou *Raymond* ou même *Rexmon*, est un des émailleurs limousins du XVIe siècle dont les productions sont encore les plus répandues aujourd'hui. — On possède de lui de nombreuses plaques en grisaille, des bassins et des buires; il excellait également dans la peinture des manuscrits. Ses principaux ouvrages assignent par leurs dates l'époque de ses travaux de l'an 1540 à l'an 1582.

1014. — Grande coupe sur pied en émail de Limoges, représentant, dans sa partie concave, un sujet tiré de l'Exode, chap. 18. — Moïse rendant la justice dans le désert et recevant la visite de Jéthro et de Séphora. Grisaille de Pierre Rémond. —XVIe siècle.

La partie convexe est décorée d'ornements et d'arabesques également en grisaille, et sur le pied sont les divinités marines se jouant au milieu des eaux.

Cette belle coupe porte à l'intérieur les initiales de l'auteur, P. R.

1015. — Coupe de Limoges sur pied. — Jacob bénissant ses fils. — Grisaille de Pierre Rémond. — XVIe siècle.

La partie concave, de forme évasée, présente le sujet peint en grisaille : Jacob est dans son lit entouré de ses fils, et il leur donne sa bénédiction; à l'extérieur sont des ornements et des figures en grisaille, et autour du pied sont groupés des tritons. Cette coupe porte également les initiales P. R.

Ces deux belles coupes faisaient partie du même service.

1016. — Coupe de Limoges sur pied. — Diane. — Grisaille teintée, par Pierre Rémond. — XVIe siècle.

Cette coupe, de forme très-évasée, représente, dans sa partie concave, Diane chasseresse entourée d'animaux, tels que cerfs, sangliers et chiens; la partie convexe est ornée d'arabesques en grisaille et en or. Le pied porte l'écusson du président de Mesmes, dont les armoiries sont écartelées, au premier d'or, à un croissant de sable, au deuxième et troisième d'argent, à deux lions de gueules, au quatrième d'or, à une étoile de sable, au chef de gueules et la pointe ornée d'azur et d'argent. La coupe porte la marque P. R., initiales de l'auteur.

1017. — Coupe sur pied à couvercle. — La création. — Grisaille par Jehan Courteis, émailleur limousin du XVIe siècle.

L'intérieur de la coupe représente Dieu créant le monde et livrant la terre à l'homme et aux animaux ; l'extérieur est richement décoré d'ornements et de mascarons. Le balustre est couvert de figures de termes, d'animaux chimériques, de bouquets de fruits, de fleurs et d'ornements variés.

Le couvercle présente sur sa face extérieure les diverses scènes de la création : le chaos, la création des animaux, celle de l'homme et de la femme. La décoration intérieure se compose de figures chimériques et d'ornements en grisaille et or sur fond noir.

Les initiales J. C. (Jehan Courteis) sont placées sur le pied de la coupe.

Jehan Courteis ou Courtoys était un des émailleurs les plus célèbres de la fabrique de Limoges, au XVIe siècle. Il excellait surtout dans l'exécution des coupes, plats et pièces de surtout.

1018. — Coupe à couvercle. — Grisaille à chairs teintées, par Jean Courteis. — La tentation de la femme et le paradis perdu. — XVIe siècle.

L'intérieur de la coupe représente Ève séduite par le serpent; à l'extérieur est une riche décoration de mascarons et de guirlandes de fleurs et de fruits, d'une exécution analogue à celle du no précédent. Sur la partie extérieure du couvercle sont les diverses scènes du paradis perdu : Adam et Ève sont chassés du paradis par l'ange au glaive flamboyant, et forcés de se livrer aux travaux de la terre. Ils apparaissent devant le Seigneur et rougissent de leur nudité. L'intérieur du couvercle est orné de figures chimériques et d'arabesques d'une exécution remarquable, en grisaille et or sur fond noir.

Cette coupe a été exécutée pour servir de pendant à la précédente. Elle porte également les initiales de l'auteur, J. C.

1019. — Coupe à couvercle de la fabrique de Limoges, montée sur pied en cuivre doré. — Le paradis perdu et le déluge. — Grisaille teintée par Jehan Courteis. — XVIe siècle.

La partie intérieure représente les dernières scènes du déluge et l'arche de Noé; l'extérieur est décoré d'ornements et de mascarons sur fond noir. Sur la partie convexe du couvercle sont figurées les diverses scènes du paradis perdu : Ève séduite par le serpent et présentant le fruit du mal à Adam; Adam et Eve paraissant devant le Seigneur et ayant honte de leur nudité ; l'expulsion du paradis terrestre. Les initiales de l'auteur, I. C., se trouvent à plusieurs reprises sur la coupe et sur son couvercle.

1020 — Coupe de Limoges sur pied, à couvercle. — L'histoire de Joseph. — Grisaille teintée, par Jehan Courteis. — XVIe siècle.

La partie concave de cette coupe représente les

frères de Joseph implorant la grâce de Benjamin. La bordure est couverte d'ornements d'or sur fond noir.

La partie inférieure est décorée en grisaille et or avec les initiales I. C. (Jehan Courteis).

Le couvercle, orné à l'intérieur de riches arabesques, présente, dans sa partie convexe, la scène de Joseph expliquant les songes du roi Pharaon.

1021. — Coupe de Limoges. — Les enfants dans la fournaise. — Grisaille montée en bronze doré. — XVIe siècle.

1022. — Coupe de Limoges. — Psyché amenée par Mercure dans l'assemblée des dieux. — Grisaille sur pied en bronze doré. — XVIe siècle.

1023. — Coupe de Limoges. — Le songe de Jacob. — Grisaille montée sur pied en cuivre doré. — XVIe siècle.

1024. — Coupe de Limoges de forme aplatie. — La création. — Grisaille à chairs teintées, avec couvercle décoré de figures en grisaille sur fond d'or. — XVIe siècle.

1025. — Grand bassin de forme ronde, en émail de Limoges. — Camaïeu-grisaille, par P. Pénicaud. Moïse expliquant aux Israélites les tables de la loi, qu'il vient de recevoir du Seigneur. — XVIe siècle.

Dans le bas de la composition est un écusson d'azur soutenu par deux animaux chimériques. La bordure, mutilée en partie, est décorée de médaillons et d'arabesques en camaïeu.

Ce riche bassin porte les initiales PP., qui sont la marque ordinaire de P. Pénicaud, émailleur de Limoges, au XVIe siècle.

Le revers du bassin est décoré d'un médaillon richement orné avec les figures de Moïse et d'Aaron.

1026 — Vase en émail de Limoges, à figures en grisaille rehaussée d'or sur fond noir, représentant les arts et les sciences, avec leurs attributs : *gramatica, dimantica, rhetorica, arithmet., musica, geometria, astrologia.* — Le pied est décoré de guirlandes et de médaillons. — XVIe siècle.

1027. — Le jugement de Pâris. — Plat en émail de Limoges ; figures en grisaille sur fond bleu, rehaussé d'or. — Composition de Raphaël, exécutée par Léonard Limousin, en 1562.

Le revers porte un grand médaillon de femme entouré d'animaux et de génies. Sur cette seconde face se trouvent les initiales de l'auteur, L. L., et la date 1562.

1028. — La salutation angélique. — Grand médaillon de forme ovale, en émail de Limoges sur cuivre, en couleur, avec rehauts d'or, exécuté et signé par Léonard Limousin, émailleur du roi. — De 1532 à 1560.

Ce médaillon est le premier d'une suite de douze sujets de même travail et de même époque. Ces sujets sont les suivants :

1029. — L'entrée à Jérusalem. — Grand médaillon en émail de Limoges. — Même suite.

1030. — La cène. — Grand médaillon en émail de Limoges. — Même suite.

1031. — Jésus devant Pilate. — Grand médaillon en émail de Limoges. — Même suite.

1032. — Pilate se lavant les mains. — Grand médaillon en émail de Limoges. — Même suite.

Cette plaque porte l'inscription : Léonard. — 1557.

1033. — Jésus livré aux bourreaux. — Grand médaillon en émail de Limoges. — Même suite.

1034. — La flagellation. — Grand médaillon en émail de Limoges. — Même suite.

1035. — Le couronnement d'épines. — Grand médaillon en émail de Limoges. — Même suite.

1036. — Le portement de croix. — Grand médaillon en émail de Limoges. — Même suite.

1037. — Le Christ en croix entre Marie et saint Jean. — Grand médaillon en émail de Limoges. — Même suite.

1038. — La résurrection. — Grand médaillon en émail de Limoges. — Même suite.

1039. — La descente aux enfers. — Grand médaillon en émail de Limoges. — Même suite.

1040. — Plaque d'émail de Limoges. — *Ecce homo*, avec les initiales N. B. et la date 1543.

1041. — La résurrection. — Même école et même date.

1042. — La Vierge incarnée entre deux anges. — Plaque d'émail de Limoges, avec la date 1545.

1043. — Deux grandes figures allégoriques en émail de Limoges, camaïeu-grisaille. — XVIe siècle.

1044. — Le Calvaire. — Email de Limoges, colorié avec rehauts d'or, par Jehan Limousin, aux initiales I. L. — XVIe siècle.

1045. — Plaque en émail de Limoges, de forme ovale. Suzanne au bain, surprise par les vieillards, émail colorié et rehaussé d'or, de la fin du XVIe siècle.

Dans la partie droite de la plaque est une figure agenouillée, celle du donateur, avec son saint patron saint Jean, et au-dessous on lit l'inscription :

« Me JEHAN GUENIN. — 1581. »

1046. — Autre plaque en émail de Limoges, de même forme, de même époque, et représentant le même sujet. Ici la figure du donateur est remplacée par celle de sa femme, en costume du temps, avec sa sainte patronne debout à ses côtés. Au-dessous on lit la même date 1581.

1047. — La salutation angélique. — Plaque en émail de Limoges sur cuivre, en couleurs avec rehauts d'or. — XVIe siècle.

Ce médaillon fait partie d'une suite de seize plaques représentant les principales scènes de la vie et de la passion du Christ.

1048. — La nativité et l'adoration des bergers. — Émail de Limoges. — Même suite.

1049. — Le massacre des innocents. — Émail de Limoges. — Même suite.

1050. — L'adoration des mages. — Émail de Limoges. — Même suite.

1051. — La présentation au temple. — Émail de Limoges. — Même suite.

1052. — La cène. — Émail de Limoges. — Même suite.

1053. — Le Christ en croix entre Marie et saint Jean. — Émail de Limoges. — Même suite.

1054. — La descente de croix. — Émail de Limoges. — Même suite.

1055. — Les saintes femmes. — Émail de Limoges. — Même suite.

1056. — La mise au sépulcre. — Émail de Limoges. — Même suite.

1057. — La résurrection. — Émail de Limoges. — Même suite.

1058. — L'apparition à la Madeleine dans le jardin.— Émail de Limoges. — Même suite.

1059. — La transfiguration. — Émail de Limoges. — Même suite.

1060. — L'ascension. — Émail de Limoges. — Même suite.

1061. — La Pentecôte. — Émail de Limoges. — Même suite.

1062. — Saint Jean l'évangéliste. — Émail de Limoges. — Même suite.

1063. — Plaque d'escarcelle en émail de Limoges, représentant des enfants assis. — XVIe siècle.

1064. — Plaque d'émail de Limoges. — Fragment d'un plat armorié représentant l'intérieur de l'atelier d'un chaufournier. — XVIe siècle.

1065. — Plaque en émail de Limoges. — Fragment d'un plat. — Repas de janvier. — XVIe siècle.

1066. — Émail de Limoges à figures, représentant un pasteur qui défend ses troupeaux contre des animaux féroces, camaïeu-grisaille à chairs teintées avec rehauts d'or. — XVIe siècle.

Dans le haut est la légende :

Fvyez. favlces. baistes.
Hors. de mô. trovpeavlx.
Des. brebis. hoynetes.
Navres. chair. ny. peav.

1067. — Email de Limoges à figures, camaïeu-grisaille à chairs teintées, avec rehauts d'or, pendant du précédent. — XVIe siècle.

La légende placée dans le haut donne elle-même l'explication du sujet :

A l'ayde pasteurs acourez.— dovnez. avoz. troupeavez. secovrs. du. lovp. du. lyon. et. devrs. avltrement. seront. devorez.

Criez. si. havt. qve. vovs. vovldrez. — passer. le. temps. me. déliberer. chasser. dormir. manger. et. bovre. — savlvez les. come. vovs. povres.

AS.

1068. — La salutation angélique. — Plaque en émail de Limoges.

Cette plaque fait partie d'une suite de douze sujets tirés de la vie et de la passion du Christ. Ces sujets sont les suivants :

1069. — Le mariage. — Émail de Limoges. — Même suite.

1070. — La fuite en Egypte. — Même suite.

1071. — La présentation de la Vierge au temple. — Même suite.

1072. — La visitation. — Même suite.

1073. — Le massacre des innocents. — Même suite.

1074. — L'adoration des mages. — Même suite.

1075. — La crèche. — Même suite.

1076. — La Pâque. — Même suite.

1077. — Le Christ et la Madeleine. — Même suite.

1078. — L'arrivée des bergers. — Même suite.

1079. — La mort de la Vierge. — Même suite.

1080. — Jupiter. — Médaillon en émail de Limoges, colorié avec rehauts d'or. — XVIe siècle

1081. — Junon. — Médaillon de même époque et de même exécution.

1082. — Pallas. — Médaillon de même travail.

1083. — Mercure. — Médaillon de même époque.

1084. — Le Christ dans sa gloire et le jugement dernier. — Plaque en émail de Limoges, grisaille coloriée. — XVIe siècle.

1085. — La Foi tenant en main le calice et la croix. — Plaque en émail de Limoges attribuée à Pierre Colin. — XVIe siècle.

Ce sujet fait partie d'une suite de sept plaques représentant les vertus. Ces plaques sont les suivantes :

1086. — La Prudence tenant en main le miroir. — Émail de Limoges. — Même suite.

1087. — La Charité. — Émail de Limoges. — Même suite.

1088. — La Justice portant le glaive et les balances. — Email de Limoges. — Même suite.

1089. — La Tempérance tenant la coupe et le flacon. — Email de Limoges. — Même suite.

1090. — La Force personnifiée par une figure appuyée sur une colonne. — Émail de Limoges. — Même suite.

1091. — L'Espérance dans l'attitude de la ferveur. — Email de Limoges. — Même suite.

1092. — Le Christ en croix entre Marie et saint Jean. — Plaque en émail de Limoges. — XVIe siècle.

1093. — Le baiser de Judas. — Émail de Limoges. — XVIe siècle.

1094. — L'adoration des mages. — Plaque d'émail de Limoges colorié avec rehauts d'or. — XVIe siècle.

1095. — Salière à six pans. — Email de Limoges, en grisaille teintée avec rehauts d'or. — Les travaux d'Hercule. — XVIe siècle.

Les deux extrémités de cette salière sont décorées de médaillons entourés de fleurs et d'ornements.

1096. — Salière à six pans. — Email de Limoges. — Les travaux d'Hercule. — XVIe siècle.

1097. — Plaque en émail de Limoges, sujet tiré de la passion du Christ. — Fin du XVIe siècle.

1098. — Plaque en émail de Limoges, sujet tiré de la passion du Christ. — Fin du XVIe siècle.

1099. — Encrier avec bassin en émail de Limoges, décoré de figures et de trophées en grisaille sur fond noir avec rehauts d'or, par Jehan Laudin. — XVIIe siècle.

Les figures représentent les diverses peuplades vaincues et asservies. Elles sont couchées à terre au milieu des trophées d'armes et des instruments de guerre. Au-dessous sont les lettres initiales I. L., et au revers du bassin on lit : *Laudin émaillieur à Limoges*, I. L.

1100. — Une chasse à courre. — Petit médaillon en émail de Limoges, exécuté en grisaille. — XVIIe siècle.

1101. — Chasse à l'autruche. — Petit médaillon de même travail et de même provenance.

1102. — Médaillon en émail de Limoges, portrait d'un jeune homme sur fond bleu, avec arabesques au revers. — XVIIe siècle.

1103. — La folie. — Plaque d'émail de Limoges, grisaille rehaussée d'or, par Jehan Laudin, avec les initiales de l'auteur I. L., et la devise : « *quelli chi me seguino me fanno ridere.* » — XVIIe siècle.

1104. — La chasse, figure allégorique. — Email de Limoges, grisaille rehaussée d'or, par Jehan Laudin, avec ses initiales I. L. — XVIIe siècle.

1105. — La pêche, figure allégorique. — Email de Limoges, en camaïeu-grisaille rehaussé d'or, par Jehan Laudin. — XVIIe siècle.

1106. — Le vin. — Plaque d'émail de Limoges. — Grisaille rehaussée d'or, par Jehan Laudin, avec les initiales de l'auteur. — XVIIe siècle.

1107. — Oct. Augustus. — Médaillon en émail de Limoges, avec la légende : *Jay truvé Rome faicte de bricques, mais je la laisse de marbre.* — XVIIe siècle.

1108. — Même personnage. — Petit médaillon de même époque.

1109. — Tiberius Cæsar. — Médaillon en émail de Limoges, avec la légende : *Qu'après ma mort s'entre meslent le feu et la terre ensemble.* — XVIIe siècle.

1110. — C. Cæsar Caligula. — Médaillon en émail de Limoges, avec la légende : *Je ne prise rien tant que l'impudence.* — XVIIe siècle.

1111. — Même personnage. — Petit médaillon de travail analogue.

1112. — Claudius Cæsar. — Médaillon en émail de Limoges, avec la légende : *Il vaut mieux une fois mourir que perdre la vie en toujours espérant.* — XVIIe siècle.

1113. — Même personnage. — Petit médaillon de même époque.

1114. — Même personnage. — Idem.

1115. — Même personnage. — Idem.

1116. — M. Silvius Otho. — Médaillon en émail de Limoges, avec la légende : *Il vaut mieux qu'un meure pour plusieurs, que plusieurs pour un.* — XVIIe siècle.

1117. — Même personnage. — Petit médaillon de même époque.

1118. — Même personnage. — Idem.

1119. — Titus Vespasianus. — Médaillon en émail de Limoges, avec la légende : *Un bon prince ne renvoye personne mal content.* — XVIIe siècle.

1120. — Même personnage. — Petit médaillon de la même époque.

1121. — Même personnage. — Idem.

1122. — Même personnage. — Idem.

1123. — Flavius Domitianus. — Médaillon en émail de Limoges, avec la légende : *Les princes sont misérables pour les dangers qui les regardent.* — XVIIe siècle.

1124. — Saint Marc. — Médaillon en émail de Limoges, par Jehan Laudin, avec les initiales de l'auteur, I. L. — XVIIe siècle.

1125. — Sainte Marie-Madeleine. — Médaillon en émail de Limoges, aux initiales I. L. (Jehan Laudin). — XVIIe siècle.

1126. — L'adoration des mages. — Email de Limoges, avec la signature au revers : « *Bapt. Nouailher*, à Limoges. » — XVIIe siècle.

1127. — Saint Pierre. — Email colorié de Limoges, par Bapt. Nouailher. — XVIIe siècle.

1128. — Sainte Marguerite. — Email de Limoges du XVIIe siècle.

1129. — Jésus priant. — Médaillon en émail de Limoges, aux initiales de Jehan Laudin, émailleur du XVIIe siècle.

1130. — Saint Philippe. — Médaillon en émail de Limoges. — XVIIe siècle.

1131. — La naissance. — Plaque en émail colorié. — XVIIe siècle.

11

1132. — Tasse en émail de Limoges, décorée des médaillons de Sémiramis et de Zénobie, et portant sous son pied la signature et l'adresse de l'émailleur : « *Laudin, au fauxbourgs de Manigne à Limoges.* » — XVIIe siècle.

1133. — Tasse à anses en émail de Limoges, décorée de mascarons, de guirlandes de fleurs et d'un écusson d'armoiries d'or à feuilles de sinople, surmonté d'une couronne de comte et flanqué de deux figures de génies qui tiennent une couronne de lauriers. — XVIIe siècle.

1134. — Tasse en émail de Limoges, décorée de deux médaillons, dont l'un renferme des chiffres entrelacés et l'autre une scène de chasse. — Sous le pied sont les chiffres de l'auteur NL, Noël Laudin. — XVIIe siècle.

1135. — Râpe à tabac en émail de Limoges. — Le sacrifice d'Abraham, par Bapt. Nouailher, avec les initiales de l'auteur. — XVIIe siècle.

1136. — Râpe à tabac en émail de Limoges. — Portrait d'une dame de la cour en costume de bergère. — XVIIe siècle.

1137. — Râpe à tabac en émail de Limoges. — La Vierge et l'Enfant-Jésus. — XVIIe siècle

1138. — Râpe à tabac, en émail de Limoges. — Portrait d'une dame de la cour. — XVIIe siècle.

1139. — Plaque de bourse en émail de Limoges. — Portrait de femme. — XVIIe siècle.

1140. — Plaque de bourse en émail de Limoges. — Portrait d'un gentilhomme de la cour. — XVIIe siècle.

1141. — Plaque de bourse du xviie siècle, en émail de Limoges. — Portrait du maréchal de Catinat.

1142. — Plaque de bourse en émail de Limoges. — Portrait de Mme la maréchale de Catinat. — xviie siècle.

1143. — Plaque de bourse en émail de Limoges. — Portrait d'une dame de la cour. — xviie siècle.

1144. — Coupe en émail de Limoges, de forme aplatie. Le massacre des innocents, grisaille aux initiales P. N., de Pierre Nouailher, émailleur limousin qui vécut de 1686 à 1717.

1145. — Coupe ronde à deux anses, en émail de Limoges, décorée de fleurs et d'animaux. — xviiie siècle.

Dans le fond de la coupe est un lion portant un geai sur son dos, avec la devise : L'envie suit la vertu.

1146. — Médaillon, peinture émaillée sur cuivre. — Scène flamande. — xviiie siècle.

1147. — Petite coupe en émail sur cuivre. — La bénédiction de Jacob, avec des inscriptions grecques du moyen-âge.

V. FAIENCES, VERRERIES.

FAIENCES ITALIENNES, FRANÇAISES, ALLEMANDES. — GRÈS DE FLANDRE. — TERRES ÉMAILLÉES. — VERRERIES DE VENISE ET D'ALLEMAGNE.

FAIENCES ITALIENNES ET ESPAGNOLES.

1148. — La Vierge et l'Enfant-Jésus, faïence de Luca della Robbia. — XVe siècle.

La Vierge est debout et tient dans ses bras l'Enfant-Jésus qui s'appuie sur l'épaule de sa mère. Les figures sont blanches sur un fond d'émail bleu.

1149. — Le martyre de sainte Catherine d'Alexandrie, deux bas-reliefs en faïence de Luca della Robbia, figures blanches sur fond bleu. — Le premier de ces bas-reliefs représente le martyre de la sainte, et le second l'âme de sainte Catherine transportée au ciel par les anges. — XVe siècle.

1150. — Buste de jeune homme exécuté en ronde-bosse, faïence de Luca della Robbia. — Figure blanche avec chlamyde bleue. — XVe siècle.

1151. — Buste de négresse en ronde-bosse. — Faïence de Luca della Robbia. — XVe siècle.

La tête est en couleur bleue, et porte à sa partie supérieure une ouverture qui donne lieu de croire que ce buste était destiné à servir de vase à fleurs.

1152. — Grand bassin moresque à dessins bleus, rouges et blancs, reflets métalliques. Pièce de la plus grande rareté. — Du XIVe au XVe siècle.

1153. — Coupe sur pied avec plateau, à reflets métalliques. — Faïence du XVe siècle.

1154. — Fontaine décorée de mascarons en relief et de sujets à figures : Persée et Andromède. — Faïence d'école italienne exécutée à Nevers au XVIe siècle.

Le robinet en bronze, représentant un satyre monté sur un triton, est de travail italien et de la même époque.

Le couvercle de cette belle fontaine a été restauré.

1155. — Grande vasque décorée de serpents entrelacés et exécutés en relief : triomphe d'Amphitrite. — Faïence italienne du XVIe siècle.

1156. — Grande vasque sur pied, de fabrique italienne. — XVIe siècle.

L'écusson qui forme la décoration intérieure de ce riche bassin est aux croissants d'or sur fond de gueules, avec un listel d'azur fleurdelisé en sautoir. Les deux supports sont des anges ailés. — Autour de l'écusson sont les attributs du chêne sur le roseau. — L'extérieur du bassin est aux mêmes attributs; il est orné d'enroulements en relief, et d'anses décorées de mascarons.

1157. — Grande vasque en faïence de Faenza : Le triomphe d'Amphitrite. — XVIe siècle.

1158. — Grand plat de forme ovale en faïence de Faenza, décoré de cinq médaillons qui représentent des sujets de chasse et de pêche. — XVIe siècle.

Le médaillon du milieu représente la pêche. Le fleuve, assis près de sa source, tient dans sa main droite la corne d'abondance de laquelle découlent tous les biens de la terre; près de lui plusieurs pêcheurs, dans l'eau jusqu'à mi-jambes, plongent et retirent leurs filets. Les quatre sujets qui entourent le médaillon sont : la chasse à pied, la chasse à courre, la chasse au tir de l'arbalète, et la chasse au filet. Ces motifs sont séparés par des mascarons en relief et des encadrements de riches couleurs. La bordure du plat est formée par des arabesques d'une grande richesse, composées de génies et d'attributs de chasse, de musique et de guerre.

Au revers du plat est une figure de Neptune au milieu d'un encadrement en relief, entouré d'amours et de divinités marines.

1159. — Grand plat rond aux armes de Léon X. — Faïence italienne à reflets métalliques. — XVIe siècle.

1160. — Grand plat rond, au lion de Florence, avec bordure jaune rehaussée de dessins bleus. — Faïence italienne à reflets métalliques. — XVIe siècle.

1161. — Grand plat rond décoré d'une tête de nègre, avec bordure jaune rehaussée de dessins bleus. — Faïence italienne à reflets métalliques. — XVIe siècle.

1162. — Grand plat rond : saint Jérôme. — Faïence italienne à reflets métalliques. — XVIe siècle.

1163. — Bassin représentant Moïse sauvé des eaux. Au revers est l'inscription : *Como Moïse fu trovato della filglia di Faraone innel fiume.* — Faïence italienne. — XVIe siècle.

1164. — Grand plat creux : Suzanne entre les deux vieillards. Dans le haut on lit : *Suzanna.* — Faïence italienne. — XVIe siècle.

1165. — Plat festonné, décoré d'arabesques sur fond blanc, aux armes de la maison Borghèse; dans un cartouche au-dessous de l'écusson on lit : *C. Pia.* — Fabrique d'Urbino. — XVIe siècle.

1166. — Plat de même fabrique et de décoration analogue, aux armes des Borghèse. — XVIe siècle.

1167. — Plat rond décoré de figures. — Faïence italienne. — XVIe siècle.

1168. — Aiguière de pharmacie couverte d'arabesques en couleurs sur fond blanc, avec un écusson. — Faïence italienne. — XVIe siècle.

1169. — Aiguière ornée de deux têtes en regard sur fond bleu. — Faïence italienne. — XVIe siècle.

1170. — Encrier en faïence italienne, à dessins jaunes sur fond bleu. — XVIe siècle.

La partie supérieure est décorée d'un écusson en relief qui porte un scorpion et trois étoiles, avec deux amours en haut-relief pour support.

1171. — Faïence italienne. — Plat à fond brun. — Figure grotesque.

1172. — Le massacre des innocents, plaque en faïence de Faenza, exécutée d'après un carton de Raphaël Sanzio. — XVIe siècle.

1173. — Fragment d'un plat de Faenza. — Figures nues. — XVIe siècle.

1174. — Plat en faïence de Faenza. — Le mariage de sainte Catherine d'Alexandrie. — XVIe siècle.

1175. — Plat rond décoré de figures avec un écusson d'armoiries au revers. — Faïence de Faenza. — XVIe siècle.

1176. — Faïence de Faenza. — Assiette avec bordures décorées d'amours et de fleurs à rehauts d'or. — Diane au bain et Actéon changé en cerf. — XVIe siècle.

1177. — Faïence de Faenza. — Assiette décorée d'une bordure d'amours et de fleurs, avec rehauts d'or. — Enlèvement de Proserpine. — XVIe siècle.

1178. — Faïence de Faenza. — Assiette représentant

Polyphème et Galathée, avec bordure décorée de rinceaux et d'amours. — XVIe siècle.

1179. — Faïence de Faenza. — Assiette, sujet mythologique avec bordure décorée de rinceaux. — XVIe siècle.

1180. — Faïence de Faenza. — Assiette : Vénus et l'Amour.

1181. — Faïence de Faenza. — Assiette : Neptune et Amphitrite. — Bordure décorée de rinceaux et d'amours.

1182. — Faïence italienne. — Assiette : Neptune sur son char. — XVIIe siècle.

1183. — Faïence de Faenza. — Assiette décorée de figures avec bordure d'ornements et d'amours.

1184. — Faïence de Faenza, à reflets métalliques. — Assiette avec repoussés en relief : saint Jean.

1185. — Faïence italienne. — Assiette : paysage avec figures. — XVIIe siècle.

1186. — Faïence italienne. — Cruche fond vert, avec goulot, à tête découpée à jour, décorée d'écussons en relief.

1187. — Faïence de Faenza. — Coupe représentant une figure de femme.

1188. — Faïence de Faenza. — Tasse : l'Amour tenant son arc.

1189. — Faïence de Faenza. — Tasse : l'Amour enchaîné.

1190. — Faïence de Faenza. — Coupe : figure d'enfant.

1191. — Faïence de Faenza. — Tasse : figure d'enfant.

1192. — Faïence de Faenza. — Coupe : figure de guerrier.

1193. — Faïence de Faenza. — Coupe : vieille femme filant.

1194. — Faïence italienne. — Soucoupe : Vénus et l'Amour.

1195. — Faïence italienne. — Tasse avec sa soucoupe décorée de figures en couleurs rehaussées d'or.

1196. — Faïence italienne. — Tasse à soucoupe, dite *de trembleur*, décorée de figures et de fleurs, avec rehauts d'or.

1197. — Faïence italienne. — Plaque ronde représentant d'un côté la Sainte-Famille, de l'autre le Christ en croix. — XVIIe siècle.

1198. — Faïence italienne. — Bassin à pans coupés : Vénus corrigeant l'Amour. — XVIIe siècle.

1199. — Faïence italienne. — Bassin à pans coupés : scène de chasse. — XVIIe siècle.

FAIENCES FRANÇAISES.

1200, 1201. — Faïence de Bernard de Palissy. — Bras de flambeaux-appliques du XVIe siècle.

Ces deux porte-lumières sont formés par des bustes d'hommes dont les bras tendus étaient destinés à porter la bougie.

Bernard de Palissy, simple potier à Saintes, et inventeur de la faïence émaillée qui porte son nom, est mort en 1590, au milieu des honneurs, et en laissant des travaux fort remarquables dans plusieurs branches d'art.

1202. — Faïence de Bernard de Palissy. — Grand plat rond : Persée délivrant Andromède. La bordure est formée par huit cavités destinées à contenir les assaisonnements. — XVIe siècle.

1203. — Faïence de Bernard de Palissy. — Plat ovale : Vénus et les Amours. — XVIe siècle.

1204. — Faïence de Bernard de Palissy. — Plaque de forme allongée, à bordure festonnée : le lavement des pieds. — XVIe siècle.

1205. — Faïence de Bernard de Palissy. — Grand plat ovale, décoré de reptiles et de poissons en relief. — XVIe siècle.

1206. — Faïence de Bernard de Palissy. — Grand plat de forme et de décoration analogues. — XVIe siècle.

1207. — Faïence de Bernard de Palissy. — Plat de même forme et de décoration analogue. — XVIe siècle.

1208. — Faïence de Bernard de Palissy. — Plat ovale décoré de feuillages et de coquilles en relief. — XVIe siècle.

1209. — Faïence de Bernard de Palissy. — Corbeille ronde décorée de mascarons d'hommes et de femmes, à bordure festonnée et d'une grande finesse d'exécution. — XVIe siècle.

1210. — Faïence de Bernard de Palissy. — Corbeille ronde décorée d'arabesques. — XVIe siècle.

1211. — Faïence de Bernard de Palissy. — Corbeille ronde décorée d'arabesques et enrichie de mascarons. — XVIe siècle.

1212. — Faïence de Bernard de Palissy. — Corbeille ronde couverte d'arabesques et de mascarons. — XVIe siècle.

1213. — Faïence de Bernard de Palissy. — Plat rond : Persée et Andromède. — XVIe siècle.

1214. — Faïence de l'école de Bernard de Palissy. — Portrait d'homme, petit plat en forme de médaillon. — XVIe siècle.

1215. — Faïence de même fabrique. — Une Sainte-Famille, petit plat de même forme et de même travail. — XVIe siècle.

1216. — Faïence de même fabrique. — Plat de forme ovale : Suzanne surprise au bain.

1217. — Faïence de l'école de Palissy. — Plat de forme ovale : même sujet.

1218. — Faïence de l'école de Palissy. — Plat de forme ovale : l'automne.

1219. — Faïence de l'école de Palissy. — Plat rond : la création de la femme.

1220. — Faïence de l'école de Palissy. — Plat de forme ovale : la décollation de saint Jean.

1221. — Faïence de l'école de Palissy. — Plat de forme ovale : le sacrifice d'Abraham.

1222. — Faïence de l'école de Palissy. — Plat de forme ovale : le baptême dans le Jourdain.

1223. — Faïence de l'école de Palissy. — Plat de forme ovale : même sujet.

1224. — Faïence de l'école de Palissy. — Plat de forme allongée : Esther devant Assuérus.

1225. — Faïence de l'école de Palissy. — Plat de forme allongée : même sujet.

1226. — Faïence de l'école de Palissy. — Plat de même forme : Esther et Assuérus.

1227. — Faïence de l'école de Palissy. — Plat de forme ovale : même sujet.

1228. — Faïence de l'école de Palissy. — Plat de forme ovale : même sujet.

1229. — Faïence de l'école de Palissy. — Plat rond : le jugement de Pâris.

1230. — Faïence de l'école de Palissy. — Plat ovale avec bordure en émail de couleurs : le baptême dans le Jourdain.

1231. — Faïence de Bernard de Palissy. — Vase à anse orné de feuilles, avec goulot repercé à jour.

1232. — Faïence de Bernard de Palissy. — Vase à anse décoré d'ornements de couleurs variées.

1233. — Faïence des continuateurs des travaux de Bernard de Palissy. — Plat ovale représentant la famille d'Henri IV.

Le roi est assis auprès de la reine, au milieu de sa famille et des personnages de la cour. La bordure est décorée d'ornements de couleurs variées.

1234. — Faïence de Nevers. — Bouteille de forme aplatie, dite *fiascone*, à deux médaillons décorés de sujets bachiques ; les anses sont formées par deux têtes de bélier en relief, avec pendentifs de fruits et de fleurs. — XVIIe siècle.

1235. — Faïence de Nevers. — Plat en camaïeu bleu : combat des Centaures et des Lapithes. L'inscription placée au revers est ainsi conçue : « *Trouble* *arrivé aux noces de Pirythous et de Hippodame, par Eurite, cruel chef des sanguinaires Centaures.* 1682. »

1236. — Faïence de Rouen. — Plat décoré d'arabesques bleues rehaussées en couleurs.

1237. — Faïence de Rouen. — Plat à dessins bleus. Le milieu est décoré de meubles, de vases de fleurs et d'oiseaux ; la bordure est ornée d'arabesques.

1238. — Faïence de Rouen. — Plat rond décoré d'arabesques.

1239. — Faïence de Rouen. — Aiguière ornée d'arabesques bleues sur fond blanc.

1240. — Faïence de Rouen. — Aiguière ornée d'arabesques bleues sur fond blanc.

1241. — Faïence de Rouen. — Fiascone avec figures de faunes et de satyres, peintes en bleu sur fond blanc. — Les anses sont décorées de têtes de bélier en relief.

1242. — Poterie d'Avignon. — Vase à reflets métalliques, décoré d'ornements en relief blancs sur fond brun. — XVIIe siècle.

1243. — Poterie d'Avignon. — Vase de même nature et de forme analogue. — XVIIe siècle.

1244. — Faïence française. — Bouteille figurant une couronne de pampres, émaillée en brun.

1245. — Faïence française. — Salière émaillée en brun rehaussé d'or, et ornée de figurines de ronde-bosse.

1246. — Faïence française. — Couvre-feu avec ornements en relief. — Bacchus sur un tonneau.

1247. — Faïence française. — Pièce de surtout, de forme monumentale, décorée de figures et de fleurs de lis. — XVIIe siècle.

1248. — Poule couvant ses poussins. — Faïence du XVIIe siècle.

Cette faïence faisait partie d'un service complet, dont chaque pièce présentait la forme du mets qu'il était destiné à contenir.

FAIENCES ALLEMANDES. — GRÈS DE FLANDRE.

1249. — Faïence allemande. — La Vierge et l'Enfant-Jésus. — XVIe siècle.

1250. — Grès de Flandre. — Clepsydre ou horloge à eau.

Le clepsydre était en usage sur les tables des festins, où il faisait l'office de sablier. L'eau, placée dans le réservoir, descendait par les colonnettes pour rejaillir à l'orifice inférieur.

1251. — Grès de Flandre. — Grande cruche émaillée en gris et bleu et ornée d'inscriptions et d'écussons d'armoiries.

Autour de la panse sont les figures de Neptune, du Soleil, de la Lune, de la Justice et de Pluton. Le goulot est couvert de sujets de chasse, avec la légende : *Ich. wisz. nichts. pessers. im. himel. und. auf. erten. dan. das. weir. durch. chreistm. selig. werdenn.*

1252. — Grès de Flandre. — Cruche émaillée gris et bleu, et décorée d'ornements et d'écussons accolés, dont celui de France.

1253. — Grès de Flandre. — Cruche émaillée gris et bleu, et décorée de petits mascarons et d'ornements, avec garniture en étain.

1254. — Grès de Flandre. — Cruche émaillée gris et bleu, et décorée d'ornements ronds sur fond bleu.

1255. — Grès de Flandre. — Cruche à anse, émaillée en bleu et décorée de sujets de danse et d'armoiries en relief; garniture en étain.

1256. — Grès de Flandre. — Pot émaillé, de couleur brune et orné sur sa panse de bas-reliefs qui représentent des jeux et des danses grotesques.

1257. — Grès de Flandre. — Cruche émaillée gris et bleu et décorée de sujets et de danses burlesques; monture en étain.

1258. — Grès de Flandre. — Cruche à panse, émaillée gris et bleu, avec ornements et écussons.

1259. — Grès de Flandre. — Bouteille émaillée gris et bleu sur fond de couleurs et décorée de petits médaillons aux armes impériales.

1260. — Grès de Flandre. — Petite cruche émaillée gris et bleu, avec ornements et mascarons.

1261. — Grès de Flandre. — Pot émaillé de couleur brune et monté en étain.

La partie antérieure est ornée d'un mascaron à longue barbe et la panse est décorée d'arabesques grotesques et de médaillons.

1262. — Grès de Flandre. — Grande canette émaillée en brun avec couvercle en étain.

1263. — Grès de Flandre. — Aiguière à jeu d'eau émaillée gris, bleu et violet, et ornée d'écussons armoriés.

1264. — Grès de Flandre. — Vase à anses, émaillé gris et bleu, avec ornements et chimères. Monture en étain.

1265. — Grès de Flandre. — Vase à anse, émaillé gris et bleu, et décoré de sujets burlesques.

1266. — Grès de Flandre. — Vase du même genre et de forme analogue.

1267. — Grès de Flandre. — Petit vase à anse, émaillé gris et bleu, et décoré de mascarons burlesques.

1268. — Grès de Flandre. — Cruche émaillée gris et bleu avec écusson d'armoiries.

1269. — Grès de Flandre. — Vase émaillé gris et bleu, en forme de cruche.

1270. — Grès de Flandre. — Cruche émaillée de couleur sur fond gris.

1271 — Grès de Flandre. — Cruche émaillée en gris et bleu.

1272. — Grès de Flandre. — Cruche émaillée avec monture en étain.

1273. — Grès de Flandre. — Cruche émaillée en gris et bleu avec monture en étain.

1274. — Grès de Flandre. — Bouteille à anse, de forme ronde, émaillée en gris et bleu.

1275. — Grès de Flandre. — Petite cruche armoriée avec anse, émaillée en gris et bleu.

1276. — Grès de Flandre. — Cruche à anse, émaillée en gris et bleu, et décorée d'écussons et de mascarons. Monture en étain.

1277. — Grès de Flandre. — Cruche émaillée en brun et décorée d'armoiries avec monture en étain.

1278. — Grès de Flandre. — Pot émaillé en couleur et en or, et garni en étain.

Les figures du Christ, des apôtres et saints personnages sont représentées en relief sur la panse dans l'ordre suivant : Salvator, S. Tomas, S. Matheus, S. Jacob minor, S. Simonis, S. Tadeus, S. Petrus, S. Andreas, S. Jacob major, S. Johannes, S. Philippus, S.-Bartolomeus ; la figure de Judas a été remplacée par l'inscription S. Judas. Le vase porte la date 1653.

1279. — Grès de Flandre. — Pot à bière, émaillé en brun avec rehauts de couleur et d'or.

Sur la panse sont les figures du Christ et des apôtres avec la date 1655, et la légende traduite du flamand : « *Celui qui me boira d'un trait sera béni par la Sainte-Trinité.* »

1280. — Grès de Flandre. — Pot à tabac représentant la figure d'un buveur qui tient en main le verre et la cruche, charge flamande du XVIIe siècle.

1281. — Grès de Flandre. — Petit vase à anse, émaillé gris et bleu.

1282. — Grès de Flandre. — Salière émaillée en bleu et travaillée à jour.

1283. — Grès de Flandre colorié. — Vase à anse, décoré d'ornements en couleurs et des figures de Saturne, Jupiter, Mars, le Soleil, Vénus, Mercure et la Lune.

1284. — Grès émaillé. — Buire montée en étain.

1285. — Encrier en grès de Flandre, travaillé à jour. — XVIe siècle.

1286. — Encrier en grès émaillé de Flandre, à galeries. — XVIe siècle.

1287. — Faïence flamande émaillée. — Bouteille fond vert, monture et chaîne en étain.

1288. — Grès de Flandre. — Cruche émaillée, gris et bleu, très fracturée.

TERRES ÉMAILLÉES.

1289. — Carreau en terre émaillée du XIIIe siècle, provenant de Saint-Denis.

Donné au Musée par M. A. Lenoir, architecte.

1290. — Carreaux en terre émaillée du XIIIe siècle.

1291. — Carreau en terre émaillée. — XIIIe siècle.

Donné par M. Mathon, de Neufchâtel.

1292. — Carreau en terre émaillée du XIIIe siècle.

1293. — Carreau en terre émaillée. — XIIIe siècle.

1294. — Carreau en terre émaillée. — XIVe siècle

1295. — Carreau en terre émaillée, provenant du château d'Ecouen. — XVIe siècle.

1296. — Carreaux en terre émaillée. — XVIe siècle.

Donnés au Musée par M. Mathon, de Neufchâtel.

1297. — Terre émaillée dite Scaïole. — Fragment d'un dessus de table, décoré d'arabesques, de travail italien. — XVIe siècle.

1298. — Plaques d'un poële provenant de la léproserie du château de Joinville. — XVIe siècle.

Ces plaques, d'un style de dessin très remarquable, sont exécutées en relief. Elles sont au nombre de six; les plus grandes sont décorées des figures allégoriques des quatre éléments : TERRA, AQVA, IONIS, AER.

Les deux premiers éléments sont personnifiés, l'un

par une nymphe placée debout auprès d'une fontaine, et l'autre par une figure appuyée sur une corne d'abondance remplie des biens de la terre. Ces figures sont disposées dans des niches que surmonte un mascaron flanqué de deux figures couchées, dont l'une, le glaive et le laurier en main, représente la Victoire, et l'autre, tenant d'une main le sablier, et la tête penchée en larmes sur un crâne, personnifie la Défaite et la Mort. Ces allégories sont soutenues sur des pilastres, contre lesquels s'appuient des figures placées debout; l'une est dans l'attitude de la prière, la tête ceinte du nimbe; l'autre est enchaînée. Le médaillon inférieur présente la figure de la Justice ayant en mains le glaive et la balance.

Les deux autres bas-reliefs, le feu et l'air, sont également encadrés dans de riches compositions surmontées des figures allégoriques de la Musique et de la Vérité.

1299. — Pièce de surtout en terre émaillée, chasse au taureau.

1300. — Chasse à l'ours, pièce du même surtout en terre émaillée.

1301. — Chasse au loup, pièce du même surtout en terre émaillée.

1302. — Chasse au cerf, pièce du même surtout en terre émaillée.

1303. — Terre émaillée. — Vase à couvercle travaillé à jour.

VERRERIES DE VENISE ET D'ALLEMAGNE.

1304. — Grande coupe aux armes du roi Louis XII de France. — Verrerie de Venise. — XVe siècle.

1305. — Grande coupe sur pied, de forme plate et à filets blancs, en verrerie ancienne de Venise. — XVIe siècle.

1306. — Verrerie de Venise. — Vase sur pied, forme calice, avec couvercle, à filets blancs. — XVIe siècle.

1307. — Verrerie de Venise. — Cornet de forme allongée, à filets blancs. — XVIe siècle.

1308. — Verrerie de Venise. — Verre de forme allongée, godronné, à anses. — XVIe siècle.

1309. — Verrerie de Venise. — Coupe évasée sur pied, à godrons. — XVIe siècle.

1310. — Verrerie de Venise. — Coupe sur pied, à huit pans, en verre blanc bordé de bleu. — XVIIe siècle.

1311. — Verrerie de Venise. — Coupe sur pied, en verre blanc. — XVIIe siècle.

1312. — Verre de Venise. — Vase à anses en verre blanc avec ornements en relief. — XVIIe siècle.

1313. — Verre de Venise. — Coupe de forme évasée en verre blanc. — XVIIe siècle.

1314. — Verrerie de Venise. — Coupe de forme allongée en verre blanc. — XVIIe siècle.

1315. — Verre de Venise. — Coupe sur pied, décorée d'ornements en relief. — XVIIe siècle.

1316. — Verrerie de Venise. — Coupe godronnée à anses. — XVIIe siècle.

1317. — Verrerie de Venise. — Petite coupe en verre blanc sur pied décoré d'ornements en relief.

1318. — Verrerie de Venise. — Cruche à anse avec dessins en relief. — XVIIe siècle.

1319. — Verrerie de Venise. — Grande coupe sur pied.

1320. — Verrerie de Venise. — Flacon à dessins blanc sur fond opalin.

1321. — Grand vidercome allemand, décoré de figures en couleur et de légendes, avec la date 1623.

1322. — Verrerie allemande. — Bouteille de forme aplatie, à réseaux en relief.

1323. — Verrerie allemande. — Bouteille à long col avec panse à côtes.

1324. — Verrerie allemande. — Grand gobelet sur pied de forme évasée.

1325. — Cristal. — Gobelet monté sur griffes en bronze doré, avec socle en marbre.

1326. — Cristal. — Grande buire.

VI. ORFÈVRERIE, BIJOUTERIE, HORLOGERIE.

ORFÈVRERIE.

1327. — Chandelier en cuivre ciselé et doré, de travail byzantin, décoré d'animaux chimériques et d'entrelacs réunis par une tête de lion. La bobèche est soutenue par des lézards à deux pattes qui en lèchent les bords. — XIIe siècle.

1328. — Plaque de couverture d'évangéliaire, en cuivre repercé à jour, gravé et doré. — XIIe siècle.

La composition est divisée en quatre panneaux égaux qui forment une croix: au milieu l'agneau pascal sur un médaillon, avec la légende :

CARNALES ACTUS TULIT AGNUS HIC HOSTIA FACTUS.

(*Cet agneau devenu hostie a consenti à s'incarner.*

Dans chacun des panneaux est figuré l'un des quatre fleuves du paradis terrestre, nommés dans la Genèse, GYON, PHISON, TYGRIS, EVFRATES.

Ces quatre fleuves font allusion aux quatre évangélistes. Les légendes suivantes sont disposées sur les côtés :

FONS PARADISIACUS PER FLUMINA QUATUOR EXIT.

(*La source du paradis sort par quatre fleuves.*)

HÆC QUADRIGA LEVIS TE CHRISTE PER OMNIA VEXIT.

(*Ce quadrige rapide t'a porté, Christ, à travers le monde entier.*)

1329. — Croix archiépiscopale en filigrane d'argent doré, ornée d'une grande quantité de pierres fines, de perles et de pierres gravées antiques montées en relief, et présentant huit petits reliquaires, dont un, celui du milieu, renferme un morceau de la vraie croix. — XIIIe siècle.

Le revers est décoré d'appliques en argent repoussé qui représentent l'agneau crucifère, le Christ, les anges, et les symboles des évangiles, au milieu de riches ornements. La douille est en cuivre gravé, doré et fleurdelisé.

1330. — Reliquaire en cuivre repoussé, gravé et doré, garni de cinq gros chatons en cristal de roche, entourés de petites pierres. — XIIIe siècle.

Au revers est la figure du Père Eternel assis sur un trône, la main droite en action de bénir, et la gauche supportant le livre des évangiles, dont les quatre médaillons qui l'entourent renferment les symboles. Ces figures sont gravées.

1331. — Reliquaire italien en cuivre repoussé et doré, ayant renfermé le pied du saint abbé Alard, d'après l'inscription gravée en haut et ainsi conçue : « *qui. entro. cil. piede. di santo. Alardo. abate.* » — XIIIe siècle.

1332. — Reliquaire en cuivre repoussé, ciselé et doré, orné de petites rosaces en émail sur argent, et surmonté d'un ornement gothique au sommet duquel est le Christ en croix entre Marie et saint Jean. — XIVe siècle.

1333. — Reliquaire en cuivre repoussé et doré, enrichi d'émaux et de pierreries, et surmonté d'un ornement gothique découpé à jour. — XIVe siècle.

1334 — Aiguière à laver en cuivre repoussé et gravé, formée par un buste d'homme sur trois pieds, avec une anse qui représente un animal chimérique. — Sur la poitrine est un écusson aux lis de France. — XIVe siècle.

1335. — La Vierge et l'Enfant-Jésus. — Statue en cuivre doré; travail allemand. — XIVe siècle.

1336. — Petit reliquaire, forme de châsse, en cuivre gravé et doré, avec inscription en caractères gothiques. — XIVe siècle.

MESSIRE HUGUES DELABORDE, CURÉ DE BONNAY, A DONNÉ CE SANCTUAIRE A LA DITE ÉGLISE. PRIEZ DIEU POUR LI.

1337. — Petit coffret gothique, forme de châsse, en cuivre gravé, couvert d'ornements, de figures et d'écussons armoriés, avec couvercle surmonté d'une galerie à jour. — XIVe siècle.

1338. — Figurine d'ange en cuivre repoussé et doré, supportant un reliquaire. — La tête est en argent repoussé. — XIVe siècle.

1339. — Tête de belette enchâssée, en cuivre repoussé et doré. — XIVe siècle.

1340. — Petite croix en cuivre gravé et doré avec chatons ornés de pierres.

1341. — Petite croix en cuivre doré et gravé, ornée de cinq cabochons en cristal de roche.

1342. — Ostensoir en cuivre repoussé, ciselé et doré, décoré d'émaux incrustés et d'ornements en relief. — XVe siècle.

Sur le pied sont deux médaillons en émail, dont l'un représente le Christ en croix entre Marie et saint Jean, et l'autre les armes impériales.

1343. — Ostensoir gothique à clochetons, en cuivre ciselé et doré. — XVe siècle.

1344. — Ostensoir en cuivre repoussé, ciselé et doré; sur le pied sont les figures de la Vierge et des saints, disposées sous des niches gothiques. Au-dessous on lit l'inscription suivante : *Petrus. Senensi. ordinis. servor. frater.* — xve siècle.

1345. — Calice en cuivre doré. — xve siècle.

1346. — Petite paix en cuivre ciselé et gravé. — Le Christ en croix entre Marie et saint Jean. — Figures en relief sur fond fleurdelisé. — xve siècle.

1347. — Plat rond de travail flamand, en cuivre repoussé. — Adam et Ève. — xve siècle.

1348. — Plat rond. — Cuivre repoussé de même travail. — La grappe de raisin de la terre promise. — xve siècle.

1349. — Grand plat rond en cuivre repoussé et doré. Travail flamand. — Adam et Eve. — La bordure est décorée de fleurs, de fruits et d'animaux en relief. — xvie siècle.

1350. — Petite fontaine en cuivre gravé et doré. — Travail vénitien du xve siècle. — Les sujets représentent des figures à cheval.

1351. — Vase à anse en cuivre gravé et doré.

1352. — Vase du xvie siècle, en cuivre ciselé, gravé et doré, avec incrustations en argent. — Beau travail de Venise.

1353. — Petite croix de Lorraine en cuivre travaillé à jour pour servir de reliquaire. — xvie siècle.

1354. — Face d'une croix semblable. — xvie siècle.

1355. — Miroir en cuivre repoussé et doré. — xvie siècle.

Le volet, qui est mobile et se rabat sur la glace, est orné de la figure de la Vérité. De chaque côté deux satyres forment support; au-dessus sont deux Victoires et l'Amour vainqueur. — Ouvrage du temps d'Henri II.

1356. — Livre d'astrologie. — XVIe siècle.

Ce curieux thème d'astrologie présente sur les faces de sa couverture les armes et la couronne de France, et tous les chiffres, insignes et attributs du roi Henri II, avec le croissant et la devise : DONEC TOTUM IMPLEAT ORBEM. Ces attributs sont répétés sur chacune des pages qui portent les diverses constellations mobiles sur pivots, de manière à pouvoir dresser les combinaisons astrologiques pour la formation des horoscopes.

1357. — Pied de croix en cuivre repoussé, gravé et doré, présentant, sur chacune de ses six faces, un des sujets de la résurrection du Christ, de l'apparition et de la Pentecôte, avec les légendes en langue allemande.

Au-dessus sont les figures en cuivre doré de Marie et de saint Jean, figures destinées à accompagner la croix, qui n'a pu être conservée. — XVIe siècle.

1358. — Gobelet en argent repoussé et ciselé, figuré par une femme en costume du temps. — Au-dessus de la tête est un autre petit gobelet mobile sur son axe, pour la dégustation des vins. — XVIe siècle.

1359. — Petit présentoir à trois branches, en cuivre ciselé et doré, soutenu par une licorne en bronze. — XVIe siècle.

1360. — Pied de présentoir en cuivre ciselé et doré. — XVIe siècle.

1361. — Buste de femme en bronze doré, en costume du XVIe siècle.

1362. — Petit coffret en cuivre doré, couvert d'ornements gravés. — La serrure est un chef-d'œuvre du genre. — XVIe siècle.

1363. — Grande aiguière en cuivre repoussé, décorée des armes impériales, de figures et d'arabesques, avec la date 1597 et la légende : *Sich. lieber. sich. wie. ein. nar. bin. ich.* — Ouvrage allemand de la fin du XVIe siècle.

1364. — Aiguière et son bassin en étain, décorée de figures et d'ornements en relief, exécutée par François Briot, sculpteur français du XVIe siècle.

L'aiguière est couverte d'arabesques d'une grande richesse; la panse est décorée de trois médaillons qui renferment les figures de la Foi, de l'Espérance et de la Charité. L'anse est formée par une chimère renversée.

Le bassin est entièrement décoré de médaillons séparés par des arabesques et par des mascarons en relief. Le médaillon du milieu, celui qui soutient l'aiguière, représente la Tempérance; autour figurent les quatre Éléments avec leurs attributs; sur la bordure, les Sciences avec leurs emblèmes; puis au dos du bassin se trouve le portrait de l'auteur, avec la légende : *Sculpebat Franciscus Briot.*

1365. — Aiguière avec bassin de forme analogue à la précédente, exécutée par le même maître. — XVIe siècle.

La décoration du bassin est la même que celle du n° précédent. La panse de la buire seule présente quelque variété dans les sujets. Ici c'est l'histoire de la chaste Suzanne : Suzanne surprise au bain par les vieillards, le jugement et la lapidation des imposteurs.

Cette aiguière a été dorée ainsi que le bassin.

1366. — Grand plat en étain enrichi de sujets, figures et d'ornements en relief. — XVIe siècle.

Le médaillon du milieu représente Adam et Ève et la tentation. Autour sont les figures des sciences, et la bordure se compose de douze médaillons de forme allongée, renfermant les portraits équestres des empereurs. Ces médaillons sont séparés entre eux par des cariatides et des vases à fleurs.

1367. — Pot en étain, couvert de bas-reliefs qui représentent la création, la tentation de la femme et l'expulsion du paradis terrestre. Le couvercle et la frise sont décorés d'ornements et d'arabesques. — XVIe siècle.

1368. — Assiette en étain, décorée de bas-reliefs à figures. — La création, le paradis terrestre, la tentation et l'expulsion du paradis. — Travail allemand de la fin du XVIe siècle.

1369. — Assiette de même forme et de même époque, représentant les portraits équestres des rois.

1370. — Assiette de même forme et d'une décoration analogue.

1371. — Assiette de même époque, représentant la résurrection et les figures des douze apôtres avec leurs attributs.

1372. — Assiette de même époque, représentant le sacrifice de Noé après le déluge, la création et le paradis perdu.

1373 — Vase flamand en fonte de cloche, décoré de figures et de sujets en relief. — Travail du XVIIe siècle.

La partie extérieure du vase représente des jeux et des danses. Le couvercle est divisé en quatre compartiments qui représentent les travaux et les plaisirs de chacune des saisons de l'année.

1374. — Arrosoir en cuivre repoussé, doré et couvert d'écussons armoriés et d'ornements. — XVIIe siècle.

1375. — Plaque en argent repoussé, le sacrifice d'Abraham. — Époque de Louis XV.

1376. — Chandelier en cuivre rouge gravé et repoussé à jour, travail italien. — XVIIe siècle.

1377. — Flambeaux à tige carrée et cannelée, en cuivre repoussé et doré. — Epoque de Louis XIII.

1378. — Bénitier en étain, peint en couleurs : sainte Véronique. — XVIe siècle.

1379. — Bénitier en cuivre ciselé et doré. — La crèche. — XVIIe siècle.

1380. — Bénitier en cuivre ciselé, doré et entouré de figures d'anges. — La crèche. — XVIIe siècle.

1381. — Bénitier en cuivre ciselé et doré : le Christ en croix. — Règne de Louis XV.

1382. — Petite boussole de poche en cuivre gravé et doré.

1383. — Dessus de coffret en cuivre repoussé, repercé à jour et doré. — Époque de Louis XIII.

1384. — Encensoir en cuivre rouge travaillé à jour, forme gothique.

1385. — Encensoir en cuivre repoussé, décoré de mascarons et de guirlandes.—Époque de Louis XIV.

1386. — Encensoir en cuivre, travaillé à jour. — Époque de Louis XIV.

1387. — Calice en cuivre, décoré d'ornements repoussés, ciselés et dorés, sur fond argenté. — Époque de Louis XIII.

Le vase et son pied sont ornés de mascarons et de figures, le couvercle présente quatre médaillons renfermant les figures des évangélistes; il est surmonté d'une croix en ambre.

1388. — Encensoir en cuivre repoussé et doré. — Époque de Louis XV.

1389. — Pied de calice en cuivre doré.

1390. — Vase d'église en cuivre repoussé et doré.

1391. 1392. — Aiguières en bronze, décorées de figures et d'ornements, surmoulées sur des originaux du XVIe siècle, de travail florentin.

1393. — Cassolette à parfums en cuivre incrusté d'argent, montée sur trois pieds ; travail oriental.

1394. — Buire en bronze gravé et doré, de travail oriental.

BIJOUTERIE.

1395. — Épingle en or, avec pierre rouge, des premiers siècles de la monarchie française.

1396. — Bague en or avec chaton renfermant un saphir-astérie. — XIIIe siècle.

1397. — Reliquaire en argent doré et émaillé, orné de pierres et de perles fines, et renfermant un fragment de la couronne d'épines, ainsi que plusieurs autres reliques précieuses. — XIVe siècle.

Le revers est décoré d'émaux qui représentent le Christ à la colonne et à ses pieds un chevalier et sa dame en adoration. Derrière chacun de ces personnages sont les écussons à leurs armes.

Au centre de ce précieux bijou et au milieu des pierres et des perles qui l'enrichissent, est une sorte d'épingle en or ; c'est là qu'est renfermé le fragment de la sainte épine. A l'entour de cette même face et sous le bourrelet en argent doré qui en forme la bordure sont diverses autres reliques précieuses qui sont désignées par les inscriptions gravées au dessus en caractères gothiques.

Ces inscriptions sont les suivantes :

DE CARCERE QUO INTRATUS.
DE VACE QUO LAVAT MANUS.
DE KATHERINÆ TUMBA.
DE PILLARI QUO ALLIGATUS.
DE DOMO QUA NATUS.
DE PRECEPE QUO INCLUSUS.

1398. — Grosse bague dite anneau pastoral, en cuivre doré. Le chaton est garni d'une fausse émeraude — Commencement du XVe siècle.

1399. — Portrait de François Ier. — Médaillon peint sur cuivre repoussé et doré, avec la légende :

FRANCISCUS PRIMUS. F. R. INVICTISSIMUS.

Ce médaillon est encadré dans une bordure d'ébène enrichie d'émaux, de pierreries et de perles fines, avec les insignes royaux travaillés en cuivre ciselé, et surmontés de la couronne.

Le cadre est entouré de pierreries et de pendeloques en cristal de roche. Au revers sont les initiales de Louise de Savoie, mère du roi. — XVIe siècle.

1400. — Petit reliquaire, forme de livre, en argent doré et orné de peintures sur verre, qui représentent la figure de saint Paul et divers sujets de la passion du Christ. — XVIe siècle.

1401. — Petit briquet à pierre et à ressort en cuivre gravé et doré. — XVIIe siècle.

1402. — Médaillon à double face en filigrane d'argent. Travail de Gênes. — XVIIe siècle.

1403. — Croix d'ordre en argent émaillé. — Époque de Louis XIII.

1404. — Flacon formé par une carapace de tortue garnie en argent.

1405. — Fermail en jade gris, travaillé à jour et monté en argent doré avec une turquoise. — Bijou oriental.

1406. — Fermail en jade gris, même travail.

HORLOGERIE.

1407. — Petite montre à pans en cuivre avec une bordure d'arabesques sur argent. — XVIe siècle.

1408. — Petite montre à pans en argent, ornée d'arabesques, avec sa glace eu cristal taillé à facettes. — XVIe siècle.

1409. — Horloge à six pans en cuivre gravé et doré, représentant sur ses faces le Soleil, la Lune, Jupiter, Mars, Mercure et Vénus, et surmontée d'une cloche à jour couronnée par une figurine d'amour en argent ciselé. — Fin du XVIe siècle.

1410. — Coffre d'horloge en cuivre, représentant sur ses faces les dieux de l'antiquité, avec des guirlandes de fleurs et de fruits. — Travail italien. — Fin du XVIe siècle.

1411. — Petite boîte d'horloge de bureau, à six pans, en cuivre gravé et doré, représentant sur ses faces Jupiter, Vénus, Mars, le Soleil, la Lune et Mercure, et surmontée d'un campanile à jour. — Fin du XVIe siècle.

1412. — Petite horloge de bureau en cuivre doré, couverte d'ornements et d'arabesques gravés, avec le cadran, aux armes du propriétaire. — Fin du XVIe siècle.

1413. — Horloge en cuivre gravé et doré à quatre cadrans, présentant les heures, les mois, les phases de la lune et les jours de la semaine, surmontée d'une figure de la Vierge. — Règne de Louis XIII.

1414. — Horloge de bureau en cuivre gravé et doré, surmontée d'un cadran à colonnettes. — Règne de Louis XIII.

1415. — Petite horloge de bureau sur pieds, en cuivre gravé et doré. — XVIIe siècle.

1416. — Horloge en cuivre doré, surmontée d'un dôme, du temps de Louis XIII.

VII. ARMES.

1° ARMES DÉFENSIVES.

ARMURES. — BOUCLIERS. — CASQUES.

1417. — Brigandine ou corselet à écailles en fer, doublé de velours et clouté de cuivre, de fabrique italienne. — XVe siècle.

1418. — Bouclier en fer repoussé, ciselé et damasquiné d'or avec bordure enrichie de cartouches et de figures en relief. — Cette belle pièce d'armure a été trouvée dans la Loire, à Nantes, en 1822. — XVIe siècle.

1419. — Bouclier en bois sculpté, de travail italien. — XVIe siècle.

La décoration de ce bouclier consiste en un médaillon représentant un char de triomphe; la bordure qui l'entoure est composée d'arabesques d'une grande richesse.

1420. — Rondache en fer gravé blanc, avec ombilic armé d'nne pointe; fabrique italienne. — Fin du XVIe siècle.

1421. — Trophée composé d'un chanfrein, d'un derrière et d'un devant de selle en fer poli, enrichi de bandes, d'ornements et de médaillons gravés et dorés. — XVIe siècle.

1422 — Armure italienne du temps de Henri III, couverte d'arabesques gravées.

1423. — Armure unie en fer poli. — Époque de Louis XIII.

1424. — Armure complète d'enfant, en fer poli; la lisière du casque est d'une seule pièce. — XVIe siècle.

1425. — Demi-armure suisse noire et blanche.

1426. — Paire de gantelets gravés et dorés, de fabrique italienne. — XVIe siècle.

1427. — Fragments d'une cotte de mailles, bras de mailles.

1428. — Haut garde-bras en fer repoussé et damasquiné d'or, décoré de sujets à figures et de combats de cavalerie. — XVIe siècle.

1429. — Haut garde-bras en fer ciselé et doré, de fabrique italienne. — XVIe siècle.

1430. — Corselet d'une cuirasse italienne, gravé. — Fin du XVIe siècle.

1431. — Plastron d'une cuirasse italienne avec arabesques gravées en blanc sur fond noir.

1432. — Plastron d'une cuirasse de même travail.

1433. — Plastron d'une cuirasse de même fabrique.

1434. — Corselet de cuirasse gravé en blanc avec arabesques.

1435. — Corselet de cuirasse en fer poli, à l'usage d'un enfant. — XVIe siècle.

1436. — Plastron de cuirasse en fer poli. — XVIe siècle.

1437. — Plastron d'une cuirasse italienne, gravé blanc. — Fin du XVIe siècle.

1438. — Plastron d'une cuirasse italienne, décoré d'arabesques gravées en blanc sur fond noir. — Fin du XVIe siècle.

1439. — Deux épaulières d'une armure italienne, gravées en blanc sur fond noir. — Fin du XVIe siècle.

1440. — Genouillères en fer poli. — Fragment d'une armure du XVIIe siècle

1441. — Hausse-col du temps de Louis XIII, en cuivre repoussé, décoré de trophées et des figures de Mars et de la Victoire.

1442. — Hausse-col en cuivre repoussé, décoré d'un bas-relief qui représente un combat de cavalerie. — Époque de Louis XIII.

1443. — Derrière de hausse-col en cuivre repoussé; le sujet représente un combat. — XVIIe siècle.

1444. — Morion de piéton, gravé, décoré d'arabesques et doré, de fabrique italienne. — XVIe siècle.

1445 — Casque à visière, décoré d'ornements gravés, clouté en cuivre. — XVIe siècle.

1446. — Casque à soufflet en fer uni. — XVIe siècle.

1447. — Morion italien, en fer poli, avec figures et arabesques gravées, de fabrique italienne. — Fin du XVIe siècle.

1448. — Morion de piéton gravé noir et blanc, avec figures et arabesques, de fabrique italienne. — Fin du XVIe siècle.

1449. — Casque à visière en fer poli.

1450. — Casque à visière de même fabrique.

1451. — Casque à visière de même fabrique et de même forme.

1452. — Casque à visière, dit pot-en-tête, percé de deux trous, en fer poli, sans crête.

1453. — Casque à soufflet et à visière en fer poli, surmonté d'une crête armée d'un dard. — Époque de Louis XIII.

1454. — Casque cannelé à visière avec nasal, de fabrique anglaise, du temps de Cromwell.

1455. — Casque cannelé et clouté de fer, espèce de bourguignotte aplatie à double visière, en fer poli, de fabrique anglaise. — XVIIe siècle.

1456. — Casque d'enfant en fer poli. — XVIIe siècle.

2° ARMES OFFENSIVES.

ÉPÉES. — MASSES D'ARMES. — ARQUEBUSES, ETC.

1457. — Pommeau d'une grande épée de cérémonie, de fabrique italienne. — XVIe siècle.

Deux figures de génies, du plus beau travail, soutiennent l'écusson, au-dessous duquel est suspendu l'ordre de la Toison-d'Or.

1458. — Epée, lame de Tolède, poignée et garde en fer ciselé en relief. — Le pommeau et la garde sont formés par une cigogne qui dévore un serpent, attribut des princes du littoral de la Baltique. — XVIe siècle.

Cette arme faisait partie du cabinet de Fréderic, à Spandau. Elle a été rapportée, dans la retraite de 1813, par l'adjudant général Le Breton, lors de l'explosion de la citadelle de cette ville. Sa lame est empreinte des marques de Tolède, et porte le chiffre 1418.

1459. — Grande épée allemande, dite de cérémonie, avec pommeau et garde en fer ciselé. — XVIe siècle.

La lame porte l'inscription latine « VERBUM DOMINI MANET IN ÆTERNUM. »

1460. — Grande épée suisse à deux mains. — La poignée est garnie en velours. — Longueur, 2 m. — XVIe siècle.

1461. — Grande épée suisse à deux mains. — La lame est décorée d'ornements gravés et dorés. — XVIe siècle.

1462. — Grande épée allemande à lame damassée, avec pommeau et garde ciselés, repercés à jour et sculptés à figures. — XVIe siècle.

1463. — Épée de main gauche avec garde pleine gravée en blanc, de fabrique espagnole. — XVIe siècle.

1464. — Poignée d'épée en fer ciselé, de fabrique italienne. — XVIe siècle.

Le pommeau est flanqué de quatre colonnettes et porte autant de bas-reliefs à sujets de sainteté : la salutation angélique, la nativité, la crèche et la résurrection. La garde est ornée de figures couchées et terminée par deux têtes de Maures. La lame fixée à cette garde n'appartient pas à la même arme : elle date du siècle suivant et elle est de forme courbe et couverte des figures des apôtres, gravées en creux, avec les inscriptions : *Pacis et armorum vigiliæ*, et *Aliis lethum, mihi gloria.*

1465. — Épée de main gauche, avec garde en acier découpée et repercée à jour, de fabrique espagnole. — XVIe siècle.

1466. — Dague en fer à lame flamboyante, avec garde repercée à jour. — Travail italien du XVIe siècle.

1467. — Épée espagnole, lame de Tolède, portant le nº **1414**, et les chiens courant. — Poignée en laiton.

1468. — Grande épée espagnole à lame carrée. — XVIe siècle.

1469. — Épée avec garde et pommeau couverts de sculptures qui représentent des combats de cavalerie en relief. — XVIIe siècle.

Parmi les inscriptions latines qui décorent la lame, on lit la provenance de la fabrique de Solingen et la date de 1620.

1470. — Épée à cuvette ciselée et repercée à jour, de fabrique espagnole, avec le nom TOMAS AIALE.

1471. — Épée espagnole à lame flamboyante, avec garde et poignée en fer. — XVIIe siècle.

1472. — Épée à lame plate, de fabrique italienne, avec poignée et cuvette repercées à jour. — XVIIe siècle.

1473. — Épée à la Médicis, à coquille pleine, en fer poli. — XVIIe siècle.

1474. — Miséricorde à lame flamboyante, avec garde repercée à jour. — XVIIe siècle.

1475. — Petite épée espagnole avec garde et pommeau incrustés en argent. — XVIIe siècle.

1476. — Epée allemande à lame carrée, couverte d'inscriptions religieuses en mauvais latin.

1477. — Petite épée de cour en fer gravé et doré, avec garde et pommeau ciselés et représentant des combats de cavalerie. — Epoque de Louis XIII.

1478. — Epée de fabrique espagnole, avec coquille ciselée et repercée à jour, damasquinée d'or et décorée de fleurs et d'ornements. — Le pommeau, également damasquiné, est sculpté à figures. — Epoque de Louis XIII.

1479. — Grande épée droite; fourreau en cuir, poignée en fer poli.

1480. — Claymore écossaise avec garde en fer à poignée découpée à jour.

1481. — Tronçon d'une épée du XVIe siècle trouvé dans la Seine, devant le Louvre.

1482. — Pommeau d'épée en fer ciselé de haut-relief à figures. — XVIe siècle.

1483. — Pommeau d'épée en fer ciselé ; combats d'infanterie et de cavalerie. — XVIe siècle.

1484. — Masse d'armes en fer doré. — XVe siècle.

1485. — Marteau d'armes en fer plein, décoré de chevrons en cuivre rouge et jaune. — XVIe siècle.

1486. — Masse d'armes en fer poli à sept tranchants. — XVIe siècle.

1487. — Sarrazine à hampe en bois, cloutée de cuivre. — XVIe siècle.

1488. — Masse d'armes en fer plein, garnie de cinq pointes. — XVIIe siècle.

1489. — Marteau d'armes en fer gravé, hampe en bois.

1490. — Hache d'armes en fer, montée en bois, de fabrique anglaise.

1491. — Bancon en fer poli de fabrique italienne. — Commencement du XVIe siècle.

1492. — Hallebarde en fer gravé, à lame flamboyante — XVIe siècle.

1493. — Hallebarde en fer, décorée de têtes de lion — XVIe siècle.

1494. — Pertuisane gravée et dorée avec bossettes en relief, de fabrique italienne. — XVIe siècle.

1495. — Hallebarde en fer poli et gravé en relief, avec pomme en fer ciselé, de fabrique italienne. — XVIe siècle.

1496. — Hallebarde en fer gravé et découpé à jour. — Hampe en bois sculpté. — XVIe siècle.

1497. — Hallebarde en fer poli.

1498. — Fer de hallebarde couvert d'ornements gravés et portant les inscriptions :

« *Ab omni malo libera nos Domine.* »
« *Si Deus est pro nobis qui contra.* »

Le chiffre A. M. décore la partie inférieure. — XVIe siècle.

1499. — Fer de hallebarde aux armes impériales, gravé et doré. — XVIe siècle.

1500. — Fer de lance gravé en blanc sur fond noir, aux armes impériales, avec les chiffres K. F. et la date 1558.

1501. — Fer de hallebarde décoré d'ornements gravés. — XVIe siècle.

1502. — Fer de hallebarde à pointe allongée. — Espèce de pertuisane. — XVIe siècle.

1503. — Fer de hallebarde couvert d'arabesques gravées. — XVIe siècle.

1504. — Lance en fer poli. — Époque de Louis XIII.

1505. — Lance en fer poli. — XVIIe siècle.

1506. — Poignard italien, à manche d'ivoire sculpté à figures. — XVIIe siècle.

1507. — Poignard-baïonnette espagnol, à poignée de bois; la lame est ornée de l'inscription :
Un dios — Una lei — Y un rei. — XVIIe siècle.

1508. — Couteau corse, à manche de corne, monté en cuivre.

1509. — Grand fusil à rouet; monture en bois, couverte d'incrustations d'ivoire. — XVIIe siècle.

1510. — Petit fusil à rouet à huit coups; monture en bois, incrustée de filets en cuivre. —XVIIe siècle.

1511. — Petite arbalète en fer avec poignée en bois. — XVIIe siècle.

1512. — Petite carabine à pierre, du temps de Louis XIII, avec incrustations en ivoire.

1513. — Pistolet à rouet, du temps de Henri IV; la monture en bois est couverte d'incrustations d'ivoire.

1514. — Petite arquebuse à rouet, canon et batterie couverts d'ornements gravés, monture en bois sculpté et clouté de cuivre. — Époque de Louis XIII.

1515. — Hache d'armes à pistolet, du temps de Louis XIII, avec monture en bois incrustée d'ornements en cuivre.

1516. — Grande arbalète à rouet.

(Le mécanisme manque.)

1517. — Canon d'arquebuse en fer ciselé, décoré de figures et de trophées et se terminant par un chapiteau à quatre mascarons. — XVIe siècle.

1518. — Canon de pistolet, de travail italien, couvert d'arabesques incrustées en argent.

1519. — Canon de pistolet, de même travail.

1520. — Canon de pistolet, incrusté d'ornements en argent.

1521. — Batterie de fusil à mèche. — XVIe siècle.

1522. — Batterie de fusil à rouet.

1523. — Batterie de fusil à rouet.

1524. — Batterie de fusil à rouet, avec ornements gravés.

1525. — Batterie de fusil en fer ciselé et repercé à jour.

1526. — Batterie de fusil à pierre.

1527. — Batterie de fusil à pierre, couverte d'ornements en argent.

PIÈCES D'ARMURES DIVERSES. — USTENSILES DE CHASSE.

1528. — Étriers au chiffre et à la devise du roi François 1er. — Ces étriers sont en cuivre doré, maintenus par des barres d'acier; ils présentent sur la face les inscriptions : F. REX, et sur les branches les salamandres du roi, placées debout et surmontées de la couronne de France, avec la devise : NUTRISCO ESTINGO, placée au-dessous dans un phylactère.

1529. — Mors de bride en fer, couvert d'ornements d'applique en cuivre ciselé et découpé à jour. — XVIe siècle.

1530. — Bas-relief en fer repoussé : Hercule terrassant un centaure.

Cette plaque provient d'une pièce d'armure du XVIe siècle.

1531. — Agrafe de ceinturon en fer ciselé, décorée d'une figure de génie au milieu d'arabesques d'un beau travail. — XVIe siècle.

1532. — Poire à poudre en corne sculptée, ornée d'un bas-relief qui représente la conversion de saint Paul, avec les inscriptions :

Saule, Saule quid me persequeris?
Domine quid me vis facere?

Beau travail du XVIe siècle.

1533. — Poire à poudre en corne de cerf sculptée, avec bas-relief représentant Neptune et Amphitrite ; monture en cuivre. — XVIe siècle.

1534. — Poire à poudre en corne de cerf sculptée, avec bas-relief représentant Betsabée au bain. — XVIe siècle.

1535. — Poire à poudre en corne sculptée à figures, décorée d'armoiries ; garniture en fer damasquiné d'or, fabrique allemande. — XVIe siècle.

1536. — Poire à poudre en corne de cerf sculptée ; le baptême dans le Jourdain. — XVIe siècle.

1537. — Poire à poudre en corne sculptée : le Christ en croix et le Père Éternel. — Fin du XVIe siècle.

1538. — Fragment d'une poire à poudre en corne de cerf sculptée ; Betsabée au bain.

1539. — Poire à poudre allemande, couverte en velours noir ; monture en fer poli. — XVIIe siècle.

1540. — Poire à poudre allemande en corne gravée, décorée de trophées d'armes et d'un écusson portant le chiffre C. — Monture en fer. — Époque d'Henri IV.

1541. — Poire à poudre en corne gravée : le paradis terrestre; monture en fer. — Travail allemand. — Epoque d'Henri IV.

1542. — Boîte à cartouches en fer repoussé. — Travail allemand. — XVIe siècle.

1543. — Poire d'amorce en bois monté en cuivre, servant de clé d'arquebuse. — XVIe siècle.

1544. — Petite poire d'amorce en ambre jaune, décorée des sujets de chasse sculptés en relief. — Travail allemand du XVIIe siècle.

1545. — Cartouchière saxonne, avec la poire à poudre, la clé et le ceinturon décoré d'ornements en cuivre doré. — XVIIe siècle.

1546. — Poire à poudre de travail oriental, en velours violet broché d'argent; garniture en argent niellé et doré.

1547. — Grand olifant en ivoire, monté en cuivre.

1548. — Olifant en ivoire, couvert de sujets de chasse, d'ornements et d'écussons en relief. — XVIe siècle.

1549. — Trousse de veneur du XVIe siècle, en fer gravé et doré, composée de dix pièces, savoir :

Couperet à lame courbe avec poignée en ivoire gravé et monture en cuivre, à la date de 1573.

Couperet de même forme, mais de dimension plus petite.

Scie d'un travail analogue.

Marteau et tire-bouchon montés en ivoire.

Pièce de trousse en fer également gravé et doré.

Autre pièce analogue.

Couteau à lame courbe.

Tenailles en fer gravé et doré.

Aiguilles montées en ivoire.

Lime de travail analogue.

1550. — Scie à main en fer gravé avec poignée en ivoire gravé, provenant d'une trousse de veneur. — XVIe siècle.

1551. — Aiguille, couteau et lime provenant de la même trousse.

1552. — Couperet de veneur à lame courbe en fer gravé et doré, avec poignée en ébène. — XVIe siècle.

1553. — Hache de veneur, en fer gravé et doré, avec poignée en ivoire.

La lame porte la date de 1615 avec les mots : « JE VOUS LA DONNE DU DON DU CŒUR. »

1554. — Grand couteau de veneur, à lame en fer gravé et doré, à la date de 1657.

La poignée, en fer fondu, est décorée de bas-reliefs à figures. La gaîne est en cuir gaufré, couverte de fleurs de lis et à l'écusson de France.

1555. — Couperet de veneur, à poignée recouverte en peau de requin et montée en cuivre ciselé. — XVIIe siècle.

1556. — Aiguille de veneur, en fer gravé et doré. — XVIIe siècle.

1557. — Muserolle allemande, ornée d'une inscription à jour et décorée de lézards. — XVIe siècle.

1558. — Fragment d'une crosse d'arquebuse, en bois incrusté d'arabesques d'ivoire, avec la date de 1590.

1559. — Clé d'arquebuse en fer ciselé. — XVIe siècle.

1560. — Éperon allemand, en fer ciselé et découpé à jour. — XVIe siècle.

1561. — Eperons espagnols, garnis de molettes à pointes allongées.

1562. — Éperon allemand, garni de molettes à longues pointes.

1563. — Éperon à molettes allongées, en fer poli.

1564. — Éperon à dard, en fer poli.

1565. — Éperon à molettes longues, en fer doré.

1566. — Eperon espagnol, repercé à jour.

1567. — Éperon à molette, travaillé à jour.

1568. — Éperons espagnols, en acier ciselé.

1569. — Fragment émaillé d'une garniture de ceinturon. — XIVe siècle.

1570. — Agrafes de ceinturon en fer travaillé. — XVe siècle.

1571. — Fragments de ceinturon en fer travaillé, et bossettes de mors de bride. — XVIe siècle.

1572. — Crochet de ceinture, en fer gravé et doré. — XVIIe siècle.

1573. — Lance de drapeau en cuivre doré avec armoiries et trophées d'armes découpés à jour et dorés. — A la date de 1752.

1574. — Briquet en cuivre avec fusil en fer. — XVIIe siècle.

1575. — Boute-feu en fer découpé à jour avec hampe en bois. — XVIIe siècle.

1576. — Pièce de canon en cuivre du temps de Louis XIV.

Cette pièce est couverte de bas-reliefs aux figures allégoriques de Mars et de la Victoire et décorée de trophées; elle est montée sur son affût en bois garni de ses roues et de toutes ses ferrures fleurdelisées.

1577. — Surmoulé en fonte de cloche du bouclier de Cologne.

ARMES ORIENTALES.

1578. — Casque sarrasin cannelé, à timbre conique, avec oreillettes et nasal.

Il est entièrement couvert d'arabesques damasquinées en or.

1579. — Hache d'armes orientale en cuivre doré, gravé et damasquiné; la hampe et le manche sont couverts d'ornements en argent ciselé et doré.

1580. — Bouclier oriental en cuir laqué, orné de six bossettes en fer.

1581. — Fusil turc; monture en bois incrusté de nacre de perle et de cuivre; batterie et tonnerre ornés d'appliques en argent.

1582. — Fusil oriental à canon damasquiné, avec incrustations d'ivoire sur la crosse.

1583. — Pistolets orientaux, garnis en argent ciselé.

1584. — Sabre de l'Inde, à lame large ornée d'incrustations et damasquinée en or; la poignée est en fer plaqué d'argent doré et le fourreau est garni de même métal.

1585. — Sabre indien droit, avec poignée en cuivre doré.

1586. — Yatagan oriental, avec poignée et fourreau en argent repoussé.

1587. — Olifant en ivoire ciselé et gravé, de travail oriental; monture en cuivre doré.

1588. — Yatagan à poignée d'ivoire.

1589. — Cric oriental; poignée à deux branches en fer doré.

1590. — Poignard indien à lame courbe ; fourreau et poignée garnis en cuivre gravé.

1591. — Poignard turc à lame de Damas et poignée en ivoire décorée d'ornements et de clous en argent ciselé et doré ; le fourreau est en argent orné de coraux et de pierreries.

1592. — Cric malais à lame flamboyante ; fourreau et poignée en bois.

1593. — Cric malais, de forme analogue.

1594. — Coupoir à bétel en fer ciselé, avec ornements incrustés en cuivre ; travail indien.

1595. — Coupoir à bétel en fer ciselé ; travail indien

1596. — Plaques de ceinturon, de travail oriental.

VIII. SERRURERIE.

FERS CISELÉS ET REPOUSSÉS.

1° SERRURES. — VERROUS. — HEURTOIRS, ETC.

1597. — Serrure gothique aux armes de France, en fer découpé à jour, décorée de figures. L'entrée est formée par l'écusson fleurdelisé. — XVe siècle.

1598. — Serrure de bahut, décorée d'ornements à jour et de figures. — XVe siècle.

1599. — Serrure de bahut, décorée d'ornements à jour. Le fermoir est formé par une figure de dragon. — XVe siècle.

1600. — Serrure gothique ornée de médaillons en relief avec ornements découpés à jour. — XVe siècle.

1601. — Cadenas gothique en fer incrusté de cuivre. — XVe siècle.

1602. — Serrure en fer provenant du château d'Anet, construit par Henri II. — XVIe siècle.

Cette serrure représente un portique à deux colonnes d'ordre corinthien.

Le fronton est décoré d'une tête ailée.

Sur la frise on lit la devise de Henri II:

DONEC TOTUM IMPLEAT OIBEM (*sic* pour ORBEM).

Le milieu est occupé par l'écu aux armes du roi entouré du collier de l'ordre de Saint-Michel, et surmonté de la couronne royale. Au-dessous, les chiffres du roi et de Diane de Poitiers. A droite et à gauche des croissants enlacés. Près de chacune des colonnes, une figure de femme tenant une épée et une torche allumée. En bas, une ligne d'ornements agencée avec des croissants.

1663. — Serrure décorée d'arabesques et de cariatides en fer ciselé, et surmontée d'un fronton. — XVIe siècle.

1604. — Serrure en fer repoussé et ciselé. La plaque représente un combat. La frise et la partie inférieure sont couvertes d'ornements en fer repoussé. — XVIe siècle.

1605. — Serrure de coffre en fer gravé, décorée de figures et d'ornements. — XVIe siècle.

1606. — Grande serrure de maîtrise. — XVIe siècle.

1607. — Serrure décorée d'ornements gravés. — Fin du XVIe siècle.

1608. — Plaque de serrure aux chiffres du connétable Anne de Montmorency, entourés de figures et d'ornements en repoussé du plus beau style, provenant du château d'Ecouen. — XVIe siècle.

1609. — Plaque de serrure en fer repoussé, aux armes de France supportées par deux génies. — XVIe siècle.

1610. — Plaque de serrure en fer repoussé, décorée d'un écusson soutenu par des figures et d'ornements en relief. — XVIe siècle.

1611. — Plaque de serrure en fer repoussé, couverte d'armoiries en relief.

1612. — Monture de coffret, serrures, poignées et charnières en fer. — XVIe siècle.

Au milieu de la serrure, on voit Neptune sur son char traîné par deux hippocampes. A droite et à gauche, deux nymphes épanchant leurs urnes dans deux fontaines. Au-dessus, deux renommées. Au-dessous, le soleil rayonnant.

1613. — Heurtoir avec sa plaque en fer repoussé aux armes de France, surmontée du croissant d'Henri II, provenant du château d'Anet. — XVIe siècle.

1614. — Heurtoir avec sa plaque en fer repoussé, aux armes de France. — XVIe siècle.

1615. — Plaque de heurtoir en fer repoussé, aux armes de France. — XVIe siècle.

1616. — Heurtoir. — Ecusson d'armoirie soutenu par deux génies. — XVIe siècle.

1617. — Heurtoir en fer décoré d'un mascaron. — XVIIe siècle.

1618. — Poignée en fer travaillé à feuilles. — XVIe siècle.

1619. — Marteau de porte en fer forgé. — XVIIe siècle.

1620. — Verrou en fer repoussé, aux armes de France au lambel, à trois pendants d'argent. — XVIe siècle.

1621. — Verrou aux chiffres et attributs du roi Henri II, en fer repoussé. — XVIe siècle.

1622. — Verrou aux mêmes chiffres. — XVIe siècle.

1623. — Verrou couvert d'ornements en fer repoussé, avec gâchette terminée par un buste de guerrier. — XVIe siècle.

1624. — Verrou couvert d'ornements de même genre. — XVIe siècle.

1625. — Verrou de forme analogue. — XVIe siècle.

1626. — Verrou en fer repoussé. — XVIe siècle.

1627. — Plaque de verrou en fer repoussé. — XVIe siècle.

1628. — Verrou en fer repoussé. — XVIe siècle.

1629. — Mascaron de porte en fer repoussé. — XVIe siècle.

1630. — Mascaron en fer repoussé. — XVIe siècle.

1631. — Plaque de porte en fer repercé à jour, provenant du couvent des Mathurins.

1632. — Entrée de serrure ornée de deux médaillons repoussés.

1633. — Clés antiques des XIVe et XVe siècles, en fer travaillé à jour.

1634. — Clavandier du moyen-âge. — Cadenas de la même époque.

1635. — Clé triangulaire terminée par un chapiteau que couronnent deux figures chimériques. — XVIe siècle.

1636. — Clé terminée par un chapiteau que couronnent deux chimères. — XVIe siècle.

1637. — Clé en forme de trèfle, terminée par un chapiteau et deux chimères. — XVIe siècle.

1638. — Clé triangulaire travaillée à jour. — XVIe siècle.

1639. — Clé de serrure, travaillée à jour et terminée par deux figures chimériques. — XVIe siècle.

1640. — Clé de serrure, travaillée à jour et richement ciselée. — XVIe siècle.

1641. — Grande clé travaillée à jour. — XVIIe siècle.

1642. — Clé travaillée à jour. — XVIe siècle.

1643. — Clé triangulaire travaillée à jour. — XVIIe siècle.

1644. — Clé passe-partout, couverte d'ornements ciselés, avec les lettres *M. L. N.* — XVIIe siècle.

1645. — Clavandier en fer ciselé à figures et damasquiné d'or. — XVIIe siècle.

1646. — Clé d'armoire, travaillée à jour, terminée par une couronne de duc supportée par deux chimères. — XVIIe siècle.

1647. — Petite clé de coffret, travaillée à jour, ornée d'une couronne ducale. — Règne de Louis XIV.

1648. — Clé de chambellan en fer doré.

1649 — Fragment d'une grille du XIVe siècle, en fer forgé.

1650. — Pupitre de chapelle en fer forgé, pour la lecture de l'Epître. — XVe siècle.

1651. — Chenets en fer, ornés de figures d'anges, avec les écussons aux armes de France. — XVe siècle.

1652 — Chenets en fer, aux armes de France supportées par deux anges debout. — XVe siècle.

1653 — Chenets du XVe siècle, décorés de fleurs de lis en relief.

1654. — Chenets en fer, décorés de figures de moines et fleurdelisés. — XVe siècle.

1655. — Chenet en fer représentant une demi-figure d'homme. — XVIe siècle.

1656 — Ferrures de meubles en fer repercé à jour et gravé. — XVe siècle.

1657. — Chenets en fer poli, à champignon. — VIIe siècle.

1658. — Pied de tourne-broche en fer.

1659. — Pelle à feu en fer forgé et travaillé à jour.

1660. — Estampage en plâtre, fait sur une grille du commencement du XIIIe siècle existant à Saint-Denis.

2° OBJETS EN FER CISELÉ, GRAVÉ ET REPOUSSÉ.

1661. — Coffre en fer à couvercle cintré, forme du bahut gothique sur pieds, cerclé de bandes de fer découpées à jour. — XVe siècle.

1662. — Coffret en fer à mailles à jour, avec serrure en saillie. — XVe siècle.

1663. — Coffre en fer découpé, à mailles à jour, avec serrure en saillie. — XVe siècle.

1664. — Coffre en fer découpé, à mailles à jour, avec serrure en saillie. — XVe siècle.

1665. — Petit coffret décoré d'ornements découpés à jour, serrure en saillie, doublure en bois. — XVe siècle

1666. — Écritoire en fer poli incrusté d'argent. — Travail de Venise, — XVIe siècle.

1667. — Coffret en fer gravé d'Allemagne, couvert d'arabesques et de sujets de sainteté, avec des personnages en costumes du XVIe siècle. — La serrure est très ouvragée à l'intérieur.

1668. — Coffre de forme carrée, couvert d'arabesques, en fer gravé d'Allemagne. — XVIe siècle.

1669. — Coffret en fer gravé d'Allemagne, couvert de figures et d'ornements. — XVIe siècle.

1670. — Coffret à poignée, en fer gravé d'Allemagne, couvert d'arabesques. — XVIe siècle.

1671. — Coffret à poignée, sur pied, en fer gravé d'Allemagne, décoré de figures et d'ornements. — XVIe siècle.

1672. — Petit coffret en cuir ouvré, garni en fer poli — XVIIe siècle.

1673. — Coffret en fer décoré de peintures à l'huile qui représentent des personnages du temps de Louis XIII.

1674. — Grande plaque en fer repoussé et ciselé. — La mort de Cléopâtre. — XVIe siècle.

Le sujet est renfermé dans un cadre ovale, entouré d'ornements et de mascarons dans le style de la renaissance.

La bordure porte l'inscription suivante :

CUM SUBIIT MORTIS LEGES ANTONIUS ATRÆ SERPENTIS MORSU SESE CLEOPATRA NECAVIT.

(Lorsqu'Antoine subit les lois d'une mort cruelle, Cléopâtre se tua par la morsure d'un serpent.)

1675. — Ecusson d'armoiries en fer repoussé.

1676. — Ecusson d'armoiries en fer repoussé.

1677. — Fermoir d'escarcelle en fer ciselé, d'une grande finesse d'exécution. — Loth et ses filles, médaillon entouré d'arabesques et de figurines. — Les branches du fermoir sont terminées par des figures chimériques supportant une corbeille remplie de fleurs et de fruits. — XVIe siècle.

1678. — Fermoir d'escarcelle en fer, décoré de figures et d'arabesques. — XVIe siècle.

1679. — Petit fermoir d'escarcelle en cuivre doré, avec ornements niellés.

1680. — Fermoir d'escarcelle en fonte de fer, décoré de figures et d'arabesques. — XVIe siècle.

1681. — Drageoir en fer ciselé, avec couvercle damasquiné d'argent sur fond doré. — Le char de Vénus traîné par les amours. — Fin du XVIe siècle.

1682. — Drageoir en fer avec ornements en argent sur fond noir. — XVIIe siècle.

1683. — Plaque provenant d'un drageoir du XVIIe siècle, en acier ciselé. — Figure de Diane, entourée d'arabesques.

1684. — Pomme de canne en fer ciselé et repercé à jour, décorée de trophées d'armes. — Travail italien. — XVIIe siècle.

1685. — Rabot en fer gravé, couvert d'ornements, de fabrique italienne. — Fin du XVIe siècle.

1686. — Fer à repasser, creux, décoré de figures et d'ornements appliqués et ciselés, avec poignée en ivoire gravé, soutenue par deux figures chimériques. — XVIIe siècle.

1687. — Poids d'horloge en fer, décoré d'un bas-relief, la Charité. — XVIIe siècle.

IX. TAPISSERIE.

TENTURES. — ORNEMENTS D'ÉGLISE.

1° TAPISSERIES DE HAUTE LICE. — TENTURES.

1688. — Tapisserie de haute lice à figures, de la fabrique de Beauvais, aux armes du chapitre de cette ville et de Guillaume de Hollande, évêque de Beauvais de 1444 à 1462 : « CÔMENT L'ANGE MENA SAINT PIERRE HORS DE LA PRISON D'HÉRODE. » — XVe siècle.

1689. — Grande tapisserie d'école flamande : histoire de l'enfant prodigue. — Fin du XVe siècle.

1690. — Tapisserie à figures : l'apparition de la Vierge. — Époque de Louis XII.

1691. — Tapisserie à figures, école flamande : l'espoir en la bonté de Dieu. — Fin du XVe siècle.

Au milieu est un navire tourmenté par les vents et complétement désemparé ; à côté est le vaisseau de l'espoir, et dans le bas sont les figures de Moïse, Aaron, Gédéon, Daniel, Mardochée, Debora, Judith, Esther, Ananias et Misaël, les mains tendues vers l'Éternel.

1692. — Histoire de David et de Betsabée. — Suite de tapisseries exécutées en Flandre sous le règne de Louis XII, et rehaussées d'or et d'argent.

Ces tapisseries, d'une magnifique exécution, sont au nombre de dix. Elles passent pour avoir été exécutées pour la cour de France; elles ont appartenu depuis au duc d'York et aux marquis Spinola, puis à la famille des Serra, de Gênes. Les sujets sont les suivants :

David fait transporter l'arche de Dieu à Jérusalem. — Mort d'Uza.

Samuel, II, ch. VI.

« Et ils mirent l'arche de Dieu sur un chariot tout neuf, et ils l'emmenèrent de la maison d'Abinadab qui était au coteau, et Huza et Ahjo, enfants d'Abinadab, conduisaient le chariot tout neuf.

» Et quand ils furent venus jusqu'à l'aire de Hacon, Huza porta sa main à l'arche de Dieu et la retint, parce que les bœufs avaient glissé.

» Et la colère de l'Eternel s'embrasa contre Huza, et Dieu le frappa là à cause de son indiscrétion, et il mourut là, près de l'arche de Dieu.

» Et quand ceux qui portaient l'arche de Dieu eurent marché six pas, on sacrifia des taureaux et des béliers gras.

» Et David sautait de toute sa force devant l'Eternel, et il était ceint d'un éphod de lin.

» Ainsi David et toute la maison d'Israël conduisaient l'arche de l'Eternel avec des cris de joie et au son des trompettes.

» Mais comme l'arche de l'Eternel entrait dans la ville de David, Michol, fille de Saül, regardant par la fenêtre, vit le roi David sautant de toute sa force devant l'Eternel, et elle le méprisa en son cœur.

» Et Michol, fille de Saül, n'eut point d'enfants jusqu'au jour de sa mort. »

En bas est la légende :

DUCITUR. ARCHA. STERNITUR. OSA.
REX. DAVID. HOSTI. BELLA. PARATQUE.
OBSIDET. URBEM. PAEBS. ANIMOSA.
BERSABEE. SE. FONTE. LAVATQUE.

1693. — Histoire de David et de Betsabée; même suite. — Betsabée à la fontaine est vue par le roi David, qui l'envoie quérir par un messager.

Ch. XI, 2. « Et il arriva sur le soir que David se leva de dessus son lit, et comme il se promenait sur la plate-forme du palais royal, il vit de dessus cette plate-forme une femme qui se baignait, et cette femme était fort belle à voir.

» Et David envoya des gens pour s'enquérir de cette femme-là, et on lui dit : N'est-ce pas Bath-Scebath, fille d'Eliham, femme d'Urie le Héthien.

» Et David envoya des messagers et l'enleva. »

1694. — Histoire de David et de Betsabée; même suite. — Urie, mandé par le roi David, revient de l'armée; il reçoit de la main du roi un message pour Joab, et il repart en recevant les adieux de sa femme Betsabée.

Dans le haut de la tapisserie on voit David dans les bras de Betsabée.

1695. — Histoire de David et de Betsabée; même suite. — L'armée de Joab se prépare à l'assaut de la ville de Rabbath; Urie revêt ses armes.

1696. — Histoire de David et de Betsabée; même suite. —Prise de Rabbath par l'armée de Joab. Rabbath est saccagée et mise au pillage; mort d'Urie. On apporte à Joab les vases sacrés et les trésors de la ville.

Au bas de la tapisserie est la légende :

BERSABEE. PARIT. CANDIDA. REGI.
PROLÊ. NATA. OBIIT. FRAUDAT. URIA.
RES. EST. NATHA. AIT. DISSONA. REGI.
RABBATH. VI. TENUIT. VASTAT. ET. ILLAM

1697. — Histoire de David et de Betsabée ; même suite. —David, au milieu de sa cour, reçoit la nouvelle de la victoire de Joab et de la mort d'Urie.

1698. — Histoire de David et de Betsabée ; même suite. — David recevant Betsabée. Le roi est sur son trône, le sceptre en main; à ses pieds est Betsabée; autour sont les grands dignitaires du royaume de David, tenant en main les insignes de leurs fonctions. Dans le haut est une galerie remplie de figures.

1699. — Histoire de David et de Betsabée ; même suite. — David apprenant la mort de l'enfant de Betsabée entre dans le temple pour se prosterner devant l'Eternel ; puis il rentre dans sa maison et ses serviteurs viennent le trouver ; « et ayant demandé » à manger, on lui présenta du pain et il man» gea. » David reçoit un messager de la part de Joab et part pour Rabbath, à la tête de son armée.

1700. — Histoire de David et de Betsabée ; même suite. —David, au milieu de son armée, reçoit la couronne et les insignes de la royauté pris à Rabbath.

1701. — Histoire de David et de Betsabée ; même suite. — Grande pénitence de David avec la légende : DAVID. A. DEO. PER. NATAM. CORREPTUS. PENITET.

Dans le haut de la tapisserie, Nathan est agenouillé devant le Seigneur; plus bas sont les figures suivantes : CONTRICIO, IRA DEI, MISERICORDIA, SAPIENCIA, PENITENCIA; puis enfin LUXURIA. Audessous de ces figures on voit le roi David, assis sur le trône auprès de Betsabée et dans l'attitude de la pénitence. Au pied du trône est Nathan, et autour des degrés sont tous les grands personnages de la cour du roi.

1702. — Tapisserie d'école flamande. — Scènes tirées de la vie et de la passion du Christ : — L'adoration des bergers. — La nativité. — L'adoration des mages. — Jésus au mont des Olives. — La descente de croix et la Mère de douleurs. — XVIe siècle.

1703. — Tapisserie en soie brodée faisant partie d'une tenture aux insignes de Pierre de Gondi et provenant du château de Villepreux. — XVIe siècle.

Ces attributs consistent en deux masses d'armes croisées avec la devise que Julien, aïeul de Pierre de Gondi, tenait de Ferdinand, roi de Naples : « *Non sine labore.* » Pierre de Gondi, premier évêque de Paris de ce nom, obtint en 1587 le chapeau de cardinal que l'on retrouve sur ces tentures.

1704. — Garniture de lit aux armes de Pierre de Gondi, provenant du château de Villepreux. La devise est : « *Non sine labore.* »

1705. — Tapisserie brodée en soie, or et argent, représentant l'adoration du veau d'or et exécutée d'après les dessins de Raphaël. — XVIe siècle.

Cette petite tapisserie est un des chefs-d'œuvre du genre.

1706. — Deux panneaux de tapisserie brodée à figures. — XVIe siècle.

1707. — La généalogie de la Vierge, tapisserie brodée en or et en soie sur velours. — XVIe siècle.

1708. 1709. 1710. 1711. — Tapisseries en soie brodée, rehaussée d'or et d'argent, provenant d'une tenture conservée jadis à l'Arsenal. — XVIIe siècle.

Ces tapisseries, au nombre de quatre, représentent :

Henri IV en Apollon ;
Jeanne d'Albret, sa mère, en Vénus;
Marie de Médicis, sa femme, en Junon,
Antoine de Bourbon, son père, en Saturne.

Chacune de ces figures est accompagnée de ses

armoiries et de symboles brodés en couleurs et en or. Les bordures sont composées de trophées de guerre, de grenades en feu, de canons et de boulets amoncelés.

1712. — Tapisserie à figures de la fin du XVIIe siècle.

1713. — Pentes en drap, brodées en soies de couleurs; les broderies ont pour sujets des fleurs, des feuillages et des figures. — XVIIe siècle.

1714. — Pentes en tapisseries, faites au point et représentant des rosaces avec des fleurs de couleurs. — XVIIe siècle.

1715. — Tentures en cuir doré.

2° ORNEMENTS D'ÉGLISE. — BRODERIES.

1716. — Mitre d'évêque, brodée en soie et or. — XVe siècle.

Le sujet principal de la face postérieure représente la salutation angélique. La Vierge est debout, à ses pieds est un lis, et derrière elle est placé un fauteuil sculpté. L'ange agenouillé tient en main la banderolle. Le milieu et la partie inférieure de la mitre sont ornés des figures du Père Éternel et des saints, vus à mi-corps et dans les nuages. — La face opposée présente la même disposition; mais dans les panneaux principaux sont les figures assises du Christ et de la Vierge. Le Christ tient en main le globe surmonté de la croix, et la Vierge est couronnée par un ange.

1717. — Chape avec orfrois brodés en or et soie, à figures. — Epoque de Louis XII.

Le sujet principal représente saint Martin coupant son manteau pour le partager avec un pauvre. Fonds de velours brodés en or.

1718. — Chape avec orfrois décorés de figures brodées en soie et or sur fond de velours rouge. — Les sujets principaux sont : la résurrection, les apôtres et les saints. — XVIe siècle.

1719. — Chape avec orfrois brodés en soie et or à figures, sur fond de velours rehaussé d'or. — XVIe siècle.

1720. — Chape avec orfrois brodés en soie et or, à figures sur fond de velours rouge — Les sujets sont : la Vierge dans sa gloire, et des saints personnages. — XVIe siècle.

1721. — Chasuble brodée en or et soie sur velours. — XVe siècle.

Les orfrois sont décorés de sujets, parmi lesquels on distingue le Christ en croix.

1722. — Chasuble avec orfrois brodés à figures, tissu d'or et de soie sur fond de velours. — XVIe siècle.

1723. — Chasuble avec orfrois décorés de figures brodées en soie et or sur fond de velours rehaussé d'or. — Epoque de François Ier.

1724. — Chasuble avec orfrois décorés de figures de saints et de saintes brodées en or et soie sur fond de velours. — XVIe siècle.

1725. — Chasuble avec orfrois décorés de figures en soie et or sur fond de damas blanc. — XVIe siècle.

1726. — Chasuble avec orfrois décorés de figures en soie et or sur fond de velours gaufré, avec le collier de l'ordre de Saint-Michel. — XVIe siècle.

1727. — Chasuble brodée en cannetille d'or et d'argent sur fond de soie. — Epoque de Louis XIII.

1728. — Chasuble brodée en soie et or sur velours d'applique, avec fond de damas blanc brodé. — XVIIe siècle.

1729. — Etole en velours avec galon d'or.

1730. — Etole en velours brodé d'or.

1731. — Manipule en velours.

1732. — Manipule en velours broché en soie.

1733. — Nappe d'autel brodée et travaillée à jour. — XVIe siècle.

1734. — Nappe d'autel de travail analogue.

1735. — Nappe d'autel brodée et travaillée à jour. — XVIe siècle.

1736. — Nappe d'autel de même travail.

1737. — Napperon d'autel en guipure.

1738. — Nappe d'autel en point coupé et brodé.

1739. — Barbe en guipure provenant de la garderobe de la reine Marie de Médicis. — XVIIe siècle.

1740. — Aube en guipure brodée à jour, point de Venise. — Epoque de Louis XIII.

1741. — Fragment d'une coiffure italienne, décorée de perles et de pierres précieuses. — XVIIe siècle.

1742. — Nappe d'autel en tapisserie brodée en soie de couleurs. — XVIIe siècle.

X. MATIÈRES PRÉCIEUSES. — OBJETS DIVERS.

MATIÈRES PRÉCIEUSES. — MOSAIQUES.

1743. — Cristal de roche. — Têtes de lion. — IIIe ou IVe siècle.

Ces objets précieux, dont le travail remonte à une très haute antiquité, sont entièrement évidés à l'intérieur par des procédés dont l'usage a été perdu.

Ils ont été trouvés dans un tombeau, sur les bords du Rhin, avec la figure Panthée en ivoire, n° 384, et il y a tout lieu de penser qu'ils servaient de pommes à un siége dont cette figure était l'un des montants.

1744. — Échiquier dressé en cristal de roche hyalin et coloré et monté en argent doré. Ouvrage allemand du XVe siècle.

La table, de 40 centimètres carrés, est entourée d'une bordure d'encadrement, qui renferme des figures en bois de cèdre sculpté, cavaliers et fantassins, simulant des tournois. Sous les cases du parquet sont des petits fleurons découpés en argent doré dont le reflet se joue dans les tailles du cristal.

Le dessous de l'échiquier et son pourtour sont couverts d'appliques en argent repoussé.

Les quatre supports des angles sont en bronze dore et d'une exécution moins ancienne.

1745. — Cristal de roche. — Bloc accidenté et gravé en creux, représentant saint Jérôme dans le désert.

Cette pièce, dans laquelle on a profité des défectuosités naturelles pour figurer les accidents de terrain, est montée en forme de reliquaire. — Travail du XVIe siècle.

1746. — Cristal de roche. — Petite coupe ovale, couverte d'arabesques en relief, d'un travail très fin. — XVIe siècle.

1747. — Cristal de roche. — Colonnettes torses surmontées de chapiteaux corinthiens en argent doré.

1748. — Cristal de roche. — La chute de Phaéton, plaque gravée en creux. — XVIIe siècle.

Haut. 0 ^{m} 13, larg. 0 ^{m} 10.

1749. — Cristal de roche. — Petit vase décoré d'arabesques gravées en creux; l'anse est formée par une chimère.

1750. — Cristal de roche. — Coupe à deux anses, décorée d'ornements gravés en creux.

1751. — Cristal de roche. — Petit plateau ovale à dessins gravés.

1752. — Cristal de roche. — Petit vase de forme carrée, à cannelures, monté en cuivre doré.

1753. — Cristal de roche. —Burettes couvertes d'arabesques gravées en creux et montées en cuivre doré.

1754. — Cristal de roche. — Flacon du temps de Louis XV. — Deux gobelets taillés à facettes.

1755. — Cristal de roche taillé. — Salière de table.

1756. — Albâtre oriental. — Bustes avec chlamyde en bronze doré.

1757. — Agate orientale. — Petit vase destiné à renfermer le saint chrême; il est couvert d'ornements gravés et de mascarons. — Travail du XVIe siècle. — Monture en argent doré.

1758. — Agate orientale. — Coupe à deux anses, avec plateau.

1759. — Agate orientale. — Petit vase à couvercle, monté en argent doré; le bouton est orné d'une garniture en or émaillé.

1760. — Agate d'Allemagne. — Coupe ovale supportée par trois figures d'atlas en bronze, sur pied triangulaire.

1761. — Jaspe sanguin. — Petit vase à couvercle godronné, garniture en argent.

1762. — Jaspe sanguin. — Petite coupe garnie en cuivre doré.

1763. — Jaspe sanguin gravé en creux. — Le vaisseau de la vertu, allégorie, avec la légende :

Vertu.je.ne.lairray.le.vaisseau.qui.t'emporte.

1764. — Cornaline montée sur un petit candélabre en bronze.

1765. — Ambre jaune transparent. — Coupe à pans, montée sur balustre et décorée d'arabesques en relief d'une très belle exécution, garniture en cuivre doré. — XVIe siècle.

1766. — Le baptême dans le Jourdain, groupe en ambre, formant bénitier avec encadrement de lapis-lazuli et monture en ébène. — XVIe siècle.

1767. — Figurine d'enfant en ambre. — XVIIe siècle.

1768. — Ambre opaque. — Coupe en forme de coquille, renfermant une figure de Vénus couchée, exécutée en haut-relief. — XVIIe siècle.

1769. — Figurine grotesque en ambre. — XVIIe siècle.

1770. — Ambre. — Poire d'amorce couverte de bas-reliefs qui représentent une chasse au renard, et portant une inscription allemande.

1771. — Chapelets composés de pièces d'enfilage en agate.

1772. — Plaques en agate. — Croix et boutons en caillou d'Alençon.

1773. — Corail. — Groupe de figures.

1774. — Corail. — Tête de Christ.

1775. — Groupes de corail travaillé à figures, représentant la Vierge et l'Enfant-Jésus avec le Père-Eternel et le Saint-Esprit. — XVIIe siècle.

1776. — Coiffure allemande en jayet.

1777. — Granit des Vosges. — Guéridon monté en cuivre doré en forme de trépied, avec entre-jambe garni d'une tablette en vert de Corse.

1778. — Granit vert des Vosges. — Deux gaînes.

H. 0 m 68.

1779. — Granit. — Fût de colonne.

H. 0 m 04.

1780. — Lumachelle. — Fût de colonne.

H. 0 m 05.

1781. — Tablette en marbre incrusté de mosaïques et de pierres dures de Florence.

H. 1 m 08 — 0 m 14.

1782. — Serpentin vert d'Egypte. — Obélisque avec piédestal.

H. 0 m 50.

1783. — Granit rose d'Egypte. — Obélisque avec socle en brèche violette.

H. 0 m 50.

1784. — Spath fluor. — Obélisque avec socle en serpentin et moulure en marbre blanc.

H. 0 m 55.

1785. — Tablette d'échantillons d'agates et de marbres divers.

1786. — Cornaline gravée en creux et représentant trois têtes antiques.

1787. — Pierre gravée à figures. — Sardoine.

1788. — Cachet en agate de forme triangulaire, décoré de trois écussons d'armoiries gravés en creux.

1789. — Serpentin vert. — Petite urne à anses évidées et prises dans la masse sur une colonne de porphyre vert des Vosges.

H. 0 m 33.

1790. — Petite coupe sculptée en corne de rhinocéros. — Travail chinois.

1791. — Porphyre de Suède. — Grande coupe sur pied.

Diamètre 0 m 26. — H. 0 m 22.

1792. — Cléopâtre, buste en rouge antique.

1793. — Rouge antique. — Figures de sphinx.

1794. — Urnes en rouge antique.

1795. — Mosaïque du président Jean de Ganay, placée jadis dans une chapelle de l'église Saint-Merry; la Vierge et l'Enfant-Jésus; ouvrage de David Ghirlandajo. — XVe siècle.

Au bas est l'inscription :

D. IO. DE. GANAI. PRSIDES.
PARISIE. P. DE. ITALIA. ATT.
PARISIUM. HOC. OPUS. MVS.

(*Dominus Johannes de Gannai, presidens parisiensis parlementi de Italia attulit Parisium hoc opus musivum.*)

L'inscription suivante se trouvait jadis placée au-dessous de celle qui précède :

Opus magistri Davidis Florentini 1496.

1796. — Pavé provenant de l'église de Corneto, entre Toscanella et Civita-Vecchia. — Genre de travail mosaïque appelé *opus Alexandrinum*, et employé depuis les temps antiques. — Xe ou XIe siècle.

Donné par M. A. Lenoir, architecte.

OBJETS DIVERS.

1797. — Série d'objets antiques d'origine gallo-romaine et franque, provenant de dolmens ou tombeaux gaulois, découverts en 1838 à Hérouval, commune de Mont-Javoult (Oise), et donnés au Musée par M. Sanson Davillier, membre du conseil général de la Seine :

Urne en terre blanche imprimée.

Urne en terre noire ornée d'une frise imprimée.

Collier en ambre et verroterie.

Style en bronze.

Bague à cassolette.

Bague à chaton.

Boucle.

Anneaux.

Chaînettes.

Glaive en fer. — Scram-sax franck.

Echinites ou oursins pétrifiés, talismans gaulois nommés généralement *œufs de serpent.*

Hache en silex.

Boucles de ceinturon.

1798. — Série d'objets d'origine gallo-romaine et celtique, trouvés dans un tombeau de la forêt de Carnoët (Finistère), par M. l'ingénieur Boutarel, et donnés au Musée par M. le ministre des finances :

Chaîne en or fin, du poids de 225 grammes, composée de six grands panneaux à quatre tours.

Chaîne en argent fortement oxidée, composée d'un grand anneau et de deux autres plus petits.

Casse-tête en silex.

Trois glaives ou poignards oxidés et portant encore les marques d'une couche d'argent.

Pique oxidée.

Petit poignard oxidé.

Pierre rouge ayant la forme d'un quadrilatère rectangle, percée d'un trou au sommet de chaque angle.

Sorte d'amulette en pierre verte taillée ayant la forme d'un trapèze dont les deux bases parallèles sont arrondies. Cette pierre est percée d'un trou.

Flèches en silex dentelées, d'une forme antérieure à la fondation de la monarchie.

1799. — Série d'objets antiques, d'origine gallo-romaine et celtique, trouvés dans un bois de la commune de Pontpoint, sur les bords de l'Oise, et donnés au Musée par M. Eug. Guillemot :

Hachettes de formes variées.

Bracelets guillochés, anneaux, boucles d'oreilles.

Hameçon, fer de lance, ustensiles divers et débris d'armes.

1800. — Divers objets antiques et gallo-romains trouvés dans les fouilles du Palais-de-Justice et donnés au Musée par M. le préfet de la Seine.

1801. — Médailles antiques et jetons anciens, trouvés dans les fouilles du Palais de Justice de Paris, donnés au Musée par M. le préfet de la Seine.

1802. — Médailles antiques et monnaies du moyen-âge et des temps modernes trouvées dans les fouilles de la mairie du 12e arrondissement et données au Musée par M. le préfet de la Seine.

1803. — Collection de fibules gallo-romaines et du moyen-âge. — Elles sont au nombre de trente et une. — Plusieurs d'entre elles représentent des oiseaux, des animaux chimériques et des navires.

1804. — Coins celtiques en bronze.

1805. — Lampe antique en terre.

1806. — Lampes antiques en bronze.

1807. — Pierre ponce artificielle pour le service des bains antiques.

1808. — Bracelet celtique.

1809. — Style en bronze antique.

1810. — Lacrymatoire en verre antique.

1811. — Fragment d'un petit bas-relief antique.

1812. — Sceau de potier romain.

1813. — Collection de boutons des temps antiques et du moyen-âge, en fer et en bronze.

1814. — Cercueil en plomb des premiers temps du moyen-âge, trouvé dans les fouilles de Saint-Landri.

1815. — Petit vase en bronze antique.

1816. — Sceau de potier de XIIIe siècle.

1817. — Peigne en ivoire sculpté, représentant, sur l'une de ses faces, la salutation angélique, et sur l'autre, l'adoration des mages. — XIVe siècle.

1818. — Grand peigne en bois, avec ornements d'applique repercés à jour.

1819. — Peigne en buis travaillé à jour, décoré d'ornements en relief.

1820. — Coffre en cuir façonné et gravé; représentant diverses scènes et sujets à figures, parmi lesquels on distingue la nativité, l'adoration des mages, la salutation angélique, et plusieurs épisodes de romans de chevalerie. — Travail fait au petit fer, avec ferrures du temps. — XVe siècle.

1821. — Petit coffre en cuir, avec ornements gravés en fer, décoré de la légende : « HONNEUR A DIEU, SERVICE AU MONDE. » — XVIe siècle.

1822. — Sceau de l'abbaye de Clairvaux. — XVe siècle.

1823. — Chandelier en cuivre de forme antique, trouvé dans les fouilles faites à Étampes. — XVe siècle.

Donné au Musée par M. Blin, professeur au collége d'Étampes.

1824. — Médaille présentée par la ville de Lyon au roi Louis XII, à son retour de Milan, vers l'an 1499.

Elle porte d'un côté le buste du roi, avec cette devise : *Feliée Ludovico regnante duodecimo Cæsare altero, gaudet omnis natio*, et de l'autre côté le buste d'Anne de Bretagne, avec ces mots : *Lugdunensis respublica, gaudete ; bis Anna regnante benigne sic fui conflata*. 1499. Cette médaille est la plus grande qu'on eût encore coulée en France à cette époque. Les portraits sont en relief sur un fond semé de fleurs de lis et d'hermine.

1825. — Encrier en bois peint et doré, décoré de figures et d'ornements. — Travail allemand portant la date de 1563.

1826. — Soufflet en bois, clouté en cuivre doré et couvert des armes et de la couronne de France, avec attributs du Dauphin. — XVIe siècle.

1827. — Quenouille de mariage, en buis sculpté, décorée d'une grande quantité de figures exécutées en haut-relief et représentant l'histoire des femmes fortes. — XVIe siècle.

1828. — Quenouille de mariage, en buis sculpté, de même forme que la précédente. — Les sujets, exécutés en ronde-bosse, représentent également l'histoire des femmes fortes. — XVIe siècle.

1829. — Fuseaux en buis sculpté, décorés de figurines en ronde-bosse. — XVIe siècle.

1830. — Quenouille en bois tourné.

1831. — Le sacrifice d'Abraham, groupe en bois sculpté en haut-relief, formant manche de couleurs variées. — XVIIe siècle.

1832. — Coffret en bois, décoré de verroteries de couleurs variées. — XVIIe siècle.

1833. — Poivrière en coco sculpté, décorée de figures en relief : le triomphe d'Amphitrite.

1834. — Poivrière en coco sculpté, décorée de figures en relief : le triomphé de Bacchus.

1835. — Bois sculpté, râpe à tabac. — XVIIe siècle.

Le groupe qui décore la partie supérieure représente l'enlèvement de Proserpine ; autour, on lit ces mots, gravés en creux :

POURQUOI TANT MARCHANDER LORSQUE LA MARCHANDISE PLAIT.

La partie inférieure est terminée par un masque de satyre.

L'autre face est décorée de la figure de l'Adresse ou de la Ruse. Elle tient un masque à la main; un renard est assis à ses pieds. Autour, on lit : HŒC EST AMANTIUM REGINA (*Elle est la reine des amants*); puis plus bas, sur la banderolle : PEU LUI ÉCHAPPENT.

1836. — Râpe à tabac en bois sculpté, représentant Loth et ses filles, avec la légende :

Loth enyvré par ses filles commet inceste avec elles. — Plus haut est la destruction de Sodome. — XVIIe siècle.

1837. — Râpe à tabac en ivoire, représentant un joueur de viole. — Travail flamand. — XVIIe siècle.

1838. — Râpe à tabac en bois sculpté, couverte d'ornements et d'écussons fleurdelisés. — Fin du XVIIe siècle.

1839. — Râpe à tabac en ivoire, représentant une figure d'ivrogne, sculptée en relief. — Travail flamand. — XVIIe siècle.

1840. — Râpe à tabac en ivoire, décorée de figures et d'ornements sculptés en relief. — Travail flamand. — XVIIe siècle.

1841. — Râpe à tabac en cuivre repoussé, représentant une figure flamande en action de râper une carotte de tabac. — XVIIIe siècle.

1842. — Casse-noisette en buis sculpté, composé de têtes et de figures grotesques.

1843. — Gaîne de couteau en bois sculpté, décorée de sept bas-reliefs qui représentent des sujets tirés de l'histoire de l'Ancien-Testament. — Travail allemand.

1844. — Gaîne de couteau en bois sculpté, ornée de huit bas-reliefs qui représentent les diverses scènes de l'histoire de Joseph, sculptées en relief. — Travail allemand.

1845. — Cuiller en agate orientale avec manche en cuivre doré, représentant une figure de satyre assise sur un enroulement gravé. Cette monture est enrichie de rubis. — Travail précieux du XVIe siècle.

1846. — Cuiller et fourchette en agate d'Allemagne montées en argent doré.

1847. — Nécessaire de table en argent repoussé, ciselé et émaillé, décoré de figures, d'ornements et des armoiries de Saxe, et composé d'une gaîne qui renferme un couteau et une fourchette de travail analogue. — Travail allemand.

1848. — Couteau en fer gravé et doré avec manche incrusté de nacre de perle. — XVIe siècle.

1849. — Couteau en fer ; le manche, en ivoire, représente les figurines de la Justice et de l'Abondance. — XVIe siècle.

1850. — Couteau et fourchette en fer, de travail flamand, avec manche en ivoire représentant des personnages en costumes du temps.

1851. — Couteau en fer à manche d'ivoire, représentant la figure de Jupiter.

1852. — Couteau en fer à manche d'ivoire. — Mars.

1853. — Cuiller et fourchette de poche en argent, s'ajustant ensemble, à manche ployant et surmonté d'une figure. — XVIe siècle.

1854. — Cuiller en argent, à manche en forme de pilastre surmonté d'un chapiteau. — XVIe siècle.

1855. — Fourchette et cuiller en cuivre argenté, à manche ployant, en fer décoré d'ornements gravés et dorés.

1856. — Cuiller en cuivre, à manche ployant et décoré d'une tête chimérique.

1857. — Poinçon en fer poli, à manche d'ivoire, représentant un buste grotesque.

1858. — Petit couteau en fer, à manche d'ivoire décoré de figures chimériques.

Ces deux objets sont renfermés dans une gaîne en peau de requin, montée en argent ciselé.

1859. — Fourchette en fer; le manche est décoré de deux figures d'ivoire.—Travail flamand du XVIIe siècle.

1860. — Manche de couteau en fer incrusté d'argent.

1861. — Petit couteau de poche, à manche de cuivre repercé à jour.

1862. — Cuiller et fourchette en cuivre doré, à manche ployant, décorées dans leur longueur de petits bas-reliefs à sujets de chasse du temps de Louis XV.

1863. — Petit couteau oriental à lame couverte d'inscriptions arabes, et à poignée d'ivoire richement incrustée de cuivre et de nacre de perle.

1864. — Petit canif garni en nacre, surmonté d'une figure de terme en fer ciselé.

1865. — Petit nécessaire en cuir gaufré, couvert de fleurs de lis d'or et renfermant ciseaux, poinçon et aiguilles en argent gravé et doré. — Fin du XVIe siècle.

1866. — Ciseaux en fer gravé et argenté; les anneaux sont terminés par des figures de lions couchés. — XVIIe siècle.

1867. — Aiguille en argent découpée à jour, portant l'inscription : « MARIE DU BUIS, 1619. »

1868. — Ciseaux en fer ciselé. — XVIIe siècle.

1869. — Gaîne de ciseaux en fer gravé et doré. — XVIIe siècle.

1870. 1871. 1872. — Pièces de nécessaire, à manche d'argent ciselé et gravé.

1873. — Etui en fer gravé et damasquiné. — XVIIe siècle.

1874. — Gaîne de ciseaux en fer découpé à jour et gravé.

1875 — Etui en cuivre doré, couvert d'ornements. — XVIIe siècle.

1876. 1877. — Mouchettes en cuivre ciselé, décorées de figures et d'ornements.

1878. — Mouchettes à ressort en fer poli.

1879. — Ceinture de chasteté à bec d'ivoire, montée sur bandes d'acier garnies en velours, avec serrure.

1880. — Clochette du XVIe siècle, décorée de figures et d'ornements, avec la légende : « *Petrus Cheineus me fecit*. 1573. »

1881. — Petite clochette à sujets, représentant la salutation angélique.

1882. — Petit mortier en bronze, orné de cariatides et d'empreintes de têtes. — XVIIe siècle.

1883. — Mortier en fonte, orné de bas-reliefs.

1884. — Plaque de nacre gravée, représentant une danse de personnages grotesques, d'après Callot.

1885. — Bas-relief sculpté sur une coquille de nacre, représentant Jupiter, Junon et l'Amour. — XVIIe siècle.

1886. — Sifflet en ivoire, représentant un buste de femme.

1887. — Médaille à l'effigie d'A. Ruzé, Mis d'Effiat et de Longjumeau, surintendant des finances.

1888. — Lustre flamand à six branches, en cuivre poli.

1889. — Encrier en cuivre gravé, avec briquet. — Règne de Louis XV.

1890. — Lanterne en cuivre estampé. — XVIIe siècle.

1891. 1892. — Plaques funéraires en cuivre gravé, à la date de 1736 et de 1758; trouvées en 1843, sur l'emplacement de l'ancien cimetière de la Madeleine.

1893. — Le jugement de Salomon. — Bas-reliefs et empreintes en plomb.

1894. — Bâton d'appariteur surmonté d'une fleur de lis en fer, hampe en bois.

1895. — Trousse indienne composée d'un couteau et de deux baguettes en ivoire, dans un étui en peau de requin, monté en cuivre gravé

MUSÉE

DES THERMES ET DE L'HOTEL DE CLUNY.

SUPPLÉMENT.

I. SCULPTURE.

1° MONUMENTS. — STATUES. — BAS-RELIEFS

EN PIERRE, MARBRE, BOIS, IVOIRE, ETC.

PIERRES.

1896.— Cheminée en pierre, décorée de figures et d'attributs en haut-relief, exécutée par Hugues Lallement, sculpteur français, en 1562.

Le sujet principal, le Christ à la fontaine, est entouré de génies et de trophées d'armes; les deux cariatides qui supportent le manteau, portent à leur socle, l'une la date de 1562, l'autre le nom du sculpteur *Hugues Lallement*. — Cette cheminée était placée dans une maison de Châlons-sur-Marne; elle a été démontée en 1849 pour être transportée à l'Hôtel de Cluny. — L. 3m 15. H. 3m 60.

1897. — Cheminée en pierre sculptée, exécutée par Hugues Lallement (XVIe s.).

Le bas-relief représente Diane surprise au bain par Actéon; de chaque côté se trouvent des génies agenouillés qui supportent des trophées d'armes.— Cette cheminée provient également de Châlons-sur-Marne; elle était placée dans la même maison que la précédente. — L. 3m 70. H. 4m.

1898. — Grande cheminée en pierre, décorée de hauts-reliefs et d'attributs; sculpture française du XVIe siècle.

Cette cheminée, placée jadis dans une maison du faubourg de Saint-Jacques, à Troyes, a été transportée à l'Hôtel de Cluny en 1847. — L. 2m 80. H. 4m 90.

1899. — Bas-relief en pierre noire rehaussée de dorures et de pâtes de verre. Le Christ assis sur un trône, la main gauche sur le livre de vérité, la droite en action de bénir (XIIe s.).—H. 0m 20.

1900. 1901. 1902. 1903. 1904. — Statues en pierre, provenant de l'ancienne église Saint-Jacques, à Paris, rue Saint-Denis (XIIIe s.).

Ces statues sont au nombre de cinq; elles étaient jadis peintes et dorées. — H. 1^m 75.

1905. — La Vierge portant l'Enfant-Jésus. Statue en pierre du XIVe siècle.

Cette figure, peinte et dorée, était placée au-dessus de la porte principale du couvent des Victorins de Paris, aujourd'hui l'Entrepôt des vins. — H. 1^m 38.

1906.—Fragment d'une figure assise, peinte et dorée, du XIVe siècle. — H. 0^m 40.

1907. — Statue d'évêque (XVe s.)

La figure est couverte d'une chape dont les orfrois sont richement ornés et réunis par un beau fermail; la tête est coiffée d'une mitre élégante décorée d'ornements en relief qui simulent les broderies et pierres précieuses. — H. 2^m.

1908. — Statue en pierre représentant un évêque mitré et couronné (XVe s.).

Ces deux statues, d'une provenance incertaine, sont d'une exécution analogue et remontent à la même époque. — H. 2^m.

1909. 1910. — Figures en pierre provenant de la chapelle de Saint-Jules, commune de Saint-Martin-ès-Vignes, faubourg de Troyes (XVIe s.). — H. 0^m 60 et 0^m 50.

1911. — Figure de femme en pierre de Tonnerre, provenant d'une église de Troyes. Costume du commencement du XVIe siècle. — H. 0^m 50.

1912. — Chapiteau de colonne d'angle, en pierre sculptée, provenant de l'église des Capucins de Montfort-l'Amaury (Seine-et-Oise) (XVIe s.).

Donné par M. Charles Sauvageot, pensionnaire de l'Académie impériale de Musique.

1913. 1914. 1915. — Fragments divers provenant de l'ancienne décoration de la Sainte-Chapelle de Paris : 1° balustrades, fleurs de lys des balcons ; 2° lettres initiales; 3° colonnettes (XVIe s.).

1916. 1917. — Assises sculptées provenant des fouilles de l'église Saint-Gervais de Paris.

1918. — Fragment d'une croix en pierre existant jadis sur la place de Champeaux (Seine-et-Marne), et représentant d'un côté la main divine en action de bénir, et de l'autre la figure de la Vierge (XVIe s.).

1919. — Bas-reliefs fragmentés trouvés à l'hôtel de Cluny dans l'ouverture d'une baie de fenêtre, en 1853.

1920. — Fragments d'architecture, chapiteaux et clefs de voûte, provenant des fouilles faites en 1848 aux Célestins de Paris.

1921. — Stèle antique en pierre trouvée à Paris, et décorée de deux figures en relief. — H. 1m 20.

Donnée par M. Chatenet jeune.

1922. — Pierre tumulaire de Simon de Gillans, abbé de Cluny, mort le 6 septembre 1349 et enterré dans l'ancienne église collégiale de Cluny, place de la Sorbonne.

La tête était incrustée en marbre, ainsi que les mains, la crosse et les écussons. L'inscription, à demi effacée aujourd'hui, forme la bordure : *Hic jacet bonæ memoriæ dominus Simon de Gillans abbas insulæ barbaræ quondam prior prioratuum ordinis Cluniacensis de Longo ponte et de Sancto Eutropio Parisiensis et Xantonensis diocesis, qui obiit anno Domini* 1349 *die sexta mensis septembris, anima ejus requiescat in pace. — Petrus de Courbeton me fecit fieri.*

1923. — Pierre tumulaire de maître Jehan de Sarthenay, conseiller du roi, mort à Paris le 26 septembre 1360, et enterré dans l'ancienne église de Cluny, place de la Sorbonne.

La décoration de cette tombe est analogue à celle de la précédente ; l'inscription est tracée en beaux caractères du XIVe siècle : — *Hic jacet reverendus pater dominus Johannes de Sarthanayo quondam abbas humilis monasterii ferrariensis ordinis S. Benedicti Senonensis Diocesis domini nostri regis consiliarius, qui obiit Parisiis* 26 *die mensis septembris anno Domini millesimo trescentesimo sexagesimo, cujus anima requiescat in pace amen.* — Ces deux tombes ont été retirées de l'église collégiale de Cluny lors de sa démolition, et données au Musée, en 1852, par M. Seguin marbrier.

1924. — Tombes hébraïques découvertes à Paris, rue Pierre-Sarrazin, en 1849.

« Celle-ci (est) la stèle sépulchrale de notre précepteur, le maître « Monsieur Salomon, fils de notre précepteur le maître monsieur « Judah qui est parti pour le paradis le jour de samedi de la section « Koráh de l'année cinq mille quarante et un du Comput. . . . . ,» (de notre ère, année 1281).

1925. — Stèle de même provenance.

« Celle-ci est la stèle sépulchrale de madame Judith, fille de M. Sa« bathay Halevi, qui est morte. . . . . »

1926. — Même suite.

« Celle-ci est la stèle sépulchrale de maître Jacob, fils de monsieur Abraham qui est parti pour le paradis le lundi de la Parascha Korah de l'année..... du Comput » (les chiffres de l'année, quoique illisibles, paraissent se rapporter à l'année 1251 de notre ère).

1927. — Même suite.

« Celle-ci est la stèle sépulchrale de madame Mergalit (Marguerite), « fille de monsieur Ezéchias, qui est partie pour le paradis le dimanche « de la section Beschalah....... » (la section Beschalah est la IVe de l'Exode, et commence par le v. 17 du ch. XIII).

1928. — Même suite.

« Celle-ci est la stèle sépulchrale de madame Jokeved, fille de « M. Ishak, femme de M. Ezza, qui est morte.......... 41 » (probablement l'année 1281 de notre ère).

1929. — Même suite.

« Stèle sépulchrale de Anna, fille de monsieur............ qui est « morte le jour de jeudi de la Parascha de l'année cinq mille et cin- « quante » (1290).

1930. — Même suite.

« Celle-ci est la stèle sépulchrale de Ester, fille de M. Joseph, qui « est morte le vendredi de la Parascha de l'année...... 900 » (1140-1239).

1931. — Tombe hébraïque de même provenance.

« ....qui est mort le jour de lundi de la Parascha Tavô de « l'année 49 du Comput » (la section sabbatique Tavô est la quatrième avant la fin du Deutéronome). La date de cette stèle correspond au 29 août 1289 de notre ère.

Ces stèles ont été trouvées sur l'emplacement de l'ancien cimetière hébraïque situé entre la rue Pierre-Sarrazin et celle de la Harpe, qui, dans plusieurs documents du XIIIe siècle, est désignée sous le nom de *Juiverie* ou de *rue des Juifs*. Malheureusement, la plupart de ces tombes n'ont été retrouvées qu'à l'état de fragments; une seule est complète.

Ces pierres tumulaires ont été données au Musée par M. Hachette, propriétaire du terrain sur lequel elles ont été trouvées.

1932. — Tombe en pierre trouvée à Paris dans les travaux des Halles centrales, rue de la Cossonnerie.

A l'extérieur, du côté de la tête, se trouve une croix grecque sculptée en relief.

1933. — Tombe en pierre trouvée à Saint-Gervais.

1934. — Tombes d'enfants trouvées dans les mêmes fouilles.

1935. — Fragments d'une tombe de même provenance, garnie de coussinets en pierre pour soutenir la tête.

1936. — Pierre de fondation des Célestins de Paris, avec l'inscription :

L'an M. CCC. XXV, le XXVIe jour de may m'assist Charles roy de France (Charles le Bel).

1937. — Pierres de fondation de l'hôtel de Longueville, place du Carrousel, démoli en 1852.

Sur l'une d'elles on lit : *Fait par hault et puissant seigneur maître Charles d'Angennes, marquis de Rembouillet et de Pisany, vidame du Mans, baron du Chaudulor et de Tallemont, conseiller du roy en son conseil d'Estat et mtre de la garderobbe de sa majesté. Ce 26 juin* 1618.
Sur l'autre pierre, les armes de la famille.
Données par MM. de la Reiberette et Saunier.

1938. — Mortier en pierre à deux anses, décoré de mascarons en relief. — Epoque romane.

1939. — Mortier en pierre, décoré de quatre mascarons en relief (XVIe s.).

Donné par M. Souty père.

1940. — Fragments d'une voie romaine découverte à Paris, rue Saint-Jacques.

MARBRES.

1941.— Colonnes en marbre antique trouvées dans les fouilles du parvis Notre-Dame, en 1848.

Données par le préfet de la Seine.

1942. — Chapiteau antique en marbre blanc, trouvé dans les fouilles du parvis Notre-Dame, en 1848.

Donné par le préfet de la Seine.

1943. — Fût de colonne antique, en marbre noir cannelé, trouvé à Paris.

Donné par Mme Jean.

1944. — Fragment d'une statue de soldat antique, en granit, trouvé rue du Cherche-Midi.

Donné par M. Biardot.

1945. — Saint Pantaléon. Bas-relief italien en marbre blanc, décoré d'incrustations en pâtes de couleur (XIe s.). — H. 1m 20.

1946. — Colonnette en marbre blanc, provenant de l'abbaye de Cluny (XIe s.).

Cette colonne cannelée supportait le bénitier placé à l'entrée de l'ancienne église principale.

1947. — Tombe de Brocard de Charpignie, chevalier français, mort en Chypre, trouvée à Larnaca, rapportée et donnée par M. Edouard Delessert en 1852 (XIIIe s.).

Le chevalier est vêtu de mailles, la poitrine couverte d'une cuirasse en fer; les mains sont jointes au-dessus de l'écu, et les pieds reposent sur deux poissons. Entre ses jambes un chien est placé sur une colonette. L'inscription suivante est gravée sur les pilastres qui forment la bordure de ce marbre tumulaire, taillé dans une colonne antique : *Brocardus. de Charpignie. miles........ B. petri. Paphen. Episcopi. cujus. anima. requiescat. in. pace. amen.*

1948. — La Vierge portant l'Enfant-Jésus. Statuette en marbre, provenant des tombeaux des ducs de Bourgogne, à Dijon (XVIe s.).

Les tombeaux des ducs de Bourgogne, dévastés en 1793, ont été restaurés et déposés au Musée de Dijon. — La figure de la Vierge est debout, la tête est ceinte de la couronne, et les épaules sont couvertes d'un manteau de Chartreux. — H 0m 40.

1949. — Moine docteur. Statuette en marbre blanc, provenant du tombeau de Philippe-le-Hardi, à Dijon (fin du XIVe s.).

1950. — Moine. Figurine en marbre blanc, provenant des tombeaux des ducs de Bourgogne, à Dijon (XVe s.).

1951. — Les trois Parques. Groupe en marbre blanc attribué à Germain Pilon (XVIe s.).

Ce groupe était conservé jadis dans les jardins de l'hôtel Soicourt, qui occupait d'immenses terrains rue de l'Université. Suivant la tradition, les figures, exécutées par Germain Pilon, seraient celles de la duchesse de Valentinois (Diane de Poitiers) et de ses deux filles. — H. 1m 50.

1952. — La Vierge portant l'Enfant-Jésus. Statuette en albâtre de travail italien (XIVe s.). — H. 0m 24.

1953. — La Sainte-Trinité. Bas-relief en albâtre (XIVe s.). — H. 0m 50.

1954. — Fragment d'un bas-relief en marbre (XVe s.).

Donné par M. Arthus Fleury. 1853.

1955. — Fragment d'un bas-relief en albâtre provenant de Saint-Denis et représentant deux figures, dont l'une est assise sur un siége de forme antique (XIVe s.).

1956. — Socle en albâtre sculpté en grand-relief, représentant un festin dans une grande salle du palais (XVIe s.).

1957. — Encensoir en albâtre sculpté. Fragment d'un bas-relief (XVIe siècle).

PLATRES.

1958. — Inscription de la cloche de Moissac (Aude). 1273, Estampage en plâtre : —

SALVE REGINA MISERICORDIE. — *Anno Domini millesime CCLXX tercio Caufridus me fecit et socios meos, Paulus vocor.*

1959. — Ornements estampés sur les sculptures de l'abbaye de Charlieu (XIIe s.).

1960. — Estampage en plâtre de la pierre de l'église des Carmes, bâtie à la place Maubert, par Jeanne d'Évreux, troisième femme et veuve de Charles-le-Bel, en 1349.

Donné par M. A. Lenoir, architecte.

1961. — Tombe en plâtre trouvée dans les fouilles de Saint-Gervais.

Donnée par le préfet de la Seine.

1962. — Réduction en plâtre du bas-relief du camp du Drap-d'Or, à l'hôtel Bourg-Theroulde de Rouen.

BOIS SCULPTÉS.

1963. — Christ en bois sculpté, de grandeur naturelle (fin du XIIe s.).

Le corps est couvert d'une toile peinte, la tête, les bras et les pieds seuls sont à nu. — Ce beau Christ a été donné au Musée par M. Mallay, architecte à Clermont-Ferrand. — La croix, d'exécution moderne, a été peinte par M. Steinheil.

1964. — Statue de saint Louis, en bois d'if. Les vêtements sont rehaussés de couleurs et le manteau est couvert de fleurs de lys d'or (XIIIe s.).

Cette figure appartenait à la décoration de l'ancien rétable de la Sainte-Chapelle. — H. 0^m 66.

1965. — Sainte Marie-Madeleine. Figure en bois de chêne sculpté. École allemande (XVe s.).

La sainte est vêtue d'une longue robe serrée et lacée, les épaules sont couvertes d'un manteau et la tête est coiffée de l'escoffion. — H. 1^m 03.

1966. — Notre-Dame-des-Ardents. Figure en bois sculpté

du XVe siècle, provenant de l'église Notre-Dame-de-Poissy, dans laquelle elle était conservée sous ce nom. — H. 0^{m} 53.

1967. — Sainte Catherine. Grande figure en bois sculpté. École allemande du XVe siècle. — H. 1^{m} 25.

1968. — La consécration d'un évêque. Haut-relief en bois sculpté, peint et doré (commencement du XVIe s.).

1969. — Figure de moine en bois sculpté, gravé et doré. École espagnole du XVIe siècle. — H. 0^{m} 60.

1970. — La Vierge portant l'Enfant-Jésus. Figure d'applique en bois sculpté, de l'École allemande (XVIe s.).

1971. — L'éducation de l'Enfant-Jésus. Groupe en bois (XVIe s.).

1972. — Manneken-piss. Figurine en bois, sculptée par Duquesnoy (François Flamand) (XVIIe s.).

Modèle de la figure en bronze aujourd'hui à Ratisbonne. — H. 0^{m} 38.

1973. — Grande croix en bois sculpté, à doubles faces, provenant de l'ancienne chartreuse de Dijon, et décorée de figures et d'ornements en relief (XVIe s.).

L'agneau pascal et les pères de l'Eglise sont représentés sur une des faces; sur l'autre se trouvent les symboles des évangiles. — H. 2^{m} 10. L. 1^{m} 60.

1974. — Panneau en bois sculpté, décoré de quatre motifs, avec encadrements de pilastres et couronnements cintrés (XVIe s.).

1975. — Panneau en bois, décoré de sujets dessinés à la plume sur fond enlevé en creux et pointillé. École italienne du XVIe siècle.

Les sujets sont au nombre de onze : la Salutation évangélique, la Nativité et l'Adoration des Mages, la Fuite en Egypte, le Baptême dans le Jourdain, la Résurrection du Lazare, l'entrée à Jérusalem, le Baptême de saint Jean, la Cène, le jardin des Olives, le Baiser de Judas, le Calvaire et la Résurrection. — H. 0^{m} 38. L. 0^{m} 58.

1976. — Escalier en bois sculpté, provenant de l'ancienne chambre des Comptes de Paris, construit sous le règne de Henri IV et portant les armoiries et chiffres de ce prince et de Marie de Médicis.

Cet escalier, démonté depuis la démolition des anciens bâtiments du Palais-de-Justice, a été donné au Musée par M. le préfet de la Seine, et mis en place en 1851.

IVOIRES.

1977. — Tau en ivoire, monté en bronze, trouvé dans le tombeau de Morard, abbé de Saint-Germain-des-Prés (XIe s.). — L. 0^m 11. D. 0^m 025.

1978. — Plaque en ivoire sculpté, du XIe au XIIe siècle, représentant le Christ à la porte du sanctuaire, dans l'attitude de la bénédiction. — H. 0^m 10.

1979. — Oratoire des duchesses de Bourgogne. Tableau d'ivoire, garni de figures et de sujets en relief, représentant l'histoire de la vie et de la passion du Christ, et provenant de l'ancienne chartreuse de Dijon. — Voir n° 418 du Catalogue. — H. 1^m 38. L. 0^m 60.

1980. — Rétable en forme de triptyque, décoré de bas-reliefs en ivoire; école vénitienne du XIVe siècle.

Les sujets sont : le Calvaire, la Nativité, et les Mages conduits par l'étoile. Dans la partie principale, sur le volet de droite, la Trahison de Judas et la Salutation angélique. Sur celui de gauche, l'Apparition à la Madeleine et l'Adoration des Mages. Les encadrements sont rehaussés de marqueteries de bois et d'ivoire. L'extérieur des volets est orné de filets peints et d'écussons d'armoirie. — H. 0^m 58.

1981. — Diptyque ou tableau à deux volets en ivoire sculpté et rehaussé d'or. Huit scènes de la vie et de la passion du Christ (XIVe s.).

Les sujets sont : l'Entrée à Jérusalem, le Lavement des pieds, la Cène, Jésus au jardin des Olives, le Baiser de Judas, la Flagellation.— L. 0^m 26.

1982. — Petit bas-relief en ivoire divisé en quatre sujets découpés à jour (XIVe s.).

Le Calvaire, la Vierge couronnée sur le trône de Dieu, et plusieurs figures de saints martyrs, parmi lesquels on remarque saint Georges armé de pied en cap et la tête couverte du bassinet à visière.—H. 0^m 06.

1983. — Petit bas-relief en ivoire, même suite. La Salutation angélique, la Crèche, saint Christophe et saint Jean.

1984. 1985. — Bas-reliefs en ivoire du XIVe siècle.

Dans le premier, une dame tresse une couronne avec les fleurs que cueille un chevalier agenouillé devant elle. Dans le second, le chevalier et la dame jouent de la guiterne et sont assis sous les ombrages.— H. 0^m 095.

1986. — La Vierge portant l'Enfant-Jésus. Grande figure en ivoire du XIVe siècle. — H. 0^m 50.

1987. — Bas-relief en ivoire colorié et doré. La Vierge, fragment d'un triptyque du XIVe siècle.

1988. — Plaque de diptyque en ivoire, du XVe siècle. Le couronnement de la Vierge et la Nativité. — H. 0m 25.

1989. — Grand feuillet de diptyque du XIVe siècle. Le couronnement de la Vierge. — H. 0m 28.

1990. — Ivoire. Figurine équestre provenant d'un jeu d'échecs et représentant une dame en costume allemand, assise sur son palefroi (XVIe s.). — H. 0m 06.

1991. — Olifant en ivoire sculpté, décoré de sujets de chasse en relief (XVIIe s.).

Les costumes sont européens, et à l'extrémité inférieure se trouve une croix grecque. — L. 0m 50.

BRONZES, TERRES CUITES.

1992. — Mercure antique. Figurine en bronze trouvée dans la Seine, à Paris, en 1849. — H. 0m 12.

1993. — Bas-relief en bronze, représentant les figures à mi-corps d'un seigneur de la cour de Navarre, chevalier de l'ordre du Saint-Esprit, et de sa dame, en costumes du temps. — H. 0m 55.

1994. — La Vierge portant l'Enfant-Jésus. Figurine en terre cuite fragmentée (XVIe s.). — H. 0m 05.

1995. — Terre cuite de Nevers. Médaillon exécuté par Nini, 1777. Portrait de Franklin.

Donné par M. Tite Ristori.

2° MEUBLES.

1996. — Crédence sur pied, à cinq pans, décorée de mascarons et d'arabesques en relief (XVIe s.).

1997. — Bureau du maréchal de Créquy. Marqueterie incrustée de cuivre, d'étain et d'écaille (XVIIe s.).

Legs fait au Musée par testament, en janvier 1853, par M. le comte Honoré de Sussy. — Ce beau meuble se compose d'une table formant bureau, et supportant le corps principal, garni de tiroirs et de ventaux aux armes du maréchal; le tout est surmonté par une pendule en incrustations de même travail. — Le legs fait à l'hôtel de Cluny par M. le comte

Honoré de Sussy comprend, en outre, les armes décrites sous le n° 2372, et les belles tapisseries de Beauvais provenant du château de Rosny (n°s 2418-19-20 21).

1998 — Miroir avec encadrement en bois sculpté et décoré de sujets et d'arabesques en pâte dorée. École italienne du XVIe siècle.

1999. — Soufflet en bois sculpté, décoré de mascarons, de guirlandes et d'écussons rehaussés d'or. École italienne du XVIe s.

L'extrémité est en bronze et couverte de mascarons et de cariatides en relief.

2000. — Chaise couverte en cuir gaufré et imprimé au petit fer. Travail espagnol du XVIIe siècle.

2001. — Fauteuil en bois sculpté, recouvert en damas et orné de boutons en cuivre ciselé et doré (XVIIe s.).

2002 — Fauteuil en bois sculpté, d'origine flamande, couvert en damas (XVIIe s.).

2003. — Fauteuil du temps de Louis XIII, couvert d'une tapisserie à fleurs brodée au point.

2004. — Table flamande à pieds tournés (XVIIe s.).

II. PEINTURE.

2005. — Portrait de Françoise de Foix, comtesse de Châteaubriant, morte le 16 octobre 1537.

2006. — Henriette de Balzac d'Entragues, marquise de Verneuil, fille de François Balzac et de Marie Touchet.

La marquise de Verneuil, née en 1579, devint la maîtresse du roi Henri IV en 1599 ; elle en eut deux enfants : Henri, duc de Verneuil, né en octobre 1601, et Gabrielle-Angélique d'Entragues, née en 1603.

2007. — Portrait de mariage. Peinture sur argent sous cristal, à la date de 1592.

Les deux personnages, mari et femme, sont en costumes du XVIe siècle, avec la légende : *Quos Deus conjunxit, homo ne separet* : 1592.

2008. — Portrait d'une dame de la cour du roi Louis XIII, avec travestissements peints sur mica, dans la boîte du temps.

Donné par M. Rouargue, graveur.

2009. — Fragment de peinture en détrempe, provenant du château de Fontainebleau et représentant une figure de guerrier (XVIe s.).

III. PEINTURE SUR VERRE.

2010. — Peinture sur verre. L'Annonciation. Médaillon du XIVe siècle.

2011. — Peinture sur verre représentant un bourgeois en costume du XVe siècle, dans l'attitude de la prière. Ecole allemande. Au bas est la date 1400. Au-dessus, la légende : *O Marie, tabernacle de Dieu, aide moi par ta grâce.*

2012. — Vitrail de la même époque et du même maître, représentant un chevalier revêtu de ses armes et dans l'attitude de la prière.

2013. — Panneau de la même école et du même temps. Ecusson d'armoiries allemandes.

2014. — Vitrail de forme circulaire représentant la consécration d'un évêque. Ouvrage français de la fin du XVe siècle.

Le prélat est assis sur un pliant, les deux évêques consacrants lui posent la mitre sur la tête ; un enfant de chœur lui présente ouvert le livre des Évangiles et la croix processionnelle. — D. 1^m 60.

2015. — Ecusson d'armoiries épiscopales avec un lion portant l'épée et le parasol; date de 1535.

Dans le bas, trois écussons d'armoiries allemandes; en haut, la légende : *Ora pro nobis, Dei genitrix.*

2016. — Médaillon de verre peint. Ecusson d'armoiries surmonté des figures des saints patrons de Cunrad Hertzig et de Catarine, sa femme, à la date de 1607.

2017 — Panneau de verre peint représentant l'histoire de la chaste Suzanne, aux armes de Josam Büoll, percepteur des revenus de l'Eglise et juge à Watewill, et de Suzanne Anderegg, sa femme, 1679.

Le panneau est divisé en quatre sujets : le Bain, l'Arrestation, le Jugement et la Lapidation des vieillards. Les portraits en pied des deux donateurs figurent de chaque côté de la légende. Ce vitrail est signé H. C. G.

2018. — Ecusson peint sur verre, supporté par deux anges, aux armes de Hans Félix Balber, verrier de Otter et Dechen dépendant du chapitre de Vetzkomer, à la date de 1651.

2019. — Ecusson d'armoiries : Gaspar Jacob Segesser vô Brunâgg. 1651.

2020. — 2021. Les vierges sages et les vierges folles; vitraux allemands à la date de 1678 et de 1684. Saint Mathieu, chap. 20.

Les bordures sont composées de vingt-huit écussons d'armoiries avec les noms des propriétaires, leurs titres et devises.

IV. ÉMAUX INCRUSTÉS ET PEINTS.

2022. — Email de Limoges. Grande châsse en cuivre gravé et incrusté d'émail, travail de style byzantin (XIIe s.).

Cette belle châsse est décorée de sujets tirés de l'histoire de la vie du Christ. Les figures sont en cuivre gravé, et les têtes sont ciselées en haut-relief sur des fonds émaillés en couleur. Les sujets sont : la Salutation angélique, la Visitation, la Nativité et la Crèche, l'Arrivée des Bergers conduits par l'étoile, l'Adoration des Mages, la Présentation au Temple, le Massacre des Innocents et la Fuite en Égypte. — Aux deux extrémités sont les figures du Christ tenant en main, d'un côté, le livre de vérité et les clefs du sanctuaire; de l'autre, l'épée de justice. — L. 0m 50. H. 0m 29.

2023. — Crosse de Luçon, en cuivre doré et incrusté d'émaux, travail de style byzantin fait à Limoges (XIIe s.).

Dans l'enroulement est la figure de saint Michel; la douille est surmontée d'un anneau composé d'animaux chimériques enlevés à jour. — Cette belle crosse, trouvée dans les fouilles faites à Luçon en 1850, sous la direction de M. Boesvilvald, et par ordre du gouvernement, a été sauvée et envoyée à l'Hôtel de Cluny par les soins de cet habile architecte. — H. 0m 33.

2024. — Crosse de Bayonne, en cuivre doré et incrusté d'émaux; travail de style byzantin fait à Limoges (XIIe s.).

La figure du Seigneur en action de bénir occupe, entre l'*alpha* et l'*oméga*, le milieu de l'enroulement sur l'une des deux faces; de l'autre côté, la Vierge est assise sur un trône et tient l'Enfant-Jésus. — La douille est couverte d'animaux chimériques, et l'extrémité de l'enroulement est formée par une tête de serpent. Les figures et les têtes des chimères sont rehaussées de perles en émail. — H. 0m 32.

L'ouverture d'une tombe épiscopale, trouvée à Bayonne en 1853, dans des travaux exécutés par l'État, a amené la découverte d'un costume sacerdotal complet du XIIe siècle et du plus haut intérêt; à côté des débris humains et des étoffes renfermées dans cette tombe, se trouvait la crosse avec sa hampe en bois vermoulu, et son talon en cuivre gravé et doré. Grâce aux soins de M. Boesvilvald, architecte du gouvernement, ces riches étoffes ont pu être conservées, et elles ont été remises à l'Hôtel de Cluny par décision de S. E. le ministre d'État, ainsi que la crosse, l'anneau épiscopal, les bandelettes de la mitre, etc. (voir n° 2422).

2025. — Colombe à hosties sacrées, en cuivre doré et émaillé par incrustation, avec les ailes et la queue mobiles. Travail de Limoges (XIIe s.). — L. 0^m 25.

2026. — Custode ou boîte à hosties en cuivre émaillé et doré, décoré d'écussons fascés d'argent et d'azur de six fasces; travail byzantin des fabriques de Limoges (XIIIe s.). — H. 0^m 12.

2027. — Bassin en cuivre émaillé avec goulotte. Travail de style byzantin fait à Limoges (XIIIe s.).

Le milieu est décoré de l'écu de France; autour sont disposés six écussons d'armoiries, séparés par des figures. — D. 0^m 22.

2028. — Vase oriental à couvercle, en cuivre doré et repoussé à l'intérieur, gravé et décoré d'émaux incrustés à l'extérieur, présentant l'aspect des émaux des fabriques de Limoges des XIIe et XIIIe siècles. — D. 0^m 14.

2029. — Tableau en émail de Limoges, légué par testament à l'hôtel de Cluny par Mme veuve Labadie, née Lefevre, dame dignitaire honoraire de l'institution impériale de la Légion-d'Honneur, décédée le 3 janvier 1853.

Cet émail représente le Christ en croix entre Marie et saint Jean, au milieu des anges et des emblèmes et instruments de la Passion, le tout en couleurs sur fond bleu semé de fleurs de lys d'or; au-dessous du Calvaire se trouve un grand écusson aux armes de France; d'un côté, un seigneur, agenouillé, dans l'attitude de la prière, et derrière lui l'écusson aux armes du roi René. De l'autre côté un prêtre, le donateur sans doute, est agenouillé dans la même attitude, et près de lui se lit l'inscription suivante :

Lucas de ürolo presbyter hoc opus fieri fecit pro sancto petro de Rogiano humiliter Rogat orate pro eo : Nardon Penicaud de Limoges hoc fecit prima die aprilis anno millesimo v° tercio (1503).

Les autres inscriptions qui entourent le sujet principal sont également latines : *Ego sum qui sum, Rex Regum et dominus dominantium, Jesus-Christus. Lapis ab infidelibus potentibus reprobatus et principibus crucifixus, fidelibus et humilibus humiliter adoratus. Meum est consilium et equitas mea et potentia et fortitudo. Per me reges regnant, per me principes et imperatores*, etc., etc. — H. 0^m 32.

2030. — Émail de Limoges. Assiette ronde représentant les travaux de l'un des douze mois de l'année : Avril. Ouvrage de Pierre Rémond, dont les initiales P. R. se trouvent au-dessous du sujet (XVIe s.). — D. 0^m 20.

2031. — Email de Limoges : le mois d'Octobre. Assiette faisant partie de la même suite, exécutée et signée par le même maître.

2032. — Email de Limoges. Plaque de coffret. Actéon renversé par ses chiens. Grisaille dans le style de l'émailleur Pape (XVIe s.). L. 0m 14.

2033. — Email de Limoges. Plaque de forme ovale en camaïeu bleu, représentant saint Luc, évangéliste, écrivant sous l'inspiration de la Sainte Vierge.

Le sujet est entouré d'une bordure de feuillages avec deux écussons d'azur à une fleur de lys d'or accompagnée de trois écus d'argent. — Au dos est l'inscription : *Laudin, émaillieur au faubourg . de Magnine . à Limoges*. I. L. 1666. — H. 0m 18.

V. FAIENCES, VERRERIES.

FAIENCES D'ITALIE ET D'ESPAGNE.

2034. — L'Adoration. Grand bas-relief en faïence émaillée, de Luca della Robbia (XVe s.).

La Vierge agenouillée devant l'Enfant-Jésus est entourée des anges et d'une double bordure de chérubins ailés, de fruits et de fleurs en relief sur fond blanc. Les figures sont blanches sur fond bleu. — D. 1m 75.

2035. — La Tempérance. Grand bas-relief en faïence émaillée, par Luca della Robbia (XVe s.).

La figure en haut-relief se détache en blanc sur un fond d'azur; la bordure est formée d'une guirlande de fleurs et de fruits en couleurs. — D. 1m 80.

2036. — La foi. Grand bas-relief en faïence émaillée, par le même maître (XVe s.).

La composition du sujet et de la bordure est analogue à celle du bas-relief précédent. — Ces deux belles faïences ont été exécutées pour l'Eglise San-Miniato de Florence et sont décrites par Vasari.

2037. — Ange porte-flambeau. Figure en ronde-bosse de Luca della Robbia (XVe s.).

Les vêtements seuls sont émaillés, la tête et les mains sont en terre cuite sans émail. — D. 0m 72.

2038. — Faïence de la même école. Figurine de saint Jean-Baptiste en terre cuite, avec draperie et fond émaillé. — H. 0m 28.

2039. — Buste de saint Jean-Baptiste. Terre cuite, sans émail, de l'école de Donatello (XVIe s.). — H. 0m 40.

2040. — Buste de femme en terre cuite non émaillée ; école italienne du XVIe siècle. — H. 0m 20.

2041. — Faïence italienne. Cavalier monté et armé de toutes pièces ; écritoire de la fin du XVe siècle. — H. 0m 36.

2042. — Saint Georges terrassant le démon, terre émaillée en vert. Groupe de la fin du XVe siècle, de l'école italienne. — H. 0m 30.

2043. — Vase de forme ronde, décoré de figures exécutées en haut-relief, sur un fond ouvragé à la pointe et émaillé : faïence d'Italie (XVe s.). — H. 0m 25.

2044. — Grande fontaine de forme orientale, décorée de mascarons et de guirlandes de fruits en relief ; au centre les armes des Pitti (XVIe s.). — H. 1m 20.

2045. — Écritoire décorée d'un médaillon de Léda, de figurines de génies en haut-relief, et d'arabesques en grisaille sur fond bleu ; fabrique de Faenza (XVIe s.).

2046. — Figurine assise, tenant en main un écusson d'armoiries ; faïence d'Italie à la date de 1634. — H. 0m 41.

2047. — Cul-de-lampe en terre émaillée d'Italie (XVIe s.).

Au centre un écusson portant sur fond d'azur une roue d'or avec trois mufles de lion.

2048. — Faïence, dite hispano-arabe, à reflets métalliques ; grand bassin moresque couvert de dessins irisés de couleurs diverses (XVe s.).

Les bords sont décorés de quatre bélières en relief. — D. 0m 44.

2049. — Faïence de même fabrication et de style moresque, à reflets métalliques. Vases de forme élevée et cylindrique couverts d'ornements et de caractères arabes (XVe s.). — H. 0m 40.

2050. — Faïence de style moresque, dite *majolica* (provenance des îles Majorque). Plat à reflets métalliques rouges ; au centre un écusson d'armoiries (XVe s.). — D. 0m 38.

Dans un double cercle, qui circonscrit le fond et le bord du plat, se trouve une inscription en caractères moresques. — D. 0m 38.

2051. — Faïence de même style. Plat à reflets métalliques rouges ; au centre une fleur de lys gothique (XVe s.). — D. 0m 30.

2052. — Faïence de style moresque. Petit plat creux à reflets métalliques ; au centre un écusson présentant un animal héraldique (XVe s.). — D. 0m 25.

2053. — **Faïence de style moresque. Petit plat creux à reflets** métalliques, analogue au précédent pour la forme et la décoration (xve s.).

2054. — Faïence italienne à reflets métalliques, de style moresque. Plat rond décoré de fleurs bleues sur fond blanc.

Au centre un écusson d'armoiries parti d'azur à quatre poissons d'argent, parti d'argent à quatre fasces de sable. — D. 0^m 46.

2055. — Grand plat à reflets métalliques, décoré d'ornements bleus et bruns sur fond blanc, d'une fabrication analogue ; au centre le monogramme du Christ (xve s.).

2056. — Grand plat de style moresque, couvert d'ornements cuivrés, aux reflets métalliques ; au centre un écusson aux armes de Léon et de Castille (xvie s.). — D. 0^m 44.

2057. — Grand plat à reflets métalliques, décoré des armes d'*Aragon-Sicile* écartelées en sautoir ; au revers un lion héraldique (xve s.). — D. 0^m 46.

2058. — Grand plat à reflets métalliques, portant à son centre trois porcs-épics avec un semis d'étoiles sur fond d'azur ; au revers un grand aigle héraldique (xve s.). — D. 0^m 45.

2059. Grand bassin de style moresque, à reflets métalliques, couvert d'ornements jaunes et rehaussé de fleurons bleus ; au centre un écusson portant un aigle héraldique ; au revers, un grand aigle. — D. 0^m 49.

2060. — Grand plat rond de style moresque à reflets métalliques, décoré d'ornements jaunes et rehaussé de fleurons bleus (xve s.).

L'écusson du centre porte un grand aigle héraldique qui se trouve reproduit au revers du plat. — D. 0^m 48.

2061. — Grand plat à reflets métalliques, d'une décoration analogue ; au fond, les armes de Léon (xve s.). — D. 0^m 40.

2062. — Grand plat de style moresque, à reflets métalliques, décoré de rayons en relief rehaussés de couleurs ; au centre, un écusson d'armoiries (xvie s.). — D. 0^m 45.

2063. — Grand plat de même style, orné de rayons et de perles en relief sur un fond cuivreux ; au centre, le monogramme du Christ. — D. 0^m 45.

2064. — Grand plat de fabrication analogue, couvert de rosaces jaunes cerclées et rehaussées de bleu, à reflets métalliques. Faïence d'Italie du XVe siècle. — D. 0^m 48.

2065. — Faïence à reflets métalliques avec ornementation en relief. Grand plat décoré de feuilles godronnées; au centre, une croix treillissée accompagnée de quatre fleurs à trois pétales. — D. 0^m 48.

2066. — Grand plat à reflets métalliques, avec bordure à godrons; au centre, un ombilic portant un écusson d'armoiries (XVIe s.). — D. 0^m 45.

2067. — Grand plat à ombilic, de même fabrication que les précédents, décoré d'ornements peints en jaune aux reflets d'or; au centre, un écusson portant un aigle aux ailes éployées; la bordure est ornée de godrons en relief (XVIe s.). — D. 0^m 48.

2068. — Grand bassin rond avec bordure à bossages, ornements peints en jaune à reflets d'or; au centre, un umbo aux armes des Médicis (XVIe s.). — D. 0^m 45.

2069. — Aiguière à deux anses avec son bassin; fond blanc couvert d'ornements jaunes et bleus à reflets métalliques. — H. 0^m 25.

2070. — Faïence espagnole. — Grand plat décoré de figures et d'ornements, à reflets métalliques sur fond blanc (XVIIe s.). Au centre un écusson d'armoiries bandé d'argent et d'azur de six pièces, et surmonté du chapeau de cardinal.—D. 0^m 55.

2071. — Grand plat de même fabrique et de même époque, présentant une décoration analogue.

2072. — Faïence espagnole des mêmes époques. Grand plat à reflets métalliques, décoré d'oiseaux chimériques et d'ornements bruns sur fond blanc, et portant sur la bordure les mêmes armoiries que les précédents.

2073. — Grand plat de même fabrique, de même époque et d'une décoration analogue.

2074. — Faïence d'Italie. Grand bassin creux, décoré de dessins en relief sur fond brun; au centre, un animal chimérique (XVIe s.). — D. 0^m 46.

2075. — Faïence italienne. Plat rond, décoré d'un écusson d'armoiries supporté par deux anges, avec une bordure de feuilles; au revers, une licorne entourée d'animaux divers. Tous les traits des figures sont gravés en creux sur émail.—D. 0^m40.

2076. — Bassin sur pied en faïence italienne, décoré d'écussons d'armoiries, de damiers et d'entrelacs blancs en relief sur fond brun (XVIe s.). — D. 0m 35.

2077. — Faïence italienne, sorte de terre cuite et émaillée. Bassin ; au milieu, une figure tenant un arc avec la légende : *Diana bella* (XVIe s.). — D. 0m 36.

2078. — Fabrique de Faenza. Plaque circulaire portant le monogramme du Christ en caractères gothiques au milieu de guirlandes de feuillages bleus sur fond blanc, à la date de 1475.

L'inscription suivante est placée entre le monogramme et la guirlande : Nicolaus. de. Ragnolis. ad. Honorem. Dei. et Sanct. Michaelis. fecit. fieri. ano. 1475. — D. 0m 44.

2079. — Faïence de Faenza. Bas-relief de forme ovale, représentant une femme vue à mi-corps et de face, en couleurs sur fond bleu étoilé (XVe s.).

Les mains sont croisées sur la poitrine et au cou repose un large écusson suspendu par une chaîne. La coiffure et le costume sont d'une riche ornementation. H. 0m 41.

2080. — Fabrique de Faenza. Plat du XVe siècle, représentant le Triomphe d'un empereur romain en costume du temps. — D. 0m 24.

2081. — Fabrique de Faenza. Vase de pharmacie, décoré d'arabesques sur fond orange et portant la date de 1500. — H. 0m 25.

2082. — Coupe fond blanc, décorée d'une figure équestre Fabrique de Faenza. La bordure est couverte d'arabesques sur fond orange. — D. 0m 20.

Le cavalier qui occupe le milieu de la coupe est armé d'une lance avec laquelle il perce un cœur. — Cette faïence, décorée au revers, est d'une grande finesse de pâte et d'une fabrication fort rare. Une pièce d'une terre et d'une décoration parfaitement analogues a été récemment apportée d'Italie et porte au revers les mots : IN FAENZA.

2083. — Même fabrique, commencement du XVIe siècle. Petit plat couvert d'ornements mosaïques en couleurs sur fond blanc et jaune. — D. 0m 24.

2084. — Faïence de Pesaro, à reflets métalliques. Plat rond : Chasse au sanglier et au lièvre (XVIe s.). Au revers, la lettre P., marque de la fabrique. — D. 0m 32.

2085. — Faïence de Pesaro, à reflets métalliques. Plat rond : *Jesus Nazareus, rex Judeorum ;* bordure d'arabesques jaunes sur fond gris (XVIe s.). — D. 0m 40.

2086. — Plat à reflets métalliques de la fabrique de Pesaro. La Vierge, l'Enfant-Jésus et saint Jean (XVIe s.).

2087. — Faïence de même fabrique et de même époque. Plat rond, à reflets métalliques, représentant un dragon chimérique.

2088. — Coupe à reflets métalliques, décorée d'ornements bleus et or sur fond blanc. Même origine.

2089. — Faïence italienne. Plat rond. Diane au bain surprise par Actéon, sujet peint, d'après Mantegna, en camaïeu bleu, avec rehauts d'or et reflets métalliques (XVIe s.).

Ce beau plat porte au revers une marque qui consiste en un C paraphé; cette marque paraîtrait devoir être celle de *Castel Durante*; mais les autres productions connues de cette fabrique sont tellement inférieures, qu'on ne saurait donner cette provenance comme certaine. — D. 0m 32.

2090. — Assiette décorée de dessins en couleurs en forme de damier; au centre, une tête nue de profil (XVIe s.).

2091. — Assiette avec bordure, décorée d'ornements blancs sur fond gris; au centre, une tête d'homme sur fond bleu (XVIe s.).

2092. — Faïence italienne de la fabrique de Gubbio. Plat couvert d'irisations de feu. Le dévouement de Curtius, d'après Raphaël (XVIe s.). — D. 0m 31

Ce beau plat est l'œuvre de maëstro Georgio de Gubbio.

2093. — Fabrique de Gubbio. Plat en forme de drageoir, décoré de médaillons à reflets métalliques sur fond bleu (XVIe s.).

Au fond, une louve accroupie; sur la bordure, deux médaillons d'empereurs et deux d'attributs de guerre; au revers, filets bleus et reflets métalliques. — D. 0m 25.

2094. — Fabrique de Gubbio. Plat creux à larges bords, décoré d'ornements de couleurs pourpre, or, jaune et vert, à reflets métalliques; au fond, l'écusson aux armes de la ville de Pérouse (XVIe s.). — D. 0m 28.

2095. — Faïence de Gubbio. Coupe à reflets métalliques or et bleu, avec bordure d'arabesques; au fond, une tête de femme (XVIe s.).

2096. — Plat rond décoré d'arabesques rehaussées de reflets métalliques; au centre, un buste de femme en costume du temps. Fabrique de Gubbio (XVIe s.).

2097. — Plat rond. Saint Sébastien. Camaïeu en relief avec bordure d'ornements en bosse à reflets métalliques. Même provenance (XVIe s.).

2098. — Fabrique de Rimini. Plat rond représentant Adam et Ève chassés du paradis terrestre.

Au revers l'inscription : *de Adam et deva......* in Rimino 1535. — D. 0m 26.

2099. — Plat rond. Pâris blessant Achille sur les marches du temple (XVIe s.). — D. 0m 27.

2100. — Fabrique de Faenza. Plat rond. Le Jugement de Pâris, d'après Raphaël (XVIe s.). — D. 0m 30.

2101. — Coupe sur pied. Portrait de femme sur fond bleu, avec une banderolle portant le mot : *Virginia* (XVIe s.). Même provenance. — D. 0m 19.

2102. Plat creux. Sainte Catherine; figure de face sur fond bleu. Même origine. (XVIe s.).

2103. — Faïence de Monte-Feltro. Grand plat représentant l'enlèvement d'Hélène, d'après Raphaël (XVIe s.).

Au revers, dans un cartouche entouré d'ornements, on lit : *V. rate dElena fato in monte.* — D. 0m 42.

2104. — Grand plat : le dévouement de Curtius (XVIe s.).

Au revers, l'inscription : *Curtio romano quando se buto in quella voragine.* — D. 0m 36.

2105. — Grand plat rond, décoré d'une figure de Léda exécutée en camaïeu bleu (XVIe s.). — D. 0m 50.

2106. — Diane au bain surprise par Actéon; grand plat portant au revers le nom de la fabrique : *in Gafagizotto*, entre deux P. — D. 0m 47.

2107. — Faïence de Faenza. Plat rond aux armes de Léon X, avec bordure d'arabesques bleues et de couleurs sur fond gris.

2108. — Faïence de Faenza à reflets métalliques. Plat représentant un âne assis et se laissant raser par un barbier (XVIe s.). D. 0m 40.

2109. — Faïence de Faenza. Grand plat rond décoré de figures de tritons et de naïades; au centre, l'Amour sur un dauphin (XVIe s.).

2110.—Plat rond portant un écusson d'armoiries supporté par deux génies, dans un cercle d'arabesques blanches, entouré d'une large bordure décorée de figures (XVIe s.).

2111. — Faïence de Faenza. Le Triomphe de Bacchus. Plat rond (XVIe s.).

2112. — Mars et Vénus. Coupe à fond creux (XVIe s.).

2113. — Plat rond décoré de chimères en couleurs sur fond bleu à reflets métalliques, avec la date de 1533.

2114. — Faïence italienne. Assiette plate décorée de trophées d'armes et de musique en camaïeu brun sur fond bleu, à la date de 1539.

2115. — Assiette décorée d'ornements blancs et or sur fond bleu; au centre, un écusson d'armoiries avec les lettres G. A.

2116. — Plat rond couvert d'ornements en grisaille sur fond bleu ; au centre, une tête casquée sur fond orange (XVIe s.).

2117. — Assiette décorée d'ornements en camaïeu sur fond bleu ; au centre est une figure de jeune homme jouant de la guitare XVe s.).

2118. — Corbeille ronde ouvragée à côtes, décorée d'ornements bleus sur fond de couleurs ; au centre, une figure de hallebardier (XVIe s.). — D. 0[m] 29.

2119. — Corbeille ronde à côtes. Camaïeu à reflets métalliques. Un jeune homme et une jeune fille. Fabrique de Gubbio. D. 0[m] 20.

2120. — Plat à godrons en forme de corbeille, au centre, une femme nue tenant un cœur percé d'une flèche. La bordure est couverte d'arabesques sur fond jaune (XVIe s.). — D. 0[m] 27.

2121. — Corbeille de même forme, décorée de godrons et rehaussée de couleurs; au centre, l'Amour enchaîné.

2122. — Corbeille de forme analogue; au centre, une figure de saint Jean, avec bordure bleue décorée d'arabesques en couleurs. — D. 0[m] 24.

2123. — Corbeille ronde de même forme; au centre, un masque grotesque sur fond jaune. La bordure est décorée d'arabesques sur fond de couleurs. — D. 0[m] 28.

2124. — Coupe. Histoire de Pyrame et Thisbé (XVIe s.).

2125. 2126. — Fabrique d'Urbino. Vase de pharmacie décoré d'arabesques en couleurs sur fond blanc, à la date de 1582. — Vase de même provenance et de forme analogue, à la date de 1584.

2127. 2128. — Aiguière et cornets de pharmacie en faïence bleue, décorés de figures et dessins en couleurs (XVIe s.).

2129. — Bassin creux, orné à l'intérieur de branches de

chêne sur fond bleu ; au centre, deux petits Amours (XVIe s.). — D. 0m 40.

2130. — Plat rond ; arabesques bleues sur fond blanc (XVIe s.).

2131. — Faïence italienne des fabriques d'Urbino. Plat couvert d'arabesques en couleurs sur fond blanc, avec ombilic ; au centre, un enfant tenant un oiseau (XVIe s.).

2132. — Faïence italienne des fabriques d'Urbino. Plateau sur pied, décoré d'arabesques en couleurs sur fond blanc ; au centre, un écusson soutenu par des Amours ; au dessus de l'écusson, les lettres L. P. (XVIe s.).

2133. — Faïence d'Urbino. Plat rond. La Charité, la Foi et l'Espérance (XVIe s.).

2134. — Plaque en faïence peinte et émaillée. Le Baptême dans le Jourdain ; travail italien à la date de 1607.

La bordure, qui fait corps avec le sujet, est décorée de mascarons et d'ornements en relief. — H. 0m 50.

2135. — Grand plat. Le Jugement de Pâris, à la date de 1624. — D. 0m 50.

2136. — Faïence italienne des fabriques de Naples. Assiette ; chasseur polonais en costume d'apparat.

Ce costume, avec les ailes, a été porté jusqu'au temps de Sobieski.

2137. — Assiette décorée en camaïeu brun sur fond bleu.

2138. — Bassin en faïence ancienne de Perse, décoré de fleurs en couleurs sur fond blanc avec rehauts d'or. — D. 0m 29.

FAIENCES FRANÇAISES.

2139. — Faïence française. Coupe sur pied à couvercle, en poterie blanche décorée d'arabesques incrustées en brun ; règne de Henri II.

L'intérieur est décoré d'un écusson portant neuf annelets dans une couronne de fruits. — Cette coupe provient de la vente, faite en 1793, des religieuses de Saint-François à La Flèche (Sarthe). — H. 22.

2140. — Faïence de Bernard de Palissy. Figurine en ronde-bosse. La nourrice (XVIe s.). — H. 0m 25.

2141 — Faïence de Bernard de Palissy. Neptune sur un cheval marin ; pièce de ronde-bosse. — H. 0m 29.

2142. — Saucière en faïence de Bernard de Palissy. Adam et Ève. — L. 0m 22.

2143. — Faïence de Bernard de Palissy. Corbeille ovale à dentelures et torsades perlées sur fond blanc et brun. — D. 0m 33.

2144. — Faïence de Bernard de Palissy. Plat rond avec bordure pleine, décorée de dessins en relief. — D. 0m 25.

2145. 2146. — Faïence française. École de Bernard de Palissy. Plats ovales. — H. 0m 27.
Donnés par M. Cabasson.

2147. 2148. — Faïence de Nevers. Grandes aiguières décorées de sujets de chasse et de mythologie (XVIe s.).
Les anses sont formées par des guivres aux ailes étendues, et la panse est décorée d'une tête de bélier en haut-relief. — H. 0m 55.

2149. — Grand bassin des fabriques de Nevers. Le triomphe d'Amphitrite. Au dehors, des tritons et des naïades se jouant dans les flots (XVIe s.). — D. 0m 86.

2150. — Fabrique de Nevers. Grande aiguière décorée de figures de naïades et de fleurs sur fond blanc (XVIe s.). — H. 0m 57.

2151. — Fabrique de Nevers. Porte-lumière figuré par un buste de jeune homme (XVIe s.).
Donné par M. Rouargue.

2152. 2153. — Faïence française. Grandes bouteilles de forme orientale, ornées de dessins bleus sur fond blanc (XVIe s.). — H. 0m 63.

2154. — Faïence française. Aiguière à trois anses, décorée de médaillons en relief et à la couronne de France (XVIe s.).

2155. — Faïence de Rouen. Plateau décoré d'ornements et d'armoiries en bleu sur fond blanc, bordure à réseaux (XVIe s.).

2156. 2157. — Faïence de Rouen. Plats creux à godrons, ornements bleus sur fond blanc. Au revers la marque H.

2158. — Aiguière couverte d'arabesques bleues sur fond blanc; même fabrique (XVIIe s.).

2159. — Aiguière avec panse à facettes, en faïence de Rouen bleue et blanche (XVIIe s.).

2160. — Aiguière à *jeu d'eau*, surmontée d'une galerie à jour fond blanc orné de dessins bleus; imitation des poteries chinoises; faïence de Rouen (XVIIe s.).

2161. — Aiguière à *jeu d'eau* en faïence de Rouen, décorée de dessins blens fond blanc (XVIIe s.).

2162. — Petite aiguière en faïence blanche de Rouen ornée de dessins bleus (XVIIe s.).

2163. — Saucière en faïence de Rouen; figure couchée (XVIIe s.).

2164. — Bras de lumière supportés par des figures en relief; médaillons d'applique en faïence de Rouen (XVIIe s.).

2165. — Fontaine décorée de fleurs de lys et de mascarons en bleu sur fond blanc; au centre la figure du roi saint Louis. Faïence de Rouen du règne de Louis XIII. — H. 0^m 50.

2166. — Flambeau en faïence de Rouen à dessins bleus sur fond blanc (XVIIe s.).

2167. — Sucrier blanc décoré d'ornements bleus; même provenance (XVIIe s.).

2168. — Petit vase sur pied en pâte blanche, décoré d'ornements bleus; fabrique de Rouen (XVIIe s.).

2169. — Faïence française. Grand vase à six anses, fleurs en couleurs sur fond blanc (XVIIe s.). — H. 0^m 55.

2170. — Faïence française, terre émaillée d'Avignon; au centre du plat les armes de France en relief; aux deux extrémités un aigle et une licorne (XVIe s.).

2171. — Cor en faïence blanche rehaussée de rubans jaunes, de fabrique française (XVIIe s.).

2172. — Aiguière de forme aplatie, décorée de bouquets en couleurs sur fond blanc. Faïence française.

2173. — Faïence française de Lunéville. Lions couchés (XVIIe s.).

2174. — Faïence française de Nevers. Pièce de maîtrise représentant une forteresse armée (XVIIIe s.).

2175. — Terre émaillée. Aiguière, figurée par un singe accroupi.

FAIENCES ALLEMANDES. — GRÈS DE FLANDRE.

2176. — Bas-relief en terre cuite, peinte avec rehauts d'or. Portrait de *Wolfan, par la grâce de Dieu, grand-maître et administrateur de l'ordre teutonique*. (Ecole allemande du XVIe siècle.) H. 0^m 28.

2177. — Le fils de Paul Rubens. Terre cuite de ronde-bosse, émaillée en blanc, et exécutée d'après le tableau de Rubens (XVIIe s.). — H. 0m 30.

2178. — Grès de Flandre émaillé, avec figures et ornements en relief ; grande bouteille montée en étain.

Sur la panse, les douze apôtres et un écusson d'armoiries avec les inscriptions : *Gottfried, Samuel, Bohme.* — H. 0m 40.

2179. — Grès de Flandre, émaillé en couleurs sur fond brun. Vase à anse couvert de médaillons, de cariatides et de mascarons en relief ; monture en étain. — H. 0m 30.

2180. — Grès de Flandre, émail blanc. Vase de forme cylindrique, dit canette ; à la date de 1568 ; histoire de Samson. — H. 0m 32.

2181. — Grès de Flandre gris. Vase en forme de canette ; à la date de 1576.

Les figures de Judith, de la Justice et de Lucrèce se présentent en relief au-dessus de trois écussons d'armoiries.

2182. — Grès de Flandre, émail blanc. Grand vase de forme cylindrique ; à la date de 1583.

Trois médaillons présentent la figure d'*Hercklus* dans une riche bordure, avec les armes de Guillaume-le-Riche, duc de Juilliers, de Clèves et de Berg, comte de Lamarck et de Ravensberg, mort le 25 juillet 1592, et celle de sa femme Marie, fille de l'empereur Ferdinand Ier, née en 1530, mariée en 1546, morte en 1584. — H. 0m 35.

2183. — Grès de Flandre, émail blanc, forme cylindrique. Vase à anse, portant les médaillons de Josué, Alexandre et David ; à la date de 1589. — H. 0m 25.

2184. — Grès de Flandre, émail blanc. Canette décorée des figures de la Foi, de la Charité et de la Justice (XVIe s.). — H. 0m 30.

2185. — Grès de Flandre, émail blanc. Canette portant en relief la figure de Sémiramis ; avec les dates 1559 et 1560. — H. 0m 20.

2186. — Grès de Flandre, émail blanc. Aiguière décorée de dentelles et de gravures ; couvercle en grès monté en argent gravé (XVIIe s.). — H. 0m 20.

2187. — Bidon en terre émaillée, avec écusson d'armoiries et la devise : *tant que vivrai autre n'auré* (XVIe s.).

2188. — Grès de Flandre, émail brun. Aiguière à panse

renflée et décorée d'un écusson ; à la date de 1580; au col un mufle de lion en haut-relief ; sur les côtés, des écussons portant la figure d'Alexandre. — H. 0m 40.

2189. — Grès brun de Flandre. Grande cruche à panse cylindrique forme d'aiguière, décorée d'écussons, d'armoiries et de médaillons, à la marque N. Z. — H. 0m 47.

2190. — Grès de Flandre brun à teintes bleues. Cruche à panse surbaissée, décorée de l'aigle impériale, avec les écussons des provinces, à la date de 1604. — H. 0m 35.

2191. — Grès de Flandre, émail brun. Aiguière décorée de médaillons en saillie et de fleurons gravés en creux.

La panse, treillissée en relief, présente deux écussons d'armoiries et un médaillon portant un pélican, avec l'inscription : Aus. diesen. pot. Salman. dreincken. und. dar. bei. Gottes. Gedeincken. — H. 0m 26.

2192. — Grès de Flandre, émail brun. Cruche à panse renflée, couverte de gravures sur le col, médaillons et ornements. — H. 0m 28.

2193. — Grès de Flandre, émail brun. Cruche à panse surbaissée.

Les médaillons représentent l'Adoration des Mages, avec l'inscription : Anno Domini 16XXIII den XVIII July haben ich das ges chreiben.— Laudate dominum quoniam bonus quoniam in seculum misericordia ejus. Reges de Saba veniunt. Aurum, thus, myrrham offerunt. — Johannes Kannenbecker me fecit.—H. 0m 33.

2194. — Grès de Flandre, émail brun. Cruche décorée d'écussons et de mascarons en relief. — H. 1m 35.

2195. — Petite aiguière décorée de branches de chêne en relief, grès brun, avec reflets métalliques. — H. 0m 13.

2196. — Grande gourde à oreillettes, émail brun, décorée de mascarons en relief. — H. 0m 40.

2197. — Petit vase à anse, en grès de Flandre, décoré d'ornements gris enlevés en creux sur fond blanc. H. 0m 12.

Sur la panse antérieure, une femme offre un verre à un cavalier armé d'une lance et jouant à la *bague*. A côté se trouve le monogramme AR et au-dessus la date 1623. Autour est la devise : *In deisen renck sol ick stecken, al sude ic mein lanse de brecken* (*j'atteindrai cet anneau dussé-je y briser ma lance*).—H. 0m 12.

2198. — Bidon, émail gris et bleu aux armes de France (XVIe siècle).

2199. — Grès de Flandre gris et bleu. Petite cruche à couvercle, décorée d'ornements en relief et d'impressions en creux (XVIe siècle). — H. 0m 16.

2200. — Aiguière à panse renflée, à huit pans, émail bleu sur fond gris ; décorée de fleurs bleues. — H. 0m 25.

2201. — Aiguière décorée de mascarons, et présentant sur chacune des faces une rosace travaillée à jour; grès bleu et gris. — H. 0m 33.

2202. — Vase de forme élancée, émail gris et bleu, décoré des danses westphaliennes et de branchages en relief. — H. 0m 38.

2203. — Pot émaillé gris et bleu, orné de médaillons, parmi lesquels on remarque ceux d'Henri III, d'Henri de Guise, Charles de Lorraine, etc.

2204. — Pot émaillé gris et bleu, décoré de têtes de lion et de pointes en relief (XVIIe siècle).

2205. — Aiguière à panse renflée, présentant sur sa face une figure de femme en costume flamand du XVIe siècle ; émail gris et bleu. — H. 0m 25.

2206. — Grès de Flandre émaillé en couleurs. Pot décoré d'armoiries et de sujets de chasse exécutés en relief : la Chasse à l'Ours et la Chasse au Cerf, avec l'inscription A. M. P. 1648.

2207. — Canette en grès de Flandre brun émaillé en noir, avec figures en relief, costumes du temps de Louis XIII.

2208. — Vase à anse. décoré de cinq plaques d'émail bleu, gravées en gris et entourées de branchages en relief. — H. 0m 30.

2209. — Vase sur pied en terre émaillée, portant un écusson au cœur sanglant, avec deux cerfs ailés pour supports (XVIe siècle).

2210. — Grand plat en terre émaillée, des fabriques de Schaffhouse, décoré de figures en relief sur fond brun, représentant une des stations de la passion du Christ, avec la signature de l'auteur, *Genrit Evers*, et la date 1695.

2211. — Flambeaux et encrier supportés par trois figurines en costumes du temps de Louis XIII. Grès de Flandre gris.

2212. — Bas-reliefs provenant d'un poêle en faïence émaillée, de travail allemand (XVIIe s.).

Le bas-relief principal présente le portrait en relief de Gustave-Adolphe, les autres plaques portent les figures de Charlemagne, d'Othon et de Jules-César, dans de riches encadrements, ainsi que des arabesques et des cariatides en haut-relief.

2213. — Faïence émaillée. — Pièce de maîtrise, représentant une chaire à prêcher. Travail flamand (XVIIe s.).

Le chapiteau de la colonne renferme une niche dans laquelle le potier est représenté à l'œuvre avec divers ouvrages de son art.

TERRES ÉMAILLÉES.

2214. — Petit vase en terre émaillée, rouvé dans un sépulcre de Saint-Denis (XIIIe s.). — H. 4m 0,05.

2215. — Carreau en terre incrustée et émaillée, provenant du pavage de la salle connue à Caen sous le nom de Salle des gardes de Guillaume.

Les dessins d'armoiries qui couvrent la bordure sont la reproduction des divers échantillons du pavage incrusté qui décorait le même monument. — Donné par M. Lespart de Caen.

2216. — Terre incrustée et émaillée. Carreaux trouvés dans les ruines du château de Jaulgonne (Aisne) (XIIIe s.).

Donnés par M. Ch. Lallemant, 1852.

2217. — Carreaux en terre cuite, sans émail, décorés de fleurs de lys en relief, formant assemblage par quatre.

Donnés par M. Mallay, architecte à Clermont-Ferrand, 1853.

2218. — Carreaux en terre incrustée et émaillée, fleurs de lys blanches sur fond brun (XIVe s.).

2219. — Fragments de carreaux en terre incrustée et émaillée, du XIIIe au XVIe s.

2220. — Carreaux en terre émaillée, à dessins de rapport, bleus, blanc et or (XVIe s.).

2221. — Carreau en terre émaillée. Tête de lion sur fond bleu (XVIe s.).

2222. — Terre peinte émaillée en grisaille sur fond blanc. Carreaux de l'époque de Louis XIII.

2223. — Terre émaillée. Tuyaux d'un poêle en faïence blanche, décorés de sujets de chasse et de figures en haut-relief (XVIIe s.).

VERRERIES ARABES ET DE VENISE.

2224. — VERRERIE ARABE (XIIIe s.). Grande vasque en verre, rehaussée de dessins en or et décorée de médaillons et d'inscriptions en émail bleu.

Ces inscriptions portent les titres de l'un des Malek-Adel qui ont régné en Egypte de 1279 à 1294 : « *Honneur à notre maître le sultan puissant, sage, juste.* » — D. 0[m] 37.

2225. — VERRERIE DE VENISE émaillée et rehaussée d'or. Grande coupe sur pied, couverte d'arabesques en émaux de couleurs (XVe s.). — D. 0[m] 35.

2226. — Verrerie de Venise. Bassin à filets d'émail blanc (travail dit à réseaux) (XVIe s.).

Au centre est un médaillon peint qui représente Psyché apportant à Junon le vase de Proserpine, composition d'après Raphaël (XVIe s.). — D. 0[m] 40.

2227. — Gobelet sur pied, rehaussé d'or et décoré de mascarons et de perles d'émail-turquoise (XVIe s.). — H. 0[m] 19.

2228. — Coupe montée, de forme ovale, à bosselage. Le pied, semé d'or, est décoré de mascarons en relief. — H. 0[m] 15.

2229. — Aiguière en verre blanc irisé, décorée d'ornements soufflés en relief, avec rehauts d'or (XVIe s.). — H. 0[m] 28.

2230. — Aiguière en verre blanc opaque couvert d'arabesques (XVIe s.). — H. 0[m] 25.

2231. — Grand vase en forme de gobelet, haut de vingt-cinq centimètres, en craquelé de Venise. — Pièce d'une grande rareté.

2232. — Grand vase de même forme, en craquelé de Venise, décoré de mascarons avec rehauts d'or et de boutons en émail-turquoise. — H. 0[m] 21.

2233. — Grand vase cylindrique de même forme, en craquelé de Venise. — H. 0[m] 17.

2234. — Grand vase rubis, en forme de verre cylindrique évasé, décoré de quatre cordelières et de boutons en émail blanc. H. 0[m] 24.

2235. — Gobelet cylindrique évasé, à côtes, décoré de filigranes en spirale et de trois boutons en relief, avec perles en émail-turquoise. — H. 0[m] 18.

2236. — Verrerie de Venise — Vase sphérique monté sur pied, à large ouverture, panse craquelée et décorée de mascarons à rehauts d'or, ainsi que de boutons en émail-turquoise. — H. 0m 19.

2237. — Vase à panse renflée, à large col et à godrons, sur piédouche, décoré de mascarons en relief avec rehauts d'or, et de boutons chargés de perles en émail-turquoise (xvie s.). — H. 0m 22.

2238. — Vase de même forme et d'une décoration analogue, avec godrons finement striés en travers (xvie s.). — H. 0m 17.

2239. — Bouteille en forme de *fiascone*, décorée d'émaux sur fond d'or, et munie de quatre bélières de suspension (xvie s.). — H. 0m 30.

2240. — Grand bassin sur pied, décoré d'écailles en or et d'émaux de couleurs (xvie s.). — D. 0m 30.

2241. — Plateau décoré de godrons et d'ornements émaillés avec rehauts d'or (xvie s.). — D. 0m 29.

2242. — Coupe en verre bleu sur pied, décoré d'émaux sur fond d'or (xvie s.). — D. 0m 24.

2243. — Grand verre de forme allongée, sur pied ; travail à réseaux de filets blancs et à bulles d'air (xvie s.). — H. 0m 27.

2244. — Coupe en verre blanc de Venise sur pied à balustre, orné de mascarons avec rehauts d'or (xvie s.). — H. 0m 16.

2245. — Coupe en verre blanc sur pied, décoré de têtes de lion en relief (xvie s.). — H. 0m 15.

2246. — Coupe sur pied décorée d'ornements bleus à jour (xvie s.). — H. 0m 16.

2247. — Coupe élancée sur pied, fond uni à côtes (xvie s.). — H. 0m 18.

2248. — Coupe en verre blanc à bouillons, sur pied godronné. — H. 0m 15.

2249. — Coupe sur pied, à réseaux blancs (xvie s.). — H. 0m 12.

2250. — Gobelet sur pied, avec culot bleu. — H. 0m 15.

2251. 2252. — Vases en forme de tulipe, sur pied, avec ornements blancs à jour et filets bleus. — H. 0m 20.

2253. — **Verrerie de Venise.** — Seau à panse renflée en verre craquelé (XVIe s.).

2254. — Gobelet en craquelé de Venise.

2255. — Verrerie de Venise agatifiée. Grand flacon à côtes, avec monture en argent (XVIe s.).

2256. — Petit vase fond bleu agatifié, semé de fleurs émaillées de toutes couleurs (XVIe s.).

2257. — Verre jaspé, rouge, jaune, bleu et blanc, forme de gobelet à côtes. — H. 0^m 17.

2258. — Plateau décoré de filets et de réseaux blancs XVIe s.).

2259. — Aiguière fermée en verre rehaussé de filets blancs (XVIe s.). — H. 0^m 19.

2260. 2261. — Petites aiguières avec anses et boutons en verre rose à réseaux blancs (XVIe s.). — H. 0^m 19.

2262. — Petite mesure à liqueur en verre jaspé de Venise (XVIe s.).

2263. — Aiguière à panse remplie en verre rouge flammé de Venise (XVIIe s). — H. 0^m 19.

VERRERIES D'ALLEMAGNE, DES FLANDRES ET DE FRANCE.

2264. — **Verrerie allemande.** — Grand vidercome de forme évasée, décoré d'écussons d'armoiries sur fond d'or, de filets et de boutons d'applique en émaux de couleurs (XVIIe s.). — H. 0^m 32.

2265. — Verrerie allemande. Grand vidercome émalllé en couleurs, et décoré des armes de l'Empire, avec la légende *anno domini* 1694.

2266. — Verrerie allemande. Flacon en verre bleu décoré de bouquets et d'un sujet : *le montreur d'ours*, date de 1604.

2267. — Verrerie de même fabrique. Flacon d'une décoration analogue : *le renard prêchant aux oies*, à la date de 1646.

2268. — Verrerie allemande. Verre sur pied à jour (XVIe s.).

2269. — Verrerie allemande. Verre de forme élancée, à tige godronnée et cerclée de bleu. — H. 0^m 34.

2270. — VERRERIE DE FLANDRE. — Grand verre monté, décoré de gravures au diamant, de courbures et d'entrelacs doubles avec becs d'oiseaux et crêtes en verre bleu. — H. 0m 45.

Cette belle pièce présente les écussons de dix-sept provinces ; les filets de la tige sont en verre jaune, rouge et bleu.

2271. — Grand gobelet, de forme évasée, monté sur pied, enrichi de courbures avec filets en verre blanc et ornements en verre bleu. — H. 0m 32.

2272. — Verre monté, de même forme que le précédent. — H. 0m 27.

La tige est également formée de courbures très rapprochées à filets blancs et à dentelures bleues.

2273. — Grand verre, de forme très élancée, couvert de figures et d'armoiries gravées au diamant, avec le portrait en pied du prince Frédéric de Nassau. — H. 0m 36.

On lit les deux vers suivants :

Dit is prins Frederic, den Batavier en helt
Dies lands vrijheit, en wetten en vreede heeft gestelt.

2274. — Grand verre, monté de forme analogue, aux armes d'Espagne ; le pied décoré de courbures striées. — H. 0m 34.

2275. — Gobelet monté de forme évasée, décoré d'un sujet de chasse gravé au touret et enrichi d'entrelacs à filets blancs et de crêtes. — H. 0m 26.

2276. — Verrerie mouchetée de couleurs. Ryton ou corne à boire (XVIe s.).

2277. — Cornet de même sorte, à côtes, rehaussé de décors en verre bleu. — D. 0m 24.

2278. — Cornet en verre blanc, rehaussé de filets bleus en relief. — D. 0m 19.

2279. — Ryton ou cornet à boire, en verre blanc, rehaussé de filets en relief.

2280. — Cornet en verre blanc, décoré de trois doubles cordelières, avec sujet de chasse gravé au touret (XVIIe s.). — L. 0m 30.

2281. — Verrerie ancienne de même fabrique. Grand ryton en verre blanc, avec bélière et filets en relief. — L. 0m 48.

2282. — Botte en verre blanc, vase à boire, avec ornements gravés au touret. — H. 0m 22.

2283. — Cornet à boire, en forme de botte éperonnée (XVIIe s.).

2284. — **Verrerie de Flandre.** — Grand verre à boire, en forme de béquille, avec bec servant d'embouchure. — L. 0m 73.

2285. — Verre à boire, de forme élancée, sur pied; anses ouvragées. — H. 0m 33.

2286. — **Verrerie française.** — Vase à panse renflée, en verre, à long col, avec anses et anneaux ouvragés. — H. 0m 18.

2287. — Bassin en verre blanc, à côtes, avec anses en verre bleu (XVIe s.).

2288. — Bassin en verre blanc, à bords élevés, portant au fond une boule en verre bleu (XVIe s.).

2289. — Plateau monté en verre uni, avec bosselages (XVIIe s.).

2290. 2291. — Lampes à quatre becs, en verre, à tringle ou à suspension (XVIIe s.).

2292. — Lampe en verre à quatre becs, montée sur pied et à réservoir renversé (XVIIe s.).

2293. — Support de lampe en verre commun, forme de flambeau (XVIIe s.).

2294. — Flambeau en verrerie irisée (XVIIe s.).

2295. — Aiguières à rafraîchir les vins, avec réservoir intérieur pour la glace. Verrerie française du XVIIe siècle.

2296. — Bouteille décorée de godrons et de crêtes en relief (XVIIe s.).

2297. — Vase monté en verre blanc uni, de forme allongée (XVIIe s.).

Le pied, en forme de balustre, est décoré de petits mascarons en verre bleu.

2298. — Grand gobelet sur pied, à côtes, avec couvercle forme calice (XVIIe s.). — H. 0m 35.

2299 — Clochette en verre irisé, trouvée dans un caveau de l'hôtel de Cluny.

2300. — Clochette avec battant (XVIIe s.). — H. 0m 13.

2301. — Plat en verre uni, décoré d'ornements gravés à la pointe (XVIIe s.).

2302. — Verrerie blanche. Salière sur quatre pieds (XVIIe s.).

2303. — Vase, forme de gobelet, à anses (XVIIe s.)

Au centre, un écusson d'armoiries portant un renard avec trois étoiles au chef supporté par deux griffons.

2304. — Burettes en verre gravé, aux initiales E. B. surmontées de la couronne ducale (XVIIe s.).

La gaîne en chagrin est couverte de fleurs de lys imprimées au fer et dorées.

2305. — Fragments d'un verre antique irisé, à reflets métalliques.

VI. ORFÈVRERIE, BIJOUTERIE, HORLOGERIE.

2306. — Ostensoir en bronze doré, provenant du collége des jésuites de Fribourg (XVe s.).

Le corps est circulaire et surmonté d'une tourelle percée à six ouvertures. Il est flanqué de deux contreforts terminés en flèche. Le clocheton qui couronne le tout est à six faces couvertes d'imbrications, les bossettes du pied sont décorées d'émail. — H. 0^{m} 50.

2307. — Reliquaire-ostensoir en cuivre doré, provenant de l'église Saint-Martin de Nuits (XVe s.).

Le corps de l'ostensoir est flanqué de deux contreforts que surmontent des clochetons à chimères ; des deux côtés sont les figures de la Vierge et de sainte Catherine; au-dessus de la partie principale règne une galerie percée à jour; sur les bossettes de la douille se trouvent les mots *gracia Maria*. Le tout est terminé par un clocheton gothique à six ouvertures couronné par une flèche élancée. — H. 0^{m} 53.

2308. — Reliquaire-ostensoir en argent, orné de clochetons; sur les portes, deux figures de saints personnages (XVe s.).—H. 0^{m} 28.

2309. — Reliquaire en cuivre repoussé et doré, décoré d'arcades ogivales à claire-voie (XVe s.).

2310. — Calice en argent, monté sur pied en bronze doré (XVe s.).

Le pied est gravé à figures, les bossettes et les faces du montant sont rehaussées d'émaux. — H. 0^{m} 23.

2311. — Châsse-ossuaire supportée par quatre anges, reliquaire en cuivre ciselé, gravé et doré (XVe s.). — H. 0^{m} 22.

2312. — Châsse-ossuaire supportée par quatre figures, d'une forme et d'une exécution analogues à la précédente (XVe s.).

2313. — Ostensoir sur pied en cuivre doré, flanqué de deux clochetons (XVe s.). — H. 0^{m} 35.

2314. — Reliquaire sur pied en cuivre doré, de forme gothique (XVe s.).

Le corps principal, de forme cylindrique, est formé de douze arcades ogivales à jour; le couvercle est surmonté de la figure du Sauveur.

2315. — Croix en cuivre repoussé et doré, ornée de pierreries. Travail byzantin. — H. 0m 40.

2316. — Croix en cuivre repoussé et doré, montée sur pied à six pans (XVe s.).

A l'extrémité des bras de la croix sont des médaillons présentant, en repoussé, les symboles des Evangiles. Au revers, se trouve la Vierge portant l'Enfant-Jésus, avec les figures de la Foi, la Justice, la Tempérance et la Force. — H. 0m 32.

2317. — Croix processionnelle, décorée d'appliqués en argent repoussé (XVIe s.)

2318. — Croix-reliquaire archiépiscopale en cuivre gravé et doré (XVIe s.).

2319. — Appliques en argent repoussé provenant d'une croix du XIVe siècle. — Fragments de galeries et d'appliques en cuivre, provenant de reliquaires des XIIIe et XIVe siècles.

2320. — Saint personnage tenant en main la croix archiépiscopale. Figure en cuivre ciselé (XVIe s.).

2321. — Chandelier en bronze, supporté par un lion chimérique (XIIIe s.).

2322. — Chandelier en bronze (XVe s.).

2323. — Encensoir en cuivre gravé, repoussé et doré, de travail italien (XIIIe s.).

2324. — Encensoir gothique, surmonté de clochetons en cuivre doré (XIVe s.).

2325. — Encensoir en cuivre repoussé et doré, flanqué de tourelles sur les angles. Travail italien (XVIe s.).

2326. — Navette ou boîte à encens en cuivre gravé, de travail italien. La Salutation angélique (XVe s.).

2327. — Navette ou boîte à encens en cuivre gravé et doré. Orfèvrerie italienne (XVIe s.).

2328. — Coffre de mariage de forme rectangulaire, avec couvercle en forme de toit, enrichi d'appliques découpées à jour, en étain doré, représentant des lions héraldiques et autres animaux chimériques (XIVe s.). — L. 0m 40.

2329. — Salière en étain décorée de sujets en relief et d'inscriptions latines (XIVe s.).

Sur le couvercle : la Salutation angélique, avec la légende: *Bosetus me fecit.—Ave gratia plena, etc.*; à l'intérieur : le Christ en croix entre Marie et saint Jean, avec l'inscription : *Cum sis in mensa — primo de paupere pensa ; — cum pascis cum — pascis amice Deum.*

2330. — Table arabe en cuivre repoussé et gravé (du XIVe au XVe siècle).

Le centre est décoré d'un médaillon d'arabesques gravées qu'entoure une légende ancienne exprimant les quinze vertus attribuées à un émir de Malek en Naçer.— Les Malek en Naçer étaient des sultans d'Égypte de la dynastie Mamlouck. Il y en a eu plusieurs du XIVe au XVe siècle.

2331. — Vase en argent du XIVe siècle, forme de coupe, trouvé dans des fouilles faites à Gaillon (Eure).

Au fond est une rosace à six bossettes repoussées et dorées renfermant à son centre un oiseau héraldique gravé en creux et émaillé ; au revers est un écusson gravé et portant deux ailerons.

2332. 2333. — Vase en argent, de forme analogue et de même époque, portant au revers le même écusson.—Gobelet en argent, trouvé dans les mêmes fouilles.

2334. — Lampe gothique en fer, d'origine italienne, avec la devise : *Servo e me cosumo altri* (XVe s.).

2335. — Bassin en cuivre repoussé, décoré de deux écussons accouplés d'armoiries italiennes (XVe s.).

2336. — Aiguière en bronze, sous forme d'une licorne ; l'anse est formée par une chimère (XVe s.).

2337. — Grand plat en cuivre repoussé et gravé, au centre deux écussons de mariage accouplés en émail incrusté. Orfèvrerie italienne du XVIe siècle.

2338. — Corne à boire montée sur pied et garnie en cuivre gravé, ciselé et doré (XVe s.) — H. 0m 30.

2339. — Corne à boire, montée en cuivre gravé et doré (XVIe s.).

2340. — Ceinture en argent ciselé et doré. Ouvrage de la fin du XIVe siècle.

Les rosaces qui font la décoration de cette belle ceinture, sont au nombre de cinquante-sept ; elles sont appliquées sur une bande de velours doublée d'un galon d'or. Le fermoir est enrichi de feuillages ciselés en haut-relief et rehaussés de pierres précieuses. — L. 1m 45.

2341. — Miroir monté dans une bordure en fer damasquiné de Florence (XVIe s.).

Les deux figures principales qui accompagnent le miroir sont en fer ciselé et doré ; le reste de l'encadrement se compose de figures repoussées au marteau et damasquinées d'or sur un fond de paysage encadré dans un portique d'architecture de travail analogue. — L. 0m 72. H. 0m 62.

2342. — Présentoir en cuivre doré (XVIIe s.).

2343. — Bague en argent doré, trouvée dans les fouilles faites aux Célestins de Paris (XVe s.).

2344. — Bague de fiançailles, jumelle, en or gravé, ciselé et rehaussé d'émaux, trouvée dans la Seine, à Paris, en 1849 (XVIe s.).

2345. — Cuiller en argent, avec manche surmonté d'une figure de madone (XVIe s.).

Sur la poignée on lit les inscriptions : I. IEHENIAV. M. CONA.

2346. — Couteau à manche d'argent, portant les chiffres et attributs du roi Louis XIII, ceux de Henri IV, de Marie de Médicis et de Gaston d'Orléans (XVIIe s.).

2347. — Ornement en argent composé d'une plaquette gravée à laquelle est suspendu un petit Saint-Esprit en même métal; bijou trouvé dans la Seine en 1849.

2348. — Vase de la corporation des charrons, en étain gravé et ciselé. Travail flamand du XVIe siècle.

Le couvercle est couronné par un lion qui supporte un écusson aux armes parlantes de la corporation. L'inscription gravée sur la face est postérieure, elle porte la date de 1720.

2349. — Burette en étain, trouvée à Paris, dans la Seine (XVIIe s.).

2350. — Bénitier en bronze, décoré d'ornements et de fleurs de lys, avec le monogramme du Christ entouré des emblèmes de la Passion (XVIIe s.).

2351. — Couvre-feu en cuivre repoussé, de travail flamand, époque de Louis XIII.

2352. — Lampe de suspension en cuivre, décorée de fleurs de lys et de mascarons, Règne de Louis XIII.

2353. — Boucle de ceinture, en cuivre ciselé et doré. Travail de bijouterie du XVIIe siècle.

2354. — Lampe sur pied, à quatre becs, de forme antique et d'origine italienne (XVIIe s.).

2355. — Plaque en cuivre ciselé et argenté, représentant un saint évêque, trouvée dans les caveaux de l'église Saint-Merry en 1819. Règne de Louis XV.

Donnée par M. le capitaine Petit.

2356 — Petite croix épiscopale en argent et bronze doré,

décorée de figures et d'ornements gravés; à l'intérieur, une petite horloge (XVIe s.).

2357. — Tête de mort en buis sculpté, renfermant une petite horloge (XVIe s.).

2358. — Montre en cuivre doré, couverte en chagrin piqué en or, avec mouvement de *Fiacre Clément*, à Paris. Commencement du XVIIIe siècle.

2359. — Boussole de poche à gnomon, en argent gravé et ciselé de *Butterfield* à Paris (XVIIe siècle).

2360. — Boussole de poche en ivoire gravé, exécutée par *Hans Trôschel*, en 1592.

2361. — Boussole à cadran en cuivre doré et gravé. Commencement du XVIIIe siècle.

2362. — Horloge sidérale, avec boussole et gnomon, en bronze gravé et doré. Ouvrage du XVIIe siècle.

2363. — Astrolabe de poche en bronze doré; du commencement du XVIIe siècle.

2364. — Boîte à horloge en cuivre ciselé à jour et doré; du temps de Louis XIII.

2365 — Boîte en cuivre ciselé et doré, portant d'un côté le portrait de Maurice de Nassau, et de l'autre l'écusson d'armoiries à la devise : « Hony soit qui mal y pense. » 1625.

VII. ARMES.

2366. — Sabre en bronze antique, d'origine gallo-romaine, trouvé dans la Seine, près Rouen.

2367. — Francisque antique trouvée dans le lit de la Saône, à l'embouchure de la Seille (Saône-et-Loire).

2368. — Fer de lance antique, en bronze, trouvé dans une urne découverte sur les bords du Rhône, à Quirieu.

2369. — Targe en bois, garnie en peau, couverte de peintures et d'inscriptions en vieil allemand; au milieu saint Michel terrassant le démon (XVe s.).

2370. — Casque en fer repoussé, gravé et damasquiné d'or; forme de bourguignotte, avec visière fixe et oreillettes mobiles (XVIe s.).

Donné par M. J. P. Lefebvre.

2371. — Gambesson, sorte de cotte d'armes en toile piquée et brodée à œillets (xvie s.).

2372. — Trophée d'armes légué au musée par M. le comte Honoré de Sussy, par testament en date de janvier 1853.

Ce trophée se compose d'une armure suisse, de trois fusils de fabrication orientale rehaussés d'argent et de nacre, d'un mousquet richement incrusté d'ivoire du temps de Louis XIII, de neuf hallebardes et pertuisanes montées, de lances et de javelots de provenance orientale. (Voir pour le legs fait par M. de Sussy à l'Hôtel de Cluny, les n°s 1997 et 2418, 2419, 2420, 2421.)

2373. 2374. 2375. — Batteries d'arquebuse en fer. Époque de Louis XIII.

Données par M. Rouargue, graveur (1853).

2376. — Arbalète avec cranequin (xviie s.).

VIII. SERRURERIE.

FERS CISELÉS ET REPOUSSÉS.

2377. — Chenets en fer ornés de figures et portant les écussons aux armes de France (xve s.).

2378. — Chenets en fer provenant de l'ancienne abbaye de Marmoutiers, près Tours (fin du xve s.).

2379 — Chenets en fer décorés d'ornements gravés en creux (fin du xve s.).

2380. — Chenets en fer forgé, à supports pour chauffer les plats (xvie s.).

Donnés par le capitaine Petit.

2381. — Crémaillère de cheminée, en fer forgé (xve s.).

Cette crémaillère est formée d'entrelacs, décorée d'ornements découpés à jour et les branches se terminent par des fleurs de lys élancées.

2382. — Crémaillère de cheminée, à trois branches, en fer forgé (xve s.).

2383. — Plaque de foyer en fonte de fer, ornée de trois écussons aux armes de France (xve s.).

2384. — Plaque de cheminée provenant d'une ancienne habitation, au lieu dit la Rivière-Thibouville (Eure), et portant la date de 1578. Mars et Vénus.

Donnée par M. Ch. Lenormant, de l'Institut, président de la commission des monuments historiques, etc.

2385. — Plaque de cheminée en fonte de fer, dans le style du temps de Henri II. Mars et Vénus (XVIe s.).

2386. — Plaque de cheminée aux armes du duc d'Aumont.

2387. — Grande pincette de cheminée, en fer, avec ornements ciselés et découpés à jour (XVe s.).

2388. — Lanterne en fer repercé à jour, gravé et doré, avec chaîne de suspension en fer tordu et doré. Travail vénitien du XVIIe siècle.

2389. — Chaîne de suspension en fer tordu de Venise (XVIIe s.).

2390. — Petit coffret en fer du XVe siècle.
Donné par M. le capitaine Petit.

2391. — Coffret en fer gravé, d'Allemagne, décoré d'oiseaux chimériques, avec poignée (XVIe s.).
Donné par M. Rouargue, graveur, 1853.

2392. — Coffret en fer peint et décoré de sujets de chasse du temps de Louis XIII (XVIIe s.).

2393. — Coffret en cuivre estampé (XVIIe s.).
Donné par M. le capitaine Petit.

2394. — Serrure de coffret en fer gravé et doré (XVIIe s.).
Donnée par M. Norblin.

2395. — Verrou en fer repoussé et décoré d'arabesques. Au centre une tête de lion (XVIe s.).

2396. — Verrou en fer repoussé, de travail analogue (XVIe s.).

2397. — Verrou en fer travaillé à jour, provenant de la porte de l'évêque Hennequin de Troyes (XVe s.).
Donné par M. le capitaine Petit.

2398. — Cadenas sphérique et clef trouvés dans la Seine, à Melun (XVe s.).

2399. — Clef antique en fer, trouvée en Auvergne, sur les terrains de l'antique Gergovia.

2400. — Clef repercée à jour (XVIe s.).

2401. — Clef travaillée à jour (XVIIe s.).
Trouvée à Clichy et donnée par M. Sebret.

2402. — Clef de meuble repercée à jour (XVIIe s.).
Donnée par M. Huchot, commissaire à Enghien.

2403. — Croix en fer forgé, du temps de Louis XIV, provenant de la Sainte-Chapelle de Paris.

Donnée par M. l'abbé Caille des Mares.

2404. — Fragments d'appliques de portes, en fer forgé (XIIIe s.).

IX. TAPISSERIES, BRODERIES, TISSUS, ÉTOFFES.

2405. — Tapisserie à figures, d'origine allemande. Sujet d'amour, avec légendes (XVe s.).

Les chevaliers se présentent aux dames en faisant un geste d'hommage, et la légende qui les entoure s'explique ainsi : *Je vous présente mon cœur comme hommage à un grand trésor.* Les dames coupent une branche d'olivier en répondant : *Ce n'est pas sans une branche d'olivier que vous devez vous hasarder dans le chemin du cœur.* — H. 0^m 60. L. 1^m 32.

2406. — Scènes de la vie privée. Suite de six tapisseries de Flandre du temps de Louis XII. — Seigneur et dame châtelaine accompagnés de dames d'atour et de pages.

Toutes les figures de ces tapisseries reposent sur un fond de feuillages et d'arbustes sur lesquels se détachent des oiseaux de toutes sortes aux plumages les plus variés.

2407. — Même suite. — Seigneur partant pour la chasse. Il tient le faucon sur son poing; près de lui un homme d'armes attend ses ordres, appuyé sur sa pique.

2408. — Même suite. — Dame assise et occupée à filer ; près d'elle un chevalier se tient debout et lit des vers.

2409. — Même suite. — Dame assise. Elle se livre au travail de la broderie ; auprès d'elle une dame d'atour se tient debout et présente un miroir.

2410 — Même suite. Dame au bain, entourée de ses dames d'atour, de pages et de musiciens

2411. — Même suite. Dame assise, tenant un faucon sur ses genoux et entourée de seigneurs et de dames occupés à deviser.

2412. — Tapisserie de Flandres. Figure du Christ brodée et rehaussée d'or (XVIe s.).

La main droite est en action de bénir et la gauche supporte le globe crucifère; les épaules sont couvertes d'une chape dont les côtés sont rattachés par un fermail en orfèvrerie.

2413. — Tapisserie allemande, décorée de sujets tirés de l'Ancien et du Nouveau Testament, avec figures brodées en relief (XVIe s.).

2414. — Tapisseries à figures d'origine flamande, représentant les plaisirs de la campagne; costumes du XVIe siècle.

2415. — Tapisserie à figures des fabriques d'Arras (XVIe s.).

Donnée par M. le ministre de l'instruction publique en 1848.

2416. — L'Adoration des Mages. Tapisserie italienne du XVIe siècle, exécutée sur des cartons de l'École flamande.

2417. — La reine de Saba déposant ses présents au pied du trône du roi Salomon. Tapisserie au point exécutée sous le règne de Louis XIII.

Donnée par M. Delahaye, d'Amiens.

2418. 2419. 2420. 2421. — Les travaux et les plaisirs des champs, de Teniers; suite de quatre grandes tapisseries des fabriques de Beauvais, conservées jadis au château de Rosny.

Ces tapisseries, qui provenaient de la vente de Mme la duchesse de Berry, ont été léguées au Musée par M. le comte Honoré de Sussy, par testament, janvier 1853.

2422. — Restes d'un vêtement sacerdotal trouvé à Bayonne, dans la tombe d'un évêque du XIIe siècle, ouverte en 1853.

Ces étoffes, d'origine orientale, se composent d'une tunique en soie, de chausses en soie décorées d'oiseaux et d'ornements tissés, de toiles brochées soie et or et couvertes de caractères orientaux, des bandelettes de la mitre et des passementeries du vêtement; elles ont été retrouvées par les soins de M. Boesvilvald, architecte du gouvernement.

2423. — Etoffe de soie brodée d'or, fragment d'un ancien ornement sacerdotal du XIIe siècle, provenant du monastère de Vergy, et représentant les figures du comte Manassès et de la comtesse Hermengarde.

En haut sont les figures de saint Vivent, de la bienheureuse Marie et de saint Pierre. Au centre : *Fratres Petrus offerens super altere hoc vestimentum integrum sacerdotale.* Au dessous : *Comes Manasses et Hermengardis comitissa hujus monasterii fundatores quod Vergeium dicitur, illud deo offerentes sancto que Viventio et Beatæ Mariæ atque sancto Petro.*

2424. — Fragment de l'étoffe dans laquelle les restes de saint Bénigne ont été rassemblés par Hugues d'Arc, le 19 octobre 1288.

« Trouvée dans la caisse en bois doublée d'étoffe de soie rouge à « grain d'orge satiné qui les renfermait; cette caisse déposée dans une « des salles du ci-devant logis du roi, à Dijon, servant de magasin pour

« le dépôt des ornements et reliques sortis des églises, dont le père « Baron était gardien, le 23 février 1792. »

2425. — Tissu brodé en soie de couleurs, du XIIe siècle, provenant de l'ancienne abbaye de Citeaux.

2426. — Tableau en broderie de soie sur fond d'or. Saint Christophe portant l'Enfant-Jésus (fin du XVe siècle).

Les figures sont brodées en soie et rehaussées d'or: le fond représente une chambre dont la voûte est de style ogival.

2427. — Tableau en broderie, d'exécution analogue, représentant deux personnages en costumes du temps de Louis XII.

2428. 2 429. — Tableaux brodés en soie et or ; sujets tirés de la vie des saints Martyrs. Ecole de Florence (XVIe s.).

2430. — Chape en velours brodé d'or, avec collet et orfrois brodés à figures (XVIe s.).

Cette belle chape, sur le collet de laquelle est brodée la figure du donateur avec ses armoiries, provient de l'ancienne abbaye de Cluny.

2431. — Chasuble brodée or et soie sur fond de soie blanche. Le Christ en croix et saint Sébastien (XVIe s.).

2432. — Chasuble brodée or et soie, sur fond de damas vert. Les sujets, en costume du temps, sont d'une remarquable exécution (XVIe s.).

Sur la face principale : le Baptême, l'Intronisation d'un saint évêque, la Salutation angélique et l'Exorcisme; sur la face antérieure : la Nativité et l'Adoration des Mages.

2433. — Broderies composant l'ornementation d'un vêtement sacerdotal, or et soie sur fond de velours rouge. Orfrois de la chasuble (XVIe s.).

Au centre, un médaillon brodé en soies de couleurs : le Christ et la Samaritaine, avec bordure en or de haut relief. — Voile de calice : saint Michel terrassant le démon, bordure et coins en or. — Corporal : croix et coins brodés en or.

2434. — Vêtement sacerdotal complet, brodé en or et en argent sur fond de damas blanc (XVIIe s.).

1° Chasuble décorée de fleurons brodés en haut-relief sur la pièce du fond ; au centre de la croix, un Saint-Esprit en argent sur rayons d'or et de soie rouge. — 2° Étole de même travail. — 3° Manipule. — 4° Voile du calice. — 5° Corporal. — 6° Plateau. — Cette belle broderie provient d'une église d'Autun.

2435. — Corporal en soie brodée d'or, du XIIe siècle.

Les sujets sont : le Christ en croix entre Marie et saint Jean, la Crèche, la figure du Père-Eternel, les symboles des Évangiles. Les bordures sont composées de fleurs, d'entrelacs et de lys.

2436. — Dalmatique en velours brodé aux lys de France ; les orfrois sont couverts de figures de saints personnages, brodés en or et en soie (XVIe s.).

2437. — Dalmatique de même forme, brodée à figures en or et soie (XVIe s.).

2438. — Dalmatique en lin, couverte de fleurs brodées en soie. Epoque de Louis XIII.

Donnée par M. Jollivet, peintre d'histoire.

2439. — Garniture d'autel brodée en soie sur fond de jayet blanc. La Vierge, vases de fleurs et de fruits. Travail italien du XVIe siècle.

2440. — Pièce d'autel brodée en jayet de couleurs, fleurs et branchages sur fond de jais d'or (XVIe s.).

2441. — Pente en étoffe de soie brodée, à figures, sujets tirés de l'histoire de l'Ancien-Testament. Travail allemand à la date de 1574.

2442. — Tapisserie au point sur fond blanc, rehaussée de fleurs et d'ornements en couleurs ; ancien devant d'autel au monogramme du Christ (XVIIe s.).

2443. — Tapisserie brodée en laine et soie à dessins courants, de l'époque de Louis XIII.

2444. — Pièce de tenture en broderies de couleurs sur fond de soie blanche. Règne de Louis XIII.

2445. — Drap d'or velouté de Venise ; étoffes du XVIe siècle ; dessin oriental.

2446. — Etoffe de même provenance et de même fabrication, à dessin rampant, couleurs sur fond d'or.

2447. — Etoffe de même provenance à grand dessin, couleurs sur fond d'or.

Ces étoffes étaient destinées à une décoration d'appartements, comme l'indiquent les lambrequins en pièces qui les accompagnent.

2448. — Napperon de calice brodé et travaillé à jour (XVIe s.).

Donné au Musée par M. Boesvilvald, architecte.

2449. — Grande nappe en guipure, couverte de sujets brodés et rehaussée de points coupés. Epoque de Louis XIII.

Les sujets représentent les dieux et déesses de l'antiquité, les vertus, les signes du zodiaque, des animaux chimériques, et divers personnages en costumes du temps.

2450. — Napperon d'autel en guipure (XVIIe s.).

2451. — Barbes en guipure, provenant d'une garniture d'autel du XVIIe siècle.

2452. — Nappe brodée à jour; lingerie italienne du XVIIe siècle.

2453. 2454. 2455. — Collerettes brodées, découpées à jour et montées sur armatures en fil de fer. — Cols rehaussés de dessins appliqués en fil et recoupés à jour. Epoque de Louis XIII.

2456. 2457. — Chaussures flamandes pour hommes, au XVIe siècle: 1° paire de souliers en cuir; 2° paire de petits souliers pour enfants.

Ces chaussures en cuir se distribuaient aux pauvres de la ville de Gand les jours de grandes solennités et aux frais de la cité.

2458. 2459. 2460. — Chaussures de dames flamandes, au XVIIe siècle:

1° Paire de patins en damas rouge. — 2° Paire de patins en damas vert. — 3° Paire de pantoufles en laine blanche.

2461. 2462. — Etendards espagnols brodés sur soie blanche (XVIIe s.).

2463. — Etendard de corporation flamande, en soie brodée. Saint-Martin (XVIIe s.).

2464. 2465. — Etendard aux armes de Lucques, à la devise: *libertas*; le premier porte, en outre, les figures de la Vierge et de saint Jean.

2466. — Traité de broderie et de point coupé, renfermant une série de modèles, et publié à Padoue, le 1er octobre 1604, par Pierre-Paul Tozzi, de Rome.

Donné par M. Arthus Fleury, 1853.

X. OBJETS DIVERS.

2467. — Série d'objets celtiques trouvés dans le département de Maine-et-Loire, découverts et donnés au musée par M. Jolly Leterme, architecte à Saumur.

Manche en corne représentant un sujet gravé en creux de la plus haute antiquité. — Instruments en silex ayant la forme de lames de couteaux et de bouts de flèches. — Flèche en os à plusieurs dards en forme de harpon.

2468. — Phalères en bronze, trouvées à Genne, près le monument gallo-romain de Saint-Eusèbe (Maine-et-Loire).

Données au Musée par M. Jolly Leterme, architecte à Saumur, 1853.

2469. — Hachette celtique en silex, trouvée dans le bois de Haut-Regard, baronnie de La Haye-Dupuits (Manche).
Donnée par M. Lecoq de la Garde.

2470. — Coin en bronze, de l'ère gallo-romaine, trouvé à Montereau (Seine-et-Marne).
Donné par M. Passerard.

2471. — Strigille antique en bronze, portant sur le manche un hippogriffe poinçonné.

2472. — Boucle ou agrafe antique en bronze, couverte d'ornements et de figures
Rapportée de Corse et donnée par M. P. Mérimée, sénateur, inspecteur général des Monuments historiques, etc.

2473. — Vases antiques en terre grise, trouvés à Senlis (Somme).
Donnés par M. Distribué, employé au Musée.

2474. — Pierre gravée antique, trouvée à Paris dans la Seine, et représentant deux figures de génie.

2475. — Médaille en bronze de Gordien III, au revers de Jupiter Stator, trouvée à Paris, cour des Messageries impériales.
Donnée par M. Martin-Rey.

2476. — Fibules ou agrafes carlovingiennes en bronze doré, trouvées sur l'emplacement de la nouvelle caserne de l'Hôtel-de-Ville de Paris.

2477. — Collier en bronze et bracelet antiques trouvés à Montereau.
Donnés par M. Gallot, de Paris.

2478. — Objets trouvés à Vaux-sur-Eure : urne en terre rouge striée, coin en bronze, étrier en fer du XVe siècle, épée en fer.
Donnés par M. Montagne, instituteur communal de la ville de Paris.

2479. — Fragment des peaux qui couvraient les portes de l'église d'Ébreuil (Allier) (XIIe s.).
Ces peaux étaient appliquées entre le bois et les pentures des portes.
Donnés par M. Millet, architecte du gouvernement.

2480. — Fer de cheval du XIVe siècle, trouvé à Vassimont, au château des comtes de Champagne. Clef de même époque et de même provenance.
Donnés par M. Geslin d'Évron.

2481. — **Moule à oublies en fer gravé et à double face (XIIIe s.).**

Un des côtés présente la figure du Seigneur, la main droite en action de bénir, la gauche tenant le globe avec la légende : *Cuncta creata rego, trinus et unus ego.* Sur la bordure sont les sujets suivants : la Salutation angélique, la Nativité et le Baptême dans le Jourdain, la Cène, le Calvaire et la Résurrection, avec les légendes : *Virgo. salvatur. parit. hic. aqua. sanctificatur. cenat. post. surgit. cruce. mortuus. hicque. resurgit.* — Sur l'autre face, le Christ est au milieu d'une auréole à six lobes, et la bordure présente les figures des douze apôtres sous des portiques d'architecture gothique. — D. 0m 26.

2482. — **Inscription tumulaire d'Anne de Bourgogne, duchesse de Bedford, trouvée aux Célestins de Paris.**

Cy gist très haulte ⁊ puissante princesse madame Anne de Bourgne fille de feu très hault et puissãt prince Jehan duc de Bourgne conte de Flandres, d'Artois et de Bourgne fame de très hault et puisst prince Jeh. gouvnãt et régent le royme de France, duc de Bedford qui trespassa en lostel de Bourbon à Paris le XIIIIe jour de novembre mil quatre cens trente deux.

Cette inscription était placée au-dessus du cercueil en plomb qui renfermait les restes de la duchesse de Bedford, et qui a été trouvé dans les fouilles faites dans la chapelle des Célestins au mois de janvier 1848.

2483. — **Épitaphe de Pierre de Ronsard sur la mort de Charles de Boudeville, enfant de Vaulx, *Mort le mardy XIIIe de mars MVLXXI*. Pièce inédite de Ronsard.**

Icy gist d'ung enfant la despouille mortelle
Au ciel pour n'en bouger volla son ame belle
Qui parmy les espritz, bien heureux iouissant
Du plaisir immortel, loue Dieu tout puissant
Qui l'a ravy de Vaulx (tant délicat pour pris
Jeune enfant de huict ans,) pour mettre en paradis
Ou s'esbatant là sus d'une certaine vie,
Au vivre d'icy bas ne porte point d'envie.
Au vivre que vivons douteux du lendemain
Soubz les iniques loix ou naist le genre humain
O belle âme ! tu es en ce temps de misère,
Gayement revolée, au sein de Dieu ton père :
Laissant ton père icy : là tu plains son malheur,
Qui de regret de toy, porte griève douleur
Qu'il témoigne de pleurs, arrosant l'escriture,
Dont il a fait graver ta triste sépulture.
Repose, o doux enfant et ce qui t'est ousté
De tes ans soit aux ans de ton père adiousté.

2484. — **Inscription en bronze rappelant la fondation de l'église de l'Oratoire et la pose de la première pierre par Louis**

Thomas de Lavalette, supérieur général de l'ordre de l'Oratoire, juillet 1772.

Cette inscription a été trouvée dans les démolitions de l'hôtel de l'Oratoire, en 1853 : — *D. O. M.—Adm. Rev. P. Ludovicus de Thomas de Lavalette congregationis oratorii D. Jesu præpositus generalis VII^us, ejusdem affectu pater, amor mansuetudine, dicendi scribendique copia doctor, pietate exemplar. vitæ diuturnitate solatium, post erectam a fundamentis basilicæ frontem, primum hunc lapidem quinto idus julii anno rep. sal. MDCCLXXII, ætatis suæ XCIV exeunte, ineunte præposituræ XL. — Eodem loco posuit quo ill. ac rev. D. D. Achilles de Harlay orat. D. J. sacerdos dein Macloviensis episcopus, bibliothecæ codicibus per multis oriental. a se locupletatæ, postea de suo dotatæ fundamentum ann. MDCXXXV posuerat.*

2485. — Boîte en plomb trouvée sous la base du portail principal de Notre-Dame de Paris, le 27 décembre 1851, et renfermant une inscription gravée sur cuivre :

« L'an 1771, le lundi 1er juillet, la première pierre servant à la nouvelle construction de la grande porte de l'église a été posée, etc., etc.» Avec cette inscription se trouvait une médaille en cuivre doré, Louis XV, roi très chrétien; et au revers : anno 1771.

2486. — Cœur de Louis de Luxembourg, comte de Roussy, *qui trespassa le* XIe *jour de mai* 1571.

Trouvé dans les fouilles des Célestins de Paris.

2487. — Boulets et biscayen trouvés dans les fouilles faites aux Célestins de Paris en 1848.

2488. — Pierre de Munich, intaille à double face. Sujets tirés d'un roman de chevalerie. Travail allemand du XVe siècle.

Ces intailles servaient de moules pour couler les pièces d'orfèvrerie en étain.

2489. — Poids en bronze aux armes de la ville de Toulouse, à la date de 1239 : demi-livre, quart et demi-quart.

2490. — Poids en bronze aux armes de la ville d'Arles.

2491. — Poids en bronze de la ville de Nîmes.

2492. — Poids de la ville de Carcassonne, à la date de 1555, Henri II, roi de France.

2493. — Poids d'une livre de la cité de Bordeaux, l'an 1557.

2494. — Poids en bronze aux armes de la ville de Castres, à la date de 1594. Henri IV, roi de France et Navarre.

2495. — Poids en bronze aux armes de la ville de Mâcon.

2496. — Poids en bronze aux armes de la ville de Condom.

2497. — Poids en bronze de formes et d'origines diverses, poinçonnés aux armes de France (du XVe au XVIIIe siècle).

2498. — Poids en plomb aux armes de la ville de Lille.

Donnés par M. Gentil Descamps.

2499. — Mesures en plomb aux armes de France, trouvées à Paris dans les fouilles de la Seine (XVIe s.).

2500. — *Pinte à l'huile* aux armes de l'abbaye de Cîteaux et au poinçon de Bourgogne, à la date de 1572.

Cette mesure, en bronze, allongée en 1686, porte la date de cette modification.

2501. 2502. — Même suite des mesures de l'abbaye de Cîteaux. *Pintet à l'huile* et *chauveau* à l'huile ; même date, même provenance.

2503. — Même suite. *Chauveau* au vin ; mêmes armes, même poinçon ; date de 1633, confirmée en 1686. Avec le mot C. Durat.

2504. 2505. 2506. — Mesures en bronze, dites *étalons*. Litron à sel, semé de fleurs de lis en relief et en creux ; sur la face, la déclaration du roi du 25 novembre 1687. — Demi-litron. — Quart de litron, même série.

2507. 2508. — Sceaux des papes. — Sceaux de France (XVe et XVIe s.).

2509. 2510. — Monnaies et médailles de toutes époques trouvées dans les fouilles faites aux abords de la tour Saint-Jacques-la-Boucherie, en 1853. — Chaînes, anneaux et fragments d'ustensiles en bronze, trouvés dans les mêmes fouilles.

2511. — Fourchettes du XIVe siècle, en cuivre argenté et entouré de filigrane, trouvées à Murat (Cantal).

2512. — Petite cuiller en argent doré, trouvée près de Bort (Corrèze) ; le manche est figuré par une cariatide (XVIe s.).

2513. 2514. — Fourchette en bronze. — Cuiller en bronze ; au manche, un bec d'aigle (XVIe s.).

2515. — Cuiller en bronze doré, surmontée de deux figurines enlacées (XVIe s.).

2516. — Mortier décoré de cannelures et de feuilles en relief, en métal de cloche (XVIIe s.).

Donné par M. Rouargue, graveur, 1853.

2517. — Tête de quenouille en bois sculpté, du temps de Louis XII.

Elle est surmontée d'une main fermée. Les sculptures qui la décorent représentent divers sujets d'amour, et les figures portent le costume du temps.

2518. Série de médaillons en cire coloriée, avec boîtes en cuir, décorées d'ornements au petit fer (XVIe s.).

Louis XII, roi de France.

2519. — Anne de Bretagne, reine de France, même suite.

2520. — François Ier, roi de France.

2521. — Charles-Quint, empereur.

2522. — La Royne mère. Catherine de Médicis.

2523. — Charles IX, roi de France.

2524. — Henri III, roi de France et de Pologne.

2525. — Loyse, royne de France.

2526. — Le duc de Guyse.

2527. — Feu M. le prince de Condé.

2528. — Le duc de Savoie.

2529. — La duchesse de Savoie.

2530. — La duchesse de Nemours.

2531. — La Royne de Navarre.

2532. — Clément Marot.

2533. — Cire d'un travail analogue et de même époque : Johannes Philippus Comes Reni Silvestris et Psalmis... 156...

2534. — Coffret en ivoire de la fin du XIVe siècle, garni de ses ferrures, clef et serrure en argent.

2535. — Coffret en ivoire décoré de figurines et de sujets sculptés en relief (XVe s.).

Le couvercle est orné de six figures grotesques de musiciens et de danseurs. Les bas-reliefs des côtés ont pour sujets : une chasse à courre, un tournoi, et diverses scènes où figurent des archers, des musiciens et des dames en costumes du temps.

2536. — Coffret gothique en bois découpé à jour et appliqué sur fond de couleurs (XVe s.).

2537. — Coffre en bois décoré de pâtes en relief piquées et dorées et représentant des sujets d'amour et de chasse (XVe s.).

2538. — Petit coffret couvert en cuir travaillé au petit fer (XVe s.).

2539. — Coffret en bois, décoré d'ornements en pâte et de sujets empruntés à l'histoire romaine. Travail italien du XVIe siècle.

2540. — Coffret en bois décoré de pâtes appliquées en relief sur fond d'or. Travail italien du XVIe siècle.

2541. — Coffret en cuir gaufré au petit fer et imprimé en or aux fleurs de lis de France. Époque de Louis XIII.

2542. — Escarcelle en velours brodé d'or, avec fermoir en argent ciselé, et crochet de ceinture. Règne de Henri II.

2543. — Escarcelle de ceinture en soie brodée d'or et rehaussée de perles fines. Travail vénitien du XVIe siècle.

2544. — Trousse de même travail et de même époque, renfermant deux couteaux avec manches incrustés en clouté d'argent.

2545. — Escarcelle en fer gravé et damasquiné en or, avec ses attaches et son ceinturon (XVIe s.).

2546. — Porte-épée avec son ceinturon en velours vert ; les garnitures en fer sont ornées d'incrustations en argent (XVIe s.).

2547. — Trousse en argent ciselé, d'origine allemande (XVIe s.).

Les deux petits couteaux sont couronnés par des dauphins ailés qui supportent des écussons. Le fourreau est décoré d'ornements ciselés en relief, et de figurines gravées en creux. Le tout est supporté par une chaînette tordue.

2548. — Trousse garnie de dix pièces, ciseaux, poinçons, etc., en fer gravé et doré (XVIe s.).

2549. — Trousse de toilette composée de huit pièces en fer gravé, bruni et doré ; ciseaux, poinçon, pince, etc. Règne de Louis XIII.

2550. — Trousse avec étui en argent découpé à jour et rehaussé d'émaux de couleurs. Epoque de Louis XIII.

L'intérieur est garni des ciseaux, canifs et poinçons en argent.

2551. — Coupoir à bétel en fer damasquiné d'or et d'argent ; travail oriental.

2552. — Mandoline incrustée en ivoire, travail italien du temps de Louis XIII.

La gaine, en cuir, est décorée d'ornements frappés au fer et dorés.

2553. — Pochette, aux armes de France, de forme allongée, en écaille gravée et incrustée d'argent avec manche en ébène sculptée. Règne de Louis XIII.

2554. — Petite pochette en ébène, fleurdelisée et décorée de filets d'argent incrustés. Époque de Louis XIII.

2555. — Pochette en bois avec archet et viroles incrustées en nacre (XVIIe s.).

2556. — Pochette de forme allongée, incrustée et plaquée en ivoire avec dessins formant damiers (XVIIe s.).

2557. — Pochette de même forme, avec crosse en ivoire figurant une tête de chérubin (XVIIe s.).

2558. — Pochette incrustée en nacre gravée, avec chevilles en ivoire (XVIIe s.).

Le dos est couvert en marqueterie de nacre.

2559. — Dés en ivoire sculpté et rehaussé d'or, figurés par un homme et une femme nus et accroupis (XVIe s.).

2560. — Jeu de tric-trac et de dames en ébène incrustée d'ivoire, du temps de Louis XIII.

2561. — Râpe à tabac en bois sculpté en relief, aux armes de France, du temps de Louis XIII.

2562. — Grande râpe à tabac en bois sculpté, du temps de Louis XIII.

La face extérieure porte un écusson à deux cœurs enflammés, avec la devise : « *Le ciel les a unis*, » et deux lions pour supports ; au-dessous est un médaillon renfermant une fleur de lis chargée d'un cœur enflammé. Le cordon intérieur porte trois fleurs de lis.

2563. — Râpe à tabac en bois sculpté aux armes de France et de Navarre ; au-dessous l'épée de connétable sur un semis de France

2564. — Râpe à tabac en bois sculpté présentant le portrait de Louis XIV ; au-dessous ceux de Louis XV et de Marie-Anne-Victorine, infante d'Espagne ; au bas l'écusson de France.

2565. — Croix en bois de cèdre sculpté : le Christ en croix. le Baptême dans le Jourdain. Travail du Liban (XVIIe s.).

Donnée par M. le baron de Feisthamel, 1853.

2566. — Cantine de guerre en fer battu. Époque de Louis XIV.

2567. — Sceau en cuivre : *Sigillum ordinis militiæ christi* (XVIIe s.).

Donné par M. Montagne, instituteur communal.

2568. — Corne du Nord, taillée et gravée, présentant les figures de David et Goliath, Olger et Burman, Vidrik et Tidrik, Roland, Mimring, etc., avec la légende : Borger Torson 1726.

Donnée par M. David de Gheest, attaché à l'ambassade de S. M. le roi des Belges, 1853.

2569. 2570. — Tableaux peints sur bois à fonds d'or, attribués à Gentile da Fabbriano. Costumes et architecture du xve s.

2571. — Verrière provenant de l'église de Baar près Strasbourg (xve s.).

2572. — Verrière provenant du château de la Meilleraie en Bretagne, et présentant un saint personnage couvert du manteau d'hermine et tenant en main la palme du martyre (xvie s.).

2573. 2574. 2575. 2576. — Tableaux peints sur albâtre veiné. Sainte Catherine, sainte Agnès, et le songe de Jacob. École italienne de la fin du xvie siècle.

2577. 2578. 2579. — Fragments antiques, du moyen âge et de la renaissance, trouvés dans les fouilles faites à la tour Saint-Jacques-la-Boucherie, en 1854.

Bases des piliers de l'ancienne église; figures fragmentées des xive, xve, xvie et xviie siècles; Mercure antique en haut relief; fragment d'une stèle antique; chapiteaux, frises et consoles du xiie au xviie siècle.

2580. — Rétable en pierre, décoré de sujets en haut-relief sur fond d'or. La Salutation angélique, la Visitation et la Nativité.

Ce beau rétable du xive siècle vient de l'église de Plailly (Aisne).

2581. — Chapiteau à quatre faces, décoré de guirlandes en haut-relief, et portant sur sa face antérieure un écusson d'armoiries; trouvé dans les travaux de la rue de Rivoli, en 1853 (xvie s.).

Donné par M. Lesueur, membre de l'Institut.

2582. 2583. — La Vierge et saint Jean, grandes figures en bois sculpté, peint et doré, provenant d'un calvaire du xiiie siècle. École italienne.

2584. — Faïence dite hispano-arabe, à reflets métalliques. Grand bassin moresque à dessins bleus, rouges et blancs (xve s.).

Les bords sont décorés de quatre bélières en relief. — D. 0^m 44.

2585. — Faïence d'Urbino. Plat rond : le martyre de sainte Catherine.

Au revers la date 1535 et la signature de *Francesco Xanthò da Rovigo.*

2586. — Spirale en or pur, ceinture d'époque celtique, trouvée à Cesson, arrondissement de Rennes. Poids 388 grammes.

MUSÉE

DES THERMES ET DE L'HOTEL DE CLUNY.

2e SUPPLÉMENT.

I. SCULPTURE.

1° MONUMENTS — STATUES — BAS-RELIEFS

EN PIERRE, MARBRE, BOIS, IVOIRE ETC.

PIERRES.

2587. — **Porche du cloître des Bénédictins d'Argenteuil, démoli en 1855, et donné au Musée par M. Rigaud, de Paris. Style roman.**

Un riche seigneur français nommé Ermanric, et Nummane, son épouse, dit l'abbé Lebœuf dans son *Histoire du diocèse de Paris*, fondèrent à Argenteuil, au VIIe siècle, un monastère de filles dont le roi Clotaire III approuva l'établissement vers l'an 665. Les fondateurs se soumirent dès lors à l'abbaye de Saint-Denis.

Plus tard, Charlemagne donna ce prieuré à l'une de ses filles, Théodrate, fondatrice d'une nouvelle institution de Bénédictines. Les incursions des Normands et des Danois le long des bords de la Seine devinrent, au dire de Dulaure, très-fatales à la paix de ce monastère, et furent peut-être le germe des désordres scandaleux qui autorisèrent les prétentions de Suger, abbé de Saint-Denis, sur cette communauté. Il fit valoir les anciens droits des religieux de Saint-Denis sur l'abbaye d'Argenteuil, et pour leur donner plus de poids, il prétexta la conduite irrégulière des religieuses de son temps. L'évêque de Paris s'opposa fortement aux projets de Suger ; les religieuses, de leur côté, qui craignaient avec raison leur expulsion, se présentèrent pour se défendre. Grands débats entre les parties, d'où suivit une espèce de concile qui se tint dans l'abbaye de Saint-Germain-des-Prés, au commencement de 1129. Le légat qui y présidait décida par sa sentence qu'il fallait chasser les filles de leur monastère et y mettre en place des moines bénédictins. Les religieuses d'Argenteuil se réfugièrent donc dans différentes communautés (1). La prieure était alors la célèbre Héloïse, qui se retira, avec sept ou huit de ses compagnes, au Paraclet, maison qu'Abailard leur céda et qui, par les soins de cette illustre religieuse, devint une des plus brillantes abbayes

---

(1) Dulaure. *Histoire des Environs de Paris.*

du royaume « Au reste, ajoute l'abbé Lebœuf, lorsque les moines de Saint-« Denis vinrent demeurer dans ce prieuré, la règle était déjà beaucoup « déchue de son ancienne sévérité, et ce qui regardait la nourriture des « religieux faisait une des plus importantes affaires du monastère. On sait, « par une charte de l'an 1200, que la fonction de chef de cuisine était dans le « couvent un office héréditaire dont Hugues, abbé de Saint-Denis, règla alors « les droits conjointement avec Hugues, prieur du lieu. Le queux ou cuisi-« nier était tenu de cuire dans sa maison tous les oiseaux que les moines « achetaient, de quelque espèce qu'ils fussent; et moyennant le droit de pain « et de vin conventuel que le couvent lui accorda à lui et à ses héritiers, il « fit la remise des queues de tous les poissons, qui lui étaient dues, et de « quelques rentes assises sur des vignes, à Orgemont. »

Le monastère d'Argenteuil possédait une célèbre relique, la robe de Notre-Seigneur, qui lui venait de l'abbesse Théodrate, qui l'avait reçue de Charlemagne, son père, auquel elle avait été remise par l'impératrice Irène. Disparue lors des invasions des Normands, la robe du Christ ne fut retrouvée qu'en l'an 1156, et devint l'objet d'un culte fervent et d'un pèlerinage annuel qui donna une grande célébrité à l'abbaye. Les chroniques nous rapportent les noms des augustes visiteurs qui se rendirent à Argenteuil pour faire hommage à la sainte relique, et nous y trouvons la présence de Henri III, plus tard celle de Louis XIII, de Marie de Médicis, d'Anne d'Autriche et du cardinal de Richelieu.

Le porche du couvent des Bénédictins d'Argenteuil, qui se compose de trois grandes arcades en plein cintre, d'architecture romane, et qui présente un élégant exemple de la décoration par lignes brisées, existait encore sur place en 1855, dans une maison particulière appartenant à M. Rigaud et construite sur une partie de l'emplacement de l'ancienne abbaye. Cet intéressant fragment d'architecture monastique ayant été offert à l'Hôtel de Cluny par son propriétaire, a été démonté pierre par pierre, transporté à Paris, puis réédifié en son état primitif dans les jardins du Musée.

L'arcade centrale est de forme trilobée, et les deux piliers sur lesquels elle s'appuie sont flanqués chacun de dix colonnettes aux chapiteaux historiés. La même disposition se répète pour les deux arcades latérales, dont les cintres sont ornés, comme celle du milieu, de bâtons rompus habilement disposés.

2588. — Colonne avec son chapiteau; provenant du même monument (cloître des Bénédictins d'Argenteuil), donnée par M. Rigaud, en 1855.

Cette colonne, dont le chapiteau ainsi que la base sont sculptés avec une grande finesse d'exécution, a été également donnée au Musée par M. Rigaud, et transportée d'Argenteuil à l'Hôtel de Cluny en 1855.

2589. — Porte principale du collége de Bayeux, fondé en 1308 par Guillaume Bonnet, évêque de Bayeux, et démoli au mois d'octobre 1859 pour l'ouverture du boulevard de Sébastopol.

Le collége de Bayeux, situé rue de la Harpe, nº 93, fut fondé, comme il vient d'être dit, par Guillaume Bonnet, qui y consacra sa maison, plusieurs habitations voisines et des biens situés hors Paris. Les règlements faits en 1315, refaits en 1543, furent réformés en 1551 par le Parlement, et en 1763 le collége fut réuni à l'Université.

La porte principale, qui, lors de la démolition, a été démontée pierre par pierre, et transportée à l'Hôtel de Cluny, est de style ogival. Deux colonnettes à chapiteaux ouvragés supportent l'archivolte. Les consoles sont ornées de sculptures : d'un côté, l'on voit un lion dévorant un cheval; de l'autre, un lion vaincu par un aigle.

Le collége de Bayeux était devenu dans ces derniers temps une habitation particulière, formant une sorte de passage entre la rue de la Harpe et celle des Maçons-Sorbonne, passage dans lequel se pressaient toutes les petites industries du quartier latin.

2590. — Poterne extérieure du collége de Bayeux. — Cette petite porte existait dans une des cours et fermait l'entrée d'un des escaliers ; ses consoles sont ornées de sculptures.

Elle a été démolie en 1859, en même temps que la porte principale.

2591. — Portail principal de l'église Saint-Benoît, existant jadis entre la rue Saint-Jacques et celle de la Sorbonne, et démolie lors de l'ouverture de la rue des Ecoles. — XIVe siècle.

Dulaure exprime l'opinion que, sous la domination romaine, il existait au lieu où fut bâtie depuis l'église Saint-Benoît, lieu encore entouré de vignes au XIIIe siècle, un autel consacré à Bacchus, et il appuie cette conjecture sur l'origine incertaine du monument et sur le nom de Bacchus que donne le plus ancien titre qui en fasse mention. Cet acte contient la donation faite en 1030 ou 1031 par Henri Ier en faveur de l'évêque de Paris, de plusieurs églises abandonnées.

Un acte de l'an 1138 mentionne une aumônerie de Saint-Benoît existant dans le voisinage, à côté du lieu appelé les Thermes. Cette aumônerie avec l'église devint vers l'an 1203 la propriété des Pères de la Rédemption des captifs, dits depuis les Mathurins, qui, quelques années plus tard, achetèrent un terrain et firent construire une maison conventuelle et une chapelle sur une partie de l'emplacement du palais des Thermes. Alors, ajoute Dulaure, l'église Saint-Benoît fut entièrement séparée de l'aumônerie, mais elle en conserva toujours le nom.

L'église Saint-Benoît présentait dans le principe une particularité remarquable : elle avait son chevet tourné vers l'occident, au lieu de l'avoir du côté de l'orient, ainsi que l'indique le rite chrétien. Au XIVe siècle, l'autel fut porté du côté du levant, les dispositions du monument furent modifiées conformément aux usages, et c'est à cette époque que fut élevé le portail qui subsistait encore en place il y a quelques années, et qui a été réédifié dans les jardins de l'Hôtel de Cluny.

En 1517, sous le règne de François Ier, et au XVIIe siècle, l'église Saint-Benoît subit d'importantes modifications, et en dernier lieu son sanctuaire tout entier fut reconstruit sur les dessins de l'architecte Claude Perrault.

Cette église renfermait un grand nombre de tombes et de monuments de diverses époques. Parmi les plus modernes, il convient de citer la tombe de Claude Perrault, les inscriptions tumulaires de René Chopin, celles de Jean Dorat, de Michel Baron, le célèbre comédien, et de l'abbé René Pucelle, mort en 1745.

En 1813, l'église Saint-Benoît fut fermée et convertie en dépôt de farines. Transformée depuis en salle de théâtre, son portail avait été masqué par des constructions légères sous lesquelles il disparaissait complétement. En 1854, la démolition fut décidée pour le passage de la rue des Ecoles, et c'est alors que son portail du XIVe siècle, qui se compose d'un grand arc ogival enrichi de culptures de baut-relief d'une belle exécution, et flanqué de deux niches que surmontent de riches dais d'architecture, fut démonté pierre par pierre, apporté à l'Hôtel de Cluny, et réédifié immédiatement à la place qu'il occupe aujourd'hui.

2592. — Pilier principal du même portail de l'église Saint-Benoît, orné d'une niche que supporte un mascaron de chérubin ailé, et au-dessus de laquelle s'élève un dais gothique.

Ce pilier avait été enlevé avant la démolition de l'église et lors de sa transformation en théâtre.

2593. — Gargouilles de l'ancienne église Saint-Benoît, décorées d'animaux chimériques et enlevées de l'édifice à la même époque.

2594. — Chapiteau provenant du même monument et appartenant à l'église primitive.

2595. — La Salutation angélique, sculpture en pierre provenant de la voûte de l'ancienne église Saint-Benoît, enlevée lors de la transformation du monument.

2596. — Le Père éternel et la Vierge dans leur gloire, sculpture en pierre provenant du même édifice, enlevée à la même époque.

2597. — Quatre grandes gargouilles et onze clefs de voûte, provenant du même monument.

Les premières sont formées d'animaux chimériques, les clefs portent la plupart des écussons entourés de guirlandes et appartiennent, les unes à la nef de construction gothique, les autres au chœur réédifié par Claude Perrault au XVIIe siècle.

2598. — Consoles en pierre provenant de la même église Saint-Benoît, et appartenant à la partie restaurée par Claude Perrault, au XVIIe siècle.

2599. — Inscription tumulaire gravée sur pierre, du XIVe siècle, trouvée dans la même église Saint-Benoît, lors de sa démolition en 1853.

Cy gist messire Benoit chef.... l'an mil ccc IIII XVIII le XXIX jour de ma.... en ayt l'ame.

2600. — Inscription tumulaire gravée sur pierre, trouvée dans la même église de Saint-Benoît, lors de sa démolition, à la date de 1410.

Hic jacet Rogerius de agro..... de Cuitraco in Flandria dyacon' magr' in artib' et bachali' in legib' ac licen parisi' in decretis qui obiit XXII die marcii q fuit p. festum sci pasche ano Dni m° cccc° decio. Orate Deum pro eo.

2601. — Monument funéraire de Claude Perrault, conservé

dans l'église Saint-Benoît, réédifiée au XVIIe siècle par ce célèbre architecte.

L'inscription en marbre a été enlevée, ainsi que l'écusson qui la surmontait et le cartouche placé en dessous. De chaque côté sont des Génies debout, en haut relief, portant l'un l'équerre et l'autre le compas, et tenant une torche renversée Ce petit monument est d'une très-belle exécution ; il a été retrouvé dans les premières démolitions de l'église Saint-Benoît, lorsqu'elle a cessé d'être livrée au culte ; mais les plaques de marbre dont il formait l'encadrement n'ont pu être conservées.

2602. — Petit monument dans le caractère d'un autel antique, orné de coquilles en relief, de mascarons et d'ornements divers, avec les symboles du pèlerinage, provenant également de l'église Saint-Benoît. — XVIIe siècle.

En haut, une inscription gravée, dont on distingue quelques mots seulement, mais que son état de conservation ne permet pas de restituer.

2603. 2604. — Piliers d'angles et de retombées provenant de l'ancienne tour de la commanderie de Saint-Jean-de-Latran, détruite en 1854. — XIIIe siècle.

La commanderie de Saint-Jean-de-Latran, située en face du Collége de France, et désignée, antérieurement au XVIe siècle, sous le titre de Saint-Jean de-l'Hôpital ou Saint-Jean-de-Jérusalem, existait déjà en 1130 et occupait le vaste espace compris entre la rue Saint-Jacques et celle Jean-de-Beauvais d'un côté, la place Cambrai et la rue des Noyers de l'autre.

L'entrée principale, située en face la porte actuelle du Collége de France, la grange aux dîmes, édifice du XIIIe siècle, aux voûtes ogivales et aux nervures croisées, le logis du commandeur et le cloître, avaient été rasés depuis longtemps.

La tour, intéressant spécimen de l'architecture militaire du moyen âge, était encore debout en 1854 : mais l'ouverture de la rue des Écoles a malheureusement amené la destruction, au mois de décembre de la même année, de ce précieux monument, unique en son genre sur le sol du vieux Paris.

Cette tour, construction carrée, à l'extérieur austère, qui était destinée, selon Dulaure, au logement des pèlerins se rendant à Jérusalem, ou plutôt, comme le suppose avec plus de raison M. de Guilhermy, dans son excellent traité archéologique de Paris (1), à servir de donjon à la commanderie, à conserver le dépôt des titres, des armes, des objets précieux, à devenir, en un mot, le lieu de réunion des chevaliers et le siége de la suzeraineté du commandeur sur les fiefs qui relevaient de Saint-Jean, comprenait quatre étages ; les trois premiers voûtés en pierre, avec colonnes engagées dans les murs, et le quatrième couvert en charpente.

Lors de la démolition, en 1854, une partie de ces colonnes a pu être conservée, ainsi que la plupart des chapiteaux qui soutenaient les retombées des voûtes, et ces fragments échappés à la destruction de l'édifice ont été transportés à l'Hôtel de Cluny, et sont aujourd'hui tout ce qui reste de la célèbre commanderie de Saint-Jean-de-Jérusalem.

Dans les premières années du siècle où nous vivons, la tour Saint-Jean-de-

---

(1) *Itinéraire archéologique de Paris*, par M. de Guilhermy, 1855.

Latran, abandonnée au milieu de masures immondes qui s'étaient accumulées à ses pieds, avait repris un nouveau lustre par la présence du célèbre docteur Bichat, qui y faisait ses expériences d'anatomie en présence d'un immense concours d'auditeurs d'élite. Le nom de l'illustre praticien resta attaché au monument, et après sa mort une grande plaque de marbre noir portant les mots : *Tour Bichat*, fut scellée à la façade orientale. Cette inscription a pu être également conservée et a été apportée à l'Hôtel de Cluny, où elle rappelle un souvenir intéressant dans l'histoire de Paris, en même temps que la mémoire d'un homme que ses travaux scientifiques ont placé au premier rang parmi les illustrations modernes.

2605. — Chapiteaux et fragments divers provenant du même monument, détruit en 1854. — XIIIe siècle.

2606 à 2611. — Consoles en pierre sculptée, peinte et dorée, provenant de la chapelle de Notre-Dame-des-Bonnes-Nouvelles, dans l'église de la commanderie de Saint-Jean-de-Latran. — XIVe siècle.

L'église Saint-Jean, qui existe encore en partie et sert d'école pour les enfants du quartier, mais qui doit bientôt tomber sous les coups des démolisseurs pour la régularisation des abords du Collége de France, remonte aux dernières années du XIIe siècle. La nef, partagée aujourd'hui en plusieurs étages par un plancher horizontal, est intacte; mais l'abside, qui avait été refaite dans le commencement du XVIe siècle, a été détruite en 1823.

La charmante chapelle de Notre-Dame-des-Bonnes-Nouvelles, construite dans le courant du XIVe siècle du côté nord de l'église, et tout près du portail principal, a été démolie tout récemment, en 1860, et ses principaux fragments ont été apportés à l'Hôtel de Cluny. Fondée par Gilbert Ponchet, commandeur de Montdidier, mort en 1419, la chapelle de Notre-Dame-des-Bonnes-Nouvelles était enrichie de sculptures d'une exécution remarquable, et de peintures habilement traitées. Le groupe des anges jouant de la viole et du psaltérion (no 2606); celui des chérubins chantant le *Salve Regina* (no 2607); les quatre symboles des évangiles, le lion de saint Marc (no 2608), le bœuf de saint Luc (no 2609), l'ange de saint Matthieu (no 2610), et l'aigle de saint Jean (no 2611), ont tous été démontés avec grand soin et apportés à l'Hôtel de Cluny, où leur conservation est désormais assurée.

Cette chapelle prenait jour par trois fenêtres, qui ont également été démontées sur place, et dont deux ont pu être restituées sur la façade de la chapelle de l'Hôtel de Cluny.

Les peintures qui couvraient les murs étaient en mauvais état; elles n'ont pu être conservées.

2612. 2613. — Fenêtres de la même chapelle de Notre-Dame-des-Bonnes-Nouvelles à l'église de la commanderie Saint-Jean-de-Latran, démolie en 1860. — XIVe siècle.

Ces fenêtres étaient au nombre de trois. Une d'elles était en mauvais état et n'a pu être conservée ; les deux autres, démontées avec soin, ont été transportées à l'Hôtel de Cluny, où elles ont été réédifiées contre le mur de la chapelle (voir l'article précédent).

2614. Colonne principale d'une des chapelles de l'église collégiale de Cluny, détruite en 1859, pour le passage du boulevard de Sébastopol. Fin du XIIIe siècle.

Le collége de Cluny, fondé en 1269 par Yves Ier, abbé de Cluny, qui acheta le terrain, éleva le mur d'enceinte, le réfectoire et une partie des autres bâtiments, fut terminé par Yves II, son neveu et successeur, qui construisit l'église, une partie du cloître, et termina les bâtiments commencés par son prédécesseur. Cette institution avait pour but de rapprocher des universités séculières les jeunes élèves envoyés par l'abbaye de Cluny, et de leur faciliter l'étude des sciences et des lettres.

L'église du collége, aujourd'hui complétement détruite, et dont il ne subsiste que les débris conservés à l'Hôtel de Cluny, était regardée comme une merveille d'architecture digne d'être comparée à la Sainte-Chapelle de Paris. A la fin du siècle dernier, le collége et son église devinrent propriété nationale, furent vendus et passèrent dans les mains de particuliers.

L'église elle-même subsistait encore en 1833, et l'on pouvait, de la place de la Sorbonne, admirer les contours déliés de son architecture à jour; c'était dans une partie de cet édifice que le peintre David avait établi son atelier. Plus tard, tout ce qui restait de ce monument, comparé à l'œuvre de Pierre de Montereau, fut remplacé par des bâtiments modernes, et en 1859, lors de l'ouverture du boulevard de Sébastopol, les derniers vestiges de l'église d'Yves II, abbé de Cluny, disparaissaient sans laisser de trace.

La colonne au chapiteau finement sculpté et orné de feuillages, les deux roses en pierre ci-dessous décrites, l'épi qui surmontait le couronnement de la façade, les consoles et toutes les clefs de voûte, ont été déposées avec soin et apportées à l'Hôtel de Cluny, faible souvenir d'un des plus charmants monuments du moyen âge, encore intact il y a trente ans à peine.

C'était dans l'église collégiale de Cluny qu'étaient conservées les pierres tumulaires de Simon de Gillans, abbé de l'île Barbe en Lyonnais, mort en 1349, et celle de Jehan de Sarthenay, abbé de Ferrières, du diocèse de Sens, mort en 1360, toutes deux à l'Hôtel de Cluny depuis plusieurs années, et décrites au Catalogue sous les nos 1922 et 1923.

2615. — Roses en pierre sculptée à jour, provenant de la façade de la même collégiale de Cluny, démolie en 1859, — Fin du XIIIe siècle.

2616. — Onze clefs de voûte, recueillies en 1859 dans la démolition de la collégiale de Cluny, place de la Sorbonne. La plupart sont ornées de végétations finement sculptées; une d'entre elles présente une figure humaine dont les traits se terminent en feuillage, charmante fantaisie de la fin du XIIIe siècle.

2617. 2618. 2619. — Consoles en pierre sculptée, provenant du même monument, démoli en 1859. — Fin du XIIIe siècle.

La première présente une tête de moine en ronde bosse; la deuxième est formée par une branche de feuillage; et la troisième est une console d'angle d'une décoration analogue.

2620. — Epi en pierre, provenant de la même chapelle collégiale de Cluny, place de la Sorbonne. XIIIe siècle.

Cet épi était placé au sommet du couronnement de la façade, détruite en 1859. — H. 1m 80.

2621. — Pilier principal de la porte Sainte-Anne ou porte de la tour méridionale de Notre-Dame de Paris, supportant la figure de saint Marcel, neuvième évêque de Paris, mort le 1er novembre 436; — commencement du XIIIe siècle.

Le saint évêque est debout, la tête coiffée de la mitre, et vêtu du costume épiscopal complet, avec l'aube, la tunicelle, l'étole, la chasuble relevée et l'amict; la main droite est dans l'attitude de la bénédiction; la gauche tient la crosse, dont le sabot s'appuie sur la tête d'un dragon ailé que le saint foule aux pieds et qui sort d'une tombe placée au-dessous. Cette tombe, que recouvre un arceau soutenu par deux colonnettes, est celle d'une femme couverte de son linceul. Une dame de race noble selon le monde, dit la *Légende dorée*, mais bien méprisable à cause de ses vices, ayant rendu le dernier soupir, fut portée en grande pompe à son cercueil; mais un horrible serpent vint dévorer son cadavre et prit pour demeure le tombeau de la malheureuse, dont les restes lui servaient de nourriture. Les habitants de ces lieux s'enfuirent alors de leurs maisons, tout épouvantés. Le bienheureux saint Marcel comprit que c'était lui qui devait triompher du monstre. Lorsque le serpent, sortant d'un bois, s'en revenait vers le sépulcre, Marcel se présenta devant lui en priant; le monstre, dès ce moment, sembla demander grâce en baissant la tête et en agitant la queue; il suivit ensuite le saint évêque pendant près de trois milles, à la vue de tout le peuple..... Alors saint Marcel lui parla ainsi avec autorité : « Dès ce soir, va-t'en habiter les déserts ou replonge-toi dans la mer, » et puis on n'en a vu aucune trace (1).

La partie supérieure du pilier présente la forme d'une tour couronnée de tourelles, et percée d'ouvertures cintrées et ogivales.—Lors de la restauration de la porte Sainte-Anne, le pilier de saint Marcel dut être remplacé, et l'original a été apporté à l'Hôtel de Cluny. La tête du saint a été restaurée ainsi que celle du monstre et le bâton de la crosse.

2622.—Chapiteaux, fragments d'architecture et de sculpture, épis, etc., provenant de Notre-Dame de Paris. — XIIIe siècle.

2623. — Fragment du grand bas-relief de Notre-Dame de Paris, l'Adoration des Mages. — XIIIe siècle.

2624. — Cheminée en pierre sculptée et peinte provenant d'une ancienne maison de la ville du Mans. — XVe siècle.

Le bandeau porte en haut-relief huit personnages, qui représentent les trois âges de la vie : la jeunesse, figurée par un cavalier vêtu d'un riche pourpoint et portant un faucon qu'il présente à sa dame; l'âge mûr, personnifié par deux autres figures dans la force de la vie; la vieillesse, représentée par deux personnages plus simplement vêtus, portant une besace et s'appuyant sur des béquilles.

Sur chacune des joues du bandeau se trouve une autre figure : à droite, un homme l'épée au côté; à gauche, une femme tenant en main une pelote de laine. — Le manteau de la cheminée repose sur deux figures couchées formant consoles.

Cette cheminée, large de plus de 2 mètres, portait des traces de peintures assez apparentes pour permettre une exacte restitution; l'écusson placé au centre de la hotte est celui de la ville du Mans.

(1) Baron de Guilhermy, *Itinéraire archéologique.*

2625. — Cheminée en pierre sculptée, de même provenance et de même époque.

Les traces de peinture que portait cette seconde cheminée n'ont pu être retrouvées d'une manière assez complète pour assurer une restauration exacte; les sujets du bandeau, également exécutés en haut-relief, sont analogues à ceux que nous trouvons sur la première de ces cheminées. Le motif principal est une scène de mariage : un jeune homme offre une fleur à une jeune fille, qui lui apporte en échange sa couronne de virginité; ils s'appuient tous deux sur un écusson d'armoiries placé au centre, et que supporte un tronc d'arbre prêt à pousser des rejetons.

Ces deux cheminées, qui avaient été sauvées de la destruction, grâce aux soins de M. d'Espaulart, du Mans, ont été acquises par le Musée, transportées à l'Hôtel de Cluny en 1854, et remontées à la place qu'occupaient les anciennes cheminées de l'Hôtel.

2626. — Grand retable en pierre, exécuté par ordre de Jehan de Biesme en 1441, pour la chapelle des Cordeliers de Provins et représentant diverses scènes de la vie et de la passion de N. S. Jésus-Christ.

Ce monument a été donné au Musée par la ville de Provins, en vertu d'une décision du conseil municipal, approuvée par le préfet, à la date du 6 juillet 1860.

Les bas-reliefs ont reçu de graves et nombreuses mutilations, mais le retable a pu être conservé dans sa disposition première, et les parties subsistant encore présentent certains détails dont la finesse donne une haute idée du talent de l'artiste chargé de son exécution. Sur la base on lit l'inscription suivante, gravée en beaux caractères du temps :

L'an mil quatre cens quarante et un fit faire maître Jehan de Biesme ceste table des aumousnes de ses bienfaiteurs. Priez Dieu pour lui et pour eux. Amen.

L'état de dégradation du retable des Cordeliers de Provins n'a pas permis une restauration complète; il a pu être restitué seulement et relevé dans sa forme primitive, et l'administration du Musée ne peut que rendre hommage à la pensée dont s'est inspiré le conseil municipal de Provins en assurant, par la donation qu'il a bien voulu en faire à l'Hôtel de Cluny, la conservation de ce monument, qui, quoique mutilé et incomplet dans certaines parties, n'en est pas moins précieux pour l'histoire de l'art.

2627. — Porte d'entrée de la maison dite de la reine Blanche, rue du Foin Saint-Jacques, construite sous le règne de Henri II, et démolie en 1858 pour l'ouverture du boulevard Saint-Germain et le dégagement du Musée des Thermes et de l'Hôtel de Cluny.

La maison de la reine Blanche, située rue du Foin-Saint-Jacques, à l'angle de la rue Boutebrie, possédait une très-jolie porte donnant accès dans ses bâtiments, situés au fond d'une cour ouvrant à l'angle des deux rues; elle possédait en outre, dans son jardin, trois colonnes destinées à supporter un étage en bois. La rue du Foin-Saint-Jacques passait précisément au milieu de l'espace occupé aujourd'hui par les jardins du Musée.

Lors de la démolition de la maison de la reine Blanche, la charmante porte d'entrée, flanquée de deux colonnes corinthiennes ornées de cannelures, et dont la décoration se compose d'entrelacs, de cartouches, de figures de génies, d'une excellente exécution du XVIe siècle, a été démontée et transportée à l'Hôtel de Cluny, où elle a été réédifiée et donne passage de la cour du Musée dans les jardins qui l'entourent.

2628. 2629. 2630. — Trois colonnes avec leurs chapiteaux, provenant de la même maison dite de la reine Blanche, existant rue du Foin Saint-Jacques et démolie en 1858, pour l'ouverture du boulevard Saint-Germain. — XVIe siècle

2631. 2632. 2633. 2634. — Statues mutilées, en pierre, provenant de la décoration intérieure de la Sainte-Chapelle de Paris. — XIIIe siècle.

2635. 2636. — Fragments de statues de même provenance, présentant encore de nombreuses traces de la peinture du temps. — XIIIe siècle.

2637. — Chapiteaux, fragments de sculpture et d'architecture provenant de la Sainte-Chapelle de Paris. — XIIIe siècle.

2638. — Ange aux ailes repliées, figure en pierre provenant de l'église de Poissy. — Ouvrage du XIVe siècle.

2639. — La Vierge portant l'Enfant Jésus, statue en pierre peinte. — Fin du XVe siècle.

La figure est debout, soutenant sur son bras gauche l'Enfant Jésus, et enlevant de la main droite le vêtement dont il est à moitié couvert. La tête de la Vierge est ceinte de la couronne; elle est vêtue d'une longue robe que recouvre un manteau sur lequel on retrouve encore des traces de dorure, et dont la bordure était ornée de pierreries incrustées. L'enfant Jésus porte une banderole dans la main droite; une autre banderole est aux pieds de la Vierge, et présente une inscription à demi effacée, de laquelle on ne lit que les mots : *Nre Dame*. La hauteur de la Vierge est de 1m 25.

2640. — Monument de consécration, bas-relief en pierre sculptée à figures, du XVe siècle.

Au milieu, le Christ en croix entre Marie et saint Jean, puis un personnage vêtu d'un costume monacal et dans l'attitude de la prière. Dans le haut, un écusson d'armoiries, celui du donateur agenouillé, à la barre de trois aiglons. Aux angles, les symboles des Évangiles. — H. 0m 62. L. 0m 94.

2641. — Croix en pierre à double face, du XVe siècle.

D'un côté, le Christ en croix, de l'autre la sainte Vierge; les bras de la croix sont réunis par un ornement à jour terminé par une fleur de lys. Trouvée dans les fouilles du boulevard de Sébastopol, rive gauche, rue Percée, 9, et donnée par M. Thouvenin, entrepreneur de travaux publics.

2642. — Fragment d'un pignon en pierre sculpté, provenant de la chapelle des Douglas, à l'abbaye de Melrose.

Donné par M. le prof. Jules Cloquet, membre de l'Institut, 1860.

2643. 2644. 2645.— Statues provenant de la chapelle du château d'Arbois et représentant les figures des seigneurs du lieu. — XVe siècle.

La première est celle d'un chevalier âgé, à longue barbe, couvert de son armure, portant l'épée au côté et ayant les pieds appuyés sur un lion. Les épaulières de l'armure sont à ailerons, et tous les détails de l'équipement sont rendus avec soin.

La seconde représente une dame d'Arbois, vêtue d'une robe longue couverte d'un pardessus plus court; la ceinture porte un chapelet; la tête est coiffée d'un bonnet plat, et un collier d'orfévrerie est passé autour du cou.

La troisième de ces statues est la figure d'un seigneur en armes, l'épée au côté et les gantelets suspendus à la garde; la tête est nue et les épaulières sont également ornées d'ailerons.

Chacune de ces statues tumulaires a les mains jointes sur la poitrine. La dernière présente une cavité qui a été pratiquée plus récemment pour servir de bénitier.

2646. — Chapiteaux d'ordre dorique, provenant de la façade septentrionale du vieux Louvre, rez-de-chaussée, où se trouve aujourd'hui la petite galerie qui se rattache à celle du bord de l'eau. — XVIe siècle.

2647. 2648. 2649. — Mascarons sculptés provenant des croisées du rez-de-chaussée du vieux Louvre, aile en arrachement sur l'ancienne place du Musée. — XVIe siècle.

Ces fragments du vieux Louvre ont été donnés au Musée par M. Lefuel, membre de l'Institut, architecte de l'Empereur, 1858.

2650-2651. — Gargouilles dites lanciers, provenant de la démolition de la galerie de pierre au palais des Tuileries.

2652. — Chapiteau d'ordre ionique provenant de l'entablement de la même galerie.

2653. — Chapiteau d'ordre corinthien déposé au premier étage sur la même galerie, attenant au pavillon Médicis.

2654-2655. — Fragments de corniche provenant de la même galerie.

2656. — Ecusson aux initiales H. B. C., surmonté d'une couronne fermée.

Ces fragments du palais des Tuileries ont été donnés au Musée par M. Lefuel, architecte de S. M. l'Empereur, lors de la démolition de la galerie de pierre et de sa réédification en octobre 1856.

2657. — Tombe en pierre trouvée dans les fouilles faites en 1856 sous le chœur de l'église Saint-Séverin, à Paris.

Cette tombe, qui remonte au VIIe siècle, est couverte d'ornements gravés, parmi lesquels se retrouve la roue symbolique. Elle porte 2m 20 sur 0m 75.
Donné par M. le curé de Saint-Séverin, 1856.

2658. — Tombe en pierre portant une croix sculptée à l'intérieur et à l'extérieur, trouvée au cimetière Saint-Magloire, en 1852.

Donnée par M. Arthur Forgeais.

2659. — Fragment d'une pierre tumulaire provenant de la démolition d'une ancienne tour située au chevet de l'église Saint-Étienne-du-Mont et portant une inscription fragmentée. — 1m sur 0,87.

Donné par M. le préfet de la Seine, 1856.

2660. — Dalle tumulaire trouvée dans les fouilles faites aux Bernardins de Paris, à la date de 1333.

Le moine est représenté debout, les mains jointes, sous un portique d'architecture gothique; autour se lit l'inscription suivante :

Hic. jacet. nonnus. Johes. Maleti. monasterii. populeti. lector. in theologia. qui. obiit. anno. dni. M. CCC. XXX. III. in vigilia Mathei...... evangeliste. orate. pro. eo. ut. requiescat. in pace. Amen.

2661. — Pierre tumulaire du sire de Flavacourt et d'Isabel de Hargenlieu, sa femme, provenant de la chapelle du village de Flavacourt, dans laquelle étaient inhumés les seigneurs du lieu. — XIVe siècle.

Le sire de Flavacourt est représenté couvert de son armure et portant son écu; la dame d'Hargenlieu est à son côté, sous un dais d'architecture gothique richement dentelée. Dans la bordure se lit l'inscription suivante :

Ici gist Mons. de Chantemelle chevalier sire de Flavacourt qui trespassa l'an de grace M. CCC LII le jeudi avant la saint Martin d'iver. Priez pour l'ame de lui.

Madame Ysabel de Hargenlieu famme du dit Mons. de Chantemelle qui trespassa l'an de grace M. CCC.....

La gravure de cette belle pierre tumulaire est d'une exécution remarquable, et les détails de l'armure du chevalier sont précieux comme renseignements du XIVe siècle.

2662. — Tombe d'abbesse, fragment du XIIIe siècle. La figure est sur un fond semé de fleurs de lys et de fleurons; l'inscription est effacée et illisible. Trouvée à Paris.

2663. — Tombe du chanoine Robert de Chuzayo, trouvée à Paris. Fragment. — Commencement du XIVe siècle.

La figure est debout, les mains jointes, la tête finement sculptée; elle est sous un portique d'architecture duquel sortent deux anges aux ailes déployées, tenant d'une main l'encensoir, de l'autre la navette.

L'inscription est incomplète: *Hic jacet frater Robertus de Chuzayo, canonicus, de Niolio.mall.Diol......*

2664. — Fragment d'une tombe de même époque, au nom de maistre Jehan de Canechet.

La tête en bronze et les mains ont été enlevées; en haut sont les anges en adoration. Trouvée à Paris.

2665. — Fragment d'une tombe de même époque, celle d'un chanoine du nom de Réginald ; l'inscription est effacée en grande partie. Trouvée à Paris.

2666. — Tombe de même époque, personnage en costume civil, les mains jointes et la tête couverte d'un bonnet ; l'inscription est totalement illisible. Trouvée rue Saint-Jacques.

2667. — Tombe d'un chevalier de Malte. Fragment dont l'inscription est effacée et illisible, trouvé à Saint-Jean-de-Latran. — xve siècle.

La tête et les mains étaient en marbre ou en bronze, et ont disparu : il en est ainsi des deux écussons placés à droite et à gauche de la tête du chevalier.

2668. — Fragment d'une dalle tumulaire aux armes et noms de dame Geneviève de Los, trouvé rue des Mathurins. — xviie siècle.

2669. — Inscription antique gravée sur granit, trouvée à Néris en 1836 et donnée au Musée par M. de la Villegille, secrétaire du Comité des travaux historiques au ministère de l'instruction publique, 1860, — L. 0m,30. H. 0m,30.

2670. — Inscription gravée sur pierre en caractères gothiques, à la date de 1427, trouvée à Paris, dans une dépendance de l'église Saint-Côme, rue de la Harpe.

L'an mil CCCC et XXVII le dimèche prochain après la feste saint Luc evangeliste fut ceste présente eglise consacree des aumosnes des bônes gens guâgnire les pardons et priés pour les trespassés Pater noster. — L. 0m 43 H. 0m 28.

Donné au musée par M. Tassin de Villiers, 1858.

2671. — Inscription de fondation de messe, gravée sur pierre et découverte dans une fouille rue saint-Jacques, derrière le Collége de France. — xve siècle.

De chaque côté se trouve un écusson portant la gerbe de blé becquetée par les oiseaux et surmontée de l'étoile, au milieu la Mère de douleurs avec le donateur agenouillé, suivi de son saint patron.

Les marguilliers de lœuvre et fabrique de ceâs et leurs successeurs sôt tenus a toujours ptuellement faire dire chanter et celebrer p. ch un jour de mercredy de l'an une haute messe de st Joseph et a la fin le recorderis et l'oraison a ce ptinente pour les m et enffants de cueur de ceste ègle en la chappelle de Nre Dae et icelle messe soner et chanter a telle heure que l'on a acoustume chater au samedy en la dite chappelle pour les dits me et enffants..

2672. — Inscription du xve siècle, trouvée rue des Grès, à

Paris, provenant de l'entrée d'une des Facultés : *Scole secude facultatis decretorum.*

Donné par M. Vacqer, 1858.

2673. — Bandeau sculpté et décoré de grappes de raisin et de feuilles de vigne, trouvé dans les fouilles de la rue des Noyers, faites pour l'ouverture du boulevard Saint-Germain, en 1861. — XVe siècle.

Donné par M. Argoulon, entrepreneur de travaux publics.

2674. — Chapiteau en pierre, décoré de feuillages en relief et portant un écusson d'armoiries, trouvé dans les fouilles faites en 1857, rue des Mathurins, Saint-Jacques, pour le dégagement de l'hôtel de Cluny. — XVe siècle.

2675. — Grand mortier en pierre trouvé dans les mêmes fouilles, ayant la forme des mortiers antiques. — XVe siècle.

2676. — Mortier plus petit, de même provenance et de même époque, trouvé également en 1857.

2677. — Pendentif de clef de voûte, représentant le Christ en croix entre Marie et saint Jean. — Fin du XVe siècle.

Donné par M. Guenebault.

2678. — Croix en pierre, du XVIe siècle, portant à son centre la Vierge et l'enfant Jésus, et à ses extrémités, les symboles des Evangiles, sculpture en relief, découverte dans les fouilles faites sur la place du Carrousel pour la construction du Ministère d'Etat.

Donné par M. Lefuel, architecte de l'Empereur, 1858.

2679. 2680. — Chapiteaux en pierre sculptée du XVIe siècle.

Donnés par M. Alvar Toussaint, architecte, en 1859.

2681. — Petit fragment en pierre portant trois figures de saints personnages séparés par des colonnes, trouvé dans les fouilles des Mathurins, en 1860. — XVIe siècle.

Donné par M. Argoulon, entrepreneur de travaux publics.

2682. — Bas-relief en pierre provenant de la démolition d'une maison rue Saint-Germain-l'Auxerrois, à l'enseigne des Trois Barbeaux. — XVIIe siècle.

Ce bas-relief était placé sur la facade de la maison et servait, ainsi que l'indique le sujet, d'enseigne à un pêcheur passeur de rivière.
Donné par la Ville de Paris.

2683. — Fragments antiques en pierre sculptée, fûts de colonnes et débris de sculptures, trouvés dans les fouilles du nouveau tribunal de commerce en 1860 et donnés au Musée par M. Bailly, architecte du gouvernement.

2684. — La Truie qui file, bas-relief en pierre peinte, enseigne d'une ancienne maison du vieux Paris. — XVIe siècle.

Donné par la Ville de Paris.

2685. — Console en pierre présentant une tête de ronde bosse, XVIe siècle, trouvée dans les fouilles du boulevard Sébastopol.

2686. — Console d'angle de même provenance, décorée d'une figure de la même époque.

2687. — Borne en pierre aux armes des abbés de Longchamp, retrouvée sur la route de Suresnes au mont Valérien. — XVIe siècle.

2688. — Borne de même provenance et de même époque.

2689. — Obélisque trouvé dans les fouilles du cimetière des Innocents, décoré sur les quatre faces de croix emblématiques, de couronnes et de vases funéraires. — XVIIe siècle. H. 1m,20.

2690. — Pierre sépulcrale à double face, provenant d'une tombe arabe au cimetière des Palmiers, dans la plaine de la Mitidja, près Alger ; sorte d'ardoise. — H. 0m,47.

Rapportée en 1835 et donnée au Musée par M. le professeur Jules Cloquet, membre de l'Institut, 1860.

2691. — Inscription gravée sur une dalle de pierre à la date de 1676, et placée dans un angle de la cour de l'ancien couvent des Mathurins contigu à l'hôtel de Cluny, et démoli en 1860.

« L'an 1676, au mois d'aoust une ouverture s'estant fait au pavé de cette court, environ le milieu du ruisseau plus près néantmoins de la cuisine que de la salle du jardin l'on creusa et l'on apperceut une grande ouverture à peu près semblable aux trois arcades qui forment le présent escalier, dans laquelle un domestique de céans estant descendu par une entrée qui commençoit du costé de la salle il trouva que c'estoit un grand trou qui prenoit son origine de dessous le palais des Thermes, rüe des Maturins, laquelle ouverture fut bouchée avec trois grosses poutres mises dessus et couvertes de pavé; à laquelle ouverture il sera bon de regarder de fois à autre, pour voir si les poutres ne pourrissent pas. De quoy l'on a cru à propos de donner cet avis pour y apporter en ce cas le remède convenable et éviter les accidens qui pourroient arriver. »

MARBRES, ALBATRES, STUCS, TERRES CUITES.

2692. — Statue de l'empereur Julien, proclamé en l'an 363 au Palais des Thermes; figure antique en marbre grec, trouvée à Paris.

Cette belle statue, de grandeur naturelle, est d'une parfaite conservation. L'empereur est debout, la tête ceinte de la couronne, et la main droite soutenant sur la poitrine les plis du manteau. La main gauche porte un rouleau; la barbe est longue, et les cheveux, plaqués sur le front, débordent sous la couronne et tombent au-dessous du bandeau; les pieds sont chaussés de sandales.

Trouvée à Paris, il y a quelques années, cette statue de l'empereur Julien avait été, immédiatement après sa découverte, acquise par M. le comte de La Riboisière, et avait pris place dans son hôtel de la rue de Bondy; mais, après l'exécution des travaux de dégagement du palais des Thermes et de l'hôtel de Cluny, M. le comte de La Riboisière comprenant combien il était intéressant de voir la statue de Julien prendre, au milieu des ruines du palais romain de Paris, la place qui lui revenait de droit, a bien voulu s'en dessaisir et l'a cédée à S. Exc. le ministre d'État pour les collections du Musée des Thermes et de l'Hôtel de Cluny, le 19 février 1859.

A peu près à la même époque à laquelle on trouvait cette statue de l'empereur Julien, c'est-à-dire longtemps avant la fondation du Musée des Thermes et de l'Hôtel de Cluny, on en découvrait à Paris une autre remontant comme celle-ci à l'époque du Bas-Empire. Cette statue, dont la disposition est à peu près la même, et qui, par la pose de la figure, son costume et la tournure des draperies, présente une grande analogie avec celle du palais des Thermes, est placée dans les collections du Louvre.

2693. — Bas-relief antique en marbre, trouvé à Paris; sujet symbolique présentant des poissons au nombre de quatorze, qui se jouent dans les flots et se dévorent les uns les autres.

Ce bas-relief a été trouvé dans la Seine, entre l'Institut et l'hôtel des Monnaies.— L. 0m,41, H, 0m,26.

Donné par M. Théodore Chrétin, mosaïste, 1858.

2694. 2695. — Figures de moines en costume de chartreux, exécutées en marbre pour le duc Philippe le Hardi par Claux Sluter, *ymaigier* du duc de Bourgogne, chargé par ce prince de la direction et de l'exécution des ouvrages d'art de la chartreuse de Dijon après la mort de Jehan de Marville, en 1399.

Ces deux figures sont debout. L'une d'elles est dans l'extase de la prière; la seconde, dans l'attitude du recueillement, porte à ses yeux les plis de sa longue robe. Les têtes sont nues et l'exécution en est très-remarquable.

Elles ont été données au Musée au mois de mai 1861, par Sa Grâce le duc d'Hamilton Brandon et Châtellerault.

Claux Sluter, Hollandais d'origine, fut chargé par le duc Philippe, dés son arrivée en Bourgogne, en 1387, des travaux de sculpture du portail de la chartreuse, puis du monument connu aujourd'hui sous le nom de Puits de Moïse, commencé en 1396 et achevé en 1402.

« Peu de temps après la mort de Jehan de Marville, dit M. de Saint-Mesmin dans son rapport sur les restes des monuments de l'ancienne chartreuse de Dijon, Claux Sluter fut chargé de la direction des travaux et de l'exécution des sculptures du tombeau du duc Philippe le Hardi. Dans cette entreprise, d'une importance majeure, Claux de Werne, dit de Vouzonne, son neveu et son élève, et Jacques de Baërze, dit de la Barse, *imaigier* du duc, venu de Dendermonde, lui furent adjoints. — Le 6 avril 1404, peu de jours avant la mort du duc Philippe le Hardi, une retraite dans le monastère de l'abbaye de Saint-Étienne fut offerte à Claux Sluter, en reconnaissance des services qu'il avait rendus et du don de 40 francs d'or qu'il avait fait aux religieux pour l'utilité du couvent. Et ce fut en ce lieu de tranquillité que, dans un âge avancé, l'habile artiste termina sa carrière, entouré de la considération due à son mérite et à ses talents. »

Le tombeau du duc Philippe le Hardi, élevé par ses ordres et de son vivant dans les bâtiments de la chartreuse de Dijon, splendide édifice monastique, fondé par ce prince en 1383, fut détruit en 1793, ainsi que le mausolée de Jean sans Peur et de Marguerite de Bavière, exécuté en 1444 par les soins du duc Philippe le Bon, et cela conformément aux termes de la délibération du conseil général de la commune de Dijon du 8 avril, confirmé par les arrêtés du district de l'arrondissement et du directoire du département de la Côte-d'Or du 23 frimaire an II (1). Les figures qui ornaient ces beaux monuments, les ornements d'architecture, furent dispersés de côté et d'autre. Plus tard, une restauration intelligente présida à la restitution des tombeaux des ducs de Bourgogne, et en 1827, cette restauration fut achevée, et les monuments de Jean sans Peur et de Philippe le Hardi furent placés dans une des salles du Musée de Dijon. Les quarante figures en marbre qui entouraient le tombeau du duc Philippe, et représentaient quelques-uns des principaux personnages des maisons civile et religieuse du prince et les membres de différents ordres monastiques, ont pu être remises en place pour la plupart. Les autres ont été restituées habilement d'après les documents authentiques, et ce grand ouvrage de restauration a été accompli avec une véritable habilité et une rare perfection.

Les deux figures données au Musée par Sa Grace le duc d'Hamilton faisaient, ainsi que deux autres de même provenance, que possédait antérieurement l'Hôtel de Cluny, partie de la collection de M. Baron, vendue en 1846. Passées depuis dans le cabinet de M. Rattier, elles étaient devenues, à la mort de ce dernier, et lors de la vente de sa galerie, la propriété du duc d'Hamilton qui, mû par le desir de réunir ces quatre charmantes sculptures ayant une origine commune et d'en assurer la conservation à l'Hôtel de Cluny, a bien voulu lui faire don de celles qu'il possédait, et qu'il avait acquises pour ses splendides collections d'Hamilton-Palace.

2696. — Statue en marbre de grandeur naturelle, ouvrage italien du XVIe siècle.

La figure est vêtue d'une robe que rehausse une garniture richement brodée : une couronne de roses maintient la coiffure, dont l'exécution est traitée avec une grande finesse de détails : la main droite portait une fleur dont il ne reste que la tige.

(1) Rapport de M. de Saint-Mesmin.

2697. — Fragment d'un chapiteau en marbre, provenant des ruines du théâtre romain de Philippeville, en Algérie.

Donné par M. le professeur Jules Cloquet, membre de l'Institut, 1860.

2698. — Médaillon en marbre provenant de la décoration de l'ancien château de Gaillon : le roi David. — XVIe s.

La figure est assise et semble résoudre un calcul à l'aide des doigts de la main ; la harpe est placée auprès d'elle, et le fond représente un paysage avec l'entrée d'un château. La bordure est composée de banderoles entrelacées de perles. — Diam. 0m 35.

Donné par M. l'abbé Caille des Marres, 1859.

2699. — La Vierge dans sa gloire, bas-relief en albâtre du XIVe siècle. Au-dessus, le Père éternel avec les chérubins ; en bas, la figure du donateur.

Ce bas-relief provient du cabinet de M. Grillon, ancien inspecteur général des bâtiments civils et membre du Conseil municipal de Paris, et a été donné par Mme veuve Grillon, en avril 1856.

2700 à 2705. — Bas-reliefs en albâtre sculpté et relevé de couleurs, de l'époque du roi Jean. — XIVe s. — H. 0m,40. L. 0m,26.

Le Baiser de Judas.

Le Christ à la colonne, même suite.

La Mise au sépulcre, huit figures, même suite.

La Résurrection, même suite.

La Mise au sépulcre, neuf figures, même suite.

La Vierge dans la gloire, même suite.

Tous ces bas-reliefs ont été donnés au Musée par M. Ch. Sauvageot, pensionnaire de l'Académie impériale de musique, 1856.

2706. — La Résurrection, bas-relief en albâtre avec bordure en bois et pâte dorée ; ouvrage italien du XVIe siècle. — H. 0m 22.

Donné par M. Achille Jubinal, député au Corps législatif, 1860.

2707. — La Vierge et l'Enfant Jésus, grand bas-relief de la fin du XVIe siècle, sculpture de l'école italienne, exécutée en stuc peint et doré.

2708, — Fragment de terre cuite décoré de mascarons et d'ornements, trouvé à Rome près de la Porta Latina, en 1835.

Donné au Musée par M. le professeur Jules Cloquet, membre de l'Institut, 1860.

2709. — Retable en terre cuite, composé de trois tableaux à figures de ronde-bosse sous des galeries d'architecture gothique, provenant de la chapelle de Saint-Eloi, près Bernay. — XVe s.

Les trois sujets sont ceux du Mariage de la Vierge, de l'Adoration des anges et de celle des rois mages. Les figures sont en terre cuite peinte et dorée, ainsi que les ornements d'architecture, dais et couronnement. Ce beau bas-relief avait été sauvé par les soins du savant et regrettable Ch. Lenormant, membre de l'Institut, et c'est à sa mort, en 1860, qu'il est venu prendre place dans les collections de l'Hôtel de Cluny.

PLATRES.

2710. — Chapiteaux historiés de l'ancienne cathédrale de Pampelune, style roman, moulés sur les originaux et donnés au Musée par M. Sarvy, architecte à Paris, en 1861.

Ces chapiteaux sont au nombre de neuf, dont quatre accouplés, et représentent les scènes de la vie et de la passion du Christ, le Baiser de Judas, le Portement de croix, le Calvaire, la Descente de croix, le Christ dans sa gloire, etc. Les plus grands chapiteaux, accouplés par deux, sont surmontés d'un bandeau courant, composé de branchages et de feuilles.

2711. 2712. 2713. — Le Christ dans sa gloire et les douze Apôtres, bas-reliefs moulés sur les originaux existant au tympan de l'église Notre-Dame de Mauriac. — XIIe siècle.

Donnés au Musée par M. Mallay, architecte du gouvernement à Clermont-Ferrand, 1857.

2714 à 2718. — Chapiteaux de l'église de Saint-Martin-des-Champs (aujourd'hui dépendance du Conservatoire des Arts et Métiers). — XIIe siècle ; estampages en plâtre.

2719. — Grand chapiteau de l'église de Mozat, près Riom : les Gardes du saint sépulcre, les Saintes Femmes et l'Ange; estampage en plâtre. Style roman. — H. 0m80.

2720. — Chapiteau provenant de la même église; estampage en plâtre. — H. 0m80.

A chaque angle une figure agenouillée, les pieds en l'air, et portant la main sur des pommes de pin suspendues à leurs branches.

2721 à 2727. — Chapiteaux de l'église cathédrale d'Issoire, Puy-de-Dôme, moulés sur les originaux existant dans le transept et dans la nef de ce monument; Style roman.

Chapelle du transept nord, colonne au nord : le Diable entraînant deux figures (2721); colonne au sud: figure d'homme portant un agneau (2722).
Chapelle du transept sud, Colonne au nord : la Salutation angélique (2723).
Nef, 4me pilier, colonne est : Entrelacs de pommes de pin et personnages (2724).
Nef, 5me pilier, colonne ouest : Centaures. Chasse au lièvre (2725).
Nef, 3me pilier, colonne ouest : Deux hommes portant un agneau (2726).

Chœur, 3e colonne au sud du sanctuaire ; Christ à la colonne, Portement de croix (2727).

2728 à 2732. — Autres chapiteaux historiés provenant du même monument, moulés sur les originaux.

2733. — La Passion, bas-relief de l'église d'Issoire ; estampage en plâtre.

2734. — Inscription du soubassement de la chapelle de la Vierge, moulé sur l'original existant à la cathédrale d'Issoire.

2735. — La Vierge portant l'Enfant Jésus, grande figure du XIIIe siècle, haute de 2 mètres 65 centimètres, moulée sur l'original existant au tympan du portail latéral de la cathédrale de Chartres, côté nord.

2736. — La Vierge portant l'Enfant Jésus; grande figure du XIIIe siècle, ayant 2 mètres 65 centimètres de hauteur, moulée sur l'original existant au tympan du portail latéral de la cathédrale de Chartres, côté du midi.

2737. — Les Anges en adoration, assistants de la grande figure de la Vierge ; moulés sur les originaux, au tympan, côté du midi, du portail latéral de la cathédrale de Chartres; XIIIe siècle.

2738. — Sainte Modeste, grande figure du XIIIe siècle, moulée sur l'original existant au portail nord de la cathédrale de Chartres. — H. 2m 35.

2739 à 2742. — Diacres, figurines assises du XIIIe siècle, moulées sur les originaux existant au portail nord de la cathédrale de Chartres. — H. 0m 70.

2743. — La Force, figurine du portail du midi de la cathédrale de Chartres; estampage en plâtre fait sur l'original. — XIIIe siècle.

2744. — La Tempérance, figurine du même portail, cathédrale de Chartres ; estampage. — XIIIe siècle.

2745. — Figure d'enfant du XIIIe siècle, moulée sur l'original existant à l'église de Poissy, et que la tradition donne pour un enfant du roi saint Louis.

2746. — La grande Vierge de Notre-Dame de Paris, assise sur le trône, sous un riche portail d'architecture. Haut-relief moulé sur l'original existant à la cathédrale de Paris.

2747. — L'Adoration des rois mages, grand haut-relief du

XIIIe siècle, moulé sur l'original existant à la cathédrale de Paris.

La Vierge est assise sur un trône d'architecture gothique surmonté d'un dais; elle tient sur ses genoux l'Enfant Jésus et derrière elle, dans une niche d'architecture, se tient debout saint Joseph appuyé sur un tau. Les mages sont devant elle, et l'un d'entre eux, agenouillé aux pieds de l'Enfant divin, lui rend hommage et dépose sa couronne à ses pieds.

2748 à 2751. — Chérubins ailés dans l'attitude de l'adoration, figurines du XIVe siècle, moulées sur les originaux existant à la cathédrale de Paris, portail du midi. — H. 0m70.

2752 à 2763. — Figurines du XIVe siècle, représentant des saints personnages, des évêques, des pèlerins, moulés sur les originaux existant à la cathédrale Notre-Dame de Paris, portail du midi. — H. 0m60.

2764. — La Vierge portant l'Enfant Jésus, figure du XIVe siècle, moulée sur l'original existant à la cathédrale Notre-Dame de Paris. — H. 1m90.

Nota. La figure de l'Enfant Jésus n'existe plus dans l'original; celle-ci a été moulée sur une autre statue de même époque, provenant du même monument.

2765. — Tête d'Ezéchiel, moulée sur l'original existant au grand portail de la cathédrale de Reims.

2766. — Tête de la Vierge, même provenance. — La Mère de la Vierge, même provenance.

2767, — Aaron, même provenance.

2768. — Ange tenant la couronne, figure en haut-relief de la cathédrale de Reims; XIVe siècle.

2769. — Ange portant la navette et l'encensoir, même provenance.

2770. 2771. — Anges de la même suite; estampés sur les originaux appartenant au même monument.

2772. — La sainte Vierge portant l'Enfant Jésus dans l'attitude de la bénédiction. Estampage en plâtre, fait sur l'original existant à l'église d'Orcival, Puy-de-Dôme, un des pèlerinages les plus célèbres de l'Auvergne. — XIVe siècle. — H. 0m 70.

2773. — Ange sonnant de la trompette, figure du XIVe siècle.

2774 à 2776. — Figurines assises, même époque.

2777. Figure de femme; la tête est ceinte de la couronne, et la main gauche lève les plis du manteau. Même époque.

2778. — Tourelle de l'angle nord-ouest de l'ancienne place de Grève de Paris, démolie en mars 1852, pour la régularisation des abords de l'Hôtel de Ville et l'ouverture de la rue de Rivoli ; modèle réduit, par M. Galouzeau de Villepin.

Donné au Musée par l'auteur.

BOIS SCULPTÉS.

2779. — La Vierge portant l'Enfant Jésus, figure en bois de chêne peint et rehaussé de dorures, ouvrage du XIVe siècle, provenant de la galerie du prince Soltikoff, dispersée en avril 1861. H. 0m95.

2780. — Chef en bois sculpté, peint et doré, de sainte Mabile, l'une des onze mille vierges, ouvrage italien du XVe siècle.

La tête est peinte et les cheveux sont dorés, ainsi que la robe, qui est rehaussée de pierreries. Sur la poitrine on lit l'inscription : S. MABILIA DE XI MILIA VERGNE.

2781. — Sainte Marie, grande statue en bois sculpté, peint et décoré d'ors en relief, d'origine italienne, provenant d'un Calvaire du XVe siècle.

2782. — Saint Jean, figure en bois d'une exécution et d'une décoration analogues, provenant du même Calvaire.

2783. La Mère de douleurs, bas-relief en bois sculpté, peint et doré, formant le motif principal d'une chapelle portative à volets du XVIe siècle.

Provenant du cabinet de M. Grillon, ancien inspecteur général des bâtiments civils et membre du Conseil municipal de Paris ; donné par Mme veuve Grillon, en avril 1856.

2784. — Console en bois trouvée à Saint-Jean-de-Latran, lors de la démolition de la tour Bichat, représentant un Évangeliste sculpté de ronde bosse. — XVe siècle.

2785. — Médaillon en bois sculpté de haut-relief, tête de jeune homme coiffé d'un chapeau à plumes. — XVe s. — D. 0m05.

2786. — Figurine en bois sculpté, peint et doré : Melchior, l'un des rois mages, provenant d'un retable du XVIe siècle, existant à la cathédrale de Reims, consacrée en 1359.

Donnée par M. le professeur Jules Cloquet, membre de l'Institut, 1860.

2787. — L'image de la Mort, sculpture en bois peint : sujet de ronde bosse, exécuté à Santa-Fé di Bogota, Nouvelle-Grenade, lors de la domination espagnole. Cette figure était regardée à Santa-Fé comme la représentation d'une victime de la sainte-inquisition. — L. 0m 45.

Donnée par M. d'Hertmanni, 1860.

2788. — Figure en bois formant encorbellement et support dans une cour de la maison rue de la Harpe, n° 66, en face le palais des Thermes, maison détruite en 1856, pour l'ouverture du boulevard de Sébastopol. — XVIIe siècle. — H. 1m 30.

IVOIRES.

2789. — Bas-relief en ivoire, sculpture antique représentant une femme debout, près d'un autel, et tenant en main deux torches enflammées et renversées, trouvé au fond d'un puits à Montier-en-Der, en 1860. — H. 0m 31. — L. 0m 14.

Le monastère de Montier-en-Der fut fondé dans la seconde moitié du VIIe siècle, vers 679, et sous le règne de Childéric, par saint Berchaire, dans la forêt de Flassigny, sur des terrains cédés par une dame riche et pieuse du nom de Vatilde, épouse de Vaimer, seigneur du lieu.

L'église abbatiale possédait, au dire des écrivains, une grande quantité de reliques des apôtres et d'un grand nombre d'évêques, de martyrs et de vierges. Ces reliques étaient renfermées dans une grande et belle châsse rapportée de Rome par saint Berchaire, et cette châsse, dit M. l'abbé Bouillevaux, dans son livre intitulé *les Moines du Der*, était fermée par deux grandes tablettes d'ivoire d'une époque beaucoup plus ancienne, et sur lesquelles étaient représentés des sacrifices. Au-dessus d'une des tablettes on lisait : NICOMACHORUM, et au-dessus de l'autre : SYMMACHORUM. Ce précieux reliquaire, ajoute l'auteur, est devenu la proie des flammes, mais les reliques sont encore aujourd'hui l'objet de la vénération des fidèles.

La plaque d'ivoire trouvée en 1860 au fond d'un puits, à Montier-en-Der, est l'une de celles qui fermaient la châsse de saint Berchaire. L'inscription NICOMACHORUM, qui surmonte le sujet et qui se trouve gravée en beaux caractères antiques dans un cartouche en relief, le prouverait surabondamment si le hasard ne nous avait fait retrouver tout récemment l'autre plaque, celle de SYMMACHORUM. Cette dernière tablette, dans un bon état de conservation, se trouve aujourd'hui en la possession d'un amateur de la ville de Montier-en-Der.

Saint Berchaire, disent les anciennes chroniques, rapportait à son retour de Rome le corps de saint Cyriaque, patriarche de Jérusalem, et celui de sainte Théodose ; il rapportait aussi de la Palestine deux tables d'ivoire qui, dans le siècle dernier encore, servaient de portes à un beau reliquaire sur lequel on lisait ce distique :

His tabulis hoc ditat opus Bercharius illi
Quas peregrinanti terra beata dedit.

L'inventaire des saintes reliques et des reliquaires de l'abbaye de Montier-en-Der, dressé en 1717, est déposé aux archives de la Haute-Marne. Nous y trouvons les noms de vingt-trois saints, martyrs, archevêques, évêques et abbés; nous trouvons aussi que le reliquaire de saint Berchaire, celui aux portes d'ivoire, était orné de six colonnes en bronze doré avec leurs bases et chapiteaux d'ordre corinthien décorés de pierreries, d'émaux et de cristaux, ainsi que de figures d'anges à mi-corps et en argent massif.

La plaque d'ivoire que possède l'Hôtel de Cluny est entourée de sa bordure et a conservé en outre une partie de sa monture en argent finement ciselé, ainsi que ses boutons en même métal. L'autre plaque, celle qui porte l'inscription SYMMACHORUM, présente un sujet analogue : une figure de femme, debout, tient d'une main une boîte pleine d'encens qu'elle verse de l'autre dans le brasier qui brûle sur un autel; près d'elle est un jeune homme qui lui présente un plat de fruits et un vase à deux anses. Comme dans la première plaque, derrière l'autel se trouve un grand arbre dont les rameaux couronnent le sujet principal.

2790. — Bâton pastoral, tau ou ferula en buis et ivoire enrichi de pierreries, monument précieux du XIIIᵉ siècle.

Attribut des fonctions pastorales, ce tau, sorte de *baculus pastoralis* ou de *ferula*, se compose d'une tige d'ivoire formant poignée, que surmonte un chapiteau couronné par un lion de ronde bosse. Le sujet principal, en ivoire, présente quatre figures dont l'une, en costume épiscopal, donne la consécration à un prélat, évêque ou abbé, agenouillé devant lui. Une inscription latine : *Lex Dei vera est; per crucis hoc signum fugiat omne malignum*, est découpée en beaux caractères du temps sur les roudelles de la tige. Les yeux du lion, sa crinière, les médaillons d'ivoire qui décorent le chapiteau, sont, ainsi que le sujet principal et les lignes d'architecture, rehaussés de pierreries.

Les petits médaillons du chapiteau ont pour supports des léopards et présentent une tête sculptée en relief.

Ce bâton pastoral, recueilli dans les premières années de ce siècle par le chevalier Alexandre Lenoir, fondateur du Musée des Petits-Augustins, et décrit par lui dans son *Musée des Monuments français*, était passé à sa mort dans la collection Debruges-Dumesnil, et figure dans la description de cette galerie publiée en 1847 (nᵒ 1479). Lors de la dispersion du cabinet Debruges, il est entré dans la galerie du prince Soltikoff, et c'est en avril 1861, lors de la vente publique de cette célèbre collection, qu'il a pu être acquis par l'Hôtel de Cluny.

2791. — Feuillet de diptyque en ivoire sculpté : la Vierge et l'enfant Jésus entre saint Jean et sainte Madeleine; au bas, le Père éternel et saint Christophe.

Donné par M. Michaud, de Saint-Florentin (Yonne).

2792. — La Vierge portant l'Enfant Jésus, figurine d'ivoire. H. 0ᵐ21. — XVIᵉ S.

2793. — Figurine en ivoire représentant un cavalier et provenant d'un jeu d'échecs; sculpture italienne du XVIᵉ siècle.

2794. — Petit bas-relief en ivoire, ouvrage flamand du commencement du XVIᵉ siècle; bacchanale.

2795. — Petit bas-relief d'une exécution analogue, de même époque et formant pendant au précédent. — D. 0ᵐ05.

Ces deux petits bas-reliefs ont été donnés au Musée par M. le docteur Beaude, inspecteur des établissements d'eaux minérales, etc., 1858.

2796. — Petit manche de couteau; figurine antique en ivoire représentant un gladiateur combattant, trouvée dans des fouilles faites près de Saint-Denis, en 1859.

Donnée par M. A. Forgeais.

2797. — Poignée de couteau d'écuyer tranchant en ivoire sculpté, enrichie de figures, d'animaux et de mascarons en relief; bel ouvrage du commencement du xve siècle. — H. 0m 13.

2798. — Manche de couteau en ivoire; figure de moine tenant dans la main droite la croix latine, et dans la gauche le livre d'heures. — xve siècle. — H. 0m 08.

Donnée par M. A. Forgeais, 1859.

2799. — Groupe en ivoire; scène d'intérieur. — xviie siècle.

La partie inférieure est montée en argent et forme boîte. Grandeur des figures, 0m 10.

2800. — Portrait du roi Henri IV; médaillon en ivoire gravé. — xviie siècle.

Le roi est en habit de cour, avec le cordon du Saint-Esprit; autour de la figure est la légende : *Henry IIII, roy de France et de Navarre.* — H. 0m 15.

BRONZES.

2801. — Mercure, statuette, bronze antique, trouvé à Autun. — H. 0m 09.

Donnée par M. Mérimée, sénateur, membre de l'Académie française, 1859.

2802. — Mercure antique, statuette en bronze, trouvée dans une fouille près d'Uzès.

Cette figurine présente une particularité curieuse : son bras droit est garni d'un bracelet en argent, sorte d'*ex-voto* antique. — Elle se trouvait placée dans une niche en brique, disposée de manière à la préserver du contact de la terre. — H. 0m 07.

Donnée par M. Mérimée, sénateur, 1860.

2803. — Figurine en bronze antique; femme nue, trouvée à Naples par M. le professeur Vulpes. La jambe gauche est tronquée. — H. 0m 20.

Le socle est fait avec un marbre recueilli dans les Thermes de Titus, à Rome.

Donnée par M. le professeur Jules Cloquet, membre de l'Institut, 1860.

2804. — Figurine antique en bronze, trouvée dans un tombeau *alla Marinella*, près Civita-Vecchia (Etats Pontificaux), en 1854.

Donnée par M. l'abbé X. Barbier de Montault, 1856.

2805. — Groupe en bronze, de l'école florentine; deux satyres et une bacchante. — XVIe s. — H. 0m 30.

BOIS SCULPTÉS. — MEUBLES.

2806. — Grande boiserie sculptée formant grille de clôture, avec partie pleine à hauteur d'appui, barreaux à jour et couronnement dentelé; le tout en bois sculpté; provenant de l'église d'Augerolles, département du Puy-de-Dôme. — Fin du XVe s.

Cette belle boiserie, chef-d'œuvre de sculpture en bois de la fin du XVe siècle, se compose d'une suite de panneaux couverts d'arabesques, d'écussons, d'armoiries et de motifs exécutés avec une rare habileté. Les montants de la grille sont d'une finesse de taille remarquable, et le couronnement dentelé à jour qui la termine dans sa partie supérieure est d'une grande richesse d'exécution.

Cette belle œuvre d'art était placée jadis dans une des chapelles de l'église d'Augerolles, où elle constituait une propriété particulière. Elle a été démontée en 1856 et acquise par le Musée de l'hôtel de Cluny, afin d'en assurer la conservation dans sa forme primitive.

2807. — Grand triptyque ou autel domestique en bois sculpté de ronde bosse, peint et doré, fermé par des volets décorés de sujets peints à l'intérieur comme à l'extérieur; ouvrage allemand de la fin du XVe siècle.

La scène principale représente la Descente de croix : le corps de Jésus repose sur les genoux de la Vierge; la Madeleine agenouillée contemple la tête du Sauveur, et deux saintes femmes se tiennent debout près d'elle. Sur le premier plan, à droite, le donateur, moine de l'ordre des Chartreux, se prosterne à genoux dans l'attitude de la prière, assisté de son patron, saint André.

Dans le fond, l'on aperçoit le Calvaire et les larrons en croix, et à droite Joseph d'Arimathie et Nicodème préparant le tombeau. Au-dessus du groupe de figures règne un dais formé par des festons découpés à jour et dorés, et le fond est décoré de six fenêtres disposées dans le style ogival de la fin du XVe siècle. Le Christ et les figures qui l'entourent ont 26 à 28 centimètres de hauteur.

Sur les volets sont peintes diverses scènes de la passion du Christ; sur le volet de droite on distingue Jésus au jardin des Olives, la Trahison de Judas, la Flagellation; sur celui de gauche, le Couronnement d'épines, le Portement de croix et la Crucifixion.

L'extérieur des volets présente en outre deux tableaux : la Vierge, saint

Joseph, la Nativité, les Anges, puis l'Adoration des Mages. — Ces peintures, d'une excellente exécution, sont attribuées à Martin Schongauer ou Schon, célèbre peintre et graveur, mort à Colmar en 1499.

Cet autel domestique qui faisait partie de la collection Debruge avant de passer dans celle du prince Soltikoff, est dans un état de conservation remarquable, et les détails de son exécution sont traités avec une habileté hors ligne. Les peintures, ainsi que la dorure, sont du temps, et n'ont subi aucune altération. La hauteur de ce meuble religieux est de 80 centimètres. Il a été acquis par le Musée en avril 1861, lors de la dispersion de la galerie Soltikoff.

2808. — Triptyque en bois sculpté, peint et doré, de la fin du XVe siècle, représentant dans sa partie principale la Nativité du Christ et sur les panneaux la Fuite en Égypte et l'Adoration des bergers.

Le motif principal se compose de figures en ronde bosse sous un portique d'architecture gothique finement dentelé, le tout en bois sculpté et doré. Le panneau de gauche représente la Fuite en Égypte : les figures sont peintes et le sujet est encadré dans un motif d'architecture d'un travail délicat. Le panneau de droite est decoré d'une manière analogue ; le sujet est celui de l'Adoration des bergers. L'extérieur des panneaux est peint en grisaille sur fond rouge et représente la Salutation angélique, avec la légende : *Ave, gratia plena, Dominus tecum*. — H 0m 47. L 3[illegible].

2809. — Grand retable en bois sculpté, peint et doré, garni de ses volets peints à figures ; donné au Musée en 1861 par la commune de Champdeuil (Seine-et-Marne).

Ce beau retable, qui a été retrouvé dans l'église de Champdeuil lors de sa reconstruction, représente en figures de ronde bosse les diverses scènes de la vie et de la passion du Christ. La partie du milieu, plus élevée que les deux côtés, représente le Calvaire et le Christ en croix ; à gauche se trouve le Portement de croix, à droite le Christ au tombeau ; en bas l'artiste a représenté, toujours en figures de ronde bosse, la Naissance et l'Adoration des Mages.

Toutes ces figures de grande dimension, et qui n'ont pas moins de 0m 35 de hauteur, sont placées sous des portiques d'architecture finement sculptés, et découpés à jour ; les bordures et les encadrements sont travaillés avec la même légèreté et témoignent d'une grande habileté d'exécution.

Le retable se ferme au moyen de deux doubles volets décorés de sujets peints à l'intérieur et à l'extérieur. — L'intérieur présente les douze apôtres en pied, sur fond d'or, et chacune des figures a 0m 57 de hauteur. En bas sont celles d'Abraham, de Jacob, Moïse, Job, David, Salomon, Isaïe, Jérémie, Daniel, Esdras, Osée, Zacharie ; ces dernières sont à mi corps seulement, placées sous des portiques d'architecture, et chacune d'elles tient en mains une légende portant un verset des Écritures.

Une des grandes figures d'apôtres placées sur le volet de droite nous donne le nom de l'auteur de ces peintures, la légende suivante se trouvant inscrite en caractères du temps sur la bordure du vêtement : *A fait Lucas Lois peintre du donateur Domorant*.........

Sur le volet précédent les mêmes noms se retrouvent également, et un des apôtres porte encore sur la bordure de son manteau les mots : *Lucus fait et Demor*.....

Les peintures des volets, à l'extérieur, représentant la Salutation angélique le donateur agenouillé, son saint patron, et au-dessous, par une disposition analogue à celle des peintures intérieures, se trouvent les quatre évangélistes.

Ces dernières peintures ont été malheureusement retouchées récemment; quelques parties cependant sont restées intactes, comme celles de l'intérieur, et on retrouve encore sur un vase placé aux pieds de la Vierge, dans la Salutation angélique, le nom de l'auteur : *Lucas. m. a. fere.*

Ce beau retable, qui remonte aux dernières années du XVe siècle, et dont la sculpture a été exécutée par des artistes flamands, ainsi que l'indique le style des figures aussi bien que le caractère des costumes, était placé dans l'église de Champdeuil (Seine-et-Marne), et provenait sans doute de la munificence d'un des seigneurs du lieu.

Les réparations faites à l'église, les dégradations incessantes dont avait à souffrir ce curieux monument de sculpture, déterminèrent l'autorité locale à lui chercher un abri où il pût se trouver hors d'atteinte des injures du temps et de la main des hommes, et le conseil municipal de la commune, par une délibération en date du mois de mai 1861, décida, sur la proposition du maire de Champdeuil, M. Gilbon, que ce retable serait donné et envoyé aux frais de la commune au Musée de l'Hôtel de Cluny, où sa conservation serait désormais assurée.

2810. — Lutrin gothique, en bois sculpté et travaillé à jour, surmonté d'un couronnement. — Fin du XVe s.

2811. — Pupitre d'autel provenant de la chapelle du château des ducs de Mayenne, au Mans. Bois peint avec charnières en bois; d'un côté les attributs et instruments de la passion, de l'autre les armes de Mayenne après la royauté éphémère de Charles X (Charles de Bourbon). — Fin du XVIe siècle.

Donné par M. A Jubinal, député au Corps législatif, 1861.

2812. — Grande châsse de saint Georges, martyr, en bois peint, couvert d'arabesques en couleur sur fond blanc; ouvrage italien du XVIIe siècle.

Sur la face principale la légende : *Corpus sancti Georgii martiris Roma allatum*, 1666.

2813. — Meuble en forme de bahut, bois sculpté; ouvrage français d'école bourguignonne, provenant de l'abbaye du Val-Saint-Benoît (Saône-et-Loire). — XVe s.

La décoration consiste en trois panneaux séparés par des contre-forts en saillie sur la face principale; sur les côtés, une ornementation analogue, composée de deux panneaux seulement.

Le panneau principal porte un écusson sur lequel on distingue une tête de Maure et deux pattes; plus bas et à droite se trouvent les lettres C. J. en caractères gothiques; ces lettres ont tout lieu de paraître les initiales du sculpteur.

2814. — Meuble à hardes, en forme de buffet bas, à deux vantaux dormants et s'ouvrant à couvercle comme un bahut. Bois sculpté; ornments de la fin du XVIe siècle.

Ce meuble provient de l'hospice du Lude (Sarthe). — L. 0m 87.

2815. — Meuble à hauteur d'appui, en chêne sculpté et décoré de colonnettes cannelées à chapiteaux historiés ; le sujet principal représente la scène de Judith et Holopherne. —XVIe s.

Légué au Musée par M. le docteur Bonneau, de Mantes.

2816. — Meuble à hauteur d'appui, ouvrant à tiroirs, couvert de peintures laquées représentant des animaux sauvages et des oiseaux, avec incrustations de nacre de perle.

Les côtés du meuble sont peints et décorés d'une manière analogue, ainsi que le dessus ; les tiroirs sont de forme bombée, et le meuble est porté sur quatre pieds. Bel ouvrage oriental.
Donné au Musée par M. Bertrand, de Lyon.

2817. — Meuble en forme de bahut, en bois de chêne sculpté, décoré de figures et ornements en relief ; ouvrage flamand du XVIe siècle.

2818. — Bahut décoré d'ornements, frises courantes et entrelacs en relief ; travail de même origine et d'époque analogue.

2819. — Meuble de forme analogue, avec ornements, mascarons et frises en relief. — XVIe siècle

2820. — Meuble de même forme et d'une décoration analogue. — XVIe siècle.

2821. — Cabinet en ébène, garni de tiroirs et de réduits, couvert à l'intérieur comme à l'extérieur d'incrustations en ivoire d'une grande finesse d'exécution ; la monture est en bronze argenté. Ouvrage italien du XVIe siècle. — L. 0m 60. H. 0m 45.

2822. — Table en ébène et bois noir, avec incrustations d'ivoire représentant des oiseaux, coquillages et arabesques ; travail italien du XVIe siècle.

2823. — Siége en bois sculpté, en forme d'X, avec dossier portant un écusson aux armes de la famille Bentivoglio ; ouvrage italien du XVIe siècle.

2824. — Epinette montée sur pied, décorée de peintures et d'incrustations ; ouvrage du Vénitien Antoine Baffo. — XVIe s.

Sur la traverse de la table se trouve la légende : *Johannes Antonius Baffo, Venetus*. 1570.

2825. — Epinette à queue, en bois noir, décorée de gravures et d'incrustations en ivoire ; ouvrage italien du commencement du XVIIe siècle.

2826. — Psaltérion d'origine italienne, couvert de peintures et orné de baguettes en bois sculpté et doré, garni de ses cordes et clefs avec les onglets en argent. — **Règne de Louis XIII.** — 0m 77 sur 0m 33.

2827. — **Miroir** en bois sculpté et doré, surmonté d'un riche couronnement avec la devise **AMA**; au bas un écusson d'armoiries; sculpture italienne du XVIe siècle.

2828. — Miroir d'origine italienne, avec bordure en bois sculpté et doré, d'un travail analogue à celui décrit sous le numéro précédent. — XVIe siècle.

2829. Grand miroir de suspension avec bordure en écaille et ébène; meuble flamand du XVIIe siècle.

2830. — Mobilier du château d'Effiat. Chambre du maréchal; grand lit à baldaquin garni de ses rideaux, pentes, courtines et plafond en velours ciselé de Gênes, alternant avec des soieries brodées en relief. — XVIIe siècle.

Le château d'Effiat, démoli dans ces dernières années, avait été construit par Antoine Coiffier Ruzé, marquis d'Effiat, maréchal de France, né en 1581 et mort en Lorraine en 1632. Placé à quelques pas de la petite ville d'Aigueperse, dans le département du Puy-de-Dôme, le château d'Effiat avait gardé son caractère complet et l'ensemble de ses constructions était demeuré intacte L'ameublement du temps, conservé avec grand soin, garnissait encore les anciens appartements du château, fermés et inhabités depuis longues années, lorsqu'au printemps de 1856 château, terres, domaine, mobilier, tout fut mis à l'encan et les débris de la demeure du maréchal et de son fils, le malheureux Cinq-Mars, furent dispersés en vente publique. La plus grande partie du domaine, les parcs, jardins et terres avoisinantes, avaient déjà été aliénés; mais le château restait debout avec son architecture des premières années du XVIIe siècle, son enceinte et surtout sa décoration intérieure. Ce fut alors que les pièces principales de ce mobilier, la chambre du maréchal, celle dite du Cardinal et la chambre Verte, furent acquises pour les collections de l'Hôtel de Cluny, et qu'un certain nombre de siéges d'apparat allèrent prendre place comme modèles dans les magasins du mobilier de la couronne.

2831. — Mobilier du château d'Effiat, même suite. Chambre dite du Cardinal; grand lit à baldaquin des premières années du règne de Louis XIV; damas rouge et galons d'or; rideaux et tentures semblables.

2832. — Mobilier du château d'Effiat, même suite. Chambre Verte; grand lit à baldaquin en damas vert avec galons d'or, même époque et même ornementation.

Rideaux et tenture semblables.

2833 à 2838. — Mobilier du château d'Effiat, même suite. Fauteuils de la chambre du maréchal, en bois, garnis en velours ciselé de Gênes, avec broderies sur soie.

2839. — **Mobilier du château d'Effiat, même suite. Para-**

vent de la chambre du maréchal au château d'Effiat; soie et velours brodé, à six feuilles.

2840. — Fauteuil en bois tourné à pieds tors et traverses doubles, couvert en cuir et rehaussé de clous dorés, provenant de la collection Verhelst de Gand; style flamand. — XVIIe siècle.

2841 à 2843. — Fauteuils de forme analogue, de même époque et de même provenance, avec entrejambes torses et poignées à feuilles sculptées.

Ces fauteuils ont leurs dossiers surmontés de têtes de lion.

2844. — Chaise flamande, siége et dossier carrés en cuir frappé au monogramme du Christ; même provenance.

2845. — Chaise de forme analogue et de même origine, dossier frappé au petit fer, à la date de 1672.

2846. — Chaise de même forme et de même provenance, avec fers gravés et dorés au dossier.

2847 et 2848. — Chaises de même forme et de même origine en cuir uni; au-dessus des mont nts du dossier sont deux têtes de lion.

2849. — Chaise flamande du XVIIe siècle, dossier en cuir frappé au petit fer; même provenance.

2850, 2851 et 2852. — Chaises à dossier bas, jambes et entrejambes torses; les montants du dossier couronnés de têtes de lion; même origine et même époque.

2853. — Chaise à porteurs, richement décorée de sujets peints et d'armoiries sur fond d'or. Règne de Louis XV.

Les sujets représentent des paysages et des vues de campagne.

La garniture intérieure est celle du temps; les ferrures sont en bronze ciselé et doré.

2854. — Chaise à porteurs pour enfants, en forme de *vis-à-vis*, décorée de panneaux avec figures et bouquets de fleurs en vernis ancien; monture en bois sculpté et doré, ferrure en bronze doré. Règne de Louis XV.

II. PEINTURE.

MANUSCRITS, TABLEAUX, LIVRES A FIGURES.

2855. — Peinture antique sur enduit, découverte à Pompéi, et représentant un sacrifice.

Huit figures composent l'ensemble du sujet, et la scène se passe dans un lieu abrité par de grands arbres. Sur le premier plan sont deux sacrificateurs : l'un traîne le bélier au pied de l'autel, l'autre s'apprête à l'égorger; derrière ce dernier, une femme se tient agenouillée, portant dans ses bras une corbeille pleine de fruits. — Sur le second plan, et auprès des autels, deux hommes, deux femmes et deux enfants, dansent en agitant les bras et en jouant des instruments.

2856. — Peinture antique sur enduit, découverte au même lieu, et représentant un sacrifice à Vénus.

Une femme est couchée, nue, sur un lit supporté par des roulettes; l'Amour, armé d'une flèche, est monté sur les pieds de ce lit et s'approche de la figure couchée; deux autres Amours sont debout près du lit et attisent le brasier.

Ces deux belles peintures, d'une finesse d'exécution et d'une conservation remarquables, ont été rapportées d'Italie et données au Musée par M. Cattoire de Bioncourt, en 1859.

2857. — Peinture sur bois : la Sainte Vierge et l'Enfant Jésus. Tableau du XVIe siècle d'école française, dans sa bordure du temps, en bois sculpté, peint et doré, provenant de l'église de Lisses, près Corbeil (Seine-et-Oise).

2858. — Plafond en bois, divisé par cartouches, avec encadrements de menuiserie, et décoré de sujets peints à figures.— XVIIe siècle.

Ce plafond, qui décorait une petite salle de la maison n° 66, rue de la Harpe, maison démolie en 1856 pour l'ouverture du boulevard de Sébastopol, se compose d'un grand sujet à figures allégoriques placé au centre, et de quatre cartouches de génies et de fleurs formant encadrement; les corniches et bordures sont en bois sculpté avec relevés de filets d'or.

Donné par M. le Préfet de la Seine, 1856.

2859. — Plafond peint sur toile, provenant d'une maison de la rue Serpente, démolie en 1856 pour l'ouverture du boulevard de Sébastopol, figures de génies, médaillons en grisaille, encadrements d'architecture, avec figures de sphinx. — XVIIe siècle.

Donné par M. le Préfet de la Seine, 1856.

2860 — La Vierge, l'Enfant Jésus et saint Joseph; petite peinture du XVIIe siècle, exécutée sur vélin.—D. 0m 04 sur 0m 03.

Cette peinture était placée au revers d'un émail de Limoges, n° 2910.

2861. — Heures in-octavo, vélin imprimé sur bois par Guillaume Anabat, avec vignettes, encadrements et bordures; dix-huit grandes pages en couleur hors texte.

Le titre est ainsi conçu : Les présentes heures à l'usaige de Romme tout au long sans riēs requérir, avec les figures de la vie de l'homme et la destruction de Hierusalem ensemble ; et pareillement les figures de l'Apocalypse et plusieurs aultres belles hystoires faictes à la mode de Italie, ont été nouvellement imprimées à Paris par Guillaume Anabat, imprimeur demourât en la rue Sainct Jehâ de Beauvays à l'enseigne de Loūis près les grâdes escolles du décret. Pour Gillet Hardonyn, libraire, demourât au bout du Pont au châge l'enseigne de la Rose. Et pour Germain Hardouyn, libraire, demourât devant le Palais entre les deux portes, à l'imaige saincte Marguerite.

Tout pour le mieux.

Donné par M. Duchesnoy, ancien magistrat, demeurant à Montargis, 1857.

2862. — Les XL psaumes de David, mis en rime françoise par Clément Marot et Théodore de Bèze ; édition microscopique d'Amsterdam, publiée par Pierre Mortier, libraire sur le Wigendam, avec reliure du temps au petit fer.

Donné par M. Duchesnoy, ancien magistrat, demeurant à Montargis, 1857.

2863. — Les Psaumes de David, mis en vers françois, revus et approuvés par les pasteurs et les professeurs de l'Eglise et de l'Académie de Genève, avec les cantiques qui se chantent dans l'Eglise de Genève.—Amsterdam, pour la compagnie des libraires de Genève, 1708. Reliure du temps, au petit fer.

Donné par M. Duchesnoy, ancien magistrat, demeurant à Montargis, 1857.

2864. — Sainte Bible, un volume in-folio, imprimé à Lyon chez Sébastien Honorat en 1566. Reliure du temps avec fermoirs et ornements au petit fer.

2865. — Parchemins, titres et chartes provenant du château d'Effiat, concernant le maréchal et la famille d'Effiat. — XVIIe siècle.

III. PEINTURE SUR VERRE.

2866. 2867. — La Salutation angélique, panneaux de verre peint ; école française du XVe siècle.

L'ange agenouillé tient une banderole avec la légende : *Ave Maria*. — H. 1m 05. — L. 0m 48.

2868. — Saint Evêque, vitrail de même époque et de la même suite. Dans le bas, un écusson d'armoiries.

2869. — Vitrail de la même suite, représentant une figure de sainte.

2870. 2871. — Séraphin jouant de la cithare; séraphin chantant le *Salve Regina*, vitraux exécutés récemment pour compléter la même suite, qui faisait partie de la collection Soltikoff.

2872 à 2875. — Saint Pierre, saint Georges, saint Évêque crossé et mitré, et saint Lambert, panneaux de verre peint, d'école allemande, provenant de la collection du prince Soltikkoff.— H. 0m 75. — L. 0m 32.

2876 à 2879. — La Salutation angélique, saint Évêque et saint Antoine, panneaux de la même suite.

2880. 2881. — Les Donateurs et leurs Femmes, panneaux exécutés pour compléter la suite ; ouvrage moderne.

2882. 2883.— Écussons d'armoiries peintes, portant, le premier un lion d'or, l'autre trois roses d'or ; ouvrage moderne exécuté pour compléter la série des vitraux ci-dessus désignés.

2884. — Panneau de verre peint : la Salutation angélique, école allemande du XVIe siècle, avec légende sacrée au haut et au bas du sujet; figures en grisaille relevées de couleurs. — XVIe siècle. — H. 0m 78.—L. 0m 47.

2885. — Panneau de verre peint, sujet en grisaille : la Fuite en Egypte. — Fin du XVIe siècle.

2886. — Panneau de verre peint : grand médaillon d'origine suisse, de forme ronde, aux armes de la ville de Berne et de ses bailliages — XVIe siècle.

2887. — Vitrail rond d'origine analogue, aux armes de la ville de Berne et de ses bailliages, — XVIe siècle.

2888. — Vitrail suisse de même époque, écusson aux armes de l'Empire, supporté par les ours bernois aux baudriers de Suisse; en haut, la danse des ours. — H. et L. 0m 36.

2889. — Vitrail suisse à la date de 1601 : Guerrier armé et cuirassé portant l'étendard de Berne et les armes de l'Empire, avec la légende : **DIE LANDTSCHAFFT IM OVER LIBENTHALL ANNO 1601.**

2890. — Vitrail suisse à la date de 1602.

Soldat couvert de son armure et portant l'étendard au centre duquel est une tour d'or, surmontée d'un pélican. Une figure de chaque côté, l'une jouant de la flûte, l'autre du tambourin; au fond une ville fortifiée, bâtie au bord d'un lac — L. 0m 33 — H 0m 42

2891. — Vitrail suisse à la date de 1602. Portrait équestre avec la légende : JACOB EGGEN WEYVELL AN DER LENCH.

En bas un écusson portant un pin sur fond d'azur, avec les lettres *I. E* en or le croissant et l'étoile. — H. 0m 42. — L. 0m 34.

2892. — Vitrail suisse de même époque, aux armes d'Uri, présentant trois figures en costume militaire et en armes.

L'une des figures tient d'une main l'arquebuse, de l'autre, le vidercome; les deux autres portent une main sur la hanche et l'autre à la hallebarde. — La légende est tronquée : ALEXANDER BURT IND LARGY LANTURZ, sont les seuls noms qui restent.

Ce vitrail a été restauré en 1821, mais la restauration ne porte que sur la partie formant couronnement. — L. 0m 36.— H. 0m 43.

2893. — Vitrail suisse à la date de 1602, Suzanne au bain, avec la légende : ULRICH IN OVERSTIG STATHALTER IN OVER SIVENTHAL. — H. 0m 44. — L. 0m 34.

2894. — Vitrail suisse à la date de 1602 : David combat Goliath, avec la légende : JACOB HELLEN ALTKILCH MEYER ZU ZWEGSIMLEN.

2895. — Vitrail suisse à la date de 1603 : les Compagnons de Daniel dans la fournaise, avec la légende : BARTHLOME UBERTT SECKEL, MEISTER ZU ZW YSIMLIN. — H. 0m 45. — L. 0m 38.

2896. — Vitrail d'origine allemande, à la date de 1612; écu portant une fleur de lys sur fond de gueules, avec bordure historiée. — H. 0m 80. — L. 0m 58.

2897. — Vitrail de même origine, à la même date et d'une exécution analogue ; l'écusson présente une herse et un trèfle.

2898. — Vitrail d'origine suisse, aux armes de Guillaume Meyer et Anne Balthazar, sa femme, 1645.—H. 0m 36.—L. 0m 28. *Bis dat qui tempestive dat. — Gratia quæ tarda est ingrata est. Gratia namque cum fieri properat, gratia grata magis.*

2899. — Petit vitrail exécuté en grisaille et composé d'écussons représentant les Confréries des métiers ; ouvrage allemand du XVIIe siècle.

2900. — Panneau de verre peint, d'origine suisse ; écussons d'armoiries de famille, à la date 1625. — Hans George.

IV. ÉMAUX.

2901. — Grande châsse de sainte Fausta, en cuivre gravé, repoussé, doré et rehaussé d'émaux en taille d'épargne, provenant du trésor de Ségry; travail byzantin de Limoges, du XIIe siècle.

Cette belle châsse, haute de $0^m,45$ sur une longueur de $0^m,52$ et une largeur de $0^m,18$, est décorée sur toutes ses faces d'émaux de la plus remarquable exécution. — La façade principale porte en relief la figure du Sauveur, la main droite en action de bénir et la gauche soutenant le livre de vérité; la tête est surmontée du nimbe crucigère; une grande auréole en forme de *vesica piscis* encadre la figure, et les angles sont remplis par les symboles des Evangiles. Au-dessous, et dans la partie pleine de la châsse, se trouve le Christ en croix, entre Marie et saint Jean; au-dessus du bras de la croix, on distingue le soleil et la lune. — De chaque côté des deux sujets principaux sont les figures des apôtres, placés, la tête nimbée, sous des arcatures en plein cintre à fond d'émail. Toutes ces figures sont en haut-relief, bronze gravé et doré, avec les yeux en émail.

L'autre face principale, celle du revers, représente le martyre de sainte Fausta, avec la légende : *Hoc est martirium beate Fauste.* Les diverses scènes de ce martyre se composent de vingt-trois figures gravées au trait sur fond d'émail, d'un style et d'une exécution éminemment remarquables.

Les deux faces extrêmes de la châsse sont richement décorées d'émaux qui représentent les figures de saint Pierre et de saint Jean, tenant, l'un, les clefs, et l'autre, le livre des Evangiles; ces figures sont également gravées au trait sur fond d'émaux. Une belle crête, formant galerie à jour et ornée de cabochons en cristal de roche, surmonte le tout et complète la décoration de cette remarquable châsse, conservée jusqu'en 1858 dans le trésor de Ségry, près Issoudun.

2902. — Autre châsse du martyre de sainte Fausta, provenant, comme la précédente, du trésor de l'église de Ségry, et exécutée en cuivre gravé, repoussé, doré et rehaussé d'émaux en taille d'épargne; ouvrage de Limoges, de la fin du XIIe siècle.

Cette châsse, dont la longueur dépasse 0,46 centimètres sur une hauteur de 0,36, et qui représente, comme la précédente, le martyre de sainte Fausta, n'est pas moins remarquable que celle décrite ci-dessus, et si le nombre des figures est plus restreint, la disposition du sujet, aussi bien que le style et l'exécution des ornements, en font une œuvre de premier ordre.

La face principale ne porte que cinq figures : celle du proconsul ordonnant le martyre, la figure de la sainte, agenouillée près du bourreau, et dans la partie inférieure, sainte Marie et saint Jean. — Ces figures sont en bronze doré de haut-relief, sur un fond d'émail bleu largement décoré de rinceaux en cuivre gravé et de fleurons en émaux de couleurs.

Le revers porte six grands médaillons; chacun d'eux présente un ange aux ailes déployées, sur fond d'émail rouge : le médaillon lui-même est fond bleu et sa silhouette découpe quatre lobes. Ces médaillons reposent sur un fond de cuivre gravé, doré et repoussé. Les bordures sont en émail et disposées en relief.

Les deux faces des extrémités sont, comme dans la châsse précédente, décorées de beaux émaux, et présentent les figures de deux saints personnages gravées au trait sur fond d'émail.

Cette belle châsse, exécutée peu d'années après celle précédemment décrite, provient comme elle de l'église de Ségry, canton d'Issoudun, département de l'Indre.

2903. — Crosse épiscopale de la fin du XIIe siècle, trouvée en 1859 sous le sol du chœur de l'ancienne cathédrale de la cité de Carcassonne (Saint-Nazaire), pendant les travaux de restauration ordonnés par l'Etat et dirigés par M. Viollet-le-Duc.

Cette belle crosse, en bronze doré, est richement ornée d'émaux en taille d'épargne de couleurs et relevée de pierreries. L'enroulement est formé par une double fougère émaillée. La douille est pleine. et décorée d'animaux chimériques gravés et dorés sur fond d'émail bleu. Le globe, qui est également plein et émaillé, porte les quatre figures des évangélistes, dont les têtes sont en relief sur fond plat.

La hauteur totale est de 0m 25.

2904. — Navette à encens en cuivre enrichi d'émaux en taille d'épargne; travail de Limoges; émail bleu avec bordures rouges. — Fin du XIIe siècle.

2905. — Châsse en émail d'épargne, décorée sur sa face antérieure et sur ses deux côtés de sujets tirés de la vie du Christ, disposés sous des motifs d'architecture du XIVe siècle sur un fond bleu semé de fleurs de lys d'or; le revers est divisé par carrés rouges et bleus, et semé de fleurs de lys d'or sur les fonds rouges et de croix sur les fonds bleus. Une galerie à jour, formée de colonnettes qui supportent des arceaux d'architecture ogivale, surmonte le couvercle, disposé en forme de toit. Bel ouvrage de Limoges au XIVe siècle.

Les sujets qui décorent la face principale sont au nombre de huit. Ce sont d'abord, sur le rampant du couvercle : la Salutation angélique, la Visitation, la Présentation au temple, la Fuite en Egypte ; puis. sur la face elle-même : la Nativité, l'Adoration des bergers et celle des rois mages. Ces sujets sont séparés les uns des autres par des colonnettes élancées, ornées de chapiteaux sculptés et surmontées de pleins-cintres légèrement surbaissés. Les fonds, d'émail bleu, sont semés de fleurs de lys d'or et de rosaces à quatre feuilles.

A l'extrémité de droite est représenté le Massacre des innocents, et à celle de gauche se trouvent le Christ et la Vierge dans leur gloire. Au-dessus de chacun de ces derniers sujets, et dans le tympan du couvercle, sont des anges en adoration.

Le revers de la châsse est décoré, comme il a été dit plus haut, de carrés que séparent obliquement des bandes d'émail clair, bleus et rouges alternés; et qui présentent chacun quatre fleurs de lys ou quatre fleurons d'or. La galerie, finement ciselée, est séparée en trois parties arrêtées par des piliers gothiques, et le médaillon de la serrure est décoré de têtes chimériques. Cette châsse provient de la collection Soltikoff, dispersée en 1861. — Haut. 0m 20. Long. 0m 24. — Larg. 0m 10.

2906. — Émail de Limoges. Portrait d'Éléonore d'Autriche,

sœur aîné de Charles-Quint, reine de France par son mariage (1530) avec François Ier, exécuté et signé par Léonard Limousin, à la date de 1536.

Ce magnifique portrait, haut de 0m 36, large de 0m 24, porte à sa partie inférieure, à côté de la signature de Léonard, les noms encore apparents d'Eléonore d'Autriche, fille de Philippe, roi d'Espagne, qui, après avoir épousé, en 1519, Emmanuel, roi de Portugal, et en 1530 le roi François Ier, se retira en Espagne en l'année 1547, pour y mourir en 1558. Cette peinture en émail, exécutée en France par le chef de l'école limousine dans l'année 1536, a été sans nul doute portée en Espagne en 1547, au moment du départ de la reine, car c'est de ce pays, où il occupait une place importante dans la collection d'un artiste de premier ordre, qu'il a été apporté en 1856 pour être acquis par le Musée de l'Hôtel de Cluny.

2907. — Émail de Limoges. Le Calvaire, grande plaque sur paillon, exécutée par Léonard Limousin — XVIe siècle. — H. 0m 30. — L. 0m 22.

2908. — Émail de Limoges. Le Baiser de Judas, grande plaque exécutée par Léonard Limousin, même suite, même dimension et même époque.

2909. — Émail de Limoges. Médaillon monté en argent, représentant sainte Madeleine, et provenant du chapelet d'un pénitent bleu de Limoges. — XVIe siècle.

2910. — Émail de Limoges sur or. L'Annonciation, médaillon décoré de figures en couleurs, de haut-relief. — XVIe siècle. — L. 0m 04. — H. 0m 03.

2911. — Le Christ descendu de la croix, émail sur or, figures de haut-relief en couleur, sur fond bleu; à côté du Christ, un ange en adoration. — XVIIe siècle. — L. 0m 048. — H. 0m 041.

2912. — Émail de Limoges. Oblation mystique, la Vierge tenant dans ses bras l'Enfant Jésus, saint Benoît, sainte Scholastique et saint Maur, avec la signature J. L. (Jehan Laudin). — XVIIe siècle. — H. 0m 12. — L. 0m 09.

2913. — Médaillon en émail peint, représentant trois figures dans un fond de paysage, les Apprêts. — D. 0m 045.

2914. — Médaillon de même forme et de même dimension, présentant deux figures, scène d'intérieur : la Leçon de musique.

Ces deux médaillons formaient les deux faces d'une même boîte.

V. FAIENCES.

FAIENCES ITALIENNES ET HISPANO-ARABES.

2915. 2916. — Faïence hispano-arabe. Vases de forme élancée et de style moresque en terre blanche, décorés de dessins à reflets métalliques de tons cuivreux — H. 0m 25.

Les coupes qui les supportent sont décorées d'une manière analogue. — Diam. 0m 20.

2917. — Tasse de forme moresque avec présentoire, ornée de dessins aux reflets métalliques, disposés à plat sur fond blanc, intérieur métallique; faïence hispano-arabe. — D. de la coupe 0m 16. H. de la tasse 0m 08.

2918. — Tasse de forme analogue, de disposition semblable, même grandeur et même exécution.

2919. — Bassin rond de style moresque, à dessins bleus sur fond blanc, avec reflets métalliques de tons cuivreux; au centre, un écusson à la fleur de lys; au revers, un grand aigle.

2920. — Grand plat de fabrication et de décoration analogues, dessins bleus sur fond blanc, avec reflets en ton de cuivre; au centre, un écusson à l'aigle; au revers, un grand aigle héraldique. — D. 0m 45.

2921. — Grand bassin gothique, à reflets métalliques cuivreux, décoré de fleurons bleus. — XVe siècle.

Au centre est une tour placée dans un cartouche carré, dont chaque angle s'appuie sur une couronne ducale; la bordure intérieure du bassin présente un motif composé de quatre couronnes semblables, et le bord extérieur se compose de feuillages en tons de cuivre relevés de fleurons bleus. — Diam. 0m 45.

2922. — Faïence hispano-arabe, à reflets métalliques cuivreux, rehaussés de dessins bleus; plat couvert d'ornements gothiques, et portant deux grands oiseaux aquatiques debout en face l'un de l'autre, les pattes dans l'eau et se donnant la becquée; la silhouette de ces oiseaux est tracée en bleu, et leurs corps sont, comme les ornements du fond, en ton de cuivre. — XVe siècle. — D. 0m 38.

2923. — Faïence d'Italie. Bassin décoré d'ornements bleus et de reflets métalliques en ton de cuivre, sur fond blanc; au centre, un écusson d'armoiries portant un lion grimpant; au revers, un animal chimérique. — XVIe siècle. — D. 0m 38.

2924. Faïence italienne. Aiguière de forme élevée, à reflets métalliques, décorée de feuilles en tons de cuivre, sur fond blanc; au centre, l'écusson aux armes de la ville de Florence.— XVIe siècle. — H. 0m 29.

Complément du no 2050.

2925. — Vase en forme de cornet, faïence à reflets métalliques, de fabrication italienne; fleurs bleues et brunes sur fond blanc. — XVIe siècle. — H. 0m 28.

2926. — Faïence de même fabrication. Vase en forme de cornet; feuilles en bleu avec reflets métalliques cuivreux sur fond blanc. — H. 0m 29.

2927. — Faïence italienne. Vase bleu à panse renflée, couvert de dessins, branches et feuillages, reflets métalliques cuivreux. — XVIe siècle. — H. 0m 34.

2928. — Faïence d'Italie. Bouteille à long col, émail bleu craquelé et rehaussé d'ornements d'or et de fleurons blancs. Sur la panse, un écusson d'armoiries en or, surmonté de la couronne ducale; ouvrage du XVIe siècle. — H. 0m 38.

2929. — Vase en terre émaillée d'Italie, forme de pomme de pin, émail flammé. — XVIe siècle. — H. 0m 25.

2930. — Faïence italienne. Grand bassin à reflets métalliques cuivreux, dessins de style moresque avec une quadruple bordure à l'intérieur, et au centre un umbo présentant un aigle. — D. 0m 41.

2931. — Bassin à reflets métalliques cuivreux, sur fond blanc, dessins moresques. Au centre, un umbo présentant une tête chimérique. — D. 0m 42.

2932. — Coupe sur pied, de style moresque. Au centre, un écusson portant un animal chimérique.

2933. — Plat rond à reflets métalliques, aux tons cuivrés; ornements dans le style moresque. — XVIe siècle. — D. 0m 38.

2934. — Faïence de Gubbio.—Plat à reflets métalliques, en forme de coupe, sur pied ramassé : Dédale; œuvre signée par maestro Georgio Andreoli de Gubbio, à la date de 1533. — D. 0m 25.

2935. — Faïence de Gubbio. Coupe de forme ouverte, sur pied ramassé, présentant une belle tête de femme avec la légende : *Angela Bella*. Ce remarquable ouvrage, rehaussé de reflets métalliques, est attribué à maestro Georgio Andreoli, et porte au revers les entrelacs de tons cuivreux qui caractérisent les travaux de ce maître et de son école. — XVIe siècle. — D. 0m 26.

2936. —Faïence de Gubbio, d'exécution analogue. Coupe évasée de même forme, présentant une tête de femme, en couleurs, sur fond bleu, avec reflets métalliques et rehauts d'or. La légende porte les mots : *Dianira Bella.* Ouvrage attribué à maestro Georgio Andreoli. — D. 0m 26.

Ces deux belles productions de l'art céramique du XVIe siècle, formant pendants, sont dans un parfait état de conservation.

2937. — Fabrique de Gubbio. Plaque rehaussée de beaux reflets métalliques, ton de cuivre : le Christ en croix. — Commencement du XVIe siècle.

Ce remarquable spécimen de l'application des reflets métalliques aux sujets à figures peut être attribué à maestro Georgio, quoiqu'elle ne porte aucune de ses marques. — L. 0m 31. — H. 0m 39.

2938. — La Chasse au lièvre, grand plat des fabriques de Pesaro, rehaussé de reflets métalliques cuivreux sur fond bleu, et enrichi d'une bordure d'ornements moresques. — Commencement du XVIe siècle. — D. 0m 40.

Ce plat est remarquable par la richesse de ses reflets métalliques.

2939. — Faïence des fabriques de Pesaro. Plat rond à reflets métalliques cuivreux; buste de femme richement costumée, tenant une palme dans la main gauche; à droite, la légende suivante: *La Vita è fine Edilo dala Sera.*

Ce beau plat est rehaussé de vifs reflets métalliques, et la bordure est d'une grande richesse de couleurs et d'ornementation. — Commencement du XVIe siècle. — Diamètre, 0m 50.

2940. — Fabrique de Pesaro. Plat rond à reflets métalliques : tête de femme sur fond bleu, avec bordure de couleurs variées; imbrications alternées avec des motifs de feuillages. Légende : *His mena virtu fama recollte.* — D. 0m 40.

2941. — Fabrique de Pesaro. Plat à ombilic, rehaussé de beaux reflets métalliques en ton de nacre et couleur de feu; ornementation du commencement du XVIe siècle, à la lettre G formant ruban. — D. 0m 32.

2942. — Même fabrique. Plat rond rehaussé de reflets métalliques, dessin jaune et bleu sur fond blanc; au centre les armes de Léon X. — XVIe siècle. — D. 0m 35.

De chaque côté de l'écusson, les lettres *V I.*

2243. — Plat rond des fabriques de Pesaro, décoré d'ornements jaunes à reflets métalliques, rehaussés de bleu sur fond blanc; au revers la marque P. — XVIe siècle. — D. 0m 37.

2944. — Fabrique de Pesaro. Plat rond, tête de femme en costume du peuple, avec la légende : *La Giovanna Bella di Bellardino Bello;* bordure d'imbrications alternées avec des bandes de fleurons en couleur. — XVIe siècle. — D. 0m 40.

2945. — Plat rond de même fabrique, Sainte Barbe, figure en couleur sur fond bleu avec bordure décorée d'arabesques et d'imbrications alternées. — XVIe siècle. — D. 0m 41.

2946. — Plat rond de même fabrique et d'une décoration analogue. Le sujet principal représente la figure de Diane. — XVIe siècle. — D. 0m 41.

2947. — Plat rond de fabrication analogue, décoré des mêmes ornements. Au centre, un Cerf broutant. — XVIe siècle. — D. 0m 42.

2948. — Fabrique de Pesaro. Plat rond à reflets métalliques; tête de femme coiffée d'un diadème à ailerons; bordure composée d'imbrications et d'arabesques alternées. — XVIe siècle. — D. 0m 40.

Légende : *Non bene por.... o libēta vēditur auro.*

2949. — Fabrique de Pesaro. Plat rond à reflets métalliques; Minerve casquée, entourée d'une bordure d'imbrications et d'arabesques. — XVIe siècle. — D. 0m 41.

2950. — Plat rond de la fabrique de Pesaro, aux armes des Médicis, parties d'un damier avec bordure ouvragée en couleur sur fond blanc. — XVIe siècle. — D. 0m 43.

2951. — Même fabrique. Plat rond, sujet à figures avec la légende : *Jo. Son. Fra. Facio. Dale. Vere. Cape. Chia. Pers. Si. Grate. le Cape.;* et en rétablissant le texte, rendu obscur par les abréviations : *Jo. Son. Fra.* (frère), *Facio.* (François) *Da. Levere, Ch'apparecchia* (qui prépare) *Per se grate le Chiappe.* — XVIe siècle. — L. 0m 39.

2952. — Plat rond à ombilic de même origine, présentant au centre un buste de femme; le fond est divisé en compartiments alternés jaunes et bleus; sur la face la lettre **B**; au rever- la lettre **M**. — XVIe siècle. — D. 0m 34.

2953. — Plat de même fabrication et d'une décoration analogue. Tête de femme entourée d'une bordure rappelant celle décrite au nº précédent. — XVIe siècle.

2954. — Figure de femme en costume du XVIe siècle, sur fond blanc avec bordure de fleurs bleues. Plat de même provenance. — D. 0m 40

2955.— Plat rond avec bordure courante, au centre un écusson d'armoiries portant une couronne sur fond cuivreux, le tout rehaussé de reflets métalliques. Même provenance. — XVIe siècle. — D. 0m 32.

2956. — Aiguière avec son bassin, décorée de dessins bleus et de fleurons en couleur sur fond blanc. — Même provenance des fabriques de Pesaro. — XVIe siècle.

Au milieu du plat se trouve une tête de femme. Sur la panse de l'aiguière est un écusson à six fleurs de lys sur fond d'or, avec la légende : *Papa*. Le plat est divisé en quatre compartiments, dont deux à imbrications et deux à fleurons, avec bordure courante d'entrelacs. — H. 0m 22.— L. 0m 33.

2957. — Plat rond à reflets métalliques très-prononcés de ton cuivreux, dessins bleus sur fond blanc; au centre un Mulet courant. Fabrique de Pesaro. — XVIe siècle. — D. 0m 33.

2958. — Plat rond, buste d'homme en costume du XVe siècle, avec bordure dans le caractère gothique; faïence du XVe siècle. — D. 0m 40.

2959. — Grand bassin rond décoré de fleurs bleues sur fond blanc à reflets métalliques; au centre un écusson d'armoiries échancré à senestre, portant en chef trois fleurs de lys d'or sur fond d'azur et en écu un mont surchargé de trois fleurettes sur fond blanc. — XVIe siècle. — D. 0m 49.

2960. — Grand plat décoré de feuilles et de fleurons en bleu sur fond blanc relevé de tons cuivreux; au centre un écusson d'armoiries, même origine. — XVIe siècle. — D. 0m 48.

2961. — Plat d'une décoration analogue, portant le monogramme du Christ. — XVIe siècle. — D. 0m 44.

2962. — Plat rond décoré de branchages réservés en blanc sur fond bleu formant relief; au centre une demi-figurine en haut-relief sur fond blanc; au revers la lettre B. — D. 0m 28.

2963. — Plat à godrons présentant un ombilic à son centre et rehaussé de reflets métalliques en ton de cuivre et en bleu sur fond blanc. — XVIe siècle. — D. 0m 41.

2964. — Fabrique d'Urbino. Plat creux portant à son centre

un lion grimpant sur une branche d'or avec fond de paysage.

La bordure est décorée d'arabesques en blanc sur gris avec bordures de chêne. — Diam. 0m 23. Encadrement en bois sculpté du XVIe siècle avec rehauts d'or. Ce plat provient de la collection Soltikoff (no 728), vendue en 1861.

2965. — Plat en forme de coupe : Saint Paul, peinture sur fond bleu. Très-belle exécution du XVIe siècle. — D. 0m 28.

2966. — Plat rond, tête de femme couverte d'un voile bleu, costume oriental. — XVIe siècle. — D. 0m 36.

2966 *bis*. — Plat rond décoré de guirlandes et de bordures bleues sur fond blanc; au centre deux mains réunies comme emblème, avec la devise : *Sola fides;* au dos la marque L. A.— XVIe siècle.

2967. — Fabrique d'Urbino. Corbeille ronde décorée d'arabesques sur fond blanc, au centre la figure de l'Amour. — XVIe siècle. — D. 0m 30.

2967 *bis*. — Corbeille de même origine présentant une décoration analogue ; au centre l'Amour portant le globe ; camaïeu bleu. — XVIe siècle. — D. 0m 27.

2968. — Plat bleu décoré de dessins moresques sur fond blanc. — XVIe siècle. — D. 0m 36.

2969. — Plat rond : Adam et Eve dans le Paradis terrestre, avec bordure décorée de figures sur fond bleu. — XVIe siècle. — D. 0m 40.

2970. — Plat rond avec bordure bleue rehaussée d'arabesques en camaïeu : le Jugement de Pâris ; au dos la date de 1532. — D. 0m 45.

2971. — Plat de fabrication analogue au précédent, présentant le même sujet et une décoration identique. — XVIe siècle. — D. 0m 42.

2972. — Grand plat à fond blanc : Samson massacrant les Philistins ; camaïeu bleu largement esquissé avec bordure de feuillages ; au revers la marque G.— XVIe siècle. — D. 0,45.

2973. — Grand plat rond décoré de dessins bleus et bruns, oiseaux, animaux et feuillages sur fond blanc. — XVIe siècle. — D. 0,48.

2974. — Grand plat rond à ombilic, dessins exécutés en relief sur fond brun; au centre un écusson portant un lapin. — XVIe siècle. — D. 0,52.

2975. — Grand bassin portant dans sa partie principale un monogramme en belles lettres rubanées sur fond bleu ; la bordure, de style gothique, est décorée d'ornements bleus et blancs. — XVIe siècle. — D. 0,46.

2976. — Fabrique de Faenza. Plat rond avec bordure décorée de médaillons et d'arabesques sur fond bleu : la mort d'Olopherne. — XVIe siècle. — D. 0,47.

2977. — Tête d'applique exécutée en haut-relief, buste de femme vue de face, disposé en forme de médaillon. — XVIe siècle. — H. 0 45.

2978. 2979. — Grands vases d'apparat à panse renflée, rehaussés d'anses richement ornées, avec reflets métalliques sur fond brun. — XVIe siècle. — H. 0m,40.

2980. — Fabrique de Castel-Durante. Vase en forme de cornet, fond bleu avec arabesques en camaïeu ; au centre une bande brune décorée de trophées exécutés au trait avec la légende : *In terra Duranti*, — XVIe siècle. — H. 0,29.

2981. — Vase de forme analogue et de même provenance; cornet fond brun et jaune avec médaillon et arabesques à la légende : *Fato in terra Duranti, apreso a la cita d'Urbino* (fait en terre de Castel-Durante, près la ville d'Urbino). — H. 0.28.

2982. — Grand plat à reflets métalliques, tons de cuivre; au centre le monogramme du Christ au-dessus d'un cœur ; au revers, un grand oiseau chimérique. — XVIe siècle. — D. 0,58.

2983. — Assiette décorée de fleurs et de feuilles en camaïeu u, avec bordure d'entre lacs. — XVIe siècle. — D. 0m 20.

2983 *bis*. — Plat rond décoré d'arabesques bleues sur fond s. — XVIe siècle. — D. 0m 50.

FAIENCES FRANÇAISES, ALLEMANDES, ETC., GRÈS DE FLANDRES.

2984. — La Belle Jardinière, plat ovale de Bernard de Palissy. — XVIe siècle.

Ce plat, dont l'émail a souffert en plusieurs parties, représente une figure assise sur le premier plan, et tenant en main des bouquets et des gerbes de fleurs; sa tête est ornée de fleurs, et à ses pieds sont une bêche et un arrosoir. Le fond représente un château avec ses jardins et portiques; la bordure est décorée d'un ornement en demi-relief. — L. 0m 34.

2985. — Grand plat en faïence de Rouen, portant à son centre une rosace et décoré d'ornements à dessins bleus sur fond blanc. — D. 0m 50.

2986. — Grand plat de même fabrication et d'une décoration analogue; l'ornementation consiste dans un grand bouquet bleu sur fond blanc. — D. 0m 50.

2987. — Faïence de Rouen. Grand plat décoré d'ornements et de bouquets bleus sur fond blanc. XVIe siècle.

2988. — Grand plat ovale décoré d'ornements bleus sur fond blanc godronné, avec bordure dentelée. Faïence de Rouen du XVIIe siècle. — L. 0m 48.

2989. — Faïence de Rouen. Grand plat présentant une décoration analogue, dessins bleus sur fond blanc.

2990. — Bouteille en faïence de Rouen, à long col décoré d'ornements bleus sur fond blanc.

2991. — Bouteille de même forme et formant pendant.

2992. — Grand plat en faïence de Rouen : les Travaux de la campagne, dessins bleus sur fond blanc. — D. 0m 55.

2993. — Grand plat en faïence de Rouen : au milieu une rosace à dessins bleus sur fond blanc. — D. 0m 55.

2994. — Plat de même fabrication et d'une décoration analogue. — D. 0m 30.

2995-2996. — Faïence de Rouen. Jardinières décorées de dessins bleus sur fond blanc. — L. 0m 35.

2997-2998. — Vases à fleurs en faïence de Rouen, forme de potiche chinoise à pans coupés, dessins bleus sur fond blanc.

2999-3000. — Faïence de Rouen, imitation des formes de la Chine. Jardinières à anses, dessins bleus sur fond blanc.

3001. — Grande bouteille à long col en faïence de Rouen, à pans coupés, dessins bleus sur fond blanc.

3002. — Petit vase porte-fleurs en ancienne faïence française, représentant un chardonneret.

3003. — Faïence française des fabriques de Rouen. — Corbeille en faïence blanche ornée de dessins bleus; au centre une coupe ronde ; la bordure est découpée en huit parties et relevée. XVIIe siècle.

Donné par M. Tite-Ristori, de Nevers, 1856.

3004-3005. — Seaux en faïence de Rouen, dessins bleus sur fond blanc cannelé. — XVIIe siècle.

3006.— Faïence française des fabriques de Nevers. — Petit plat bleu à dessins blancs, genre dit bleu de Perse; au centre un perroquet. — D 0m 25.

Donné par M. Tite-Ristori, 1856.

3007-3008. — Faïence française à la marque K. — Plats-drageoirs à compartiments disposés en creux, dessins bleus sur fond blanc.

Ces drageoirs, destinés à présenter les sucreries, sont divisés en petites cases affectant la forme de cœurs, et rayonnant autour d'une case principale disposée en étoile. — XVIIe siècle.

3009. — Fontaine en faïence française jaspée bleu et blanc, genre de fabrication dit bleu de Perse. — XVIIe siècle.

Les anses sont supportées par deux têtes de lion, et un mascaron donne issue au robinet. — H. 0m 50.

3010-3011. — Paire de vases en forme d'aiguières sans anses, faïence de même fabrication dite bleu de Perse. — XVIIe siècle. H. 0m 26.

3012. — Faïence d'Avignon. — Corbeille décorée de rinceaux, de feuilles, branchages, fruits et ornements à jour, recouverts d'un bel émail; le centre est entouré d'une inscription illisible.

3013-3014. — Faïence française des fabriques d'Avignon. Aiguières de forme élancée, dans le caractère italien, terre brune émaillée. — XVIIe siècle.

3015. — Vase en forme de bidon en faïence d'Avignon. couverte brune à reflets irisés; le col s'appuie sur quatre petites anses, et quatre orifices terminent la partie supérieure du bidon. XVIe siècle. — H. 0m 20.

3016. — Faïence française. — Bidon en terre blanche marbrée de brun et émaillée; forme de la fin du XVIe siècle. — H. 0m 25.

3017. — Grand plat ovale, bel émail fond blanc, décoré de bouquets et de guirlandes de fleurs.— L. 0m 43.

3018. — Corbeilles ovales avec bordure d'entrelacs à jour et anses, bouquets en couleur sur le fond blanc. — XVIIIe siècle.

3019. — Aiguière à *jeu* d'eau et à trois becs, faïence française, fond blanc avec sujets à figures; le col est surmonté d'une galerie à jour. — XVIIe siècle.

3020. — Grand vase en faïence blanche décorée de filets de couleur, avec une enveloppe à jour réticulée, couvercle et socle. Pièce de maîtrise de même époque. — H. 0m 60.

3021-3022. — Ancienne faïence française des fabriques de Lunéville. Email blanc, vases à fleurs de forme ouverte, sur pied, ornée de médaillons, de guirlandes et de mascarons en relief. Le couvercle est percé de plusieurs ouvertures; celle du milieu se termine en forme de tulipe. — XVIIIe siècle. — H. 0m 33.

3023. — Faïence française, fabrique de Lunéville. Jardinière en pâte blanche décorée de treillis en relief, de guirlandes et de consoles sur les angles. — XVIIIe siècle.

3024. — Faïence française de même fabrication. — Jardinière d'applique en pâte blanche émaillée.

3025-3026. — Vases à fleurs en forme de tulipe, pâte blanche émaillée. Fabrication française du siècle dernier.

3027. — Corbeille couverte bleue et blanche, avec dessins en relief et couvercle à jour. Fabrication française. — XVIIe siècle.

3028. — Faïence allemande. Vase en forme de soupière à couvercle, décoré d'écussons, d'armoiries et d'aigles héraldiques, avec les dates de 1702 et de 1717, et les noms de Franciscus Wynneel, Jon. Mary, Joanna Noelles, et la marque du fabricant, *C. Jacobus Hennekens*, anno 1717.

Le couvercle est orné de lions et d'emblèmes héraldiques en relief : avec la légende : *Gloria Deo Patri, Deo Filio*, etc., *ghemaeckt-tot-beile*.

A l'intérieur du vase, une licorne, un cerf et un paon, avec la légende : *Laus detur Carolo Imperatori vero in honorem fortis Francisci Eugenii Sabaudie ducis nostri invictissimi sint tibi laudes, princeps*, etc. — L. 0m 35.

3029. — Faïence d'origine suisse. Plat, fond blanc, décoré d'un double écusson d'armoiries : *H. Hans Ulrich Heguer, F. Verena Hurkel*, 1656. Sur la bordure une couronne bleue. D. 0m 35.

3030. — Faïence de Delft. Plat décoré de bouquets bleus et rouges sur fond blanc, à la marque W K., 14. — D. 0m 30.

3031. — Même fabrique. Plat d'une ornementation analogue à la marque W K., 1. — D. 0m 26.

3032. — Faïence hollandaise, imitation des productions de la Chine. Cruche ornée de sujets d'un bleu clair sur fond blanc lacté. — XVIIe siècle. — H. 0m 26.

3033. — Même fabrication. Pot d'une ornementation analogue. — XVIIe siècle. — H. 0m 26.

3034. — Grès de Flandre. Cruche à panse renflée et à couvercle, émaillée en brun et décorée de médaillons de Folies à double face, d'écussons, d'armoiries et d'arabesques, à la date de 1523. — H. 0m 17.

3035. — Grès de Flandre blanc. Cruche de forme allongée dite *cannette*, à la date de 1591, décorée de trois figures en pied entourées d'arabesques et surmontant des écussons avec légendes supportées par des figurines et des animaux. Les trois figures sont celles de l'Orgueil, de la Luxure et de la Gourmandise, avec les légendes: *De Hoffarticheit; Hoffart. ein. Bossart anno* 1591.; *De Unkvischheit; De Gultichheit; Gulticheit. Gleich. mann. einner. Sau. an.* 1591.

Ces deux vases en grès de Flandre ont été donnés au Musée par M. le professeur Jules Cloquet, membre de l'Institut, 1860.

3036. — Cruche en grès de Flandre gris et bleu, à panse renflée, rehaussée d'ornements en creux; sur la panse trois médaillons en relief, armoiries à la date de 1596, monture en étain. H. 0m 28.

3037. — Fragments d'un poêle en terre émaillée; panneaux sculptés en relief en pâte de terre moulée et couverte d'émail. — Ouvrage flamand du XVIe siècle.

Les panneaux principaux sont au nombre de dix et présentent des figures d'hommes, des centaures, des sirènes, des chérubins ailés, etc., sous des portiques d'architecture.

Douze autres panneaux plus étroits sont également décorés de figures. Tous les panneaux se trouvaient reliés ensemble par des colonnes de jonction au nombre de quatorze, également ornées de sujets en relief.

3038. — Carreau en terre émaillée de provenance hispano-arabe, dite *Azulejo*, ornements en couleur exécutés en relief sur fond blanc, rapportés d'une des mosquées de Tolède, *El Transito*, et donné au Musée par M. Ch. Davillier, 1857. — L. 0m 13. — Larg. 0m 07.

3039. — Carreaux en terre émaillée provenant de l'abbaye

de Fontenay, près Montbard (Côte-d'Or), et formant soit des dessins isolés, soit des massifs d'assemblage par quatre. Les deux derniers, A et B, proviennent de l'ancien château de Montbard, appartenant aux ducs de Bourgogne.

Donnés par M. Joseph Séguin de Montbard, 1856.

3040. — Carreau en terre cuite émaillée et incrustée, trouvé dans les ruines de Carthage et rapporté par le colonel Marmier.

Donné par M. le professeur Jules Cloquet, membre de l'Institut, 1860.

3041. — Carreau en terre émaillée et incrustée, divisé par losanges et décoré de fleurons et de fleurs de lys en terre jaune, sur fond brun. — xve siècle.

Donné par M. Lucien Coutant.

3042 à 3044. — Carreaux en terre émaillée, dont le premier à l'écu de France, le deuxième représentant un cavalier, et le troisième chevronné sur deux lignes, provenant de l'ancienne abbaye de Prémontré.

Donnés par M. Bouvenne.

3045. — Carreaux en terre émaillés provenant des fouilles faites dans l'ancienne maison de campagne des évêques d'Avranches, à Saint-Pierre, arrondissement d'Avranches, département de la Manche.

Donnés par M. Lehéricher, membre correspondant du Comité historique, à Avranches, 1856.

3046. — Carreau en terre émaillée d'Italie : Hercule terrassant l'hydre de Lerne, sujet entouré d'une bordure de mascarons. — xvie siècle.

3047. — Carreau en terre émaillée d'Italie, d'une décoration analogue et de la même époque ; au centre, un écusson d'armoiries, entouré d'une bordure de mascarons.

3048. — Carreau en terre émaillée, portant un écusson aux armes des Bentivoglio, rehaussé d'une bordure de perles; aux angles, des mascarons sur fond brun. Décoration italienne du xvie siècle. — D. 0m 20.

3049. — Carreaux en terre émaillée, recueillis dans les anciens édifices du département de l'Oise.

Donnés par M. Mathon, de Beauvais.

Plusieurs de ces carreaux sont de forme allongée, à six pans décorés de dessins en creux, et présentent des têtes de femme entourées de bordures de perles. D'autres, d'une ornementation analogue, sont d'une forme rectangulaire. Ces carreaux appartiennent en général au xvie siècle. Quelques-uns sont ornés d'entrelacs en creux, de fleurs de lys incrustées, de figures chimériques en couleurs, de fleurons blancs sur fond brun, de dessins mosaïques.

3050-3051. — Carreaux en terre émaillée, décorés de dessins en relief, et de motifs dans le caractère oriental. — XVIe siècle.

Ces carreaux proviennent du château de Fontenay-Tresigny (Seine-et-Marne), habitation royale de Charles IX en 1570, résidence du duc d'Epernon en 1618, et de la famille de Breteuil au XVIIIe siècle.

Donnés par M. Anatole Dauvergne, 1859.

3052. — Brique de cheminée en terre rouge, portant en relief les armes des dix-sept provinces; ouvrage flamand du XVIe siècle.

Au centre, une figure avec un champ de confédération supporté par deux lions. Dans le champ, les écussons de trois provinces seulement, les autres placés en dehors. Ce fait précise la date de l'exécution vers 1575, temps où trois provinces seulement étaient confédérées, la Hollande, la Zélande et la Frise. — L. 0m 34.

3053. — Terre émaillée en couleurs de Luca della Robbia. Statuette représentant un jeune paysan assis et jouant de la musette; figure du XVe siècle. — H. 0m 30.

Provient de la collection Soltikoff, dispersée en 1861 (no 776).

VERRERIE.

3054. — Verrerie antique. Bouteille de forme carrée, à anse, en verre blanc léger, trouvée à Pompéi, en 1852, et donnée au Musée par M. Douville de Maillefeux, d'Abbeville, en 1856. — H. 0m 12.

3055. — Bouteille en verre de forme antique, du Xe au XIe siècle, trouvée dans une tombe, sous l'abside de l'église Saint-Hilaire de Poitiers. — L. 0m 40.

Donné par M. Jolly-Leterme, architecte du gouvernement, à Saumur.

3056. — Verrerie de Venise peinte et dorée. Très-grand plat à fond godronné, avec rayons tournants; au centre, Dalila livrant Samson aux Philistins, après l'avoir dépouillé de sa chevelure. — XVIe siècle.

La bordure est décorée d'arabesques en couleurs sur fond d'or. — D. 0m 52. Ce beau plat faisait partie de la collection Soltikoff, dispersée en 1861 (no 798).

3057. — Plat de même provenance et de même époque. La décoration est exécutée par les mêmes procédés, et le motif du milieu représente Junon et Isis, avec une bordure en or. — XVIe siècle.

Ce plat provient également de la collection Soltikoff (no 797). — D. 0m 31.

3058. — Plat peint et laqué au revers par les mêmes procédés, même origine. La naissance de Bacchus, avec bordure d'arabesques en or. — XVIe siècle.

Ce plat en verrerie de Venise provient, comme les deux précédents, de la collection Soltikoff (no 796). — D. 0m 30.

3059. — Verrerie de Venise. Petit vase à réseaux, en forme de buire, portant les emblèmes de Venise, exécutés en relief, les lions de Saint-Marc et les aigles à deux têtes; spécimen de fabrication rare et précieux. — XVIe siècle. — H. 0m 20.

3060. — Vase de fabrication analogue, décoré, comme le précédent, des emblèmes de Venise exécutés en relief. — Même exécution et même époque.

3061. — Verrie d'Italie. Grand verre à boire, monté sur pied, et rehaussé d'émaux de couleur, forme cylindrique; le pied est en verrerie noire, relevée d'or. — XVIe siècle. — H. 0m 36.

3062 à 3067. — Verrerie de Venise. Petits vases sur pied en verre soufflé en relief, portant quatre mufles de lion entourés d'ornements également en relief; le col se termine à sa base, ainsi que la panse, par une série de godrons. — H. 0m 12.

La décoration des trois derniers diffère seulement en ce que les mufles de lion sont remplacés par des mascarons en relief, flanqués de dragons ailés.

Ces six petits vases, de fabrication commune, et curieux au point de vue du service usuel, remontent au XVIe siècle.

3068. — Grande coupe sur pied, décorée de godrons, en verre agatifié simulant l'onyx. Ouvrage vénitien du XVIe siècle. D. 0m 26.

3069. — Verrerie de Venise. Dauphin à collier, verre flammé, feu et blanc. — XVIe siècle. — L. 0m 105.

3070. — Dauphin en verre bleu, avec écailles de couleur. même origine. — XVIe siècle. — L. 0m 083.

3071. — Éléphant grotesque formant vase à boire, verre blanc et bleu; même provenance. — XVIe siècle. — L. 0m 24.

3072. — Verrerie de Venise teintée, petit vase affectant la forme d'une souris. — XVIe siècle. — L. 0m 11.

3073-3074. — Verrerie de Venise blanche, rehaussée d'émaux bleus, blancs et jaunes; petits flacons en forme de poisson. — XVIe siècle. — L. 0m 065.

3075. — Coupe en verre teinté, de fabrication commune, avec fond godronné, bordure rehaussée d'or. — Ouvrage vénitien du XVIe siècle. — D. 0m 19.

3076. — Verrerie de Venise. Coupe sur pied à réseaux blancs. — D. 0m 16.

3077. — Coupe creuse, montée sur pied moderne en bronze. D. 0m 10. — Couvercle de vase travaillé à jour, avec filets de couleur.

3078. — Burette à anse, avec couvercle.

3079 à 3081. — Colonnettes sur pied, décorées à l'intérieur de filets tors en couleurs, fabrique de Murano. — XVIIe siècle. H. de 0m 18 à 0m 25.

3082. — Encrier de même époque, en verre blanc, avec filets de couleurs. — L. 0m 10.

3083, 3084. — Verre à boire en réseaux blancs. — H. 0m 13. — Verre à anses. — D. 0m 12.

3085. — Anneaux de mailles en verre bleu, spécimen de fabrication de verrerie de Venise moderne.

3086. — Branches de lustre et fragments d'appliques en couleurs, verrerie de Venise.

3087, 3088. — Tubes en verrerie de Venise, l'un à côtes relevées d'un filet tors blanc; l'autre décoré, à l'intérieur, d'une spirale à sept filets de verre blanc, spécimen de fabricaton moderne.

Toutes ces verreries, depuis le no 3076, ont été données au Musée par M. le professeur Jules Cloquet, membre de l'Institut, en 1860.

3089. — Verrerie de Venise bleue à flammes blanches. Petit vase de forme conique, sur pied. — H. 0m 15.

Donné par M. Achille Jubinal, député au Corps législatif, 1860.

3090. — Petit vase en verrerie, sorte de buire à deux anses en verre blanc, rehaussé d'or, trouvé dans les fouilles du boulevard de Sébastopol, à la hauteur de la rue Serpente, en janvier 1858 — XVIIe siècle.

Les anses sont fragmentés ainsi que le pied.

3091, 3092. Cloches en verrerie ancienne, fabrication française. — XVIIe siècle.

3093. — Verrerie allemande. Grand vidercome, portant les armes émaillées de « Rodolphe-Auguste, par la grâce de Dieu, duc de Brunswick et de Lunebourg, » avec la légende et la date de 1658. — H. 0m 30.

3094. — Verrerie suisse. — Grand verre de forme ouverte, sorte de Vidercome, rehaussé de deux écussons d'armoiries émaillées et surmontées d'un bœuf flanqué de deux flèches; date de 1591, avec la légende *Philip von oyrll von Herzogen-Busch.* » — H. 0m 22.

3095. — Verrerie allemande. Grand verre sur pied en forme de calice, provenant du trésor de la cathédrale de Mayence. H. 0m 25.

Ce beau verre, dont le balustre est taillé à facettes, est couvert de rinceaux et de fleurs gravés sur fond dépoli. La même ornementation se retrouve sur le pied. — H. 0m 25.

Rapporté par M. Jean d'Arcet et donné au Musée en 1860 par M. le professeur Jules Cloquet, membre de l'Institut.

3096. — Verrerie flamande. Bouteille en forme de phallus, ouvrage du XVIe siècle. — L. 0m 23.

3097. — Verre à boire, forme opposée, avec anse. — L. 0m 13.

Ces deux objets de fabrication analogue forment pendants et sont faits pour se compléter l'un par l'autre.

3098, 3099. — Flambeaux en verrerie française; fabrication du siècle dernier.

3100. — Verrerie blanche, de fabrication allemande. Pot à anse formant *jeu* d'eau, surmonté d'une crête en flamme de verre; sur la panse, une inscription en initiales. — H. 0m 20.

Donné par M. Achille Jubinal, député au Corps législatif, 1860.

3101, 3102. — Aiguières en verrerie taillée, avec anses, goulot et couvercle; fabrication française du XVIIe siècle. — H. 0m 17.

VI. ORFÉVRERIE, BIJOUTERIE, HORLOGERIE.

3103. — Torquès gaulois, ceinture en or massif, travaillée en forme de spirale et terminée par un double crochet.

Ce torquès, d'une parfaite conservation, a été trouvé en février 1854 au lieu dit le Pual sur La Touche, commune de Cessons, arrondissement de Rennes (Ille-et-Vilaine), à une profondeur de 0m 43 au-dessous de la surface du sol. Il pèse 389 grammes et est façonné tout d'une pièce, sans soudure. Il est probable que la double torsion dont il a été l'objet, et qu'il conserve encore aujourd'hui, lui a été donnée pour le cacher en terre et le faire tenir dans un petit espace. Le Cabinet des Médailles et Antiques possède un torquès de forme analogue, trouvé à St-Leu d'Esserens, près Creil, en 1843 (Catalogue du Cabinet, par M. Chabouillet, n° 2567, de l'édition de 1858), et qui, au moment où il a été découvert, présentait la même disposition.

3104 à 3112. — Trésor gaulois, trouvé en terre, à 40 cent. au-dessous du sol, dans la même contrée, commune de Saint-Marc-le-Blanc, près Rennes, en 1856.

Ce trésor qui, à en juger par les lingots à l'état brut et les bijoux à peine ébauchés que l'on a découverts en même temps que des bracelets d'un travail achevé, doit avoir été enfoui par quelque orfèvre gaulois dans un moment de troubles, se compose de neuf pièces en or massif dont quelques-unes d'une exécution très-remarquable. Les lingots d'or qui ont été trouvés en même temps, et dont quelques-uns étaient renfermés dans un vase en poterie grossière dont on n'a pu recueillir que quelques fragments, n'ont pas été conservés; les pièces façonnées seules ont été acquises par l'Hôtel de Cluny.

Le premier de ces bracelets (n° 3104), d'origine gauloise, comme tous les autres, est composé de trois branches en or massif, de travail tors avec agrafe. Il pèse 59 gr. 3 dg., et la disposition de chacune de ses branches rappelle celle du torquès gaulois ci-dessus décrit.

Le second bracelet (n° 3105) est également en or massif et façonné en manière de tresse. Son poids est de 17 gr. 9 dg.

Un troisième bracelet (n° 3106), toujours en or massif, est décoré de filets unis et pèse 10 gr. 2 dg.

Un autre bracelet (n° 3107) est orné de filets guillochés. Il est en or massif comme les précédents, et son poids est de 8 gr. 3 dg.

Viennent ensuite : (n° 3108) une bague en or, à filets guillochés, du poids de 3 gr.

Un bracelet (n° 3109) en or rond, uni et plein, à double révolution, pesant 146 gr. 5 dg.

Un autre bracelet (n° 3110), de même forme, également en or massif, mais à quadruple révolution, du poids de 185 gr. 4 dg.

Un troisième bracelet (n° 3111) à forme analogue et à un seul tour, en or massif, du poids de 39 gr. 5 dg.

Et enfin, un anneau rond (n° 3112), à triple torsion en or uni et massif, pesant 9 gr. 8 dg.

Ces neuf pièces d'orfévrerie gauloise ont été trouvées ensemble, comme nous l'avons dit plus haut, avec des lingots d'or à l'état brut. Elles avaient été recueillies par M. Vibert, bijoutier à Rennes, qui les a cédées, peu de temps après leur découverte, aux collections de l'Hôtel de Cluny, où leur place était toute marquée auprès du *torquès* gaulois, trouvé deux ans auparavant dans la même contrée, et dont il s'était également rendu acquéreur, au moment où ce précieux objet avait été extrait de terre par la bêche d'un cultivateur.

3113 à 3121. — Trésor de Guarrazar. — Couronnes d'or, trouvées en 1858, à la Fuente de Guarrazar, près de Tolède. — VIIe siècle.

Dans les derniers mois de l'année 1858, un officier français, dont la résidence est fixée en Espagne depuis plusieurs années, entreprit quelques fouilles dans un terrain acquis par lui dans les environs de Tolède, au lieu dit *la Fuente de Guarrazar*. Les premiers travaux firent trouver en terre quatorze très-petites couronnes en treillis d'or. Transportées à Madrid et présentées à la Monnaie de cette ville, elles furent immédiatement mises à la fonte et converties en lingots. De nouvelles recherches, entreprises au même lieu, amenèrent la découverte d'un précieux trésor, composé de huit couronnes d'or massif d'un poids considérable, rehaussées de saphirs orientaux, de perles fines, de pierreries de toute sorte, et dont la splendeur, tout exceptionnelle qu'elle soit, ne saurait cependant égaler l'importance historique.

Enfoui probablement dans les premières années du VIIIe siècle, lors de l'invasion de l'empire des Goths par les troupes arabes, conduites par Tharick; resté pendant près de douze siècles sous la terre qui le recouvrait encore en 1858, le trésor de Guarrazar présente, pour l'étude des siècles passés, un intérêt sans égal, et laisse bien loin derrière lui tous les monuments analogues qui ont pu être conservés jusqu'à nos jours. Consacrées dans la seconde moitié du VIIe siècle, ainsi que l'indique d'une manière irrécusable une des inscriptions que nous retrouvons sur ces trésors de l'art visigoth, ces couronnes nous donnent une idée complète de l'importance des ouvrages d'orfévrerie exécutés par les artistes de cette époque. Les monuments du même genre qui existent encore sont en très-petit nombre. Les ornements trouvés dans le tombeau de Childéric, les pièces d'orfévrerie mérovingienne, récemment acquises par S. M. l'Empereur, les vases des Burgundes, recueillis à Gourdon, les couronnes des princes lombards Agiluffe et Théodelinde, couronnes dont la dernière appartient encore au Trésor de Monza, et dont l'autre a disparu il y a quelques années, sont considérés à juste titre comme des monuments d'une grande rareté et d'une valeur inappréciable pour l'histoire des arts industriels à ces époques reculées; mais, quel que soit l'intérêt qui se rattache à ces joyaux de premier ordre, leur importance s'efface devant l'étonnant ensemble et la splendeur sans égale de ces neuf couronnes du VIIe siècle, trouvées au même lieu, remontant toutes à la même époque, et dépassant par la richesse de la matière, la beauté de l'exécution, et par leur étonnante conservation, tout ce que possèdent d'analogue les collections publiques de l'Europe.

Apportées à Paris au mois de février 1859, c'est-à-dire plus de trois mois après leur découverte, les couronnes de Guarrazar, au nombre de huit, furent présentées à S. Exc. le Ministre d'État, immédiatement acquises et placées dans les collections de l'Hôtel de Cluny, déjà riche en productions de l'orfévrerie des premiers temps du moyen âge. Deux ans après, en 1860, de nouvelles fouilles entreprises au même lieu produisirent un nouveau résultat, et amenèrent la découverte d'une neuvième couronne, faisant évidemment partie du même ensemble, et qu'un courant d'eau souterrain avait portée à travers les terres, à quelque distance du lieu des premières recherches. Présentée au gouvernement espagnol, puis apportée en France par l'officier d'artillerie propriétaire du terrain de Guarrazar, cette dernière couronne, acquise par S. Exc. le Ministre d'État au mois de mars 1861, vint compléter l'ensemble de ce précieux trésor, dont nous décrivons ici chacune des pièces en laissant de côté toute appréciation qui ne serait pas basée sur l'examen attentif de ces beaux monuments.

La plus grande de ces couronnes (n° 3113) est, ainsi que l'indique d'une manière irrécusable l'inscription qu'elle supporte, celle du roi goth Reccesvinthus, monté sur le trône en 649 et mort en 672.

La couronne du roi Reccesvinthus se compose d'un large bandeau en or massif, haut de 10 centimètres et dont le diamètre dépasse 21 centimètres. Ce bandeau, qui ouvre au moyen d'une double charnière, est richement encadré par deux bordures cloisonnées d'or et incrustées de pierres rouges de Carie, de celles qu'Anastase désigne sous le nom de *gemmis alabandinis*, et porte en relief trente saphirs orientaux de la plus grande beauté, enchâssés dans des bordures d'or, et la plupart d'une dimension considérable. Trente perles fines, d'une grosseur non moins notable, alternent avec les saphirs sur un fond d'or incrusté des mêmes pierreries, et vingt-quatre chaînettes d'or, partant du cercle inférieur de la couronne, suspendent autant de grandes lettres en or cloisonnées et incrustées dont la disposition forme les mots :

RECCESVINTHUS REX OFFERET.

Chacune de ces lettres se termine en outre par une pendeloque d'or et de perles fines soutenant une poire en saphir rose. La couronne du roi est suspendue par une quadruple chaîne d'un beau travail, qui la rattache à un double fleuron d'or massif enrichi de douze pendeloques en saphir, et ce fleuron lui-même, dont les branches sont ouvertes, est surmonté d'un chapiteau en cristal de roche finement travaillé; puis vient une boule en même matière, et enfin la tige d'or qui forme le point de départ de la suspension.

La croix qui occupe le centre de la couronne, et se rattache au fleuron par une longue chaîne d'or, n'est pas moins remarquable par l'élégance de sa forme et par la richesse de la matière. Elle est en or massif relevé de six beaux saphirs et de huit grosses perles fines ; chacun de ces joyaux est monté en relief sur des griffes à jour, et le revers porte encore la fibule qui servait à l'attacher au manteau royal

Le diadème est en or uni à l'intérieur ; mais sa face extérieure que décorent les saphirs et les perles fines, montés en relief, se fait remarquer en outre par une ornementation particulière, et qui consiste en une suite de palmettes découpées à jour. et dont les feuilles sont remplies par des lames de même matière rouge qui au premier abord présente l'aspect de la cornaline, et dont nous avons parlé plus haut.

Les saphirs qui décorent le bandeau, et dont la monture est largement traitée, sont, nous l'avons dit, au nombre de trente, tous d'une belle eau, et plusieurs d'entre eux présentent les traces de la cristallisation naturelle par facettes; les deux principaux, ceux qui sont placés au centre de chacune de ses faces, n'ont pas moins de 30 millimètres de diamètre. Les perles sont également d'une grosseur exceptionnelle, et quelques-unes seulement ont été altérées par les effets du temps. Les chaînes de suspension se composent chacune de cinq beaux fleurons découpés à jour, et la tige qui supporte tout l'ensemble est en or massif.

Le nombre des saphirs qui décorent la couronne de Reccesvinthus, la croix et le fleuron, n'est pas moindre de soixante-six, dont trente d'une dimension hors ligne; celui des perles est le même. Les pendeloques qui terminent les lettres du diadème sont, en outre, ornées de pâtes d'émail enchâssées dans des bordures d'or.

Le revers de la croix, qui porte encore la charnière et la naissance de la fibule d'attache, est finement travaillé à jour et présente six motifs de rosaces découpées sur fond d'or. — Cette couronne est d'un poids considérable, et la richesse du métal, jointe à la beauté des pierres précieuses qui en constituent la principale ornementation, en font un des plus splendides joyaux que l'on puisse voir.

Le simple examen de ce monument d'orfévrerie suffit pour démontrer que le diadème de Reccesvinthus n'était pas seulement une couronne votive, comme quelques auteurs l'ont affirmé. Sa dimension, qui embrasse exactement la forme de la tête, sa disposition à charnières, disposition qui a pour but d'enlever au métal une partie de sa rigidité, et de prendre d'une manière plus exacte la forme de la tête, sont des arguments suffisants pour permettre d'affirmer que la couronne trouvée à la Fuente de Guarrazar était bien celle du roi, celle qu'il portait lors de son sacre et qu'il a dû offrir à l'autel après la cérémonie du couronnement. Le diadème royal consistait donc alors uniquement dans le bandeau lui-même, et ce n'est qu'au moment de la consécration que les chaînes de suspension ont été ajoutées, ainsi que l'inscription commémorative (1). Quant à la croix qui accompagne la couronne, qui a été trouvée en même temps et qui a évidemment avec elle une origine commune et unique, une connexion intime, en un mot, on ne saurait nier qu'elle n'ait été portée, puisqu'elle conserve encore au revers la charnière et la naissance de l'ardillon qui l'attachait au vêtement.

Le roi Reccesvinthus a conquis une place importante dans la dynastie des rois Goths. Associé à la puissance souveraine par son père, en 649, il régna seul à partir de l'année 653, fut sacré à la mort de son père Chindeswinthe, le 16 octobre de cette année, par saint Eugène, évêque de Tolède, et mourut dix-neuf ans après, en 672. La couronne, dont nous donnons ici la description, et qui porte le nom du souverain, trouve donc sa date précise dans les premières années de son règne.

La seconde couronne (n° 3114), la plus importante des neuf, après celle qui porte le nom de Reccesvinthus, est la couronne de SONNICA, ainsi que l'indique une inscription gravée ou plutôt

---

(1) M. de Lasteyrie, dans un excellent travail publié en 1860, et intitulé : *Description du trésor de Guarrazar*, exprime l'opinion que la couronne du roi Reccesvinthus n'a pu être portée, et se base sur un détail de fabrication qui prouverait, selon lui, que la couronne n'a pas eu d'autre usage que celui d'*ex-voto*. Il dit que les chaînes de suspension sont engagées dans le bandeau même de la couronne et recouvertes par la bordure cloisonnée; qu'ainsi elles ne sauraient constituer une addition ultérieure. — C'est une erreur qu'il importe de relever. Les chaînes ne sont nullement engagées dans le bandeau cloisonné; elles en sont complétement indépendantes; leurs attaches sont soudées dans la doublure intérieure de la couronne, et soudées après coup, et il en est de même pour les petites chaînettes qui supportent chacune des lettres de l'inscription. L'examen seul de la couronne suffit donc pour établir que l'appréciation émise par le savant M. de Lasteyrie repose sur une erreur matérielle, qui se démontre d'elle-même.

Nous pourrions invoquer en outre, en faveur de l'opinion que nous avons émise plus haut, opinion qui n'est que le résultat d'un examen attentif de l'objet lui-même, de nombreux arguments tirés de l'histoire et des chroniques du temps, mais un catalogue a des limites restreintes que nous ne saurions dépasser.

frappée au marteau sur la croix qu'elle supporte (1). Elle est de dimension moindre, mais appartient évidemment à la même époque que la première, avec laquelle elle présente une analogie complète dans la disposition générale, aussi bien que dans les détails d'exécution et surtout dans les procédés d'enchâssement des pierreries.

Cette couronne se compose d'un bandeau en or uni, haut de 8 centimètres et portant en relief, comme le diadème de Reccesvinthus, des saphirs, perles fines, pierreries diverses et cabochons de cristal de roche au nombre de cinquante-quatre. Huit belles poires en saphir, dont les principales n'ont pas moins de 40 millimètres de hauteur, se rattachent à la partie inférieure du bandeau et forment pendeloques. Cette couronne est à doubles charnières, comme la précédente, et chacun de ses bords est orné d'un semis de perles d'or disposées de distance en distance, réunies par quatre et formant douze groupes. Entre ces groupes de perles, et de chaque côté des charnières, se trouvent des petits anneaux également en relief et destinés à maintenir l'étoffe, soie ou velours, qui formait la doublure intérieure, doublure dont la présence est accusée d'une manière plus manifeste encore par l'existence d'un petit rebord formant une légère saillie à l'intérieur de chaque côté du bandeau.

Quatre chaînes en or, à travail de chaînette, suspendent la couronne et se rattachent à un double fleuron d'or à six branches comme celui de la couronne de Reccesvinthus, mais de dimension moindre; une autre chaîne de même métal soutient ce fleuron et le relie à un large anneau d'or. Du double fleuron descend également une longue chaîne supportant une belle croix que décorent cinq pierres fines, saphirs et autres, alternant avec des pâtes d'émail.

Le revers de cette croix porte le nom du donateur, et nous apprend sous quelle invocation a été placé le trésor de Guarrazar. L'inscription qu'elle présente est frappée au marteau et fait relief du côté opposé entre les enchâssements de pierreries; elle est ainsi concue :

IN DI NOMINE
OFFERET SONNICA
SCE MARIE IN SORBACES.

Cette croix a 0m 23 de hauteur et sa largeur est de 0m 105. Le fond est uni et la bordure formée de filets en relief.

La couronne de Sonnica, comme celle de Reccesvinthus, n'était pas purement votive; il suffit également, pour se convaincre qu'elle était *portée*, de l'examiner avec attention. Les doubles charnières disposées de manière à donner de la souplesse au métal, les petites bélières en forme d'anneaux évidemment destinées au passage des fils retenant la doublure, le rebord intérieur dont le but ne saurait être autre que celui de maintenir en place la garniture destinée à préserver la tête, tout concourt à démontrer la destination première de cette couronne (2).

(1) La croix portant l'inscription de SONNICA avait été, dès le principe, avant l'arrivée du trésor de Guarrazar à Paris, et son entrée à l'hôtel de Cluny, suspendue à une autre de ces couronnes. Des renseignements nouveaux, pris à source certaine, nous ont permis de restituer à cette croix sa véritable place, et de la rattacher à la couronne avec laquelle elle avait été trouvée et à laquelle elle appartenait.

(2) L'auteur de la description que nous avons déjà citée, se « déclare tout disposé à admettre que ces anneaux ont dû servir de points d'attache à quelque riche doublure

On a dit avec raison que le nom de Sonnica semble devoir être regardé comme un nom d'homme, et on a cité les noms des rois Goths Swintila, Egica, Wamba et autres. On ne saurait s'empêcher cependant, en observant avec soin la couronne, en appréciant son diamètre, qui ne dépasse pas 0m17 et s'adapte parfaitement à une tête de femme, en tenant compte surtout de cette doublure intérieure, luxe insolite chez un guerrier goth, et qui ne paraît pas disposée pour un front masculin, de chercher dans le mot Sonnica le nom d'une femme, d'une reine peut-être, ou tout au moins d'un très-jeune homme. Du reste, les indications manquent complétement à ce sujet, et, quelles que soient les présomptions que peut faire naître l'observation attentive de la couronne, elles ne sauraient suffire à une attribution précise.

L'inscription gravée sur la croix nous apprend que le don a été fait à Sainte-Marie *in Sorbaces*; ces derniers mots ont été interprétés de manières diverses. Faut-il les traduire par ceux de Sainte-Marie *d'en bus*, comme l'a proposé le savant M. Lavoix, en trouvant dans le mot *Sorbaces* la racine gothique *Shaur*, signifiant toit ou crypte et devenue *Sor*, avec le mot *baces*, bas ou basse, en mauvais latin? — Faut-il, avec M. F. de Lasteyrie, faire de *Sorbaces* une sorte de synonyme du mot latin *Sorbus*, affirmer qu'il ait pu servir à désigner en basse latinité un lieu planté de cormiers, comme *pomarium* désigne un verger planté de pommiers et *nuccarium* un champ planté de noyers, et faire de *Sancta Maria in Sorbaces* : ainte Marie des Cormiers? — Peut-être vaudrait-il mieux chercher moins loin, et trouver tout simplement dans le mot *Sorbaces* celui de Sorbas, ville d'Espagne, située dans la province de Grenade, comme nous l'indiquent tous les dictionnaires de géographie, et à vingt-quatre kilomètres de Mujacar. Sorbas est loin de Tolède, il est vrai; mais Paris n'est pas plus près de Loreto, et de nos jours nous avons bien à Paris une église entière consacrée à Notre-Dame-de-Lorette; et quand même il n'y eût pas eu, au lieu où les couronnes ont été trouvées, une chapelle consacrée à Sainte-Marie de Sorbas, n'a-t-il pas été d'usage en tout temps de consacrer une offrande dans tout édifice religieux sous l'invocation d'un saint étranger à la localité?

Les offrandes à Notre-Dame d'Embrun ne sont pas toutes à Embrun. Il y en a dans maintes églises de France; celles à Saint-Germain d'Auxerre se retrouvent dans tous les villages des environs de Paris et non pas à Auxerre seulement; celles à Notre-Dame-de Lorette ne sont-elles pas aussi dans toutes les églises de l'Europe, et n'y aurait-il pas dans ce sens mille exemples à citer?

La petite ville de Sorbas est complétement oubliée de nos jours, il est vrai; mais elle est située dans un pays riche, entourée de mines jadis fertiles, dont l'exploitation, délaissée depuis, remonte à une époque antérieure à l'invasion des Arabes, et c'est là un motif plus que suffisant, ce nous semble, pour expliquer le culte rendu par une nombreuse population et dans une époque de prospérité, à la sainte Vierge sous l'invocation de Sainte Marie de Sorbas.

---

que, s'il y a eu doublure, c'était purement et simplement une affaire de luxe et d'élégance, et non une preuve que la couronne ait été portée. »

Sans prétendre en aucune manière discuter l'opinion émise par le savant M. de Lasteyrie, nous nous bornerons à faire observer que l'intérieur du bandeau est en or uni, plein, poli et parfaitement dressé; qu'il présente par conséquent toutes les conditions de luxe et d'élégance, et qu'il est difficile d'admettre qu'on ait eu l'idée de dissimuler une matière aussi précieuse au VIIe siècle que de nos jours, sous une doublure d'étoffe quelle qu'en soit la richesse, sans qu'il y ait eu une nécessité absolue, motivée par la destination et l'usage de la couronne. — Nous ajouterons en outre que, si elle eût été simplement votive, le rebord que forme de chaque côté à l'intérieur le bandeau d'or massif qui constitue le diadème, n'eût pas été tourné de ce côté, mais bien du côté extérieur, et que la disposition présente, qui est tout exceptionnelle, ne saurait avoir d'autre but que celui de soutenir la garniture et de la maintenir en place.

La troisième couronne est, ainsi que celles décrites sous les nos 3116 et 3117, complétement différente par sa forme de celles de Reccesvinthus et de Sonnica, mais son origine est certainement la même; sa disposition, pour être distincte de celle des précédentes, n'en est pas moins remarquable, et le goût de son ornementation, comme le travail de l'orfévrerie, suffirait à lui assigner la même date.

Le bandeau est formé d'une sorte de grillage très-épais en or soufflé formant, en hauteur, deux rangs de dix mailles chacun et présentant, par conséquent, un ensemble de vingt mailles. Les barreaux de séparation, en or soufflé, bombés à l'extérieur plats à l'intérieur, sont soudés les uns aux autres, et chaque point d'intersection porte une pierrerie ou une coque de nacre montée en relief. Dans chacune des mailles se balance une pendeloque d'or terminée par un saphir, et la même disposition se retrouve à la partie inférieure de la couronne qui supporte dix autres pendeloques de même nature, partant des points d'intersection du dernier cercle. Le nombre des saphirs, des perles fines et coques de nacre atteint le chiffre de soixante. Trois chaînettes en or suspendent la couronne et la rattachent à un double fleuron surmonté lui-même d'une nouvelle chaîne en même metal, que supporte un anneau d'or. La hauteur du bandeau est de 0m 09, et son diamètre de 0m 13.

Par une disposition analogue à celle des couronnes précédentes et commune aux neuf couronnes du Trésor de Guarrazar, une quatrième chaîne, fort longue, descend du fleuron de suspension et supporte une belle croix en or, à double face, haute de 0m 15. Dix-neuf saphirs, pierreries diverses et coques de nacre décorent chacune des faces de cette croix, et trois pendeloques, dont deux se terminent par des saphirs et la troisième par une agathe à plusieurs couches, sont suspendues aux bras et au pied de la croix.

La forme de cette couronne et des deux suivantes, leur disposition à claire-voie, aussi bien que le diamètre du bandeau, tout indique une origine purement votive; il en est de même des croix à double face, qui, par conséquent, n'ont pu être faites que dans un but de consécration religieuse.

La quatrième couronne (no 3116), présente, sauf de très-légères modifications, les dispositions de la précédente. Ses divisions sont distribuées de même sur deux rangs, tout en ne comprenant que neuf mailles sur chacun, soit dix-huit mailles pour l'ensemble. Vingt-sept saphirs, pierres, perles fines et coques de nacre, marquent les points d'intersection des barreaux, et autant de pendeloques décorées de saphirs sont suspendues dans les mailles et au cercle inférieur.

Trois chaînes d'or rattachent la couronne à un double fleuron disposé comme celui de la couronne précédente, et surmonté d'une boule en cristal de roche que soutient un anneau d'or. La hauteur du bandeau est de 0m 08 sur un diamètre de 0m 12. La croix d'or à double face, qui est supportée par une longue chaîne d'or suspendue au double fleuron, est haute de 0m 15 et large de 0m 11; sa disposition est celle de la couronne précédente, et elle présente comme elle dix-neuf saphirs, coques de nacre et pierreries diverses sur chaque face, avec trois pendeloques aux extrémités.

La cinquième couronne (no 3117) se rapproche complétement,

par sa disposition, des deux précédentes. Les mailles, toujours distribuées sur deux rangs, sont plus petites et au nombre de vingt, et les points d'intersection des pièces du treillis sont rehaussés de pierreries et de coques de nacre.

Dans chacune de ces mailles se trouve également une pendeloque en or terminée par une perle fine, et le cercle inférieur du bandeau supporte dix autres pendeloques d'or soutenant chacune un saphir surmonté d'une perle fine. Le diamètre du bandeau de cette couronne est de 0m 11 sur une hauteur de 0m 07. Les trois chaînes de suspension, également en or, se rattachent à un anneau de même métal, mais le double fleuron n'existe pas. La croix est suspendue à une longue et fine chaîne d'or; elle est en or uni, porte à son centre un saphir et à chaque extrémité une pâte d'émail enchâssée d'or; trois pendeloques d'or et de perles fines se rattachent à ses extrémités, et sa hauteur est de 0m 10.

La sixième couronne (no 3118) présente, ainsi que les deux suivantes, une plus grande analogie dans la forme, et surtout dans la disposition générale, avec celles de Reccesvinthus et de Sonnica. Elle se compose d'un bandeau en or, enrichi d'un rang de pierres précieuses et orné de dessins en repoussé, d'un travail que rappelle celui des bijoux mérovingiens. Son diamètre est de 0m 13, sur une hauteur de 0m 04.

Quatorze coques de nacre et saphirs, dont quatre cristallisés par facettes, sont sertis en relief sur le bandeau, et treize saphirs sont suspendus au bord inférieur formant pendeloques; quatre chaînettes finement tressées supportent la couronne et la rattachent à un anneau d'or. Le bandeau est à double charnière, comme dans les deux premières couronnes, disposition qui a pu faire croire dès l'abord que cette couronne, ainsi que les deux suivantes, pouvaient être des couronnes d'enfants; mais le peu d'ouverture du bandeau, sa légèreté, donnent lieu de penser que cette couronne et les deux suivantes sont purement votives.

La septième couronne (no 3119) consiste en un simple bandeau d'or repoussé à dessins courants, avec rosaces et bordure de feuillage. La hauteur du bandeau est de 0m 032, sur un diamètre de 0m 115.

Quatre chaînettes de suspension se rattachent à un anneau d'or, et six pendeloques de pierres de couleur se balancent à son bord inférieur. Aucune pierrerie ne se trouve sur la face du bandeau dont la décoration consiste uniquement dans le dessin en repoussé que nous avons indiqué et qui se rapproche par le style de l'ornementation du caractère de la couronne précédente, en s'ouvrant comme elle au moyen d'une double charnière.

La huitième couronne (no 3120) se compose également d'un simple bandeau d'or; mais ce bandeau est découpé à jour et orné de dessins en repoussé dans le même style. Sa hauteur est de 0m 038, sur un diamètre de 0m 11.

Les motifs d'architecture qui décorent le bandeau consistent en pilastres soutenant des archivoltes en plein-cintre, avec bordure courante, le tout évidé à jour et repoussé; dix pendeloques en pâte d'émail, taillées à facettes, sont suspendues au bord inférieur de la couronne, que quatre chaînettes rattachent à un anneau d'or. La disposition à double charnière est la même que dans les couronnes précédentes, et l'analogie est parfaite dans la disposition aussi bien que dans le travail de l'orfévrerie.

La neuvième et dernière couronne (n° 3121) remonte à la même époque que les huit autres, et a été trouvée au même lieu; mais elle n'a été découverte que plus récemment, en 1860, et n'a été acquise par le Musée qu'au mois de mars 1861. Sa disposition présente une grande analogie avec plusieurs de celles ci-dessus décrites; seulement, elle est plus grande, ses chaînes de suspension sont d'un dessin plus recherché, et la croix qui s'y rattache est plus belle et plus richement ornée. — Cette neuvième couronne, complément d'un trésor déjà si remarquable et véritablement unique, a évidemment la même origine que les huit autres. La richesse de la matière employée, la nature du travail, le style de l'ornementation, tout le prouve d'une manière certaine.

Cette couronne était purement votive, à en juger par sa disposition, qui exclut toute attribution comme couronne de tête. Son bandeau se compose d'une sorte de treillage en or, composé de trois cercles réunis par des attaches verticales et formant ainsi, par une disposition analogue à celle des couronnes précédentes, deux rangées de douze mailles chacune. Les barreaux de ces mailles sont, comme pour les autres couronnes, légèrement renflés à leur milieu, un peu bombés à l'extérieur, plats à l'intérieur. Chaque intersection des treillis d'or est marquée par un chaton en relief qui renferme un saphir ou une coque de nacre, et, à l'intérieur de chaque maille, se balance une petite pendeloque en or, terminée par une perle fine. Douze autres pendeloques semblables, mais de plus grande dimension, terminées chacune par un saphir et par une perle fine, se rattachent aux points de jonction des mailles inférieures.

Cette couronne est, comme les autres, suspendue par trois chaînes d'or qui se réunissent sous un double fleuron à six branches détachées; le fleuron lui-même est suspendu à une autre chaîne d'or que termine un anneau de même métal. Une autre chaîne d'or fort longue part du même fleuron et supporte la croix, qui, par une disposition commune à celle des autres couronnes ci-dessus décrites, vient se suspendre dans le vide laissé par le cercle d'or. Cette croix, d'une dimension analogue à celle des autres (H 0m 15), est ornée, sur chacune de ses faces, de saphirs et de coques de nacre sertis dans des chatons épais et d'un haut-relief. Les croisillons ainsi que la base portent de grande pendeloques en or, perles fines et saphirs. La hauteur de la couronne, depuis l'anneau de suspension jusqu'à la base de la croix, est de 0m 72. La couronne seule est haute de 0m 07 et son diamètre est de 0m 13. Le nombre des pierres fines, saphirs, perles, coques de nacre, est de 119.

Cette dernière couronne, trouvée, comme nous l'avons dit plus haut, en 1860, et présentée au gouvernement espagnol peu de temps après sa découverte, a été apportée depuis en France et acquise immédiatement par ordre de S. Exc. le Ministre d'État, comte Walewski, jaloux de compléter un ensemble sans précédent dans aucune collection de l'Europe (1).

(1) Une note insérée dans un journal espagnol, à la date du 29 mai 1861, nous apprend

3122. — Autel d'or de l'empereur Henry II (saint Henry) d'Allemagne, donné par lui à la cathédrale de Bâle, au commencement du XIe siècle.

L'autel d'or de Bâle, exécuté par ordre de l'empereur Henry II, fut donné par lui à la cathédrale qu'il avait relevée de ses ruines. La légende qui se rattache à cette donation nous apprend que Henry, attaqué de la maladie de la pierre, ayant épuisé en vains efforts tout le savoir des médecins, avait, en désespoir de cause, imploré l'assistance de son patron saint Benoît. Le saint lui était apparu en songe au Mont-Cassin, et l'avait allégé de ses souffrances et guéri de sa cruelle maladie en lui déposant dans la main la pierre, instrument de ses tortures. Alors Henry, en reconnaissance de cette sainte intervention, avait fait vœu de consacrer un monument dont la splendeur pût en rappeler la puissance (1). — Telle est, suivant la chronique, l'origine de ce précieux autel, enfoui pendant trois siècles, de 1529 à 1834, dans les souterrains de la cathédrale de Bâle.

Le monument est haut de 0m 95 et large de 1m 78. La façade, toute en or, est décorée de cinq grandes figures en haut-relief, disposées sous de pleins-cintres qui supposent des piliers à chapiteaux historiés; chacun de ces pleins-cintres porte en grandes et belles lettres repoussées en relief le nom de la figure qu'il renferme. Le Rédempteur, REX REGUM et DOMINUS DOMINANTIUM, occupe le cintre du milieu plus élevé que les autres; il est en action de bénir, le pouce, l'index et le médium de la main droite sont levés, l'annulaire et le petit doigt restant pliés. Dans la main gauche, il porte le globe, sur lequel, entre l'alpha et l'oméga, se trouve le monogramme de la phrase : *Principium et finis Christus est.* Les pieds nus reposent sur une sorte de monticule sur lequel sont agenouillées les figures de saint Henry et de l'impératrice Cunégonde, prosternées et dans l'attitude de l'adoration.

A la droite du Christ est l'archange Michel, puis saint Benoît, abbé et fondateur du Mont Cassin; à sa gauche, sont les archanges Gabriel et Raphaël, représentés vêtus et les ailes déployées. Les têtes sont nimbées et les nimbes sont rehaussés de pierreries montées en relief; celui du Christ est crucigère et également relevé de pierres précieuses. — Deux des archanges, Gabriel et

---

que de nouvelles recherches, faites aux mêmes lieux, dits *Huertas y fuente de Guarrazar*, juridiction de Guadamur, ont amené la découverte d'une nouvelle couronne, malheureusement incomplète et mutilée, mais sur laquelle se retrouve le nom du roi goth Svinthila, l'un des prédécesseurs de Reccesvinthus. Parmi d'autres fragments précieux, trouvés en même temps, on signale une émeraude de grande dimension, sur laquelle est gravée la scène de l'Annonciation.

L'auteur de cette découverte, laboureur de Guarrazar, en a fait hommage à Sa Majesté la reine d'Espagne.

(1) Rediens de Apulia, infirmitate calculi cœpit laborare, et cùm plurimùm torqueretur, mira patientia sustinuit, ascenditque montem Cassinum, petiturus a S. Benedicto et a S. Scholastica sanitatis remedium; factaque oratione, obdormiens, in hospitio vidit S. Benedictum, dicentem sibi : Quia sperasti in Deo et in sanctis suis, ecce missus sum a Deo, ut liberem te ab infirmitate tuâ. Hoc dicens, cum ferro medicinali calculo molliter evulso, hiatum vulneris sanavit, et calculum in manum Cæsaris posuit, qui evigilans calculum in manu invenit, quem suis ostendens gratias egit Deo, et locum illum multis donavit donis. Siffrid, *Rerum Germanorum Scriptores.* Ratisbonne, 1731.)

Item Henricus imperator, Romam tendens ex Apulia venit ad montem Cassinum, ubi meritis sancti Benedicti, ibidem quondam abbatis a calculo miraculose liberatur. Apparuit enim ei in somnis S. Benedictus, et aperto latere, corporis calculum evulsum in manu regis posuit. Quem rex evigilans in manu feliciter inventum cunctis ostendit, et inde profectus Romam, a Benedicto papa cum uxore Chunigunde in ecclesia S. Petri, in imperatorem Romanorum coronatus est, anno regni sui XII, anno vero Domini MXIV, sexto cal. martii. (*Magnum Chronicon Belgicum.*)

Rex ergo, consilio principuum suorum, ingentia munera in prædiis in auro, in argento, in ornamentis plurimis, ecclesiæ S. Benedicti contulit.

Raphaël, tiennent en mains le bâton, symbole de leur divin ministère. Saint Michel porte la lance avec sa banderole, emblème de la défaite du dragon infernal, et dans sa main droite le globe orné de la croix, signe de la rédemption. — Saint Benoît tient dans sa main droite la crosse, emblème de sa dignité abbatiale, et dans sa gauche le livre de la règle donnée par lui à son ordre, dont il porte le costume.

Au-dessus des voûtes, sur le fronton, se trouvent personnifiées les quatre vertus, sources de toutes les autres, la Prudence, la Justice, la Tempérance et la Force. Les arabesques entremêlées de fleurs, de feuillages et d'animaux qui décorent l'encadrement de l'autel, symbolisent en quelque sorte le paradis, le lieu de délices et de la gloire des bienheureux, selon les principes de la science mystique des chrétiens.

Le long de la frise supérieure et du soubassement on lit cette inscription, gravée en magnifiques caractères du temps :

QUIS SICUT HEL FORTIS MEDICUS SOTER BENEDICTUS.
PROSPICE TERRIGENAS CLEMENS MEDIATOR USIAS;

Inscription latine entremêlée de mots grecs et hébreux, dont le sens paraît avoir pour but de rappeler la consécration du monument, ainsi que le vœu fait par saint Henry à la suite de sa guérison miraculeuse au Mont-Cassin.

Qui est comme Dieu, fort, médecin, sauveur! Benoît, jette un regard, clément médiateur, sur les souffrances terrestres.

Prise mot à mot, cette inscription ou du moins sa première partie présente en outre un double sens, et fait une allusion directe au nom de chacun des personnages du monument : *quis sicut Hel* est, en effet, la traduction textuelle du nom *Michael; fortis* se rapporte à *Gabriel*, dont le nom signifie littéralement force de Dieu ; *medicus* à *Raphael*, médecin de Dieu ; *Soter* et *Benedictus* représentent l'un le Seigneur, l'autre saint Benoît. — Il est évident que cette allusion était dans la pensée de l'auteur, car elle est trop apparente pour avoir pu passer inaperçue. L'inscription a donc un double sens, comme nous le disions, et en même temps qu'elle exprime une invocation directe à saint Benoît, elle s'adresse également au Seigneur et aux trois archanges qui l'accompagnent.

L'autel d'or était exposé dans les grandes fêtes et au maître-autel seulement ainsi que nous l'apprend un ancien titre sur vélin joint au monument :

Ordinatum est per capitulum, quod aurea Tabula in subsequentibus festis ad summum altare et non aliter... Item in festis natalis, pasce, penthecostes, corporis christi, Henrici imperatoris, assumtionis mariæ, in dedicatione omnium sanctorum.

Les anciens auteurs ne sont pas d'accord sur la date précise de l'exécution de l'autel d'or de Bâle ; ils ne s'accordent pas davantage sur l'année du pèlerinage de saint Henry au Mont-Cassin et de sa guérison, grâce à la toute-puissante intervention de saint Benoît. Est ce en se rendant à Rome en 1014, avec l'impératrice Cunégonde, pour s'y faire couronner empereur par les mains du pape Benoît VII, qu'Henry a vu s'opérer le miracle de sa guérison? Est-ce seulement à son retour et après les cérémonies du couronnement? Serait-ce même, comme semble l'indiquer Siffrid, à son retour d'Italie, où il s'était rendu de nouveau pour combattre les Sarrasins et les Grecs, qui infestaient l'Apulie et la Campanie, c'est-à dire en 1022? — Il n'en est pas moins certain que l'exécution de l'autel d'or ne saurait être attribuée à une époque postérieure à cette dernière date. On peut même affirmer, si l'on ajoute foi à cer-

(1) *Rerum Germ. Script.* Ratisbonne, 1731.

taines chroniques des XVIe et XVIIe siècles, qu'il remonte à une epoque antérieure et qu'il existait déjà en 1019, année de l'inauguration de la nouvelle cathédrale de Bâle, puisqu'il ornait avant cette époque l'intérieur de la chapelle impériale. Nous trouvons en effet dans la *Basilea sacra* du P. Sudan, publiée en 1658, et dans Wurstiesen, que le 11 octobre 1019, jour où l'on célébrait à Bâle en grande pompe l'inauguration de la cathédrale relevée de ses ruines en présence de saint Henry lui-même, de l'archevêque de Trèves, des évèques de Strasbourg, de Constance, de Lausanne et de Genève, les trésors de l'église furent ouverts aux fidèles, et que parmi les offrandes magnifiques faites à la cathédrale brillait en première ligne l'autel d'or, que l'empereur Henry avait tiré de sa propre chapelle pour en faire hommage à l'édifice sacré dont la reconstruction était principalement due à son inépuisable munificence et à sa piété exemplaire.

L'empereur Henry II, surnommé *le Boiteux*, dans les dernières années de sa vie, par suite d'une contraction nerveuse dont il fut frappé dans son second séjour à Rome, avait en effet largement contribué à relever de ses décombres cet édifice vénérable, renversé en grande partie par les invasions des peuples du Nord et par les tremblements de terre. Fondateur de l'évêché de Bamberg, curateur des chapitres de Ratisbonne, de Passau, de Salzbourg, de Freisingen et de Meersburg, saint Henry ne s'en tint pas à cette réédification et prit à tâche d'enrichir, de concert avec l'impératrice Cunégonde, fille de Sigefroi, comte de Luxembourg, le trésor de cette cathédrale en le comblant de dons magnifiques (1). Un précieux crucifix contenant, suivant la chronique, une goutte du sang du Rédempteur et un fragment de la vraie croix, une parcelle du vêtement de la sainte Vierge, des reliques du saint sépulcre, des apôtres et de plusieurs saints, faisaient l'objet de la vénération des fidèles et provenaient de la libéralité de l'empereur et de l'impératrice. On y admirait également un trône impérial richement incrusté d'or, d'argent et d'ivoire, un vêtement de sacre avec le manteau impérial (2) et surtout une couronne de vermeil destinée à être suspendue dans le chœur, au-devant de l'autel d'or, couronne qui rappelle celles des rois goths, antérieurs de trois siècles, trouvées à la fuente de Guarrazar, et conservées aujourd'hui à l'hôtel de Cluny : *Coronam quoque argenteam*, dit le Bréviaire manuscrit du diocèse de Bâle antérieur à 1481, conservé à la bibliothèque de Porentruy, *auro delinitam, quæ a facie ipsius altaris elevata, cum ipso cristate cereis fronte superbia disputat claritate.* Mais le don le plus précieux, au dire des historiens, et selon les chroniques et bréviaires du temps, consistait dans le magnifique autel d'or, splendide offrande votive d'un royal donateur, et dans lequel se trouvaient réunis, agenouillés aux pieds du Roi des rois, le pieux et dernier empereur de la maison de Saxe, le fondateur d'un nombre infini de monastères, d'abbayes, de cathédrales, qui devait être vénéré comme saint un siècle après sa mort, puis canonisé le 14 mars 1153 par le pape Eugène III, et l'impératrice

---

(1) Dans le *Proprium sanctorum diœcesis Basiliensis, ad normam Breviarii Roman accommodatum* (Bruntruti, 1623), on lit, page 26 : « Henricus, Bavariæ dux, ab ineunte pueritia literis bonisque moribus optime institutus, Cunegundam Mosellanam virginem « duxit uxorem, cum qua maritus *perpetuam castitatem servavit.* » Puis, page 27 : « Ecclesiam Hildesheimensem, Bambergensem, Argentinensem, Basiliensem, magno sumptu « aut a fundamentis erexit, aut labefactas reparavit. In Basiliensi divinum cultum auctis « proventibus et Deo servientium numero egregie instauravit. Eamdem cum præsentibus « septem vicinarum provinciarum episcopis, per Adelberonem tunc episcopum dedicaretur, « altari aureo, corona argentea inaurata, cruce sancta variis gemmis distincta aliisque « regiis ornamentis liberalissime dotavit. »

(2) Sellam auro multo, argento et ebore illusam, paludamentumque seu togam imperatoriam. (*Basilea sacra*. Bruntruti, 1658.)

non moins pieuse dont les biens furent employés à bâtir des monastères, à relever les églises et à soulager la misère des pauvres, et qui devait quelque temps après, en 1024, lors de la mort de son royal époux, faire elle-même foi et profession de pauvreté évangélique en se retirant au monastère de Kaffungen, fondé par elle, pour y passer les quinze dernières années d'une existence consacrée à la prière et aux pratiques de la charité, et qui lui valut un demi-siècle plus tard, en l'an 1200, la canonisation prononcée par le pape Innocent III.

Depuis le commencement du XIe siècle jusqu'au XVIe, l'autel d'or de saint Henry ne quitta le trésor de la cathédrale que pour paraître aux yeux des fidèles aux jours de grande solennité. A l'époque de la réformation, ce précieux monument fut enfoui, en 1529, avec les autres joyaux du trésor, dans un des caveaux souterrains du Münster, et put échapper ainsi aux profanations des iconoclastes et à une destruction à peu près certaine. Depuis cette époque et malgré toutes les réclamations de l'evêque et du chapitre, la ville garda les vases sacrés et les ornements de la cathédrale, et ce ne fut qu'en l'année 1834 que l'autel d'or revint à la lumière, après trois siècles écoulés.

Bâle venait d'être définitivement divisée en deux cantons indépendants, Bâle-Ville, et Bâle-Campagne; il fallait partager le trésor: l'autel d'or échut à Bâle-Campagne, et le gouvernement de ce canton, peu soucieux d'assurer la conservation d'un monument aussi précieux et aussi intéressant pour l'histoire, le vendit aux enchères publiques à Liestal, le 23 mai 1836. Pour ne laisser aucun doute sur l'authenticité de son origine et de sa provenance, le secrétaire d'État de Bâle-Ville, au nom du bourgmestre et des conseils du canton ainsi que l'antistès, pasteur de la cathédrale, en délivrèrent une reconnaissance en bonne forme, et l'évêque lui-même déclara par un témoignage émané de sa main et muni de son sceau que l'autel était bien celui qui avait été donné à la cathédrale de Bâle par l'empereur saint Henry, et qui depuis lui avait été enlevé ***per infelicis reformationis injuriam.***

L'autel d'or devint dès lors, et par suite des enchères, la propriété de M. Handmann, orfèvre de la ville, puis de M. le colonel Theubet, son dernier propriétaire, qui en consentit la cession et la vente au gouvernement français pour les collections du Musée des Thermes et de l'Hôtel de Cluny, en vertu d'un arrêté pris par Son Excellence le Ministre d'État, le 10 juin 1854.

Toute la face antérieure de l'autel est en or fin, les figures, ornements d'architecture et autres ainsi que les légendes, sont repoussées en relief; la grande inscription seule est gravée en creux, et les lettres sont remplies en pâtes de couleur. La façade repose sur un fond de bois de cèdre de 0m 10 d'épaisseur, et le poids de l'or, difficile à apprécier sans démonter le monument et porter atteinte à sa conservation, est au dire des chroniqueurs, d'au moins 25 marcs. Il est aussi difficile, et par le même motif, de donner une notion précise sur la valeur intrinsèque. De 1529 à 1534, les écrivains bâlois qui parlent de l'autel d'or ne peuvent le faire que par souvenir ou par tradition, puisqu'il était enfoui dans les souterrains de la cathédrale et que la vue n'a pu leur en être permise; on ne saurait donc avoir une confiance absolue dans leurs dires. Wurstiesen, à la fin du XVIe siècle, en donne une description dans la Chronique de Bâle et dans son *Epitome historiæ Basilensis*, et il en porte la valeur intrinsèque à sept mille écus ou couronnes d'or. Le Père Suden, l'auteur présumé de la *Basilea sacra*, exprime la même appréciation (1): *Quæ septem aureorum millia facile æquaret* (2). Les

(1) *Basilea sacra*. Brunt. 1658, p. 143.
(2) La valeur de l'écu d'or, en 1666, était de cinq livres tournois et douze sous. L'estimation faite ou du moins reproduite par le chroniqueur bâlois porterait donc de *trente-neuf* à *quarante mille francs* la valeur intrinsèque du monument.

chroniqueurs qui l'ont suivi, Grosz, au XVIIe siècle, Beck, Ochs, et l'auteur anonyme d'une description du Münster au XVIIIe siècle, enfin Lutz, dans sa Chronique de Bâle au commencement du XIXe siècle, confirment pleinement les données de leurs devanciers.

L'estimation faite plus tard, postérieurement à 1834, par l'Académie des Beaux-Arts de Milan, sur la demande de l'archiduc Rénier, vice-roi du royaume Lombard-Vénitien en décembre 1838, est de même dressée *de visu*. L'Académie, en exprimant l'avis que l'autel d'or de saint Henry ne pouvait être que d'origine lombarde, contrairement à l'opinion qui l'attribuait aux artistes byzantins, en portait dans son rapport l'estimation à 150,000 livres. « Vu le précieux de la matière, la rareté du monument, son antiquité et la « beauté du travail, et enfin, en raison de l'entière certitude de la provenance « du donateur. »

L'attribution à l'école lombarde a trouvé de fervents défenseurs dans l'Académie de Milan, et ce n'est pas sans raison que l'on peut affirmer que ce travail appartient à la même école d'orfévrerie qui a produit en Lombardie, quelques siècles avant l'époque de l'empereur Henry II, des ouvrages du même genre, non moins riches par la matière, tel par exemple que le maître-autel de la basilique de saint Ambroise de Milan ; affirmation qui permet de supposer que ce serait bien pendant son séjour en Lombardie que l'empereur Henry II aurait commandé l'exécution de cet autel.

La Société des Antiquaires de Londres, consultée quelques années plus tard, exprima par l'organe de son savant directeur, M. Albert Way, une opinion à peu près analogue sur l'origine de l'autel d'or de Bâle, tout en y reconnaissant la présence évidente d'une influence byzantine, en raison du caractère des ornements et surtout de l'emploi, dans la grande inscription, de mots grecs, tels que ceux de *Soter*, d'*Usius* et de *Hel*, ainsi que du monogramme grec du globe que le Christ tient en main.

Il convient néanmoins d'observer que la figure principale, celle du Rédempteur, *Rex regum et Dominus dominantium*, est représentée dans l'exacte tradition de l'Eglise primitive latine, et que sa manière même de bénir avec les trois premiers doigts de la main droite levés est conforme aux prescriptions du rite latin, et complétement contraire à celui de l'Eglise grecque.

Les pièces d'orfévrerie de cette taille et destinées à un pareil usage sont devenues de nos jours d'une très-grande rareté, et si l'Allemagne, l'Angleterre et l'Italie, aussi bien que la France, ont possédé jadis dans leurs cathédrales plusieurs monuments de cette nature aussi remarquables par la richesse de la matière que par la beauté du travail, on n'en saurait trouver aujourd'hui un seul, ainsi que l'affirme M. Albert Way, qui, par son antiquité, le précieux de la matière employée, et par son importance comme œuvre d'art, puisse être comparé à l'autel d'or de Bâle, et en dehors du paliotto en or et en argent de l'église Saint-Ambroise de Milan, nul ouvrage de ce genre ne peut être cité, au dire du savant écrivain, comme présentant un intérêt et une valeur analogues.

3123. — La Rose d'or de Bâle, donnée par le pape Clément V au prince-évêque de Bâle, commencement du XIVe siècle.

Ce curieux monument d'orfévrerie du moyen âge se compose d'une tige principale montée sur un pied qui présente à sa base un double renflement ; cette tige porte elle-même six feuilles que surmonte la fleur, largement épanouie, et décorée à son centre d'un beau saphir.

De cette même tige partent en outre cinq branches qui portent ensemble vingt-cinq feuilles, trois roses et deux boutons: le tout dans un parfait état de conservation. La boule travaillée à jour sur laquelle repose la grande tige est d'une époque plus reculée, et remonte au siècle précédent.

Cet objet, aussi précieux par sa rareté que par son exécution et la matière employée, faisait partie du trésor de Bâle; il a été vendu avec l'autel d'or à Liesbach en vente publique, le 23 mai 1836, et c'est à M le colonel Theubet que l'on est redevable de sa conservation. Il pèse 305 grammes d'or fin.

Les écussons d'armoiries émaillées qui se trouvent à la base de la rose sont celles des comtes de Nidau, canton de Berne, famille de la souche des princes de Neufchâtel.

3124. — Châsse de la sainte Vierge et de l'Enfant Jésus, grand reliquaire en argent repoussé, ciselé, fondu et doré; très-bel ouvrage français des premières années du XVe siècle.

La Vierge est assise sur un siége d'architecture gothique surmonté de clochetons élancés; elle est vêtue d'une longue robe et d'un manteau richement drapé, et sa tête est ceinte d'une couronne enrichie de pierreries; sa main droite soutien l'enfant Jésus debout sur ses genoux, et la gauche porte un lys en fleur.

Ce beau groupe, dont la hauteur dépasse 0m 34 et qui ne le cède en rien par la finesse de l'exécution et la naïveté du style aux plus belles productions du moyen âge, était destiné à renfermer des reliques, ainsi que l'indiquent une ouverture pratiquée à l'abdomen de l'enfant Jésus et la légende : *De umbilico Domini Jesu Christi*, dont les caractères, du reste, paraissent remonter à une époque moins ancienne. Ce beau monument d'orfévrerie française faisait partie de la collection Soltikoff (n° 171) dispersée en 1861.

3125. — Châsse de sainte Anne, reliquaire en argent battu, repoussé et fondu de ronde bosse et de grand travail; œuvre du célèbre orfévre nurembergeois Hans Greiff, en 14 2.

La sainte est assise sur un siége en argent ciselé que surmonte un dais d'une élégante architecture ogivale, richement dentelée; elle tient sur ses genoux, d'un côté la jeune Vierge, dont la tête est ceinte d'une couronne d'or enrichie de pierreries; de l'autre, un enfant que quelques légendes allemandes du XIIIe siècle ont donné pour son frère. Les deux enfants soutiennent une châsse destinée à renfermer des reliques. Sainte Anne porte la robe longue et traînante, recouverte d'un manteau, et sur sa tête le voile domi[illegible]al. Les figures, dont les chairs sont émaillées en couleur, sont repoussées en or et en argent, et les montants du siége, qui n'a pas moins de 0m 45 de hauteur, sont, ainsi que le baldaquin à jour qui le surmonte ciselés avec une finesse extraordinaire.

Au revers on lit l'inscription suivante, en langue allemande et en caractères gothiques :

HANS GREIFF GOLTSMID HAT GEMACHT ANNA HOFMANN RENTMAISTERIN DAS PILD SANT ANNA UND ZWAY PATHEM UND VIGET ALS IX MARCK FIR GOLD SILBER; UND LON GESTET C. GULDEN REINIS. GESCHECHEN AN SANT MICHELTAG M IIII UND LXXII IAR.

« *Hans Greiff, orfèvre, a fait pour Anna Hoffmann, femme du receveur, cette figure de sainte Anne et de ses deux enfants. Elle pèse neuf marcs d'or et d'argent, et pour son salaire, il a reçu cent florins du Rhin. fait le jour de la Saint-Michel de l'année* **1472**. »

La hauteur totale de cette belle pièce d'orfévrerie est de 0m 48 sur une largeur de 0m 17. Son poids est de 1 kilogrammes 381 grammes. Il faisait partie de la célèbre collection Debruge-Duménil, avant de passer dans la galerie Soltikoff, dispersée en 1861 (n° 170).

3126. — Grande châsse ossuaire en argent ciselé, repercé à jour et en partie doré, provenant du trésor de Bâle, dispersé en 1836; orfévrerie allemande du xve siècle.

Ce grand reliquaire, dont la forme est celle d'un édifice religieux que supportent quatre pieds montés sur des griffes, se compose d'une longue galerie percée de chaque côté de fenêtres entr'ouvertes en forme de roses découpées à jour. Le toit qui recouvre le monument est surmonté d'une crête d'un travail remarquable, et les deux extrémités, ornées de contre-forts et de clochetons élancés, s'ouvrent au moyen de portes découpées à jour dans le caractère ogival. Au centre de la châsse s'élève un beau campanile, flanqué de six contreforts surmontés de clochetons et couronné par une galerie à jour, au pied de laquelle vient s'appuyer une toiture en forme de flèche que termine un épi décoré de choux en argent doré.

Long de 0m 40 sur une hauteur de 0m 44, ce beau reliquaire, acquis par le colonel Bourgeois lors de la vente du trésor de Bâle, était passé dans la galerie du prince Soltikoff (n° 176) avant d'entrer dans les collections de l'Hôtel de Cluny La conservation en est parfaite; toutes les parties d'architecture sont dorées; les toitures seules, couvertes d'imbrications, et les griffes qui le soutiennent sont en ton de vieil argent.

3127. — Grande châsse ossuaire en argent ciselé, gravé et doré par parties, provenant, comme la précédente, du trésor de Bâle, dispersé en 1836, ouvrage d'orfévrerie allemande de la fin du xve siecle.

Ce beau reliquaire, de forme allongée, qui offre la forme d'un édifice religieux surmonté d'une flèche à jour, repose, comme le précédent, sur quatre pieds flanqués de contre-forts et surmontés de clochetons élancés. Ses deux faces, en argent repoussé et doré, forment galerie à jour et supportent une toiture gravée qui soutient, à son centre, une belle flèche élancée travaillée à jour, s'appuyant sur dix piliers armés de contre-forts et dont l'exécution est très-remarquable

Les deux extrémités de la châsse, également ornées de clochetons et de crêtes habilement ciselées, s'ouvrent au moyen de portes sur lesquelles sont les figures gravées de deux saints personnages qui paraissent être saint Jacques et saint Barthélemy.

Ce reliquaire, qui n'a pas moins de 0m 52 de hauteur sur une largeur de 0m 40, provient, comme le précédent, de la collection du prince Soltikoff, vendue en 1861.

3128. — Croix grecque en cuivre gravé, et conservant encore quelques traces d'émail. — vie siècle.

Cette croix, qui est ornée de cinq clochetons en cristal de roche, et dont le revers est couvert d'ornements gravés en creux, a été trouvée dans les fondations du monastère de sainte Radegonde de Poitiers. Le cabochon central en cristal de roche était destiné, ainsi que l'indique sa position, à servir de monstrance et à recouvrir, suivant la tradition, un des morceaux de la vraie croix envoyé à sainte Radegonde par l'empereur Justin.

Les monnaies mérovingiennes de Poitiers et les deniers de Pépin et de ses fils Carloman et Charlemagne, frappés dans l'abbaye de Sainte-Croix de Poitiers, présentent une croix potencée à pied fiché, dont la forme rappelle exactement celle du monument décrit ci-dessus.

3129. — Grande croix de Lorraine à double transept, en cuivre doré, formant reliquaire, richement ornée de filigranes sur ses deux faces et de pierres fines montées en relief ; très-bel ouvrage de Limoges, exécuté au XIIIe siècle.

Cette grande et belle croix à double face porte de chaque côté huit petits reliquaires s'ouvrant à charnières, et dont les vantaux, montés en relief sur des portants à jour finement ciselés, sont, comme la croix elle-même, enrichis de filigranes et de pierreries. Un de ces vantaux fait exception : il est en bronze doré et gravé et présente à son centre une croix à jour fermée par une glace ; cette petite monstrance était sans doute destinée à renfermer un relique de la vraie croix.

Le nombre des pierreries de toute sorte qui décorent les deux faces de la croix, saphirs, grenats, perles fines, n'est pas moindre de cent soixante-cinq.

Sa hauteur est de 0m 55, et la largeur du bras principal de 0m 21.

La douille est en cuivre repoussé, gravé et doré, et présente six bossettes ornées de fleurons.

Cette belle croix faisait partie de la collection Soltikoff, dispersée en 1861 (no 108).

3130. — Grande crosse en filigrane doré, enrichie de pierreries sur les deux faces et de figures en bronze ciselé et doré, bel ouvrage d'orfévrerie française de Limoges, au XIVe siècle.

Le centre de la volute est occupé par un groupe représentant le Couronnement de la Vierge, et dont les figures assises ont près de 0m06 de hauteur; six autres figures placées sous des niches d'architecture gothique, séparées entre elles par des piliers à jour que surmontent des clochetons élancés, décorent le nœud de la crosse ; parmi ces figures on distingue celles de saint Paul et de saint Jacques. La longue douille qui rattache le nœud de la crosse à la hampe destinée à la supporter est également en filigrane doré enrichi de pierreries en relief. Le nombre des chatons qui ornent cette crosse est de soixante-seize.

La hampe, en cuivre repoussé et doré, est divisée en cinq parties réunies entre elles par des bagues en saillie ; elle est couverte d'un semis de fleurs de lys, disposées dans des losanges que séparent des treillis en relief. La hauteur de la crosse est de 0m40 ; la hauteur totale de 2m 10. Ce beau monument d'orfévrerie française provient également dela vente du cabinet Soltikoff (no 203), faite en 1861.

3131, — Crosse d'abbé, montée sur sa hampe, à semis de fleurs de lys, en argent massif, ciselé, fondu et doré, aux armes des Montmorency ; précieux ouvrage d'orfévrerie française de la première moitié du XVIe siècle.

Le centre de la volute représente l'abbé, la crosse en main, debout devant la sainte Vierge. Le nœud de la crosse porte six figures, celles de saint Pierre, saint Paul, saint André, saint Jean, saint Philippe et saint Jacques, exécutées en ronde bosse et en argent plein et doré ; chacune de ces figures, haute de 0m045, est debout, tenant en main ses attributs et placée sous une niche d'architecture encore gothique finement ciselée à jour. La crête est composée de feuillages également à jour, et au-dessous de chacune des figures, entre des nervures de style gothique surmontées de choux habilement fouillées et formant encorbellement, se trouvent six écussons d'armoiries dont trois émaillés et les autres gravés au trait. Parmi les premiers on distingue, deux fois répété, celui des Montmorency-Laval.

La douille qui rattache la crosse à son bâton porte également des traces d'émail bleu. Ce bâton, en argent repoussé et doré, semé dans toute sa longueur de fleurs de lys en relief, est composé de quatre sections rattachées entre elles par des bagues en saillie; les fleurs de lys sont disposées suivant des bandes en spirale, bandes séparées les unes des autres par des nervures en filigrane.

La hauteur de la crosse est de 0m 38, et la hauteur totale, hampe comprise, est de 1m 96 ; elle provient de la vente du cabinet Soltikoff (no 204).

3132. — Crosse d'abbé en bronze ciselé, gravé et doré, trouvée dans les fouilles faites, en 1859, à l'abbatiale de Bernay par M. Métayer Masselin, et donnée au Musée par la ville de Bernay. — XIVe siècle.

Cette crosse a été découverte avec sa hampe, également en bronze gravé et doré. Sa hauteur est de 0m 35. A l'intérieur de la volute, un personnage, en costume abbatial, se tient debout et porte dans sa main gauche un livre fermé ; une seconde figure était placée dans le même enroulement, mais sa trace seule existe. La crête de la crosse est formée de feuilles en même métal, et sa base est à six pans, dont chacun porte gravée en creux la figure d'un saint personnage. Chacune de ces figures, parmi lesquelles on distingue saint Pierre, saint Paul, saint Jean-Baptiste et saint Simon, est placée dans un encadrement d'architecture gothique, et les séparations sont formées par des contreforts en saillie.

La hampe de la crosse se divise en deux parties, formant ensemble une longueur de 1m 27. La partie supérieure, celle qui porte la douille dans laquelle se place la crosse, se subdivise elle-même en trois segments se reliant entre eux au moyen de bagues en bronze. La partie inférieure offre les mêmes dispositions, mais les segments sont plus allongés et ne sont qu'au nombre de deux ; son extrémité se termine par un sabot également en bronze doré. L'ensemble présente ainsi une hauteur totale de 1m 62.

3133. — Insigne processionnel en orfévrerie de cuivre battu, fondu, ciselé et orné de pierreries fausses. Il représente l'histoire du juif Jonathas et du miracle de la sainte hostie, et provient de l'ancienne chapelle située jadis à Paris au lieu où se trouve aujourd'hui le temple protestant des Billettes.

En 1290, une femme de Paris procura à un juif nommé Jonathas une hostie consacrée. Ce dernier, après l'avoir percée à coups de canif et en avoir vu couler le sang, après l'avoir jetée au feu et l'avoir vu voltiger dans les flammes, la mit dans une chaudière d'eau bouillante, qu'elle rougit sans en être altérée. Une indiscrétion du fils de Jonathas et la curiosité d'une voisine firent connaître cette tentative sacrilége. La voisine recueillit l'hostie et la porta au curé de Saint-Jean-en Grève. Jonathas fut arrêté par l'évêque de Paris, avoua son crime, fut brûlé vif, et sa maison rasée de fond en comble.

En 1294, une chapelle dite la Maison des miracles, et bâtie par Rainier Flamming, s'éleva sur le terrain de Jonathas. Guy de Joinville y fonda un monastère, agrandi en 1299 par Philippe le Bel. Clémence de Hongrie enrichit ce couvent, où *Dieu fut bouilli*, et en 1685 on lisait encore cette inscription : *Ci-dessous le juif fit bouillir la sainte hostie.*

L'insigne processionnel que possède l'Hôtel de Cluny, et qui faisait partie de la collection Soltikoff (no 185), provient de cette chapelle, devenue de nos jours l'église des Billettes. Il consiste en une sorte de monument en bronze ciselé et doré qui surmonte un long bâton de procession, incrusté de nacre et rehaussé d'ornements en cuivre repoussé. Le sujet principal, composé de trois figures, représente le miracle et la scène où le juif Jonathas, après avoir mis l'hostie dans une chaudière placée sur un brasier ardent, souffle et attise le feu, tandis que sa femme prend dans ses vêtements de nouveaux charbons qu'elle jette dans le foyer. De la chaudière en ébullition sort le Christ en croix dans une auréole de gloire. Le couronnement, dont la forme est celle d'une hotte de cheminée gothique, est supporté par deux montants que terminent des clochetons.

Cet insigne processionnel, destiné à rappeler au XIVe siècle le souvenir du miracle accompli, était porté en grande pompe dans les cérémonies de l'Église, afin d'en perpétuer la mémoire. La hauteur du monument, non compris le bâton, est de 0m 63, sur une largeur de 0m 27.

3134. — Grand fermail en argent doré et rehaussé d'émaux en taille d'épargne. Bel ouvrage allemand du XIVe siècle.

Ce magnifique bijou, dont la partie principale porte un grand aigle couronné, exécuté en ronde bosse, et dont le corps ainsi que les ailes sont enrichis de pierres fines, a la forme d'un carré allongé avec une bordure de croissants détachés à jour et ornés d'émaux en couleur.

L'aigle qui décore le centre du fermail est en argent doré ; il est vu de face, la tête tournée à gauche, les ailes éployées et les serres ouvertes. La couronne qui ceint le sommet de sa tête est surmontée d'une perle fine ; d'autres perles en forme de poire sont suspendues à son bec, à ses serres et à l'extrémité de sa queue ; son corps et ses ailes sont couverts de pierres fines, rubis, saphirs, hyacinthes et grenats cabochons.

Le fond sur lequel il repose, et qui a la forme d'un carré, est également en argent doré et gravé avec un cadre en saillie couvert de pierres et de perles fines montées en haut-relief. La bordure se compose de quatre grands arcs en forme de croissant, réunis entre eux par quatre autres de plus petite dimension ; ces croissants sont couverts d'émaux incrustés de diverses couleurs, et chacun d'eux porte à son centre un cabochon en cristal de roche recouvrant une sainte relique.

Le revers du fermail est orné de fleurons ciselés et porte les passants destinés à la fixer sur le vêtement.

Cette belle pièce d'orfévrerie, qui faisait partie du cabinet Debruge-Duménil (no 981) avant d'entrer dans la galerie Soltikoff (no 211) et d'être acquise pour les collections de l'Hôtel de Cluny, en 1861, a été gravée maintes fois et est regardée à juste titre comme un des plus précieux bijoux du XIVe siècle qui se soit conservé jusqu'à nos jours ; son diamètre est de 0m 19, et sa conservation est parfaite.

3135. — Fermail de châsse de forme analogue, avec brisure verticale en cuivre doré, enrichi d'émaux en taille d'épargne ; le sujet représente la Salutation angélique. Ouvrage italien du XIVe siècle. — D. 0m,15.

Ce bijou provient également du cabinet Soltikoff (n° 213).

3136. — Calvaire en orfévrerie de cuivre repoussé et doré; le Christ en croix entre Marie et saint Jean. Ouvrage de la fin du XIVe siècle.

Le fond est repoussé en forme de losanges, et la bordure est décorée de fleurons émaillés. Au revers se trouve une peinture d'attributs.

3137. — Le Prix de l'arbalète, pièce d'orfévrerie en argent repoussé, doré, ciselé et gravé, de la fin du XVe siècle.

Ce précieux objet consiste en une sorte de cartouche ayant la forme d'un écu échancré à senestre et décoré de rinceaux, sur lequel sont fixées deux statuettes en pied exécutées en ronde bosse et représentant, l'une, la Vierge portant l'Enfant Jésus, et l'autre saint Hermethus. Cette dernière figure est debout, en armes, tient dans la main droite l'étendard à la croix déployée, et dans la gauche l'écu au même signe ; le saint est couvert d'un manteau, la tête coiffée d'un bonnet à oreillons retroussés, et la ceinture armée d'un poignard.

Entre les deux figures court une banderole avec l'inscription en caractères gothiques : *Jesus, Maria, sanctus Hermetus.*

Les figurines sont debout, montées sur de petites consoles. La bordure du cartouche est garnie de riches enroulements et décorée de feuillages en haut relief travaillés à jour. — Une chaîne d'argent à larges chaînons carrés supporte la partie principale de ce beau bijou, et la rattache à une couronne en même métal richement travaillée à jour.

Au-dessous de l'écu, supporté par une petite chaîne, pend un pigeon en argent massif, ciselé et doré, et une petite arbalète finement ciselée termine le tout.

Les figures, ornements en relief, banderoles, sont dorés ; les têtes, les mains et les parties nues sont sans or. — Ce précieux bijou provient de a collection Louis Fould. Il a 0m 30

3138. — Nef en orfévrerie repoussée, dorée et émaillée, portant l'empereur Charles-Quint et les hauts dignitaires de la cour, grande pièce mécanique du XVIe siècle.

Cette nef, d'une dimension remarquable (long. 0m 70, haut. 1m 05), a la forme exacte d'un navire. La dunette est plus élevée que le pont, et c'est là que se trouvent groupés les principaux personnages.

L'empereur Charles-Quint, la tête ceinte de la couronne et tenant en main le sceptre et le globe, est assis sur un trône supporté par deux lions debout, et que surmonte un dais richement orné, aux armes de l'Empire. Les grands dignitaires, au nombre de dix, les uns, vêtus de longues robes garnies d'hermine, les autres couverts du tabar, et portant tous les insignes de leurs fonctions, défilent au pied du trône et, moyennant une roue d'engrenage qui fait mouvoir un ingénieux mécanisme, rentrent, à tour de rôle, dans la chambre de la dunette. A mesure qu'un de ces personnages passe devant lui, l'empereur incline la tête et agite le bras qui tient le sceptre.

L'accès de la dunette est défendu par deux gardes en armes. Une bande de musiciens, au nombre de douze, en costumes militaires, occupent les deux côtés du pont et font entendre des airs guerriers; sur l'avant du navire sont quatre gardes en armes. Sept matelots sont occupés à la manœuvre sur le pont et dans les hunes. Toutes ces figures sont en bronze doré et émaillé, et la plupart se meuvent par un mécanisme intérieur. L'empereur seul est en or, sans rehauts d'émail.

Le vaisseau est garni de ses trois mâts et de son beaupré; sa batterie porte de chaque bord quatre pièces d'artillerie qui prennent feu par le mouvement placé à l'intérieur. Une neuvième pièce sort de l'étrave et s'enflamme par un jeu ordinaire de fusil. Les sabords de la batterie, ouverts au-dessous de la dunette, aissent voir deux autres pièces qui s'allument comme les premières au moyen de boute-feu disposés à l'intérieur.

Sur le pont, un beau cadran d'horloge en argent, rehaussé d'émaux, indique les heures au moyen d'un mouvement intérieur exécuté avec une rare precision; au-dessus est placé un grand écusson portant les armes de l'Empire, qui se retrouvent également sur les flammes qui couronnent les mâts.

Le mât principal ou grand mât porte deux hunes superposées; celle intérieure supporte la grande vergue. Le gouvernail est tenu à l'arrière par une figure sortant d'une fenêtre en même temps que d'autres têtes regardent par tous es sabords de l'entre-pont que ne garnissent pas les pièces d'artillerie.

Ce curieux navire, qui n'est pas moins remarquable par sa parfaite exécution et les détails sans nombre qu'il présente que par l'étonnante précision d'un mécanisme assez compliqué pour faire mouvoir toutes les figures, faire jouer es bouches à feu, sonner les instruments de musique, orienter les vergues, etc., était destiné à figurer comme pièce principale de surtout sur une table d'apparat. Il est monté sur roulettes et le mécanisme qui met en mouvement tous les rouages intérieurs le fait avancer et reculer dans la direction qu'il convient de lui imprimer.

Ces pièces mécaniques étaient excessivement recherchées au XVIe siècle; leur prix était fort élevé, et elles faisaient presqu'exclusivement l'objet de dons entre souverains.

3139-3140. — La Résurrection du Christ et celle de la Vierge, deux panneaux en cuivre repoussé et doré, beau travail italien du XVIe siècle.

Le premier panneau présente neuf figures. Le Christ sort du tombeau, dont es anges soulevent le couvercle, et il apparaît dans les nuages tenant d'une main la banderole crucigère et de l'autre bénissant le monde. Les soldats endormis autour du sépulcre s'éveillent : l'un d'eux se relève épouvanté; un autre couvre de ses mains ses yeux éblouis; un troisième tire son épée du fourreau.

Dans le second panneau, la Vierge apparaît au milieu des nuages, entouree d'anges et de séraphins et la tête ceinte d'une auréole lumineuse. Les douze apôtres sont réunis autour du tombeau ouvert, les uns agenouillés et dans l'attitude de l'adoration, les autres debout et les mains levées au ciel vers la sublime apparition.

Ces deux belles plaques sont exécutées par les procédés du repoussé au marteau. Les détails des figures et des têtes sont traités avec une rare habileté. Le groupe des apôtres surtout et celui des gardes du sépulcre sont aussi remarquables par le style du dessin que par la beauté de l'exécution. Elles faisaient partie de la décoration de la chapelle de François Ier, à l'ancien Musée des Petits-Augustins, et ont été remises à l'Hôtel de Cluny, en 1861, par M. Duban, membre de l'Institut et architecte de l'Ecole des Beaux-Arts. — H. 0m 38. L. 0m 32.

3141. — Coffret du XIVe siècle, en cuivre repoussé, ciselé et gravé, décoré d'appliques portant des têtes de femme et des lions en repoussé; la poignée se termine par deux têtes de chimères. — L. 0m,155 sur 0m,11.

3142. — Calcédoine saphirine ; tête d'enfant de haut-relief, vue de face, pierre antique montée en or au XVe siècle. — On lit au revers l'inscription suivante, en lettres gothiques gravées en creux dans la monture : *Mart hanebo la donet.*

Ce beau bijou provient de la collection Louis Fould, dispersée en juin 1860. -- D. 0m 06.

3143. — Plaque en argent gravée et disposée pour recevoir un émail translucide : le Bon Pasteur. — XVe siècle.

Cette plaque a été trouvée dans la Seine, lors des travaux de démolition du Pont-au-Change, en 1859. — H. 0m 45. L. 0m 35
Donnée par M. A Forgeais.

3144. — Collier en bronze doré, décoré de caractères ciselés à jour, ouvrage de la fin du XVe siècle.

3145. — Bague en argent doré avec écusson et légende gravée en creux, trouvée dans la Seine lors de la démolition du Pont-au-Change en 1859.

L'écusson porte un poisson et la légende se lit SAN TIN. — Poids, 14 gr.
Donnée par M. Arthur Forgeais.

3146. — Bague en argent avec chaton en forme de cœur gravé, trouvée dans la Seine lors des mêmes travaux. — XVe siècle.

Donnée par M. Arthur Forgeais, 1859.

3147. — Bague en or gravé, portant une petite pierre taillée en pointe de diamant, et conservant quelques traces d'émail. Trouvée dans les mêmes fouilles. — Poids, 2 gr.

Donnée par M. A. Forgeais, 1859.

3148. — Anneau en argent doré, portant à l'intérieur des caractères du XVe siècle, trouvé dans la Seine, à Paris.

Cet anneau, du poids de 6 gr. 3 décig., était doré jadis. Il a été donné au Musée par M. A. Forgeais, en 1858.

3149. — Bague en or, surmontée d'une opale avec monture gravée, commencement du XVIe siècle. — Poids, 1 gr. 5 dg.

Ce bijou, trouvé dans la Seine, à Paris, a été donné au Musée par M. A. Forgeais en 1858.

3150 — Petite bague en or du XVIe siècle, trouvée dans la Seine, lors des travaux du Pont-au-Change, en 1859.

Le chaton porte une sphère gravée et jadis émaillée.

3151. — Bague en or, portant une perle fine, trouvée dans la Seine, en 1859, lors des travaux de démolition du Pont-au-Change. — XVIe siècle.

3152. — Bague en or guilloché, trouvée en 1859, dans la Seine, lors des travaux du Pont-au-Change. — XVIe siècle.

Le chaton présente quatre faces décorées d'émaux, et porte une pierre taillée à facettes.

3153. — Anneau en or ciselé, surmonté d'un chaton dont la pierre présente une figure dans le caractère gothique, trouvé dans la Seine, lors de la démolition du Pont-au-Change, en 1859.

3154. — Bague en or, à chaton carré orné d'un cabochon grenat, trouvée dans la Seine, à Paris. — Poids 3 g. 2 dg.

Toutes ces bagues, depuis le nº 3146, ont été données au Musée par M. A. Forgeais, en 1858 et 1859.

3155. — Pendeloque en cristal de roche, montée en or émaillé; la Nativité et l'Adoration des bergers, avec l'inscription : *Gloria tibi*, etc.

Ce petit bijou, haut de 0m 035, enrichi d'émaux sur or, d'une belle exécution, a été fait à Limoges au XVIe siècle.

3156. — Chapelet de bague, composé de dix boules en ambre de grosseurs différentes, et supportant une pendeloque formée d'un Calvaire à double face en bronze doré, avec monture en cristal de roche. Bijou du XVIe siècle, d'origine flamande.

3157. — Aiguière en bronze, ayant la forme d'un cheval chimérique. Bel ouvrage allemand du commencement du XVe siècle, provenant de la collection Soltikoff (nº 1004). — H. 0m 32, L. 0m 45.

3158. — Plat creux, en cuivre ciselé et gravé, couvert d'ornements dans le caractère mauresque. Ouvrage fait à Venise, au XVIe siècle.

3159. — Flambeau en cuivre gravé, couvert d'arabesques, et portant un écusson d'armoiries. Travail vénitien du XVIe siècle. H. 0m 12.

3160. — Agrafe d'escarcelle, en bronze ciselé, du XVIe siècle.

Donnée par M. le baron Feisthamel, 1856.

3161. — Miroir métallique, avec cadre en cuivre doré, décoré de mascarons et d'ornements repoussés au marteau. Ouvrage italien du XVIe siècle. — H. 0m 52, L. 0m 44.

3162. — Boucles de baudrier en forme de *passants*, fer damasquiné d'or et d'argent. Ouvrage italien du XVIe siècle.

Ces boucles sont au nombre de six. Trois d'entre elles sont doubles et ont 0m 16 de hauteur; deux autres, de forme analogue, sont plus petites, et la dernière enfin est simple, n'a qu'une seule branche et porte 0m 15 de longueur.

Données par M. l'abbé Caille des Mares, 1859.

3163. — Petit reliquaire en étain, ayant servi à la consécration de l'autel de la Sainte-Vierge, dans l'église de la Poitevinière, par Henry Arnauld, évêque d'Angers, en 1669, ainsi qu'en fait foi l'inscription gravée au revers du couvercle.

Donné par M. l'abbé Barbier de Montault, historiographe du diocèse d'Angers, 1860.

3164. — Cassolette en étain, destinée à contenir les saintes huiles, aux armes de l'empereur Charles-Quint.

Cet objet, pris dans le pillage de Saragosse, a été racheté par un officier et donné par lui à la mère de Mme d'Aucourt, qui en a fait don à l'Hôtel de Cluny.

3165. — Assiette en étain, décorée de médaillons en relief, figures équestres. Ouvrage allemand du XVIIe siècle.

Au centre, Ferdinand II, empereur d'Allemagne, couronné à Prague en 1616. Autour, les figures de Rodolphe Ier, de Hapsbourg, d'Albert Ier, de Frédéric III, Albert II, Frédéric IV, Maximilien Ier, Charles V, Ferdinand Ier, Maximilien II, Rodolphe II et Mathias Ier. — D. 0m 20.

3166. — Assiette en étain de travail analogue, décorée de médaillons équestres en relief, et présentant au centre la figure de Ferdinand III, empereur d'Allemagne en 1637, et dans la bordure celles des électeurs palatins.

Cette assiette porte le monogramme W. S. — D. 0m 20.

3167. — Poignard offert, en 1796, par la ville de Brescia au général Masséna.

Le manche est en écaille, à quatre faces, avec garniture en argent gravé sur les angles, au pommeau et à la garde. Cette dernière est également en argent, et présente à chacune de ses extrémités une tête de lion finement ciselée. La monture de la lame est en argent ciselé et porte les mots : *Frachetti Minelli*. La lame, tranchante sur ses quatre faces, est damasquinée d'or. Le fourreau, en écaille comme le manche du poignard, est entièrement garni en argent ciselé et gravé dans le caractère de l'époque de Louis XV.

Ce poignard, long de 0m 32, a été donné au Musée par M. le professeur Jules Cloquet, membre de l'Institut, qui le tenait de M. Moreau de Saint-Méry, dont le père l'avait reçu du maréchal Masséna.

3168. — Horloge gothique à tirage, avec cadran historié, rouages en fer, sonneries, etc. Ouvrage allemand de la fin du XVe siècle.

3169. — Montre de forme octogonale, en argent gravé,

avec boîte portant au couvercle le monogramme **BDM**. XVIe siècle.

3170. — Gnomon en forme de verre à pied de forme élancée, en argent doré en partie, décoré de gravures exécutées avec une grande finesse et présentant à l'intérieur un planisphère, et à l'extérieur d'élégants ornements du style de la Renaissance. Ouvrage de Nuremberg; XVIe siècle. Provient de la collection Soltikoff (171 *bis*).

3171. — Montre anglaise de Poterat (à Londres), en argent, montée sur rubis, avec cadran en argent. Règne de Louis XV.

La boîte d'enveloppe est en argent repoussé, rehaussé de pierres fines et de cailloux d'Alençon.

3172. — Montre anglaise de la même époque, de Quare, à Londres, boîte gravée et repercée à jour, avec cadran en argent.

3173. — Montre de Genève, signée *L.-F. de Chondens*, avec boîte en argent gravé et repercé à jour, à sonnerie de réveil. Règne de Louis XV.

VII. ARMES.

3174. — Targe allemande, bois recouvert en tissu peint, portant une herse noire sur fond d'or. — H. 1m 06, L. 0m 30. — XVe siècle.

3175. — Targe de même époque : Combat de David contre Goliath ; peinture par apprêt, sur toile. — H. 0m, 90. L. 0m 55.

3176. — Targe hongroise de même époque, décorée d'attributs, caractères et dessins en noir, sur fond d'or.

3177. — Targe hongroise de même époque, et décorée d'une manière analogue.

3178. — Targe allemande, de forme semi-circulaire, décorée de ronds noirs, rouges et verts, et relevée de clous formant baguettes à pointes de diamant, avec bordure peinte et décorée d'écussons. — H. 0m 90 — XVIe siècle.

3179. — Targe de forme analogue, d'argent, à cinq bandes de gueules, avec croissant d'argent sur le tout; la bordure ornée de dessins en couleurs. — H. 0m 90. — XVIe siècle.

3180. — Targe de même époque, de même forme et d'une décoration analogue, ornements et dessins de couleurs sur fond peint.

3181. — Petite targe du XVIe siècle, de forme carrée, à bords relevés, décorée de peintures sur apprêt ; au centre, la croix de chevalier de Malte. — XVe siècle.

3182. — Targe en fer couverte de velours rouge avec figures en bronze doré, à l'écu de France écartelé d'Angleterre.

3183. — Arbalète montée, avec incrustations d'ivoire gravé. Arme du XVIe siècle, d'origine suisse, munie de son cranequin en fer.

3184. — Boîte à carreaux, peinte et décorée de sujets à figures, renfermant la série des carreaux et les ustensiles nécessaires au montage des arbalètes. — XVIe siècle.

(Cette boîte appartenait à l'arme décrite au n° précédent.)
Ces deux objets ont été donnés par M. le colonel Theubet.

3185. — Lame des fabriques de Tolède, aux marques des *Chiens courants* et à la date de 1590.

Donnée par M. le capitaine Petit, 1855.

3186. — Dosseret de hausse-col en cuivre repoussé et doré, divisé en sept motifs, dont quatre décorés de figures et trois de trophées de guerre. Ouvrage italien du XVIe siècle.

Ce dosseret est celui d'un hausse-col existant déjà au Musée sous le numéro 1441.

3187. — Hache d'armes orientale, en fer damasquiné d'argent, montée sur manche en argent gravé, repoussé et doré, semé d'un cloutis d'argent doré et de coraux sertis en relief; poignée garnie en chagrin.

Rapportée de Constantinople, en 1835, par M. le professeur Jules Cloquet, et donnée par lui au Musée, en 1860.

3188. — Poignard marocain, à lame courbe avec manche en bois garni en cuivre incrusté et damasquiné d'argent. Le fourreau en cuivre, gravé et incrusté d'argent, porte deux bélières à jour, dans lesquelles se fixent de grands anneaux en cuivre.

Donné par M. le professeur Jules Cloquet, membre de l'Institut, 1860.

3189. — Petite pièce de canon en bronze, à huit pans, trouvée dans la Seine, lors des fouilles du Pont-au-Change. — L. 0m 30. — XVIIe siècle.

Donnée par M. A. Forgeais.

3190. — Grande épée suisse à deux mains, à lame flamboyante.

3191. — Grande épée à deux mains, d'origine suisse, avec poignée en velours.

Ces deux épées ont été données au Musée par M. Alfred Say, en 1858.

3192. — Poignard avec pommeau et garde repercée à jour. XVIe siècle (fourreau moderne).

Donné par M. Alfred Say, 1858.

3193. — Pertuisane trouvée dans les canaux du château d'Husson, commune d'Echebrune, près Saintes, avec sa monture ancienne.

Donnée par M. le capitaine Petit, commissaire central à Angoulême, 1857.

3194. — Fusil arabe, décoré de pièces en argent ciselé et richement incrusté de coraux, rapporté de la Smalah de l'émir Abd-el-Kader, par Mgr le duc d'Aumale. — L. 1m 80.

Donné au Musée par Mme la comtesse de Sainte-Aldegonde, en 1857.

3195. — Fusil du Rif, côte du Maroc, avec long canon en fer gravé, portant une marque de fabrique ; système à pierre et à bassinet mobile ; crosse en bois noir ; la garniture est en cuivre estampé pour les capucines et gravé pour la sous-garde. — H. 1m 75.

Donné par M. le professeur Jules Cloquet, membre de l'Institut, 1860.

VIII. SERRURERIE.

3196. — Grand chandelier en fer forgé, travaillé à jour, gravé et repoussé, portant trois couronnes de lumière et monté sur un pied élevé dont la base est surmontée de trois griffes ouvertes. Ouvrage français du commencement du XIVe siècle.

3197. — Grand verrou gothique en fer forgé, découpé et gravé ; la tige porte la légende : *Ave Maria, gratia plena.* XVe siècle. — L. 0m 50.

3198. — Panneau de grille en fer forgé et articulé en forme de réseau mobile. — Ouvrage italien du XVe siècle.

Cette grille, curieux et rare spécimen d'un genre de fabrication en honneur dans le nord de l'Italie au XVe siècle, est d'un travail analogue à celle du monument des Scaliger de Vérone : elle provient de la même localité.

3199. — Crémaillère de cheminée en fer forgé. — Ouvrage du XVe siècle.

3200. — Cadenas gothique en fer, de forme sphérique, trouvé dans les travaux du Pont-au-Change en 1859, et donné au Musée par M. Bernard. — D. 0m 06.

3201. — Verrou en fer repoussé aux armes de Henri II, roi de France. — XVIe siècle. — H. 0m 15.

3202. — Verrou en fer repoussé, aux armes de Henri IV, roi de France; provient du château de Pau; — XVII siècle. — H. 0m 12.

3203. — Coffret en bois, couvert en peau et cerclé de bandelettes de fer, avec serrure en fer ouvré. — Fin du XIVe siècle.

A l'intérieur une image gravée sur bois et coloriée, à la date de 1386, représentant l'Apparition de la Vierge. — Longueur du coffret, 0m 33. Donné par M. le docteur Puech, de Narbonne, 1861.

3204. — Plaque ovale en fer repoussé, de la même époque, représentant un cavalier. De chaque côté de la tête, est une étoile également en repoussé. — H. 0m 24.

Donné par M. le docteur Puech, de Narbonne.

3205. — Grand coffre en fer, avec serrure richement ouvragée à l'intérieur, et rehaussée de gravures au trait; l'extérieur est bardé de doubles lames avec poignées; ouverture à secret et double attache à pattes. — XVIe siècle. — Long. 1m. Larg. 0m 52.

3206. — Support en fer forgé, sorte de trépied en fer tors, orné de mascarons chimériques. — Ouvrage de serrurerie gothique du XVe siècle.

3207. — Trépied en fer forgé, destiné à supporter un bassin; ornementation composée d'enroulements avec fleurons. — Ouvrage vénitien du XVIe siècle. — H. 0m 80.

3208. — Support d'applique en fer forgé, destiné à supporter un pot à feu. — Ferronnerie italienne du XVIe siècle.

3209. — Lustre à six branches en fer forgé et repoussé, décoré d'écussons, de fleurs de lys et de rinceaux habilement repoussés. Ouvrage remarquable de serrurerie du XVIIe siècle.

3210. — Pupitre en fer ouvragé avec porte-flambeau et attache de livre; monté sur pied en bois et support avec tablettes. — XVIIe siècle.

3211. — Réchaud en fer, porté sur trois pieds et monté sur tige. — Ouvrage flamand du XVIe siècle. — H. 0m 53.

3212. — Gril tournant en fer forgé, décoré de rosaces et de fleurons, aux marques L. O. B. — Ouvrage flamand du XVIIe siècle. — L. 0m 81.

3213. — Fourche de cuisine en fer forgé, à enroulements; le milieu en forme de cœur. — Ustensile flamand du XVIIe siècle. — L. 0m 42.

3214. — Fourchette de cuisine de grande dimension, incrustations de cuivre gravé sur fer poli. — Ustensile flamand du XVIIe siècle. — L. 0m 45.

3215. — Fer à oublies, d'origine flamande, avec sujets gravés à figures : Joseph et la femme de Putiphar. Date de 1762. — L. 0m 21.

3216. — Bassinoire de lit en cuivre repoussé et repercé à jour, monté sur manche en corne et portant au centre une grande fleur de lys en relief. — Ouvrage flamand du temps de Louis XIII.

3217. — Chaufferette en cuivre repoussé, gravé et repercé à jour, avec le nom de la propriétaire : *Suzanna Marie Hamelynck*, et la date 1734. — Ustensile flamand. — H. 0m 17.

3218. — Clé antique en fer forgé, trouvée à Langres; le manche est en fer carré percé d'un trou, les gardes sont repercées à jour.

Donnée par M. Pierre Thirion, 1857.

3219. — Clé antique en bronze. — L. 0m 09.

Donnée par M. Pierre Haller, 2859.

3220. — Clé en fer forgé du XVe siècle, trouvée au lieu dit *le Cimetière des templiers rouges*, dans la plaine de Vaumoise, département de l'Oise.

Donnée par M. le baron Feisthamel.

3221. — Clé en fer forgé de style gothique, trouvée à Poissy, dans le cours de la Seine. — XVe siècle.

Donnée par M. Minel, à Paris, 1857.

3222. — Clé en fer doré, du XVe siècle, trouvée en 1820 dans une petite tour du château de Pau détruite plus tard, en 1836. — L. 0m 11.

3223-3224. — Clés trouvées dans les ruines du château de Chavagnac (Dordogne). — XVIe siècle.

La première a 0m 14 de longueur, et son anneau est travaillé à jour. La seconde est longue de 0m 11, et l'anneau est façonné en forme de double S. Données par M. Alexandre de Bosredon.

3225. — Clé en fer forgé, montée sur poignée en cuivre, trouvée dans la plaine de Vaumoise, département de l'Oise. XVIIe siècle.

Donnée par M. le baron Feisthamel.

3226. — Clé de coffret, en fer ciselé et repercé à jour, provenant du château de Pau. — XVIIe siècle. — L. 0m 07.

3227. — Clé en fer poli, portant le chiffre couronné du roi Louis XVI. L'anneau est fermé et présente un double cadran, l'un aux divisions des heures, l'autre à celles des minutes.

Cette clé a été donnée par le roi à M. le marquis d'Herbouville, et offerte au Musée par M. Roger en 1857.

3228. — Grande serrure en fer ouvragé ; pièce de maîtrise de la première moitié du siècle dernier, donnée au Musée par M. Adolphe Schneider, de Villeneuve-Saint-Georges, 1860.

3229. — Fer à pains d'autel, en forme de gaufrier. — XVIe siècle.

Sur la face intérieure sont quatre gravures en creux, de dimensions différentes, représentant les monogrammes et attributs du Christ. Cet objet a été trouvé dans le département de la Sarthe, et donné au Musée par M. Buon, archiviste à Paris, 1856.

3230. — Corselet en fer ouvragé, avec jours, charnières et fermoirs, travail du commencement du XVIe siècle, d'origine flamande.

3231. — Poêle ancien en fonte de fer, décoré de mascarons en relief et provenant du château de Férussac, près Pémirol. — XVIIe siècle.

3232. — Fonts baptismaux en métal de cloche, provenant de l'ancienne église de Bardewick, près Hambourg. — XVe siècle.

La cuve, ornée de sujets en relief, d'écussons, d'armoiries et d'attributs, est supportée par des figures en ronde bosse placées debout sur un socle en même métal.

3233. — Grande mine ou mesure en métal de cloche du château de Milly (Seine-et-Marne), faite par Roger d'Amiens et sur l'ordre des bourgeois de Milly, pour leur seigneur Guillaume de Milly. — XVe siècle.

La mine est décorée, dans sa partie extérieure, d'une arcature en plein cintre et de fleurs de lys en relief. Au-dessus on lit l'inscription suivante : ROGIER DE AMIENS ME FECIT. *Lborgeois mô seigneur Guill. de Milli ount fete feire ceste mine bone et belle p. so gré.*

3234. — Moule à pâte, en fer gravé en creux; au centre, un écusson d'armoirie avec légende; aux angles des fleurs de lys. — L 0m 22.

3235. — Moule semblable destiné à servir de contre-partie au précédent; au centre un entrelac formant couronne; aux angles des fleurs de lys. — XVe siècle.

3236. — Grande plaque de cheminée du temps de Henri IV, en fonte de fer, aux chiffres et attributs du roi.

Cette belle plaque a été trouvée à la Charité-sur-Loire, département de la Nièvre.

3237. — Mobilier du château d'Effiat. — Chambre du maréchal.

Grande plaque de cheminée aux armes du maréchal d'Effiat, Antoine Ruzé Coiffier, marquis d'Effiat. — Epoque de Louis XIII.

3238. — Paire de chenets en fer fondu, de la fin du XIVe siècle, représentant un lion et une lionne.

3239. — Paire de grands chenets dits landiers, en fer forgé. — XVe siècle.

La base des landiers est de forme ogivale et supporte un écusson d'armoiries au-dessus duquel un hommes d'armes, le pot en tête et équipé de toutes pièces, se tient prêt, la pertuisane en main. — H. 1m.

3240. — Chenets en fer représentant chacun une figure de femme supportant un écusson d'armoiries en relief ; — XVe siècle. — H. 0m 50.

Donnés par M. Rossignol, de Villeneuve-la-Guyard.

3241. — Paire de chenets en cuivre, avec mascarons en relief, boules, etc. — Règne de Louis XIII.

3242. — Paire de chenets en cuivre d'époque analogue, avec boules aplaties, mascarons, etc.

3243. — Aiguière de crémaillère en cuivre poli, à deux becs, avec anse et anneau, ustensile de ménage de la fin du XVe siècle.

3244. — Sonnette en bronze décorée de sujets en relief : la Salutation Angélique, avec la légende *Petrus Cheineus me fecit*, 1574, et un écusson d'armoiries ; en haut l'inscription *Lof. got. van. al.* — XVIe siècle. — H. 0m 12.

IX. TAPISSERIE. TISSUS.

3245. — Tapisserie de haute lisse, fabriquée à Bruges et représentant dame Arithmétique sous les traits d'une femme enseignant le calcul à des clercs placés à ses côtés.

Une femme, en riche costume du temps de Louis XII, occupe le milieu du sujet; elle se tient debout près d'un bahut que recouvre un tapis; sa main droite compte des jetons ou pièces de monnaie, et la gauche repose sur les feuillets d'un livre ouvert dont elle semble indiquer certains passages à un personnage assis sur un escabeau, et dont l'attention se concentre sur le calcul dont il suit la démonstration. — Cette femme, l'inscription placée devant elle l'indique, est dame Arithmétique, et elle enseigne les règles du calcul à des seigneurs et clercs placés à ses côtés. Derrière elle, ou plutôt à sa gauche, et parmi ses auditeurs, il en est un qui tient en main un petit arc à la corde duquel sont suspendus des bâtonnets de longueurs inégales, et dont le but paraît être de faciliter l'opération des calculs élémentaires par leur séparation ou leur rapprochement le long de la corde.

Au bas du sujet se lit l'inscription : *Monstrat ars numeri que virtus possit habere. — Explico per numerum que sit proportio rerum.* — A droite, sur le pilastre d'encadrement, on trouve le nom de l'auteur, David fecit (*David F.*).

Cette tapisserie remonte au règne de Louis XII et a été exécutée, soit à Arras, soit à Bruges, et plus vraisemblablement dans cette dernière ville, s'il faut prendre pour marque de fabrique la lettre B, disposée à l'envers, que l'on retrouve au milieu de la guirlande qui surmonte le tableau. — Haut. 3m 03; larg. 2m 85.

3246. 3247. 3248. — Tapisseries de Flandre, sujets à figures, représentant les batailles de la guerre des protestants.

Bataille de Saint-Denis, livrée en 1567; mort du connétable Anne de Montmorency (no 3246).

Légende :

Après avoir sept fois embrassé la victoire,
Ce grand chef meurt ici avec beaucoup d'honneur;
Juge, si le vaincu méritoit tant de gloire,
Combien on doit priser la gloire du vainqueur!

En haut, une autre légende :

Hélas! c'étoit assez d'avoir, aux champs Druides,
Veu couler notre sang pour la première fois,
Sans qu'encor Saint-Denys vît ses fers homicides
Tirés contre la France en la main des Fràçois.

Bataille de Jarnac, livrée en 1569; mort du prince de Condé (no 3247).

Pour la foy, pour mon Roy, pour ma chère patrie,
J'entre dans le combat et j'y finis ma vie.

Puis :

Jarnac, tu vois ici des bandes amassées,
Qui pourroient à la France ôter tous ses malheurs,
Si, au lieu du discord qui règne en leurs pensées,
La concorde et la paix habitoient en leurs cœurs.

Bataille de Jarnac, 2e partie (no 3248).

Légende :

D'un feu saint et divin ayant son ame esprise,
Ce grand prince eust esté des chrestiens le recours,
Si, lorsqu'il a lumait le flambeau de l'Eglise,
Le malheur n'eust estaint le flambeau de ses jours.

En haut, une autre légende :

Voici les coups mortels. La rage et la furie
De deux camps animés par un contraire effort,
Où ceux qui se devront secourir en leur vie,
Ce sont ceux maintenant qui se donnent la mort.

Au-dessous du sujet principal, dans chacune de ces tentures, règne une légende explicative des personnages représentés dans la tapisserie, du mouvement des compagnies et des faits qui sont l'objet de la reproduction. — Haut 3m 36 ; larg 5m 30.

Ces trois tapisseries étaient conservées à Toulouse et semblent avoir été faites par ordre du sire de Fontarailhes dont les armes se trouvent frequemment reproduites dans les bordures d'encadrement, et dont la compagnie occupe une place importante dans les combats.

3249. — Tête de saint Pierre ; fragment d'une des douze tapisseries de l'église Saint-Merri, faites par Dubourg, en 1594, d'après les dessins de Lerambert, à l'hôpital de la Trinité, dans la salle occupée jadis par les confrères de la Passion.

Dubourg était Parisien et enfant de la Trinité, comme dit Sauval, page 505, livre IX. Ses tapisseries de saint Merri firent si grand bruit en leur temps, que Henri IV voulut les voir, et que, les ayant vues, il les trouva si à son gré, qu'il résolut de rétablir à Paris les manufactures de tapisseries que les désordres des règnes précédents avaient abolies. Ce fut alors qu'il fit venir à Fontainebleau Dubourg et Laurent (v. Sauval). — Les cartons de saint Merri, dus à Lerambert, appartinrent à l'église jusqu'à la révolution ; ils furent, à cette époque, donnés à la bibliothèque du roi, où ils sont encore au cabinet des estampes. Quant aux tapisseries, qui avaient treize pieds de hauteur sur vingt de largeur, la dernière existait encore en 1832, mais dans un état déplorable ; on s'en servait pour boucher les trous faits aux fenêtres par la grêle ou le vent, en attendant les réparations. Les onze autres étaient tellement mutilées que c'est à peine si quelques débris ont pu être conservés ; la tête de saint Pierre est de ce nombre ; elle a été recueillie par M. Jubinal, député au corps législatif, qui l'a donnée au Musée en 1861.

3250. — Grand tapis brodé en soie, au petit point, à rosaces et bâtons rompus formant entrelacs de couleurs sur fond jaune, avec bordures d'arabesques et d'oiseaux. Beau travail du XVIe siècle, fait à la main, et d'une parfaite conservation.

3251. — Grande pièce de broderie, au point, en soie de couleur, rinceaux et fleurs sur fond quadrillé et chevronné. — Fin du XVIe siècle.

3252. — Tapis de table, brodé en laine au point carré ; au centre les armes d'Espagne supportées par deux lions, et la devise : *n'espoir ne crainte*, et la date 1568, sur un fond couvert d'entrelacs et d'arabesques en couleurs, avec bordure de même sorte. — L. 2m. H. 1m20.

3253. — Tapis brodé en soie d'or sur fond de drap, couvert d'écussons armoriés.

Provenant du trésor de Basle. — Donné par M. le colonel Theubet.

3254. — Grande pente en étoffe de soie, brodée au crochet, à figures, sujets tirés de l'histoire de l'Ancien Testament, aux armes de la famille des Zollikoffer, de Zurich, et de F. Payer de Flach. Travail allemand, à la date de 1574.

Interprétation *littérale* des légendes qui accompagnent chacun des sujets.

1. Abraham envoya un messager auprès de Laban, — au pays des Assyriens, — pour donner une épouse à Isaac, — qui fût de sa propre tribu.

2. Joseph craignait Dieu à toute heure. — voilà pourquoi Dieu lui fit connaître — qu'il dût revêtir les insignes d'Aaron, — et devenir le chef de sa famille.

3. Tâchant de deviner à cette heure, — sans perdre de temps et sans défaut, — lequel de ces enfants peut être un garçon, — lequel peut être une fille.

4. Salomon demanda à Dieu la sagesse, — laquelle Dieu lui accorda, — et lui donna une grande prudence — durant toute sa vie.

5. Tâchant de deviner en grande diligence, — lequel de ces lys blancs — a été fait de main d'homme, — ou produit par la terre?

6. Dieu frappa Tobie de cécité, — et par là il le corrigea de l'impatience.— Il resta toujours fermement attaché à Dieu, — et Dieu lui envoya finalement beaucoup de bien-être.

3255. — Lambrequins et pentes en tapisserie, exécutés au point carré, provenant d'une tenture de l'époque du règne de Louis XIII.

3256. — Tissu de soie, figures sur fond rouge; combats d'hommes et de lions. Fragment très-remarquable, dont la fabrication remonte au VIIIe ou IXe siècle.

3257. — Tissu remontant au commencement du XIe siècle; il provient d'une ancienne dalmatique portée par Henri II, empereur, dans les grandes fêtes de la cathédrale de Bamberg, fondée par lui.

L'ornementation consiste en médaillons, figures d'animaux chimériques et rinceaux.

3258. — Tissu en fil d'or, couvert d'ornements et d'animaux chimériques disposés par médaillons, avec bordure courante. Ouvrage du XIIe siècle, d'une fabrication remarquable. — 0m 20 sur 0m 05.

3259. — Etoffe d'un travail analogue, fond tissé d'or, avec

médaillons présentant un aigle et un lion en soies de couleurs ; XIIe siècle. — 0m 24 sur 0m 06.

3260. — Pièce de broderie sur lin, en soies de couleur, exécutée au XIe siècle par la comtesse Ghisla, femme de Guifred, comte de Cerdagne, pour l'abbaye de Saint-Martin du Canigou, fondée par ce prince.

3261. — Tissu de lin, brodé en soies de couleur, provenant de l'abbaye de Saint-Martin du Canigou, et reproduisant des caractères arabes. — L. 0m 60.

Ces deux précieuses broderies ont été données au Musée par M. Achille Jubinal, député au Corps législatif, 1860.

3262. — Pièce de broderie de travail italien, représentant saint Jean l'Evangéliste, ouvrage d'une grande rareté, remontant au XIIe siècle. Le saint est debout, sous un portique d'architecture en plein-cintre ; sa tête est nimbée et il tient en mains le livre des Evangiles. — H. 0m 70. L. 0m 23.

3263. — Tissu du XIIe siècle, bleu et or quadrillé, avec étoiles et rosaces alternées. Ce tissu renfermait des reliques et a été fabriqué en Orient.

3264. — Tissu fait à Constantinople au XIIe siècle, et ayant servi à envelopper, au temps des croisades, les reliques d'outremer rapportées à Cologne.

3265. — Tissu or et soie, d'origine orientale, décoré d'entrelacs et de motifs analogues. — XIIe siècle.

3266. — Tissu de fabrication orientale, arabesques et entrelacs en or sur fond de soie. — XIIe siècle.

3267. — Broderie en or, dit or de Chypre, sur fond de soie, représentant un des évangélistes et fabriquée au XIIe siècle.

3268. — Tissu de lin, décoré d'arabesques et d'oiseaux exécutés par les procédés d'impression sur étoffe à la planche, pièce rare et curieuse, dont la fabrication remonte au XIIIe siècle.

3269. — Tissu de soie à deux faces, exécuté soit en Sicile, soit en Espagne, par la main des Sarrasins. Ouvrage du XIIIe siècle, formant un damier dont les cases sont décorées d'animaux chimériques et d'ornements divers.

3270. — Tissu de soie d'origine sarrasine, fabriqué en Sicile et probablement à Palerme, au XIIIe siècle, et décoré de médaillons et de perroquets en couleurs.

3271. — Tissu de soie, industrie sarrasine des fabriques de Sicile à la fin du XIIIe siècle. La bordure la plus large présente des chiens et des cygnes comme motif principal d'ornementation.

3272. — Tissu fabriqué dans le nord de l'Italie, au XIIIe siècle, semé de fleurs de lys.

3273. — Broderie d'or, aux lys de France, sur fond de soie bleue. Ouvrage du XIIIe siècle, d'origine italienne.

3274. — Tissu de soie relevé d'or, dit *drap de Lucques*, exécuté au temps du roi saint Louis, et décoré de lions chimériques et de fleurs de lys. — XIIIe siècle.

3275. — Tissu de soie d'origine orientale et peut-être de fabrication égyptienne, orné de lettres, d'entrelacs et d'ornements courants à double face.

3276. — Tissu de soie d'origine espagnole, décoré de figures d'animaux, parmi lesquels on remarque des perroquets relevés d'or sur fond blanc. Ouvrage du XIIIe siècle.

3277. — Tissu de soie d'origine sarrasine, fabriqué à Palerme au XIVe siècle ; figures de femmes relevées d'or, lions et palmiers.

3278. — Tissu de soie couvert d'arabesques et d'animaux, chiens, etc., etc., avec bordure ornée de médaillons et d'inscriptions dans le caractère arabe. Ouvrage de l'industrie sarrasine, du XIIIe au XIV siècle.

3279. — Tissu brodé, fragment d'orfroi, provenant d'une chape faite à Cologne à la fin du XIVe siècle, et représentant deux des apôtres dans des encadrements à nervures.

3280. — Tissu soie et or, du XIVe siècle, décoré de médaillons et d'animaux chimériques, et rappelant pour le dessin les anciennes étoffes de la Chine.

3281. — Tissu de soie, de fabrication italienne : Séraphins en adoration, sur un fond constellé d'étoiles. Ouvrage du XIVe siècle.

3282. — Tissu de soie, du commencement du XIVe siècle, fabriqué à Lucques et décoré de cerfs et d'alérions relevés d'or, sur fond d'arabesques, orné d'oiseaux et de chiens.

3283. — Tissu brodé à chevrons, fabriqué à Cologne, et provenant d'une ancienne étole. Ouvrage du XIVe siècle.

3284. — Tissu de soie décoré de bouquets et d'oiseaux, imitation de l'industrie sarrasine, faite en Italie au commencement du xve siècle.

3285. — Tissu de soie et d'or, bande décorée d'écussons d'armoiries. Ouvrage du commencement du xve siècle.

3286. — Tissu brodé en lin, soie et or : Sainte Catherine et saint André. — xve siècle.

3287. — Tissu de même sorte et de même époque, sans broderie, aux noms de *Jhesus* et de *Maria.*

3288. — Tissu de même époque et de fabrication analogue, bleu et rouge, avec bandes quadrillées portant les noms de Jésus et de Marie.

3289. — Tissu de même sorte et du même temps, avec fleurs et arbustes, et les noms de *Jhesus* et de *Maria.*

3290. — Tissu de soie et d'or; bande provenant d'une ancienne dalmatique, industrie des tisserands de Cologne au commencement du xve siècle.

3291. — Tissu de soie, décoré de rosaces sur fond rouge; bande provenant d'un ancien ornement sacerdotal fabriqué à Cologne par la confrérie des tisserands, au xve siècle.

3292. — Broderie en soies de couleurs et en or sur fond de laine rouge, provenant d'une ancienne chasuble; fabrique de Cologne au xve siècle.

3293. — Broderie, soie et or sur fond de soie à nervures rehaussées de fleurs; bande montée sur tissu de toile bleue. Ouvrage allemand du xve siècle.

3294. — Broderie sur toile en soies de couleurs; bande décorée de rinceaux, fleurs et feuillages. Ouvrage allemand du xve siècle.

3295. — Tissu de soie, fragment d'une grande finesse d'exécution. — xve siècle.

3296. — Fragment d'une ancienne chasuble, tissu de soie fabriqué en Flandre au xve siècle.

3297. — Tissu d'or et de soie; fragment d'un voile de fabrication florentine du xve siècle; figures de séraphins, tissées en or sur fond de soie bleue, reproduction de l'hymne « Ecce panis angelorum. »

3298. — Tissu de soie relevé d'or, à deux faces, ton sur ton, orné de médaillons, de feuillages et d'oiseaux. Fabrication italienne du xve siècle.

3299. — Tissu de soie; ornements rouges sur fond de soie couleur d'or. Travail italien de la fin du xve siècle.

3300. — Damas de soie rouge relevé d'or, médaillons encadrés. Ouvrage italien de la fin du xve siècle.

3301. — Tissu de soie, décoré de médaillons, de fleurs et d'oiseaux en couleurs. Fin du xve siècle.

3302. — Tissu de soie à deux faces ; médaillons avec encadrements de style arabe sur fond de soie or ; fin du xve siècle.

3303. — Damas de soie à grands dessins ; médaillons, branchages et feuilles de chêne. Ouvrage vénitien de la fin du xve siècle.

3304. — Tissu de soie, velours et or ; fragment d'une chasuble relevée de fleurons d'or sur fond de velours rouge. Ouvrage italien du xve siècle.

3305. — Tissu de même nature, dit drap d'or velouté, fabriqué à Venise au xve siècle ; médaillons et bouquets ; velours en relief sur fond de soie or.

3306. — Tissu de fil, grande pièce en deux tons, décorée d'animaux chimériques, lions et oiseaux accouplés. Ouvrage antérieur au xve siècle.

3307. — Damas de soie, tissu ton sur ton, à grands dessins, médaillons, fleurs et encadrements. Ouvrage italien du xve siècle.

3308. — Tissu de soie et or, décoré de médaillons, fleurs et bouquets en or sur fond de soie. Fabrication italienne du xve siècle.

3309. — Tissu demi-soie ; palmes et palmettes en couleur, sur fond de soie rouge lamé d'argent. Ouvrage italien du xvie siècle.

3310. — Tissu de velours de soie; fleurons et bouquets en noir, sur fond de velours noir bouclé. Fabrication italienne. — xve siècle.

3311. — Tissu de velours de soie d'un travail analogue, médaillons en velours noir bouclé, sur fond de velours noir uni. Même origine et même époque.

3312. — Tissu de soie, damas à deux faces, ton sur ton, décoré de grands bouquets et de médaillons encadrés et reliés ensemble. Ouvrage italien du xvie siècle.

3313. — Tissu de soie, damas clair à dessins en relief, grands médaillons surmontés de couronnes fleurdelysées, bouquets, fleurons, torsades et feuillages. Fabrication vénitienne du xvie siècle.

3314. — Tissu de soie à bandes de couleurs, décorées de fleurs et d'ornements. Travail du xvie siècle.

3315. — Tissu demi-soie de forte épaisseur; pièce provenant d'une chasuble ; grands médaillons et beaux dessins avec encadrements et bordures en soie sur fond de soie or. Ouvrage italien du commencement du xvie siècle.

3316. — Tissu de soie présentant dans sa largeur dix-huit perroquets accouplés en couleur. Ouvrage antérieur au xvie siècle.

3317. — Tissu de soie, à fleurons et ornements courants en or, sur fond de soie jaune. — xvie siècle.

3318. — Bonnet de l'empereur Charles-Quint, provenant du trésor des princes-évêques de Bâle.

Ce bonnet, en fine toile de lin brodée à jour et portant en relief les armes impériales, était conservé au Trésor de Basle, comme ayant appartenu à l'empereur Charles-Quint. L'inscription sur parchemin qui l'accompagne est ainsi conçue : *Gorro que perteneccio à Carlos Quinto emperad. Guardalo Hijo mio es memoria de Juhan de Garnica.* (*Bonnet qui appartenait à Charles-Quint, empereur,* « *Garde-le, mon fils, en souvenir de Jean de Garnica*). » Jean de Garnica était trésorier de Philippe II en 1576.

Ce bonnet, destiné à être placé sous la couronne, était conservé jadis dans le trésor de Basle et n'en est sorti qu'au moment de la vente publique, faite le 23 mars 1836 à Liestal.

3319. — Couverture de mule, brodée argent et laiton sur fond de toile bleue recouverte primitivement en soie. Fin du xvie siècle.

Donnée par M. Mérimée, sénateur, inspecteur général des monuments historiques, 1858.

3320. — Fragment d'une décoration de lit; garniture brodée en blanc sur fond de soie jaune, figures chimériques et ornements. — Règne de Louis XIII.

Donné par M. Courmont, inspecteur général adjoint des monuments historiques, 1856.

3321. — Etoffes en velours de relief, du temps de Louis XIII, provenant d'anciens ornements sacerdotaux.

3322. — Ornement sacerdotal de l'époque de Louis XIII. — Chasuble, étole, manipule, voile du calice, broderie argent et or sur fond de soie.

3323. — Etendard de Bourgogne, du XVe siècle, trouvé en 1860 sous les planchers des voûtes de Notre-Dame de Paris, bas côté nord, et donné au Musée par M. Viollet-Leduc, architecte de la cathédrale.

3324. — Etendard d'origine italienne, avec écusson peint et doré sur fond de soie, à la devise *Libertas*, d'origine lucquoise.

3325. — Etendard de même origine, aux mêmes couleurs, et portant la même devise.

3326. — Flamme de galère vénitienne, aux armes de saint Marc, imprimées en or sur soie avec peintures sur fond brun. — XVIIe siècle.

3327. — Pièce d'un service de table en toile de Courtrai, à la date de 1667; allusion à la soumission des Flandres.

Au milieu, le roi Louis XIV s'appuyant sur un lion et couronné par la Force et la Prudence, avec la légende : *Prudentia et fortitudine crescunt Lilia*, 1667. A droite du trône, les princes debout ; à gauche, d'autres figures portant les écussons des provinces soumises. Dans le bas, on distingue les légendes qui accompagnent les armes de Lille et de Courtrai. La bordure est composée de fleurs de lys et de *L* surmontées de la couronne royale.

Donnée par M. Courant, à Thiais, 1860.

3328. — Les Canons de l'Eglise, trois panneaux d'autel, imprimés sur soie à Poitiers, par François-Xavier Mesnier, imprimeur du roi, de l'Académie, du Collége-Royal et de la Société de Jésus, en 1690, avec encadrements et bordures couverts de broderies en fleurs de couleurs rehaussées d'or.

3329. — Mules en soie, rehaussées de rubans jaunes, ayant appartenu à Madame la princesse de Lamballe.

Données par Mme Ve Guilleminault.

3330. — Tapis brodé en or et en soies de couleurs, sur fond de cachemire, spécimen d'industrie orientale du XVIIe siècle, rapporté de la campagne de Crimée en 1857.

3331. — Tapis de table, brodé en or fin sur fond de cachemire rouge ; ouvrage oriental du XVIIe siècle.

3332. — Tapis de Smyrne de fabrication ancienne. — XVIe siècle.

Le motif principal est encadré dans une série de bordures à dessins de caractères indiens; la bordure principale est relevée de quatre filets blancs. — 1m 50 sur 2m 15.

3333. — Tapis de Smyrne ancien, à longues laines, décoré de médaillons et de rosaces en couleurs. — XVIe siècle. — 2m sur 1m 30.

3334. — Tapis de Smyrne ancien, de même époque, travail analogue, dessin courant.

3335. — Tapis de Smyrne à laine rase, fond blanc, à grands dessins. — 2m 12 sur 1m 30.

3336. — Tapis de Smyrne de même fabrication, dessin formant rosace. — 2m sur 1m 30.

3337. — Tapis de Smyrne de fabrication analogue, dessin formant un milieu irrégulier. — 2m sur 1m 30.

3338. — Grand tapis de fabrication persane ; ouvrage ancien, dessin à palmes.

3339. — Tapis de même origine et d'un dessin analogue.

3340. — Tapis de fabrication arabe à double face, dit tapis de Mascara, haute laine avec envers ras ; dessins riches de couleurs, décoration de losanges et de carrés. — 5m sur 1m 80.

3341 — Tapis de Mascara, de fabrication ancienne ; dessins de style oriental.

3342. — Tapis en poil de chameau, d'ancienne fabrication arabe, à motifs quadrillés.

3343. — Tapis de fabrication orientale, à haute laine ; dessins arabes.

X. ANTIQUITÉS CELTIQUES ET GAULOISES.

OBJETS DIVERS.

3344. — Tombeau celtique découvert au hameau de La Varenne-Saint-Hilaire, dépendant de la commune de Saint-Maurdes-Fossés (Seine), au mois de décembre 1858, et donné au Musée par M. Louis Leguay, architecte, propriétaire du terrain.

Ce tombeau, transporté à l'Hôtel de Cluny, a été remonté dans la situation exacte dans laquelle il se trouvait au moment de sa découverte. Toutes les pierres, numérotées et dessinées, ont été rapportées de La Varenne, remises à leur place d'une manière précise, et l'enceinte ou cromlech a été rétablie avec grand soin. Les corps placés en dessous, et dont on n'a pu conserver que quelques fragments, paraissent ceux d'un chef et de sa compagne, à en juger par les débris d'armes et de poteries trouvés soit parmi les ossements, soit dans la cavité formée par le rapprochement des deux blocs supérieurs. Quelques débris d'un squelette de cheval ont été retrouvés également dans la partie laissée vide entre le tombeau et la clôture du cromlech.

Les objets recueillis dans cette intéressante sépulture ont pu être transportés à l'Hôtel de Cluny. Quant aux débris humains, leur état de destruction est tel qu'on ne saurait rien préciser sur l'âge et même sur le sexe des corps, et qu'on en est réduit à ce sujet, ainsi qu'il est dit plus haut, aux simples conjectures tirées de la nature des objets retrouvés dans la tombe et qui sont les suivants :

Une hache en silex; — une pointe de flèche ou de javelot; — un couteau et deux couperets en silex brisés par l'incinération ; — divers débris en silex ; ces objets étaient placés à la gauche du guerrier sur les pierres posées à plat et ils portent tous les traces du feu qui les a blanchis. — Viennent ensuite divers fragments de poteries, une hache en granit vert, trouvée sur la terre entre la tête du guerrier et celle de sa femme, le tranchant en l'air, hache qui a été préservée du feu par la grosse pierre plate posée sur les têtes ; — des pointes de lance et de flèche en os, brisées, ainsi que des fragments de bois recueillis parmi les ossements. Une hache en silex bleu a été trouvée en outre à l'intérieur du cromlech sous le corps du cheval; elle était brisée et n'a été atteinte par le feu que du côté opposé au sol sur lequel elle reposait.

3345. — Haches en silex brut et à peine dégrossi, trouvées dans le diluvium de Saint-Acheul près d'Amiens.

Ces haches sont au nombre de quinze. Elles sont évidemment travaillées par la main de l'homme; mais leur taille est grossière et consiste dans un simple ébauchement de la pierre. Elles sont de grosseurs diverses et ont été données au Musée par M. de Saulcy, sénateur et membre de l'Institut, 1861.

3346. — Collier de pièces d'enfilage, en silex, trouvé dans le diluvium de Saint-Acheul, près d'Amiens.

Ce collier se compose de douze pièces de grosseurs différentes et a été donné au Musée par M. de Saulcy, sénateur, 1861.

3347. — Haches celtiques en pierre noire, munies de leurs montures en corne de cerf, trouvées à Concise sur les bords du lac de Neufchâtel en 1860.

Elles sont au nombre de huit et leurs dimensions varient de 0^m 10 à 0^m 15. Les montures en corne de cerf dans lesquels elles se trouvent assujetties sont droites, ou taillées en forme de marteau à l'extrémité à laquelle se place la hache. L'autre extrémité est disposée pour s'emboiter perpendiculairement dans un manche en bois.

Ces haches, avec leurs montures, sont d'une grande rareté; celles-ci ont été trouvées à Concise et données au Musée par M. de Saulcy, sénateur, membre de l'Institut, 1861.

3348 à 3351. — Antiquités celtiques trouvées à Concise sur les bords du lac de Neufchâtel (Suisse) en 1860.

Hache en pierre noire (nº 3348), fixée dans son manche en corne de cerf, d'une parfaite conservation et d'une forme analogue à celles décrites sous le nº précédent. — Longueur de la section du manche au taillant, 0m 15.

Fragments de poterie en terre noire et brune (nº 3449).

Aiguilles (nº 3350), poinçons et ustensiles de toutes sortes en corne de cerf.

Cornes de cerfs, (nº 3351), de rennes, de daims, massacres de bœufs, etc., préparés pour être mis en œuvre, mâchoires et dents d'animaux, trouvées dans les mêmes fouilles.

Ces divers objets ont été recueillis par M. de Saulcy, sénateur, membre de l'Institut, et donnés par lui au Musée en 1860 et 1861.

3352 à 3370. — Antiquités helvétiques trouvées à Auvenay, et provenant de l'émigration écrasée par César.

Petit couteau en bronze (nº 3352), long de 0m 12, à lame tranchante et dos plat, avec poignée et anneau de suspension, pris dans la masse ; la lame est saillante à la base et renversée à son extrémité; sa largeur est de 0m 015; son épaisseur à la base de 0m 05, et au milieu de 0m 03.

Deux bracelets en bronze (nº 3353) trouvés à Auvenay, aux bras d'un squelette. L'un de ces bracelets est plat à l'intérieur, légèrement bombé à l'extérieur et plus large à son milieu qu'à ses extrémités, qui ne se rejoignent pas et entre lesquelles existe une solution de continuité. Un double losange très-allongé est gravé au dos du bracelet sur la partie centrale, et à chacune des extrémités existe un triple renflement. L'autre bracelet est d'une forme plus simple; il est en bronze plus plein, les extrémités sont carrées, le centre est à peu près rond et présente une légère torsion. Une série de stries gravées s'étend depuis l'endroit où cesse le renflement central jusqu'aux extrémités. Largeur dans l'écartement du bracelet, prise à l'extérieur 0m 087, à l'intérieur, 0m 075.

Paire de bracelets (nº 3354) en bronze, découverts dans les mêmes fouilles. Ces bracelets, trouvés tous deux sur le même squelette, sont de forme, de dimension et de décoration analogues. Comme les précédents, ils ne se rejoignent pas aux extrémités. Le bronze est arrondi au centre et légèrement aplati à mesure qu'il s'en éloigne. L'ornementation consiste dans un certain nombre de stries disposées par séries au nombre de six. Ces stries sont gravées, et chacune des séries se termine par un petit motif imitant une frange. L'écartement extérieur est de 0m 072, l'intérieur de 0m 060.

Défenses de sanglier (nº 3355), trouvées à la ceinture d'un squelette, dans les mêmes fouilles. Ces deux belles défenses, qui n'ont pas moins de 0m 22 de longueur et dont le diamètre à la base est de 0m 027, étaient fixées à la ceinture; elles supportaient un anneau en bronze, décrit sous le nº suivant, et c'est à cet anneau que se trouvait suspendu le couteau en même métal.

Anneau en bronze (nº 3356) de 0m 038 de diamètre, trouvé dans les mêmes fouilles, suspendu aux défenses ci-dessus décrites et auquel se rattachait le couteau de bronze. Le cercle, usé plus spécialement dans une de ses parties, porte la trace matérielle du point de suspension.

Bracelet en bronze (nº 3357), trouvé dans les mêmes fouilles et formé d'un bandeau léger dont l'ornementation consiste en une série de points creux inscrits dans des petits cercles. Le bandeau ne se rejoint pas aux extrémités et il y a, comme aux bracelets précédents, solution de continuité pour le passage de la main. — Largeur de l'écartement, 0m 063.

Deux bracelets (no 3358) de forme analogue, trouvés dans les mêmes fouilles, et formés de bandelettes de bronze ; l'un est orné d'un filet creux près du bord, l'autre, plus petit, porte quatre stries longitudinales. Ces deux bracelets présentent comme les autres une solution de continuité, et leur écartement est de 0m 057 pour l'un, et de 0m 053 pour l'autre.

Bracelet (no 3359) provenant des mêmes fouilles, mais d'une forme spéciale. Il se compose d'un cercle de bronze imparfait et affectant la forme du bras. Ce bronze est rond, renflé à la partie supérieure, et diminuant insensiblement de chaque côté vers la partie inférieure. La solution de continuité pour le passage du poignet se trouve là où le bronze est le plus fin. — Diamètre de l'écartement, 0m 062.

Trois aiguilles de tête (no 3360) en bronze, trouvées dans les mêmes fouilles. La pomme est ornée d'un bouton qui varie suivant les dimensions de chacune ; au-dessous sont des stries disposées de manière à simuler des annelets. Longueurs, 0m 23, 0m 16, 0m 09. La quatrième aiguille (no 3361), de forme analogue et d'ornementation identique, provient des fouilles du Steinberg. — L. 0m 11.

Bracelet en bronze (no 3362), découvert dans les mêmes fouilles d'Auvenay, de forme analogue à celle du no 3223, mais plus petit, avec ornements et stries gravés en creux. Largeur de l'écartement extérieur, 0,062. — Fragments d'un bracelet en fer oxydé trouvé sur le même squelette.

Huit anneaux (no 3363) en bronze, de petite dimension, trouvés dans les mêmes fouilles. Le plus grand a 0m 02 de diamètre, et le plus petit 0m 007.

Chaînette en bronze (no 3364), composée de huit fragments, d'époque et d'origine analogues, mais trouvée à Collombey, canton du Valais.

Couteau en silex (no 3365) taillé, trouvé dans les mêmes fouilles d'Auvenay. L. 0m 082. — Petite hachette (no 3366) en silex taillé et poli, trouvée dans les mêmes fouilles. L. 0m 045. — Petit couteau en silex (no 3367), de même provenance. L. 0m 02. — Os de bœuf (no 3368), coupés pour la recherche de la moelle, trouvés dans les mêmes fouilles — Os de rhinocéros (no 3369) et dents de cheval trouvés au même lieu. — Radius et cubitus (no 3370) humains provenant de la fouille d'Auvenay, portant le bracelet no 3355 et verdis par l'oxyde du bronze ; — fragments du même squelette.

Tous ces objets ont été recueillis sur place par M. de Saulcy, sénateur, membre de l'Institut, et donnés par lui au Musée en 1861

3371 à 3381. — Antiquités gauloises recueillies dans un tombeau découvert en 1836 dans le département de l'Aube, près Arcis, et ne renfermant qu'un seul squelette, dont la tête regardait l'Orient.

Grand vase (no 3371) en terre blanche à deux anses, en forme d'amphore, trouvé aux pieds du squelette et du côté droit. — H. 0m 25.

Grande coupe creuse (no 3372) en terre noire, placée à gauche, du côté des pieds, et contenant des os de poulet. — D. 0m 22.

Petite coupe en terre rouge (no 3373), portant sur son rebord cinq feuilles en relief. D. 0m 09. Cette coupe était placée du côté gauche, vers les genoux, et dans une assiette en terre noire qui n'a pu être conservée.

Groupe en terre cuite (no 3374) représentant une femme nue, la tête ceinte d'une couronne et la main sur le sein gauche; auprès d'elle un enfant assis sur un autel. Ce groupe, qui paraît la représentation de Vénus et de l'Amour, était placé à gauche, au milieu du tombeau et face à l'orient. — H. 0m 17.

Croissants (no 3375) en verrerie ou pâte d'émail noire, ayant la forme de bracelets gaulois. Ils ont été trouvés entre le pied de la statue et le vase rouge; ils sont au nombre de deux, et leur écartement est de 0m 07; ils semblent s'être rattachés l'un à l'autre du côté bombé par un point de jonction brisé aujourd'hui, mais dont on retrouve la trace.

Petit lacrymatoire (no 3376) à deux anses en verre blanc, trouvé près de la tête de la statue.

Bague (no 3377) en pâte d'émail formant spirale.

Anneau de bronze (no 3378) et petit collier en perles d'émail bleu (no 3379) enfilées dans un laiton dont il ne reste qu'un fragment. — Ces objets ont été trouvés sous le pied du groupe en terre cuite.

Fibule en bronze (no 3380), de forme ronde, consistant en huit cercles de bronze dont quatre sont à jour et quatre remplis en émail de couleurs, relevé de points blancs. Au centre, un autre cercle d'émail monté sur tige. — D. 0m 55.

Petite coupe (no 3381) en terre rouge, trouvée dans un autre tombeau, à quatre pieds de distance du premier. — D. 0m 09.

3382 à 3387.—Antiquités celtiques trouvées en **1857**, lors de l'exécution du chemin de fer de l'**Est**, dans la prairie de la vallée de la **Marne**, entre Epernay et **Dramery**; haches et couteaux en silex taillé.

Grande hache en silex taillé (no 3382), longue de 0m 24, sur une largeur de 0m 075 au tranchant et 0m 050 à la base.

Hache en silex taillé et poli (no 3383), longue de 0m 13, large de 0m 070 au tranchant et de 0m 045 à la base.

Hache semblable (no 3384) d'une dimension analogue et dont le tranchant a été brisé.

Trois haches en silex taillé (no 3385), longues, l'une de 0m 14, la deuxième de 0m 115, la troisième de 0m 11.

Fragments de vases (no 3386) en poterie de même époque, pâte brune injectée de blanc.

Quatre couteaux en silex taillé (no 3387), longs, le premier de 0m 18, le deuxième de 0m 16, le troisième de 0m 11 et le quatrième de 0m 06.

Ces divers objets disséminés avec des débris de charbon de bois, de terre cuite, de défenses de sanglier, d'os d'animaux et de rognures de silex provenant de la taille des haches, ont été trouvés dans une tranchée à 1m 60 au-dessous du sol. L'aspect du terrain et la quantité de rognures de silex que l'on y a recueillies donnent lieu de penser que là exista t une véritable fabrique de ces haches.

Tous ces objets ont été donnés au Musée par M. Jeannez, entrepreneur de travaux publics, en 1861.

3388 à 3401. — Antiquités gallo-romaines, trouvées en **1857** dans la prairie qui s'étend entre Epernay et Chouilly, à 0m 80 environ au-dessous du sol.

Hache en bronze à oreillettes (n° 3388), à tranchant court. — Long., 0m 130.

Hache en bronze (n° 3389) sans oreillettes ni tenons ni rayure, forme des haches celtiques en pierre; longueur, 0m 14. Cette hache, plate sur ses faces, est épaisse de 0m 01.

Serpe en bronze (n° 3390) à tranchant fin et à côte saillante, portant à sa base un appendice destiné à maintenir le manche; développement, 0m 25 sur une largeur de 0m 03 à la base.

Deux couteaux en bronze (n° 3391), l'un à lame renversée avec poignée d'emmanchement; l'autre à lame épaisse, à dos rond et courbe; longueur, 0m 12.

Deux patères en bronze (n° 3392) de forme courbe, terminées, d'un côté, par un renflement prononcé; de l'autre, par une tige diminuant insensiblement jusqu'à son extrémité formée aujourd'hui par la rupture du bronze. Sur la partie saillante de la tige et sur le renflement sont des traces de gravure. La longueur du développement est de 0m 18.

Bracelet en bronze (n° 3393) composé d'anneaux à jour évidés dans la masse et rattachés entre eux par des tresses. Le nombre des anneaux et celui des tresses est de huit; à l'une de ces dernières existe une solution de continuité qui permet au bracelet de s'entr'ouvrir pour le passage du poignet. — Longueur, 0m 065.

Ornement de fourreau (n° 3394) en bronze repercé à jour, à double face. Longueur, 0m 052. Le dessin est formé d'un côté par des carrés à croisillons, de l'autre par un motif courant.

Deux pointes de javelots en bronze (n° 3395), à nervures et tranchant aigu; l'une a 0m 075 de long, l'autre 0m 050 avec la queue.

Javeline en bronze (n° 3396) avec sa douille en même métal. — H 0m 12.

Javeline en fer (n° 3397), à longue lame et double tranchant. — Longueur 0m 20. Larg. 0m 04.

Clé en fer avec anneau rond (n° 3398), canon foré et gardes ouvragées. — Longueur, 0m 15 — Clé en même métal (n° 3399) et de forme analogue. — Longueur, 0m 17. — Clé en même métal (n° 3400), avec anneau à jour en forme de cœur et gardes droites. — Longueur, 0m 13. — Petite clef (n° 3401) avec gardes façonnées. — Longueur, 0m 52.

Tous ces objets, de même époque et trouvés dans le même terrain, ont été donnés au Musée par M. Jeannez, entrepreneur de travaux publics, en 1861.

3402 à 3408. — Haches celtiques et flèches en silex trouvées à Paris, à Gergovia, à Darney et à Contrexeville en 1859.

Coin en silex coloré (n° 3402), trouvé à Paris, lors des travaux de démolition du Pont-au-Change en 1859. — Long., 0m 03. — Coin à tranchant fin (n° 3403), en silex ordinaire, trouvé dans les mêmes fouilles. — Long., 0m 045.

Flèche en silex (n° 3404), trouvée à Gergovia. — Longueur, 0m 03. — Flèche en silex brun (n° 3405) trouvée dans le même lieu. Longueur, 0m 02. — Flèche en silex blond (n° 3406), trouvée à Darney (Vosges). — Longueur, 0m 02.

Hachette celtique (n° 3407) en pierre de touche, de forme ovale, à tranchant net, percée d'un trou à son sommet; trouvée dans la Seine lors de la démolition du pont au Change en 1859. — D. 0m 65.

Coin ou hache celtique en pierre de touche (n° 3408), trouvé à Contrexeville en 1859. — Long. 0m 12.

Ces divers objets ont été donnés au Musée par M. de Saulcy, sénateur, membre de l'Institut, en 1860.

3409. — Hache celtique en jaspe sanguin trouvée à Pémirol. Pièce aussi remarquable par la beauté de la matière que par sa grande dimension. — Long. 0m 30. Larg. 0m 095.

3410.—Francisque ou hache d'armes gauloise trouvée à Paris en 1859. — Long. 0m 17.

3411. — Hache gauloise en bronze.

Donnée par M. Constantin, employé des postes en retraite, 1858.

3412. — Hache gauloise en bronze, trouvée aux environs de Mantes (Seine-et-Oise). — Long. 0m 165.

Donnée par M. Foret, de Paris, 1856.

3413. — Talisman gaulois; pendeloque provenant d'un collier et consistant en une double griffe en bronze étreignant l'œuf de serpent. — Long. 0m 03.

Ce précieux bijou a été trouvé à Bazoches-les-Hautes (Eure-et-Loir).
Donné par M. de Saulcy, sénateur, membre de l'Institut, 1860.

3414. — Pièces de monnaie gauloises, des Carnutes, peuple vivant à l'est des Cénomans et au nord des Aureliani, et dont la ville principale, Autricum ou Carnutes, est devenue Chartres.

Ces monnaies sont en bronze et au nombre de quarante et une.
Données par M. de Saulcy sénateur, membre de l'Institut, 1860.

3415. — Anneau antique en bronze gravé, trouvé à Severac-le-Château (Aveyron), en 1833, à la jambe d'un squelette de femme réuni à angle droit par sa tête avec un squelette d'homme.

Donné par M. le professeur Jules Cloquet, membre de l'Institut, 1860.

3416 à 3421.—Antiquités gauloises trouvées dans les fouilles du sentier Malda, commune de Fontaine, près de Dun (Meuse).

Cinq vases en terre fine (n° 3416), dont trois sont ornés de stries et d'ornements en creux, et dont deux sont fragmentés.

Quatre sabres courts (n° 3417) ou poignards dits scramasaxes et cinq couteaux (n° 3418) en fer.

Douze fragments de boucles en fer et en bronze (n° 3419), dont plusieurs sont ornées d'incrustations d'argent.

Un bracelet de bronze (n° 3420) et divers objets (n° 3421), boutons, fibules, etc., en bronze.

3422 à 3426. — Objets gallo-romains trouvés à Soissons.

Fibule en bronze argenté (n° 3422). — Aiguille en bronze, longue de 0m 13 Epingle en bronze (n° 3423) à tête torse, longue de 0m 09 — Style (n° 3424) en bronze. — Cuiller (n° 3425) en ivoire. — Quatorze pointes (n° 3426) ou stylets en os à têtes rondes, la plus longue ayant 0m 11 de longueur. — Bois pétrifié trouvé dans la même fouille.

Donné par madame Brigot, en 1860.

3427. — Phallus antique en or portant au revers les insignes du sexe féminin, travail d'orfévrerie repoussée.

Provenant de la collection de M. Louis Fould, dispersée après sa mort, en 1860. — Haut. 0m017.

3428. — Sabre en bronze, d'origine gallo-romaine, trouvé dans la Seine, à l'île Saint-Ouen.

3429-3430. — Poignée de sabre antique en fer, trouvée au fond de la Fernoise, en 1807, lors de la construction du Pont d'Auchy-les-Moines, près Hesdin, département du Pas-de-Calais. — Lame d'épée avec pommeau en fer rond, trouvée dans les mêmes fouilles.

Ces deux objets ont été donnés au Musée par M. Alfred Say, en 1858.

3431. — Fer de lance antique, trouvé à Apremont, près Varennes (Meuse), dans un camp romain existant encore aujourd'hui en bon état de conservation.

Donné par M. le marquis du Plessis-Bellière, 1856.

3432-3433. — Fouets antiques en bronze à quatre fléaux, avec manches en même métal portant l'anneau pour le passage de la longue lanière qui s'enroulait au poing et servait à lancer ces fouets sur les flancs des chevaux. — Long. 0m 20.

3434. — Appliques accouplées en bronze antique, de l'époque romaine, trouvées à Herculanum dans une caserne appartenant au chevalier Hamilton, ambassadeur d'Angleterre.

Ces appliques, au nombre de vingt, dont quelques unes présentent encore des traces d'argenture, proviennent de harnais, de baudriers, et de pièces d'équipement ou de harnachement. Elles ont été données au Musée par M. Cerveau-Léal, en 1856.

3435-3508. — Sifflets antiques en os, trouvés dans les fouilles faites à Amiens, au faubourg Beauvais en 1840.

Donnés au Musée par M. le professeur Jules Cloquet, membre de l'Institut, 1860.

3437 à 3438. — Antiquités gallo-romaines trouvées en France et données au Musée par M. L. Oeschger en 1861.

3437. — Huit haches, dites coins à queue évidée, en bronze, trouvées en Normandie. — Deux de ces haches ne portent pas d'oreillettes, et l'une d'elles est décorée d'un filet en relief sur chacun de ses angles ; quelques-unes présentent une nervure saillante sur chacune de leurs faces. La plus grande a 0m 17 de longueur, et la plus courte en a 0m 15.

3438. — Haches creuses en bronze, à oreillettes, évidées à l'intérieur et disposées en forme de coins, trouvées dans la même contrée. — Elles sont au nombre de treize, et leur longueur varie de 0m 13 à 0m 07.

3439 — Aiguière antique en bronze repoussé avec anse façonnée à nervures et fragmentée; trouvée à Cherbourg, dans les fondations d'une maison en construction. — Haut. 0m 25.

3440. — Petit pot en bronze en forme d'amphore, découvert dans une fouille faite à Marseille. — Haut 0m 10.

3441. — Cuiller en bronze repercée à jour, à long manche. — Long. 0m 34.

3442. — Ecuelle à main en bronze, repercée à jour. — Diam. 0m 13.

3443 — Chandelier en bronze. — H 0m 06; — miroir en bronze argenté dans sa boîte en bronze. Diam. 0m 08.

3444 — Anneaux ronds au nombre de sept, en bronze. — Diam. de 0m 06 à 0m 02.

3445. — Bracelet en bronze composé de neuf boules d'enfilage sur une tige en bronze doré.

3446. — Clé en bronze au nombre de six, de grandeurs diverses, dont deux à doubles pannetons repercés à jour; trouvées à Bavay (Nord).

3447. — Clé en fer des mêmes époques, au nombre de quatre, et de grandeurs diverses, découvertes au même lieu.

3448. — Bague antique en bronze chargée d'oxyde, portant à son chaton une petite pierre gravée antique d'une parfaite conservation et d'une dimension très-minime représentant une tête d'homme.

3449. — Huit bagues et anneaux en bronze, dont une dorée et ornée d'une grosse turquoise.

3450. — Douze fibules en bronze, dont deux portant encore des traces d'argenture, trouvées, ainsi que les objets suivants, dans des tombeaux découverts à Bavay (Nord).

3451. — Une belle fibule en bronze, rehaussée d'émaux en couleurs.

3452. — Neuf fibules en forme d'agrafe représentant divers sujets, tels que trompe de chasse, cheval, lièvre, hibou, et dont une, également en bronze, présente le caractère d'un dessin gothique.

3453. — Boucle de baudrier en bronze, d'une forme encore en usage au moyen âge.

3454. — Boucles diverses en bronze, crochets, passants et boutons, dont un émaillé.

3455. — Agrafe en bronze, travaillée à jour et composée de trois pièces.

3456. — Appliques d'équipement en bronze ciselé, à deux et à quatre branches.

3457. — Grandes aiguilles en bronze au nombre de cinq, découvertes dans les mêmes tombes, à Bavay (Nord).

3458. — Quatre styles en bronze et deux pilons avec spatules.

3459. — Dix cuillers en bronze, dont une avec manche terminé par une figure de femme jouant de la flûte.

3460. — Petit vase en bronze, sans anse, en forme de coupe. — D. 0m 06.

3461. — Petite aiguière en bronze avec anse. — H. 0m 05.

3462. — Phallus en bronze, pièce de suspension, avec la main formant pendant. — Long. 0m 04.

3463. — Roulette de pâtissier, en même métal. —Long. 0m 13.

3464–3465. — Chaîne en bronze à anneaux doubles. — Long. 0m 28. — Chaîne en fer, d'une disposition analogue et de même longueur, terminée par un anneau.

3466. — Colombe, petit bronze de suspension porté par un anneau; — petit coq, bronze; — cygne, petit bronze.

3467. — Bronze, petite figure grotesque. — Haut. 0m 06.

3468. — Styles en os pour écrire sur les tablettes de cire; ces styles sont au nombre de douze et de grosseurs différentes; les uns ont l'extrémité supérieure en forme de boule, les autres en forme de spatule pour étendre la cire. — Petite cuiller en os.

3469. — Sifflet en os. — Long. 0m 055.

3470. — Objets divers en bronze, fragments d'appliques de baudrier, osselet et clochettes en bronze, grand anneau de suspension, tête de loup; fragment de statue, bras tenant une couronne de laurier; clous et caboches en bronze, pinces, appliques et fragments divers en même métal.

3471–3472. — Boucles de ceinturon à bossettes, en bronze, conservant encore des traces d'argenture. — Lame de couteau antique, en fer.

3473. — Médaillon en bronze du XIVe siècle, représentant un dragon ailé, avec fond champlevé, prêt à recevoir l'émail.

3474. — Petite hache celtique en silex poli et à tranchant fin. — Long 0m 055.

3475. — Pièces d'enfilage en terre cuite et en émail, au nombre de sept.— Diam. de 0m 05 à 0m 01.

3476 à 3480. — Verrerie antique, grande fiole lacrymatoire en verre irisé, à long col et à panse renflée; — Haut. 0m 13. — Lacrymatoire de même forme (3477). — Haut. 06. — Petit lacrymatoire (3478) en forme de fiole allongée.— Haut. 0m 08.— Petite coupe (3479) en verre blanc de forme évasée.— Fragment d'un bracelet gaulois (3480) en émail.

3481. — Grand plat en terre rouge vernissée et tournée; trouvé, ainsi que les autres poteries en terre rouge décrites ci dessous, dans les tombes de Bavay (Nord). — Diam. 0m 26.

3482. — Ecuelle en terre rouge, à bords droits, vernissée, avec goulotte formée par un mascaron en relief.— Diam. 0m 17.

3483. — Vase de même forme, en terre rouge vernissée, orné de petits dessins quadrillés et de croisillons en relief. — Diam. 0m 15.

3484. — Vase de forme analogue, coupe à bords évasés, en terre rouge vernissée, portant sur ses bords des feuilles en relief. — Diam. 0m 13

3485 — Petit vase en terre brune, à bords droits, de forme analogue à celle du no **3482**. — Diam. 0m 09.

3486. — Petit vase en terre blanche fine, à deux anses relevées, portant une raie rouge sur la panse. Haut. 0m 06.

3487. — Coupe creuse, à deux anses formant oreillettes, poterie fine en terre blanche, converte à l'intérieur d'un vernis coloré qui décore également la partie supérieure de la surface externe. — Haut. 0m 07.

3488. — Coupe de même forme, mais plus petite, à oreillettes, en terre blanche. — Haut. 0m 05.

3489. — Petite coupe basse, à deux anses formant oreillettes, en terre fine et blanche avec couverte vernissée. — Diam. 0m 10.

3490. — Petite coupe de même forme, sans anses, en terre rouge très-fine, couverte d'un vernis noir. — Diam. 0m 08.

3491. — Petite coupe en terre rouge vernissée très-fine, sans anses; au fond une marque de fabrique. — Diam. 0m 07.

3492. — Petite urne en terre jaune, forme de lacrymatoire à col allongé.— Haut. 0m 10.

3493-3494. — Fragment d'un vase en terre rouge très-fine et vernissée, décorée de sujets en relief, tritons, génies, animaux et bordures d'encadrement; poterie romaine. — Autre fragment de même nature, portant une marque de fabrique.

3495. — Ecuelle en terre noire, à bords rentrants. — Diam. 0m 17.

3496. — Ecuelle de même sorte, plus petite. — Diam. 0m 13.

3497. — Pot sans anses, en terre noire, à panse renflée. — Haut. 0m 17.

3498. — Pots de forme analogue, en terre noire. — Haut. 0m 12.

3499. — Pot de forme analogue, en terre noire, plus petit.— Haut. 0m 09.

3500. — Cruche en grès, à anse. — Haut. 0m 17.

3501. — Petit vase sur pied, à moulures et à panse renflée, forme d'urne, poterie fine de grès gris. — Haut 0m 10.

3502. — Petit vase de forme analogue, en grès blanc fin, à bords renversés. — Haut. 0m 09.

3503. — Lampe antique, sans anse, en terre blanche et vernis rouge, portant une bacchante en relief. — Long. 0m 10.

3504. — Lampe de même forme, en terre blanche, décorée d'un faune en relief. — Long. 0m 10.

3505. — Lampe en terre blanche, de forme arrondie, sans anse, décorée de palmettes. — Long. 0m 09.

3506. — Lampe en terre blanche, sans anse; au-dessous l'inscription : Ortis (*jardins*). — Long. 0m 10.

3507. — Petites lampes en terre blanche et en terre brune, avec et sans anse; deux d'entre elles portent des inscriptions indiquant leur destination *comuni*, et, d'autres, des lettres initiales. Les longueurs varient de 0m 07 à 0m 05.

3508. — Fragment d'une statuette de femme en marbre blanc. — Applique en os représentant une tête vue de face.

3509. — Fer de cheval antique en forme de sabot, avec système d'attache à anneaux sur les côtés, et crochet à l'arrière, trouvé sur les bords de la Seine, à Orret (Côte-d'Or).

Ces sabots se fixaient par un système de lanières passant dans les deux anneaux et se rattachant au crochet placé à l'arrière.

Donné par M. Gallien, 1861.

3510. — Plaque en bronze cloisonné et incrusté de pierres de couleur ; ouvrage antique.

Cette plaque, qui paraît provenir d'une agrafe antique, porte encore à son revers les quatre attaches qui l'assujettissaient à l'ensemble dont elle a dû faire partie. La face principale de ce curieux bijou porte à son centre une croix entourée de dessins triangulaires et d'une bordure d'un travail analogue. Aux quatre angles sont les traces de scellement de quatre cabochons montés et sertis qui ont disparu. Le milieu de chaque bordure et les bras de la croix sont relevés de rubis et d'émeraudes.

Ce précieux petit monument, qui a 0m, 8 de long sur 0m, 065 de large, a été trouvé à Nîmes et donné au Musée en 1859 par M. de Saulcy, sénateur et membre de l'Institut.

3511. — Boucle et plaque de ceinturon en bronze gravé, d'époque mérovingienne.

La gravure forme des lignes brisées et des entrelacs, et les quatre coins de la plaque sont ornés de bossages.

Donné par M. A. Forgeais, 1861.

3512. — Fibule ou agrafe mérovingienne, en bronze doré, trouvée en 1847 dans un ancien cimetière dépendant du château de Sainte-Sabine, canton de Pouilly-en-Montagne (Côte-d'Or), ancienne commanderie de Malte.

La tige et les rayons sont rehaussés de verreries de couleurs simulant les pierres précieuses.

Donnée par M. Lacordaire, ancien directeur de la manufacture impériale des Gobelins.

3513 à 3517. — Objets mérovingiens, trouvés dans les tombes de l'ancienne abbaye de Saint-Denis.

Agrafe en bronze ciselé (n° 3513), sorte de fibule portant sur chacune de ses ailes et sur son centre une croix pattée gravée en creux à facettes.

Applique de ceinturon (n° 3514) en argent massif, ciselé, gravé et doré, munie des tenons qui la fixaient au cuir.

Petite plaque de ceinturon (n° 3515), en même métal, ciselé et doré.

Anneau en bronze (n° 3516) provenant des mêmes fouilles.

Grains d'enfilage (n° 3517) en ambre et ivoire, trouvés comme les objets précédents dans les tombes mérovingiennes de Saint-Denis.

Ces divers objets ont été donnés au Musée par M. Viollet-Leduc, architecte de Saint-Denis, 1861.

3518 à 3536. — Poteries antiques et du moyen âge, données au Musée par M. le professeur Jules Cloquet, membre de l'Institut, 1861.

3518. — Vase antique à deux anses trouvé dans un tombeau à Ischia, par le professeur Vulpes de Naples. — Hauteur, 0m, 19.

3519. — Vase antique avec anse et goulot formé de cinq lobes, trouvé à Naples; la peinture qui décore la panse représente un buste de femme vue de profil. — Hauteur, 0m, 15.

3520. — Petit vase antique en forme de pot, à fond noir, sans peinture, trouvé à Naples. — Hauteur, 0m, 8.

3521. — Coupe en terre cuite formée d'une tête de cerf dans le caractère antique.

3522. — Poterie antique; coupe en terre jaune et noire, sur pied, avec anses, rapportée de Naples. — Dimension, 0m,17.

3523. — Vase à anse en terre jaune, provenant de sépultures chrétiennes, et trouvé dans les fouilles faites, en 1840, au faubourg Beauvais à Amiens, entre la porte de Rouen et celle de Paris. — Hauteur, 0m, 18.

3524. — Coupe en terre noire de l'ère gallo-romaine et de même provenance, trouvée au même lieu et à la même époque.

3525. — Petit vase en terre rouge, percé de quatre orifices, provenant des mêmes fouilles. — Dimension, 0m, 18.

3526. — Lampes antiques en terre jaune, trouvées dans les mêmes fouilles en 1840, et recueillies par le docteur Cadet.

Ces lampes sont au nombre de trois; elles ont 0m 09 de longueur et sont decorées d'ornements en pointes de diamant et de rosaces.

3527. — Fibule antique ou agrafe romaine en bronze trouvée dans les mêmes fouilles. — Lacrymatoire antique en verre, trouvé au même lieu en mars 1840.

3528. — Poterie romaine; vase antique en terre rouge fragmentée, trouvé dans les travaux de curage du pont de Nantes, en 1844. — Hauteur, 0m, 20.

3529. — Petit vase en forme de cruche, en terre cuite, d'origine antique, trouvé dans des fouilles de l'île de Chypre, en 1837. — Hauteur, 0m, 14.

3530. — Urne cinéraire en terre blanche, avec anses, trouvée à Hippone (Afrique), patrie de saint Augustin, et rapportée par M. le docteur Pouzin. — Hauteur, 0m, 15.

3531. — Petit vase funéraire en terre brune, à bords contournés et formant cinq lobes, trouvé à Hippone. — Diamètre, 0m, 10.

3532. — Petit vase funéraire en terre rouge, décoré d'ornements en relief, trouvé à Hippone. — Hauteur, 0m, 15.

3533. — Urne cinéraire en terre rouge, de forme allongée, avec long col, trouvée à Hippone et renfermant des débris calcinés. Le col a été fracturé. — Longueur, 0m, 20.

3534. — Petit vase en terre rouge, d'un grain très-fin, trouvé à Hippone, et renfermant des os d'enfant calcinés. — Dimension, 0m, 10.

3535. — Vase en terre jaune avec couverte noire, en forme de bidon, à anse, décoré de lignes en relief, et trouvé à Hippone. — Hauteur, 0m, 15.

3536. — Lampes antiques, en terre jaune et rouge, semblables de forme à celles décrites précédemment, trouvées à Hippone. — Dimension, 0m, 7.

Ces divers objets, depuis le numéro 3529 ont été trouvés par M. le docteur Pouzin, de qui les tenait M. le professeur Jules Cloquet, membre de l'Institut, qui en a fait don au Musée en 1860.

3537. — Vase antique, d'origine romaine, en terre rouge, forme de coupe, trouvé dans une fouille près Saint-Denis, avec le petit gladiateur en ivoire inscrit sous le no 2796. — D. 0m 10.

Donné par M. A. Forgeais.

3538. — Coq en terre cuite, poterie antique trouvée à Arles. — H. 0m 10.

Donné par M. le marquis du Plessis-Bellière.

3539. — Lampe antique en terre cuite, trouvée dans l'amphithéâtre de Tarsus en Cilicie, lors des fouilles pratiquées en 1853.

Donnée par M. l'abbé X. Barbier de Montault, 1856.

3540 à 3560. — Poteries antiques et du moyen âge, trouvées dans les fouilles de Paris, de 1857 à 1861.

3540-3541. — Poterie en terre blanche sans émail, petits vases en forme de coupes, trouvés en 1858 dans les fouilles du boulevard de Sébastopol, rive gauche, en face le palais des Thermes. — Diamètre 0m 10.

3542. — Petit vase à boire, sorte d'écuelle en terre blanche, trouvé en 1861 dans les fouilles du lycée Saint-Louis, au pied de l'enceinte de Philippe-Auguste. — Diamètre 0m 10.

Donné par le lycée Saint-Louis.

3543. — Petit vase en grès émaillé, trouvé à une grande profondeur au-dessous de la surface du sol, dans les fouilles faites devant le Palais de Justice pour la construction du Tribunal de Commerce, en 1861 ; — XIVe au XVe siècle.

Donné par M. L. Coutant.

3544. — Vase en terre blanche, d'une teinte légèrement jaunâtre, avec anse. — La panse du vase, de forme renflée, est marquée de dix-huit traces rouges, assemblées par cinq ; trouvé dans les fouilles faites à Paris, rue de la Cossonnerie, en 1857. — Hauteur 0m 14.

3545-3546. — Vases funéraires en terre cuite, avec anse, décorés de traces rouges disposées par six ; trouvées dans les fouilles de la rue des Écoles, en 1854.

3547 à 3550. — Vases sépulcraux en terre jaune, ornés de flammes rouges au nombre de vingt, diposées par groupe de cinq. — Hauteur 0m 123 à 0m 132, largeur 0m 120 à 0m 125, trouvés dans les fouilles de la rue des Écoles en janvier 1857, à Paris, en face le Collége de France.

3551-3552. — Cruche funéraire à anse en terre jaune de fabrication analogue aux vases décrits ci-dessus, et de même époque, avec flammes rouges au nombre de vingt-quatre, disposées par six, trouvée dans les fouilles du boulevard de Sébastopol, à la hauteur de la rue Serpente. — Hauteur 0m 23, largeur 8m 18. — Cruche funéraire de forme analogue et de même fabrication, trouvée dans les mêmes fouilles. — Hauteur 0m 20, longueur 0m 16.

Ces poteries du moyen âge, trouvées dans les travaux entrepris pour la construction des égouts, ont été remises au Musée par M. Buffet, ingénieur des ponts et chaussées, chargé de la direction de ces travaux en janvier 1857.

3553 à 3559.— Poteries du moyen âge, trouvées en 1854, dans les fouilles faites pour la construction des halles centrales à Paris.

Terre cuite non émaillée, gourde en grès blanc, portant deux bélières sur chacun de ses flancs (no 3553). — Vase funéraire à anse de grande dimension (no 3554). — Petit vase funéraire de forme analogue (no 3555). Coupe basse en grès (no 3556). — Coupe de même forme et de même provenance (no 3557). — Pot en grès émaillé à anse, de provenance analogue (no 3558). — Cruche en terre émaillée (no 3559).

Ces poteries ont été données au Musée par M. Baltard, architecte de la ville de Paris.

3560. — Vase en grès gris, en forme de bidon, trouvé dans les fouilles faites rue Saint-Lazare, sur l'emplacement de l'ancien château du Coq ou des Porcherons ; — XVIe siècle. — H. 0m 11.

Donné par M. Labouret, 1860.

3561. — Fer de javeline du XIVe siècle et clef des mêmes

époques, trouvés en 1856 au château de Beaucens (Hautes-Pyrénées), dans les propriétés de M. Achille Fould, Ministre d'Etat et de la maison de l'Empereur, et donnés par Son Excellence au Musée des Thermes et de l'Hôtel de Cluny.

3562. — Eperon de chevalier, à longue tige, en bronze doré, trouvé dans la Seine en 1859, lors des travaux du Pont-au-Change.

Donné par M. A. Forgeais.

3563. — Eperon de chevalier, trouvé dans la Seine en 1858, et chargé d'agglomérations de cailloux qui en rendent la forme peu appréciable ; — XVIe siècle.

3564. Grand bidon en fer portant au centre un écusson d'armoiries avec globe surmonté de la couronne. — H. 0m 45.

Sur les flancs du bidon, deux bélières, maintenues par des bandes couvertes d'ornements en forme de rinceaux, soutiennent une chaîne de suspension. Cet objet paraît remonter au delà du XVe siècle.

3565. — Aumonière flamande du XVIe siècle, en bois cerclé de fer, avec patte, poignée, manche et serrure. — H. 0m 13.

3566. — Seau gothique en bronze avec anse travaillée à jour ; ouvrage italien du XVe siècle.

3567. — Chauffe-mains ; boule en cuivre gravé et repercé à jour, décorée de figures d'animaux que séparent des colonnes, et portant l'écusson aux armes de son propriétaire et aux lettres : A. I. C. — XVIe siècle.

Ces boules, attachées au bras par une chaînette, s'ouvraient et portaient à l'intérieur quelques braises ardentes dans un petit fourneau sur pivot mobile à double mouvement et disposé de manière à ne point se renverser, quelle que position que prît la boule. Elles étaient en grand usage dans les sacristies et même dans les églises pendant la saison rigoureuse.

3568. — Croix en bronze de Notre-Dame-de-Liesse portant encore des traces d'argenture, trouvée dans la Seine, près le Pont Louis-Philippe.

Donnée par M. L. Coutant, 1861.

3569. — Croix en bronze, trouvée au milieu de débris d'armes et d'ossements, à Hadji-Bouzan (*Déroute des Pèlerins*), sur l'emplacement du champ de bataille livrée entre les soldats de Baudoin et de Tancrède, près Missis en Cilicie. — H. 0m 07 ; L. 0m 055.

Rapportée et donnée au Musée par M. V. Langlois, en 1853.

3570. — Pendeloque de baudrier en bronze doré, portant deux

écussons d'armoiries, trouvée dans la Seine en 1859, lors des travaux du Pont-au-Change ; — XVIe siècle.

Donnée par M. A Forgeais.

3571. — Royal d'or du prince de Galles Edouard, Prince Noir ; trouvé à Paris.

Sur la face est la légende : *Ed. pmgnus. regis. anglie. pcs.aq.* — Au revers : *Dominus adjutor et protector meus in ipso speravit cor meum* — Diamètre, 0m 55.

Edouard, le Prince Noir, né à Woodscock en 1330, d'Edouard III et de Philippine de Hainaut, se distingua à Crécy en 1346, gagna, le 19 septembre 1356, la bataille de Poitiers, et conclut en 1360, avec le Dauphin, depuis Charles V, le traité de Brétigny. Prince souverain d'Aquitaine, il gagna sur Du Guesclin la bataille de Najara en 1367, et retourna en Angleterre pour y mourir en 1376.

3572. — Grande médaille en bronze, à l'effigie du roi Louis XII et de la reine Anne de Bretagne, fondue en 1499, pour l'entrée à Lyon.

Sur la face le buste du roi, sur fond semé de fleurs de lys avec la légende : *Felice Ludovico regnâte duodecimo cesare altero gaudet omnis nacio.*

Au revers, la reine Anne de Bretagne, sur fond mi-parti de lys et d'hermine avec la légende : *Lugdun. Respublica gaudête bis Anna regnante sic fui conflata* 1499.

3573. — Médaille trouvée au cou de l'archevêque de Melphise, légat du pape, mort et inhumé à Corbeil en 1590, pendant la Ligue.

Cette médaille est à double face et porte la légende *Roma*, avec les figures de saint François, saint Ignace et d'autres saints personnages. Donnée par M. L. Coutant, 1861.

3574 à 3608. — Sceaux en bronze, d'origines française et italienne, des XIVe, XVe et XVIe siècles.

3574. — Sceau de forme ovale. La Vierge sous une niche d'architecture gothique, avec la légende : *Sigillum curie episcopatus spoletani*, — XVe siècle. H. 0m 065.

3575. — Sceau gothique, avec la légende : *Sigillum decani et capituli sancti Germani.* — L. 0m 065.

3576. — Sceau rond portant un arbre, avec la légende : *Sigillum communis castri franchi.* — L. 0m 06.

3577. — Sceau de forme ronde portant le lion ailé et un écusson d'armoiries, avec la légende : *Sigillum francissi venerio.* — D. 0m 035.

3578. — Sceau ovale. La Vierge et l'Adoration, avec la légende : *Sigillum fratris Abedgundi, Ave Maria gra...* — D. 0m 038.

3579. — Sceau ovale portant au centre une croix de Lorraine avec légende illisible. — D. 0m 035.

3580. — Sceau rond portant un oiseau de proie, avec la légende : *Sigillum Gruonis advocati Beregnii.* — D. 0m 04.

3581. — Sceau ovale présentant une figure en action de bénir : *Sigillum presbiter. Petri pleb.....* — D. 0m 042.

3582. — Sceau ovale présentant une colombe qui porte la branche d'olivier, avec la légende : *Sigillum Berencarii de Valentia.* — H. 0m 042.

3583. — Sceau rond en partie effacé, avec légende ; au centre, des carrés inscrits les uns dans les autres. — D. 0m 03.

3584.—Sceau rond portant une inscription en grande partie illisible : *Sigillum Gaufredi.....* — D. 0m 025.

3585. — Sceau rond portant un sanglier sur un écusson, avec la légende : *Sigillum D. Sangller.* — D. 0m 023.

3586. — Sceau rond portant au centre deux têtes de chevaux sur un écusson dans un encadrement gothique, légende indéchiffrable. — D. 0m 030.

3587. — Sceau de forme ovale. La Vierge, l'Enfant Jésus et le Père Eternel dans un encadrement d'architecture. Au bas, une figure en costume de moine dans l'attitude de la prière, avec la légende : *Sigillum avocati plebeani de Cabassi.* — Long. 0m 049.

3588. — Sceau de forme ovale. Au centre, un ange terrassant le démon, avec la légende : *Sigillum Hugonis p'oris monasteri... felis.* — L. 0m 05.

3589. — Sceau de forme ovale. Au centre, la Vierge et l'Enfant Jésus ; au-dessous, un moine en prière, avec la légende : *Sigillum B'trami D'lanconibus canonici Cremon...* — Long. 0m 043.

3590. — Sceau de forme ronde, en bronze. Au centre, une serre d'aigle montée, avec les lettres *B I* et la légende : *Sigillum Bitineli Bechadini D'Bechatellis.* — D. 0m 032.

3591. — Sceau rond à queue portant un pot et un gobelet, XVe siècle. — D. 0m 015.

3592. — Sceau en bronze de forme ronde et de provenance italienne, portant une tour avec porte ouverte et légende illisible. — D. 0m 03.

3593. — Sceau en bronze, d'origine italienne et de forme ronde, présentant une tête grotesque entourée de la légende : *Sigillum amoris*; XVe siècle. D. 0m 024.

3594. — Sceau en bronze, de forme ronde et d'origine italienne, portant un écusson d'armoiries, avec la légende : *Sigillum Angelidni, Alexandri.* — D. 0m 025.

3595. — Sceau en bronze de forme ronde et d'origine italienne, portant un écusson palé de six pièces et une légende illisible. — D. 0m 025.

3596.— Sceau en bronze, d'origine italienne et de forme ronde. Au centre, un lion grimpant et divers attributs à demi effacés ainsi que la légende, dont on retrouve seulement les mots : *Sigillum Philippi D'Dilicat......* — D. 0m 025.

3597. — Sceau d'origine italienne. Au centre, un écusson portant un bouc. D. 0m 035.

3598. — Sceau en bronze, de forme ronde. Au centre, un lion grimpant, avec une légende illisible. — D. 0m 033.

3599. — Sceau en bronze, à double face. Ecusson d'armoiries italiennes, un lion grimpant, avec la légende . S. *Bartolomeo di. gi. Rustichi.* — XVIe siècle.

3600. — Sceau en bronze, à la date de 1726, portant au centre divers at-

tributs, tels que roue, fer à cheval, etc, avec la légende : *S. D. ERS. amen. Z. in suls, Amstadden.* 1726.
Donné par M. Montagne, 1856.

3601. — Sceau de Bernard de Rutye, grand aumônier de France, trouvé à Clignancourt, Maison-Blanche, en 1859.
Donné par M. Perrault.

3602. — Sceau en bronze, écusson à la barre de losange par six, avec la légende : *Sigillum petri d'Oxilitis.* — D. 0m 031.

3603.—Sceau de forme ronde. Au centre, un ours, avec la légende : *Sigillum Dominici judicis di..... Stefani.* — D. 0m 028.

3604. — Sceau chargé d'un écusson à la barre de quatre losanges, avec la légende : *Sigillum francissi Dassignano.*— D. 0m 033.

3605. — Sceau en bronze, de forme ronde, portant à son centre une croix grecque, avec la légende : *Sigillum dominorum comitatus Ildibranschi ?* D. 0m 048.

3606. — Sceau d'armoiries italiennes, en bronze avec queue, devise illisible; xve siècle.

3607. — Sceau en fer forgé et gravé, trouvé à Paris sur l'emplacement de l'église Saint-Magloire, portant un écusson décoré de trois fleurs de lys à la crosse épiscopale et surmonté de la mitre et de la crosse.
Donné par M. L. Coutant, 1861.

3608. — Sceau de communauté religieuse trouvé à Paris, et présentant un ostensoir entre deux fleurs de lys, xviie siècle.
Donné par M. Lucien Coutant, 18?6.

3609. — Monnaies et médailles de l'antiquité, du moyen âge et d'époques plus récentes, trouvées dans une fouille à Crouy, près de Soissons.
Données par Madame Brigot, 1860.

3610. — Pièces de monnaies des xvie et xviie siècles, dont partie du règne de Henri IV, à la date de 1595, trouvées au nombre de soixante-huit, dans les démolitions du collége de Bayeux, rue de la Harpe, en octobre 1859.

3611 à 3617. — Poids en bronze, marques de fabriques et empreintes de sceaux, donnés au Musée par M. L. Coutant, en 1858 et 1861.

3611. — Poids en bronze, marques pour la plupart à l'écu de France, portant des armoiries effacées, des têtes de souverains, des écussons disparus sous l'oxyde et à peine visibles; les uns de forme carrée, les autres de forme octogone, formant une suite de 50 pièces d'époques diverses, trouvées dans la Seine, près le Pont-au-Change.

3612. — Poids en plomb fleurdelysé du xve siècle, provenant des mêmes fouilles, 18?8.

3613. — Poids aux marques de Lorraine, plomb trouvé dans la Seine, près le Pont-au-Change.

3614.— Marques de fabrique, empreintes en plomb de modèles divers, les unes aux armes de la ville de Lyon, d'autres aux armes de France ou à celles de la ville de Paris ; quelques-unes portant de simples légendes, des monogrammes, des écussons d'attributs, etc., formant ensemble une série de vingt-quatre pièces d'époques diverses, trouvées dans la Seine, près du Pont-au-Change.

3615. — Marque de fabrique en verre, portant en relief une galère flanquée des lettres I. B., trouvée dans la Seine, près du Pont-au-Change.

3616. — Petite mesure en plomb, aux armes de France, trouvée dans la Seine, près du Pont-au-Change ; — XVe siècle. Au dos, une grande fleur de lys en relief.

3617. — Sceaux des papes Clément et Innocent IV, empreintes en plomb, trouvées dans les fouilles de Paris.

3618. — Poids en bronze aux armes de la ville de Nîmes,

3619. — Grande sphère céleste en bronze gravé et doré, à figures, ouvrage italien du commencement du XVIe siècle et à la date de 1502.

Tous les corps célestes sont représentés par leurs figures allégoriques gravées au trait avec leurs légendes. La circonférence de cette belle sphère dépasse 2m 20.

3620. — Grande boussole de poche en ivoire, avec cadran et garniture en argent, faite par Pierre du Jardin, 1627, à Paris.

3621. — Astrolabe en ivoire gravé, fermant à couvercle, avec boussole et cadran. — XVIIe siècle. — L. 0m 08.

3622. Astrolabe en cuivre gravé et doré, d'origine allemande, avec la légende : *Peter Heinrick de Stralendorf*, 1612.

3623. — Astrolabe de grand diamètre, en cuivre, couvert de gravures sur les deux faces, avec cadrans mobiles décorés d'ornements à jour. — XVIIe siècle.

L'attache est supportée par deux figures de faunes couchés, et dans la bordure se trouve l'inscription : *CN. Nepos Gemmæ Frisii Louanii fecit anno* 1661. Diam. 0m 35.

3624. — Astrolabe en cuivre doré et gravé, à la marque F. B. P. et la date de 1743.

3625. — Astrolabe en cuivre doré et argenté avec sa boîte du temps, boussole, élévation du pôle, etc. — L. 0m 05.

3626. — Petite boussole de poche en argent gravé, avec laquelle de Saussure fit, en 1788, la première ascension du Mont-Blanc.

Cette boussole, conservée dans la famille Jurine, de Genève, puis dans celle de M. le comte de Lunzi, a été donnée au Musée par M. le professeur Jules Cloquet, membre de l'Institut, en 1860.

3627. — **Boussole de poche de l'amiral Nelson.**

Cette boussole, de fabrique anglaise, montée sur une petite boîte en ivoire, a été conservée par un des officiers de l'amiral, qui l'a donnée à son médecin, le docteur Bureau de Rioffrey, lequel en fit hommage, en 1835, à M. le professeur Jules Cloquet, membre de l'Institut.

Donné par M. le professeur Jules Cloquet, 1860.

3628. — Boussole chinoise avec double niveau, vertical et horizontal, cadran solaire et pieds montés à vis pour assurer la précision des niveaux ; bronze rehaussé d'émaux et de pierres de couleur.

Donnée par M le professeur Jules Cloquet, membre de l'Institut, 1860.

3629. — Boussole chinoise en bois verni et couvert de caractères au pinceau, rapportée par M. de Maisonneuve, commandant *la Sibylle*, et donnée par M. Jules Cloquet, membre de l'Institut, 1860.

3630. — Sablier à quatre mouvements indiquant l'heure, les trois quarts, la demie et le quart ; monture en cuivre gravé. XVIIe siècle. — L. 0m 25 ; h. 0m 15.

3631 à 3633. — Outils de tourneur du XVIe siècle, avec leurs montures du temps.

Planes en fer gravé, à la date de 1564, avec manche en bois tourné, monté sur virole en cuivre. — *Grain d'orge* provenant du même métier et d'origine semblable.

3634. — Grand compas gothique à deux branches, en fer forgé, ayant appartenu au célèbre sculpteur Puget.

Ce compas, conservé dans la famille de Puget, a été donné par un de ses arrière-petits-neveux à M. Jubinal, député, qui en a fait don au Musée en 1861. — Long. 0m 50.

3635. — Instrument en bronze dit roulette, destiné à tracer les dessins sur la pâtisserie. — XVIe siècle.

Donné par M. A. Jubinal, 1861.

3636. — Moule à oublies, en bois sculpté et gravé, portant sur sa face principale l'H surmontée de la couronne royale, et sur les autres le vaisseau de la cité de Paris, la couronne fermée, la grande fleur de lys et un cœur percé de flèches. — XVIe siècle. L. 0m 08.

Donné par M. L. L. Coutant, 1861.

3637. — Rouleau de pâtissier, à la date de 1610 et au nom de Guillaume Chevereux, en bois sculpté en creux, représentant une chasse au cerf ; à l'extrémité, une grande fleur de lys. D. 0m 05.

Donné par M. A. Jubinal, 1861.

3638. — Coffret en cuir frappé au petit fer et doré, portant le nom de Marie Martelière. — XVIIe siècle. — L. 0m 17.

Marie Martelière était femme du célèbre avocat qui plaida pour l'Université contre les Jésuites en 1611, et qui mourut en 1631. Henri IV et Louis XIII donnèrent à cet orateur des marques personnelles d'estime, et l'Université, qui fit composer son épitaphe, l'y proclama *princeps patronorum et patronus principum.*

Donné par M. Achille Jubinal, député au Corps législatif, 1860.

3639. — Boîte en buis décorée de sculpture en haut-relief. D'un côté, les armes du prince de Condé, entourées d'attributs; de l'autre, le char de Vénus.

En avant de cette boîte, qui a la forme d'une nef, une sirène se détache en ronde bosse; l'arrière présente un dauphin; les sculptures sont rehaussées d'argent doré, et le collier de la sirène se termine par une pierre fine. Un génie ailé, monté sur un cheval marin, occupe le couvercle. — Long. 0m 12.

3640. — Boîte en buis sculpté, à figures, sujets grotesques, charges dans le caractère de l'école allemande, à la date de 1673.

3641. — Râpe à tabac, montée en buis sculpté, figures en haut-relief. — XVIIe siècle; H. 0m 24.

La légende est la suivante :

Pour baiser cette villageoise,
Ce gaillard nous allonge un bec long d'une toise,
Et non content du haut, où brillent tant d'appas,
Il vise encore plus bas.

3642. — Râpe à tabac en buis sculpté, figures en relief, avec la légende : *Nosce te ipsum.* — XVIIe siècle.

Au-dessous du sujet principal, l'inscription flamande : « Dir kopf tueth mir so beeund hindnduts mi druckha das pier bill oben aus. drummus mischrôkhli puka. » — Haut 0m 14.

3643. — Râpe à tabac montée en buis sculpté. Les armes de France et le portrait de Louis XIV, roi de France et de Navarre. H. 0m 21.

3644. — Râpe à tabac d'origine allemande, en bois incrusté et pointé de cuivre; au centre, les armes impériales; au revers, les chiffres G. B. — XVIIe siècle.

3645. — Râpe à tabac montée en buis sculpté, figure grotesque de cavalier. — H. 0m 18.

3646. — Tabatière en os avec une monture en argent, rapportée du nord de la Norwége et donnée par M. Gaimard, en 1855.

3647. — Ecusson en bois sculpté, aux initiales C. L., trouvé dans le port de Nantes, lors des travaux du curage, et donné au Musée par M. le professeur Jules Cloquet, membre de l'Institut, 1861.

3648. — Ceinture de supplice, à pointes de fer; instrument de torture du moyen âge, trouvé dans les caveaux du château de Férussac, près Prémirol.

3649 à 3658. — Inscriptions gravées sur plaques de bronze, et médailles commémoratives trouvées dans les travaux de Paris de 1857 à 1861.

3649. — Plaque en cuivre avec inscription latine gravée en creux à la date de 1615, trouvée dans la démolition de la partie méridionale de l'ancien couvent des Mathurins, le 15 octobre 1858.

R. P. FR. LUDOVICO PETIT DE CRET DOCT. HUJUS CONVENT. SANCTI MATHURINI ET TOTIUS ORDINIS ADMINISTRATIONES GERENTI HOC OPUS CONSTRUCTUM EST AN. DNI 1615. SUARUM ADMINISTRAT. AN. 4. ÆTAT. SUÆ 36.

Le corps de bâtiment dans lequel on a trouvé cette inscription était celui construit sur la rue des Noyers, adossé au jardin de l'hôtel de Cluny.

3650. — Inscription gravée sur cuivre et rappelant la construction d'une maison bâtie à l'encoignure de la rue Saint-Antoine et de celle Culture-Sainte-Catherine « des deniers d'Anne Pinon, me des requestes, et de Louise Legendre, son épouse, en 1717, la deuxième année du règne de Louis XV, Roy de France et de Navarre, suivant les plans du sieur Leroux, architecte parisien. »

Cette plaque, trouvée dans les fondations de la maison détruite en 1856, a été donnée au Musée par M. Lucien Coutant.

3651. — Inscription gravée sur plaque de bronze, à la date de 1719, trouvée dans les fondations du Petit-Pont, démoli en 1855.

« Le 6 JUILLET 1719, du Règne de Louis XV, de la Prévôté de Messire Charles TRUDAINE, Chevalier Seigneur de Montigny et autres lieux, Conseiller d'État : de l'Echevinage de Jean GASCHIER, Ecuyer Conseiller du Roy et de la Ville, notaire; Pierre MASSON, Ecuyer avocat en Parlement, Greffier de la 5e Chambre des Enquêtes; Henry de ROSNEL, Ecuyer Conseiller du Roy, quartinier; Paul BALLIN, Ecuyer Conseiller du Roy, notaire.

« Étans Nicolas GUILLAUME MORIAU, Ecuyer Conseiller du Roy, avocat et procureur du Roy et de la Ville; Jean Batiste Julien TAITBOUT, Ecuyer Conseiller du Roy, Greffier; Jacques BOULOT, Ecuyer Conseiller du Roy, Receveur. »

« La reconstruction des trois arches du Petit-Pont et partie des piles qui avoient été très-endommagées par l'incendie des maisons qui étoient sur le pont, arrivé le 27e avril 1718, a été faite des Deniers du Domaine de la Ville et relargi avec banquettes et parapets en place des maisons, et la première pierre posée à la pile servant de culée du côté du Portail de l'Hôtel-Dieu, par Messieurs les Prévôts des Marchands, Echevins, Procureur du Roy, Greffier et Receveur, assemblez sur les travaux, assistez de leurs officiers; suivant les dessins et alignemens donnez par M. JEAN BEAUSIRE, Conseiller Architecte ordinaire du Roy et de son Académie, Maître Général des Bâtimens de Sa Majesté, de l'Hôtel-de-Ville, Inspecteur Controlleur des Bâtimens de ladite Ville, Garde ayant charge des Eaux et Fontaines publiques d'icelle. — Et ont distribué aux ouvriers les libéralités de la Recette de la Ville. »

Donnée par M. le préfet de la Seine et remise au Musée par M. de la Galisserie, ingénieur des ponts et chaussées, le 27 octobre 1857.

3652. — Médaille en argent doré, à l'effigie du roi Louis XIII, trouvée dans les fondations du pont Saint-Michel, en 1857.

Sur la face, la figure du roi, en armure, avec la légende : LUDO. XIII. D. G. FR. et NAVAR. REX. CHRIS. 1617. Au revers, la reine Marie de Médicis, sous les traits de Junon, avec les attributs de la royauté et la légende : *Dat pacatum omnibus æther*, 1617. — Poids, 56 grammes.

3653. — Médaille de même module en argent, à l'effigie du roi et de la reine, trouvée dans les mêmes fondations.

Ces deux belles médailles, provenant de la démolition du pont Saint-Michel et trouvées avec l'inscription précédemment décrite ont été remises en même temps au Musée par M. de la Galisserie, ingénieur des ponts et chaussées, au nom de M. le préfet de la Seine, le 27 octobre 1857.

3654. — Inscription gravée sur plaque de bronze, à la date de 1617, trouvée dans les fondations du pont Saint-Michel, en octobre 1857, lors de sa démolition et de sa réédification sur un nouveau plan pour l'ouverture du boulevard de Sébastopol

LUDOVICUS PIUS, TERTIUS A DECIMO GALLIARUM ET NAVARRÆ REX CHRISTIANIS. PONTI LIGNEO MOLES LAPIDEAS SUBSTITUENS AMNI PERENNI, PERENNE NOMEN ET MONIMENTUM HOC CATATHEMA POSUIT, 21 SEPTEMBRIS 1617.

Cette belle inscription, qu'accompagnaient les médailles décrites ci-dessus, a été remise au Musée le 27 octobre par M. de la Galisserie, ingénieur des ponts et chaussées, au nom de M. le préfet de la Seine.

3655. — Inscription gravée sur plaque de bronze, à la date de 1759, trouvée en 1859 dans les démolitions du collége de Narbonne, laquelle plaque a été posée par Charles-Antoine de La Roche-Aymon, archevêque et primat de l'ordre royal de Narbonne et provis ur bénéficiaire dudit collége, 1er septembre 1759.

« Super hanc petram, edificetur collegium Narbone quod in Dei gloriam et ecclesiæ utilitatem exurgat, illam ponens sic orat illustrissimus ecclesiæ princeps Carolus Antonius de LA ROCHE AYMON, archieppus et Primas Narbonensis regii ordinis sti spiritus commendator et ejusdem collegii provisor beneficus. Anno Dni 1759, die vero septembris prima. »

Les travaux ordonnés par Antoine de La Roche-Aymon n'étaient relatifs qu'à la reconstruction d'une partie des bâtiments, le collége de Narbonne ayant été fondé et bâti en 1317 par l'archevêque de Narbonne, Bernard de Fargis.

3656-3657. — Inscriptions tumulaires en bronze gravé; — XVIIe siècle.

La première est celle de maître Jacques Barthélemy, conseiller du Roy en ses conseils d'Estat et privé, cy-devant maître d'ordres en sa chambre des comptes et doyen d'icelle, qui décéda en décembre 1649, à l'âge de 81 ans. Elle a été trouvée à Saint-Jacques-la-Boucherie.

La seconde, trouvée au même lieu, est celle de Pierre Barthélemy Escuyer, sieur de Vandierres, décédé le dimanche 28 février 1653, à l'âge de 34 ans et six mois.

3658. — Enseigne du sieur Bellache « marchand d'images, demeurant au coin du quay de Gesvres, du côté du Pont au Change, à Paris, 1715, » à la date de 1715, trouvée dans la Seine, au Pont au Change, en 1859.

Donnée au Musée par M. A Forgeais.

3659 à 3661. — Inscriptions tumulaires du Roi Louis XIV, d'Adélaïde de Savoie et d'Elisabeth de France, provenant des tombes de Saint-Denis, violées en 1793.

3659. — Inscription tumulaire arrachée, en 1793, au cercueil du roi Louis XIV.

ICI EST LE CORPS DE LOUIS 14 PAR LA GRACE DE DIEU ROY DE FRANCE ET DE NAVARRE, TRÈS CHRÉTIEN, DÉCÉDÉ EN SON CHASTEAU DE VERSAILLES LE PREMIER JOUR DE SEPTEMBRE 1715. REQUIESCAT IN PACE.

Cette inscription, gravée sur cuivre et que surmonte l'écusson aux armes de France et de Navarre, entouré du collier de Saint-Michel et du grand cordon du Saint-Esprit, était appliquée sur le couvercle du cercueil du roi à Saint-Denis. En 1793, lors de la violation des tombeaux, cette plaque fut arrachée ainsi que toutes celles des sépultures royales, et ce n'est que dans ces dernières années qu'elle a pu être retrouvée, en même temps que celle de la princesse Marie-Adélaïde, duchesse de Bourgogne, mère du roi Louis XV, et celle de la princesse Louise Elisabeth de France, sa fille (décrites sous les nos suivants). M. Debret, l'ancien architecte de la basilique de Saint-Denis, les a découvertes dans la boutique d'un chaudronnier de cette ville; elles avaient été réunies ensemble et formaient une casserole de cuisine dont les rivets ont laissé leurs traces encore apparentes.

3660. — Inscription gravée sur cuivre, aux armes du dauphin de France et de Savoie, arrachée en 1793, lors de la violation des tombeaux de Saint-Denis, au cercueil qui renfermait les restes de Marie-Adélaïde de Savoie, fille de Victor Amédée Ier, roi de Sardaigne, mère du roi Louis XV, épouse de Louis, duc de Bourgogne, fils aîné du Dauphin et de Marie-Anne-Christine de Bavière, petit-fils de Louis XIV.

Icy est le corps de très-haute, très-puissante et vertueuse princesse MARIE-ADÉLAIDE DE SAVOYE, *épouse de très-haut, très-puissant et excellent prince* LOUIS DAUPHIN, *décédée au chasteau de Versailles le 22 février 1712, née en 1685. Requiescat in pace.*

La princesse Marie-Adélaïde, duchesse de Bourgogne, mourait six jours avant son mari, enlevé comme elle par une rougeole épidémique, le 18 février 1712. Distinguée par ses grâces et son esprit, elle était l'objet d'une affection toute particulière de la part de Louis XIV et de madame de Maintenon. — Le duc, son époux, ne s'est pas moins fait remarquer par ses qualités et son amour pour l'étude; il était l'élève de Fénelon, qui composa pour lui ses Fables et son Télémaque.

3661. — Inscription tumulaire gravée sur cuivre et arrachée en 1793, lors de la violation des tombeaux de Saint-Denis, du cercueil qui renfermait les restes de Louise Elisabeth de France, fille aînée du roi Louis XV, mariée à l'infant don Philippe, fils du roi d'Espagne Philippe V et d'Elisabeth Farnèse, mis en possession du duché de Parme, Plaisance et Guastalla en 1748, en vertu du traité d'Aix la-Chapelle.

Ici est le corps de très-haute et très-puissante princesse LOUISE-ELISABETH DE FRANCE, FILLE AINÉE DU ROY, *mariée à* DON PHILIPPE, INFANT D'ESPAGNE, DUC DE PARME, PLAISANCE ET GUASTALLA, *décédée au chasteau de Versailles, le six décembre 1759, âgée de trente-deux ans, trois mois et vingt-deux jours. Requiescat in pace.*

3662. — Planche en cuivre gravé, époque de la République

française. — Carte de la société populaire et républicaine de la commune de Doue, canton de Rebais, district de Rozay, département de Seine-et-Marne, avec attributs et légendes du temps.

Donnée par M. Anatole Dauvergne, peintre, 1860.

3663. — Trousse de veneur en cuir repoussé et frappé, garnie de cinq pièces, deux couteaux, dont l'un de grande dimension, et trois fourchettes ; travail italien. — XVIe siècle.

Ces pièces sont montées sur manches en os; la naissance des lames est dorée et gravée aux chiffres F F avec un écusson portant une main qui supporte un manche garni de trois fléaux; les mêmes chiffres se retrouvent sur la gaîne, de chaque côté d'un grand oiseau, ainsi que l'écusson. Les autres pièces complétant la garniture manquent. — H. 0m 43.

3664 à 3667. — Objets précieux d'origine vénitienne ayant appartenu au doge Francisco Molino, investi du pouvoir de 1645 à 1665, et donnés au Musée en 1856, par son descendant direct, M. le comte Molino, de Venise, chambellan de S. A. R. le grand-duc de Toscane.

3664. — Pièce d'or de la valeur de dix sequins de Venise, frappée sous le doge Francisco Molino, 1645 à 1655. Cette pièce, regardée comme à peu près unique, pèse 35 grammes (105 fr.). D'un côté, la figure du Père éternel tenant d'une main le globe surmonté de la croix, de l'autre bénissant le monde, sur un fond constellé avec la légende : *Regis iste. Ducat. sit t. xre. d. q tu.* — De l'autre côté, le doge agenouillé devant le saint patron de Venise, qui lui remet la bannière, avec la légende : *Franc. Molino. dux. S. M. Venetus.*

3665. — Figure d'applique en bois sculpté et doré provenant de la galerie d'arrière du Bucentaure. — M. le comte Molino, père du donateur, gouverneur de l'arsenal de Venise à l'époque de la chute du gouvernement de la République, fut chargé de mettre à feu le Bucentaure, dernier emblème de la souveraineté vénitienne. Avant d'exécuter cet ordre, il fit enlever deux figures du couronnement qu'il conserva comme souvenirs chers à un noble patricien; une de les figures fut donnée par le comte Molino, son fils, à la bibliothèque palatine de Venise, et l'autre offerte par lui au Musée des Thermes et de l'Hôtel de Cluny, le 10 mars 1857.

3666. — Courte-pointe en soie brochée d'or avec fleurons en couleur, ayant appartenu au doge de Venise Francisco Molino, de 1645 à 1655.

3667. — Grand sceau du doge Francisco Molino, présentant l'image du lion de saint Marc; cuivre gravé monté sur buis. 1645 à 1655.

3668-3669. — Images russes prises à Bomarsund par les troupes françaises, le 16 avril 1854.

La plus grande de ces images (no 3668), peinte sur bois et recouverte d'appliques en argent repoussé, gravé et doré, a la forme d'un triptyque ou tableau à trois volets. Le panneau du milieu représente la Vierge et l'Enfant Jésus ; sur les volets est reproduite l'histoire de la vie et du martyre de saint Nikita. Les peintures, exécutées avec grand soin sous ces appliques en métal, sont accompagnées de légendes russes dont voici la traduction :

Image (de celle qui prend) pitié et (qui) visite ceux qui souffrent du mal (et) se réfugient (vers elle). Joie pour tous les affligés. — Consolation de ceux qui sont abandonnés, de ceux qui voyagent en pays étrangers. Ne détourne pas ta face de nous. Prions que tu visites les malades. — Reine, aie pitié des vieillards malades, donne des vêtements aux nus, du breuvage à ceux qui ont soif. — La Trinité. — Naissance du saint martyr Nikita. — Saint Théophile éclaire saint Nikita de la lumière de la foi sainte, le fortifie dans la foi orthodoxe et le baptise dans la confession de la Trinité. — Saint Nikita Licorodène. — On conduit saint Nikita devant le tyran Athanarikh dans son tribunal. Le saint le confond. — Le tyran Athanarikh fait de vains efforts. — Saint Nikita fait beaucoup de miracles. — Un certain homme, nommé Marian, plein de piété, sort de Cilicie. — Et s'en vient de nuit avec ses gens. Il enveloppe le corps d'un linceul propre et l'ensevelit. — Marian revient dans sa maison, au pays de Cilicie, sa patrie, emportant le corps avec lui. — Arrivé à la ville de Mokvetne, il l'enterre. — Tant de gens visitent le tombeau que la maison ne peut les contenir. — On bâtit une église en Italie pour recevoir le corps du saint. — L'évêque de la ville où cette église est bâtie lui cède les revenus tirés des reliques. — Celui qui l'avait touché indiscrètement, sa main se dessèche par le pouvoir du saint.

Ce triptyque, monté en bois verni, a 0m 60 de hauteur sur 0m 80 de largeur.

La seconde image (no 3669) représente la Vierge et l'Enfant Jésus, avec encadrements à figures de saints personnages. Le tableau est couvert d'une applique en argent découpé, ciselé et gravé, qui ne laisse voir que les têtes. Sa monture est également en bois verni. — Hauteur, 0m 55; largeur, 0m 45.

Un grand nombre de ces images religieuses, prises dans le fort de Bomarsund, ont été rapportées à S. Exc. le ministre de la guerre lors de la campagne de 1854. Sa Majesté l'Empereur a décidé que tous les objets du culte seraient rendus, et, par ses ordres, deux de ces images seulement ont été conservées à titre de souvenir et de spécimen de l'art russe, et données aux collections de l'Hôtel de Cluny; toutes les autres ont été généreusement restituées et ont pu être remises en place.

3670. — Dé à jouer en os évidé, de forme allongée. — XVIIe siècle.

3671-3672. — Epis de toiture en plomb ouvragé, ayant la forme de vases surmontés de fleurons à jour et ornés de mascarons; proviennent d'une ancienne maison de la rue Pierre-Sarrazin, à Paris.

Donnés par M. Hachette, éditeur à Paris.

3673. — Petit médaillon en pâte présentant une figure vue de face, avec l'inscription Sab. Elps. ætat.... 1555 ; au revers, un écusson d'armoiries ; ouvrage allemand du milieu du XVIe siècle.

3674. — Fragment de l'os maxillaire inférieur de Molière.

Sous la Convention nationale, on avait exhumé et transporté à l'Hôtel des Monnaies les ossements des hommes illustres de la France, afin de les convertir en verre phosphate acide de chaux et d'en faire des coupes consacrées à la reconnaissance publique. Quelque temps après, la décision qui avait motivé cette translation fut révoquée, et les cercueils furent rendus aux cimetières. M. d'Arcet (Jean), qui avait été chargé de procéder à l'opération chimique, retint comme une relique ce fragment du maxillaire inférieur de Molière, et son fils, essayeur en chef de la Monnaie et membre de l'Institut, en fit don, en 1819, à M. le docteur Jules Cloquet, aujourd'hui membre de l'Institut lui-même, qui, pour assurer la conservation de ce fragment précieux, à titre historique surtout et non pas comme simple curiosité ostéologique, en fit don au Musée des Thermes et de l'Hôtel de Cluny, le 4 avril 1860.

3675. — Grande coquille nacrée, gravée au trait. La sanctification de la Vierge, ouvrage espagnol du XVIIe siècle. — Diam. 0m 20.

Donnée par M. le professeur Jules Cloquet, de l'Institut, 1861.

3676. — Série d'estampages en plâtre de pains d'autel provenant du département de la Nièvre et de celui du Cher.

Donnés par M. Dumoutet, de Bourges.

3677. — Bas-relief en plomb, sujet drôlatique à trois personnages.

3678. — Fragment recueilli, en 1823, par le colonel Reboul dans le tombeau d'Alphonse V, roi d'Aragon, mort en 1448 au couvent d'El Coblet en Espagne.

Donné par M. le professeur Jules Cloquet, de l'Institut, 1861.

3679. — Pipe en terre cuite, au tuyau chargé de fleurs de lys en relief. — XVIIe siècle.

Provient du cabinet de M. Domard.

Donnée par M. L. Raymond, graveur à Montmartre, 1858.

3680. — Parapluie de poche se démontant à volonté, avec garniture en baleine et monture en cuivre à ressorts, du commencement du siècle dernier.

3681. — Gravure d'un ancien parement d'autel existant jadis à l'abbaye royale de Saint-Victor de Paris, brodé en soie, or et argent sur velours noir, et représentant les obsèques des chanoines réguliers de cette congrégation.

Donnée par M. A. Jubinal, 1860.

3682. — Médaillons en bois sculpté et peint, représentant des têtes drôlatiques et d'une grossière exécution, provenant, suivant la tradition, de l'église des Sept-Fonds (Yonne). — XVe siècle.

Donnés par M. Perillieux, 1861.

3683. — Collection de carreaux provenant de l'ancienne abbaye d'Yères (Seine-et-Oise).

Fondée au mois de février 1132 par dame Eustache de Corbeil, pour les filles de l'ordre de Saint-Benoît, enrichie en 1196 par la munificence de Maurice de Sully, évêque de Paris, l'abbaye d'Yères fut détruite en grande partie au XVe siècle relevée depuis par les abbesses Jeanne Allegrin et Marie d'Estouteville, et se trouvait placée dans la charmante vallée formée par la rivière d'Yères.

Ces carreaux, au nombre de cent quatre, la plupart de style gothique, sont décorés de figures d'animaux chimériques, d'écussons d'armoiries surmontés de la crosse abbatiale et de motifs d'architecture. Ils ont été donnés au Musée par M. Perillieux, propriétaire à Yères, en 1861.

3684. — Plaque de cheminée en fonte de fer ornée, à l'écu fleurdelysé, avec la légende : *Seul contre tous*. — XVIIe siècle.

Donnée par M. Zévort, 1859.

3685. — Vase à laver en ancienne faïence de Rouen, dessins bleus sur fond blanc.

Donné par M. Stanislas Martin, 1861.

3686. — Bouilloire ou marmite en bronze sur trois pieds, ouvrage du moyen âge affectant la forme antique. — Haut. 0m 32.

3687. — Petit mortier en bronze décoré d'ornements et de figures en relief, avec anses ouvragées. — XVIe siècle. — Haut. 0m 09.

3688. — Aiguière en étain martelé et piqué, de forme orientale, à bec allongé et à couvercle; ouvrage flamand du XVIe siècle. — Haut. 0m 25.

3689. — Grand panneau de foyer en cuivre repoussé, travail flamand du XVIIe siècle. — Haut. 1m 32 ; long. 0m 80.

Au centre, un double écusson d'armoiries entouré de guirlandes et de branchages avec une bordure richement repoussée et un fronton décoré d'un mascaron également en relief. — Ces panneaux, dont l'usage a cessé de nos jours, en raison de la substitution, dans les Flandres, des poêles à charbon de terre aux anciennes cheminées, servaient à masquer et couvrir les foyers lorsque le feu n'était pas allumé.

3690. — Paire de pelles et pincettes en cuivre ouvragé, avec poignées tournées et ornées de mascarons ; ouvrage flamand du XVIIe siècle.

3691. — Petit lustre flamand en cuivre poli, portant trois branches et un godet à six becs, orné de fleurons et garni de sa crémaillère de suspension. — XVIIe siècle.

3692. — Fontaine à mains en cuivre poli et repoussé ; au centre, un écusson d'armoiries ; provient de la ville du Lude (Sarthe). — XVIIe siècle.

3693. — Paire de chandeliers en cuivre repoussé et gravé, colonnes torses sur pieds évasés avec groupes de fleurs et de fruits en repoussé ; ouvrage flamand du XVIIe siècle.

3694 à 3707. — Cuillers, fourchettes et ustensiles de table de l'antiquité et du moyen âge.

3694. — Fourchette antique en bronze, trouvée à Meudon près Paris.

3695. — Fourchette en cuivre, à branche torse et à trois brins relevés d'un filigrane, trouvée dans le port de Nantes lors des travaux du curage, en 1844. — XVe siècle.

3696. — Cuiller en étain portant à la naissance du manche un poinçon en forme d'écusson, aujourd'hui effacé, avec des lions pour supports, trouvée dans les mêmes travaux.

Ces trois objets ont été donnés au Musée par M. le professeur Jules Cloquet, de l'Institut, en 1860.

3697. — Cuiller en bronze du XVIe siècle ; le manche se termine par une figurine effacée par l'usage. — Long. 0m 10.

3698. — Cuiller en bronze doré, XVIe siècle, avec manche formant fourchette.

3699. — Cuiller en bronze doré à manche fracturé ; — XVIe siècle.

3700. — Cuiller en étain du XVIe siècle, trouvée dans les travaux du Pont-au-Change en 1859, et donnée au Musée par M. Bernard. — Long. 0m 14.

3701 à 3703. — Cuillers en bronze gravé et doré, à revers cannelés, manches tors, — XVIIe siècle. — Long. 0m 10.

3704. — Petite cuiller en os sculpté ; deux figures, Mars et Vénus en costume du XVIe siècle, décorent le manche.

Donnée par M. le professeur Jules Cloquet, membre de l'Institut, 1860.

3705-3706. — Petit couteau à manche d'argent repoussé et décoré de fleurs de lys et de bouquets ; ouvrage italien du XVIe siècle. — Couteau de même époque, de provenance italienne, avec manche en bronze ciselé et doré. — Long. 0m 25.

3707. — Tire-bouchon en fer à crémaillère et rouet, monté sur une vieille bouteille flamande, ustensile du XVIe siècle.

3708-3709. — Tasses en cuivre repoussé et doré, ornées de godrons ; fabrication orientale du XVIIe siècle.

3710-3711. — Bijou en jade sculpté, trouvé dans un cercueil découvert sur le rivage de la mer, dans la baie de Barracouta, côte de Tartarie. — Pièce d'enfilage en ambre jaune, recueillie dans le même tombeau.

Ces deux objets étaient placés sur la poitrine d'un cadavre entouré de larges écorces de bouleau. Près de ce cadavre, un arc et une flèche se trouvaient déposés du côté gauche, et le cercueil reposait sur deux madriers, de manière que la tête, plus élevée que les pieds, faisait face à la mer.

Ces objets ont été trouvés et rapportés de la Manche de Tartarie par le commandant de Maisonneuve, et donnés au Musée en 1860 par M. le professeur Jules Cloquet, membre de l'Institut.

3712-3713. — Grenade trouvée dans le port de Nantes lors des travaux de curage, en 1844. — Grenade à tiges trouvée dans le port de Nantes lors de l'exécution des mêmes travaux, en 1844.

3714. — Boulet arabe, en pierre, trouvé en 1830 dans le fort des Vingt-Quatre-Heures, à Alger.

Ces trois objets ont été donnés au Musée par M. le professeur Jules Cloquet, membre de l'Institut, en 1860.

3715. — Briquet à fusil, avec crosse en bois incrustée de cuivre. — XVIIe siècle.

Donné par M. Louis Michaud, 1858.

3716. — Etrier en fer travaillé à jour, d'origine mexicaine. Envoyé et donné au Musée par M. Bardet, de Mexico. — XVIIe siècle.

3717 à 3724. — Objets divers donnés par M. le professeur Jules Cloquet, membre de l'Institut, en 1860.

Couteau-poignard catalan (no 3717), à lame gravée et couverte des deux côtés de sujets et de legendes en langue espagnole, travail moderne. — Cric malais à lame flamboyante (no 3718), avec manche sculpté et représentant un animal chimérique, fourreau en bois. — Cric malais, à lame flamboyante (no 3719) fourreau en bois, poignée courbe. — Couteau de Lapon (no 3720), manche en bois avec viroles en cuivre, fourreau en bois formé de deux parties réunies par des membranes de poisson. — Hameçon en fer (no 3721), monté sur une amorce en plomb, trouvé dans les fouilles du port de Nantes en 1844. — Disque en dent d'éléphant (no 3722), gravé, trouvé dans les mêmes fouilles; certificat de matelot anglais : *Jack Will proper man. Jack Will good cask house man.* Signé *Bonny*. — Disque de forme analogue (no 3723), certificat de matelot français à bord du navire l'*Uni : Thibaud, bon domestique, Dedit, cap. Leroux.* Trouvé dans les mêmes fouilles du port de Nantes. — Cilice en fil de fer (no 3724) trouvé sur le corps d'un religieux trappiste tué d'un coup de feu en 1830, au couvent de la Meilleraye près Nantes; ce cilice porte à son extrémité une croix en bois montée en cuivre.

3725. — Clef gothique en bronze, du commencement du XVe siècle, dont l'anneau est disposé en forme de bague et s'adapte au doigt. La clef est renversée de manière à ne gêner aucun des mouvements de la main.

Donné par M. L. Oeschger, 1861.

3726. 3727. 3728. — Symboles des Evangélistes, grandes figures d'animaux placées jadis au haut de la Tour Saint-Jacques-la-Boucherie, descendues et remplacées par des copies modernes lors de la restauration de ce monument. — XVe siècle.

Ces figures symboliques sont au nombre de trois : le Lion de Saint-Marc (no 3726) ; le Bœuf de saint-Luc (no 3727), et l'Aigle de saint Jean (no 3728) ; le quatrième symbole, l'Ange de saint Mathieu, n'a pu être conservé.

Elles ont été remises au Musée, au nom de M. le Préfet de la Seine, par M. Ballu, architecte de la ville de Paris.

3729. — La Foi, grande figure en plomb fondu, ouvrage moderne exécuté par M. Geoffroy Dechaume pour la flèche de la Sainte-Chapelle de Paris.

Cette grande statue, exécutée pour la décoration de la flèche de la Sainte-Chapelle, n'a pu prendre la place à laquelle elle était destinée, en raison du poids de la matière employée; elle a été transportée dans les jardins du Musée par ordre de Son Excellence le ministre d'Etat.

3730. — Armoire en bois sculpté, composée de bas-reliefs du XVIe siècle, et surmontée d'un couronnement en forme de pupitre.

Cette armoire, dont la disposition est moderne et qui a été composée avec des panneaux de sculpture de la Renaissance, présente sur sa face antérieure deux vantaux avec les figures de Flore, de Cérès, de Jupiter et de Junon; le sujet du motif supérieur est le jugement de Salomon. — Au revers, le vantail inférieur représente Mars et Vénus; celui du haut l'Adoration des Bergers. La plupart de ces bas-reliefs sont d'une belle exécution et principalement celui de Mars et Vénus. Le meuble est flanqué sur chacun de ses angles d'une colonnette sculptée.

3731. — Meuble bas et de forme carrée, en bois sculpté à figures et rehaussé de filets dorés, ouvrage flamand du XVIe siècle.

3732. — Grande croix de l'église Saint-Wladimir de Sébastopol, enlevée pendant la campagne de Crimée par les troupes françaises, sous le feu de l'ennemi, envoyée et donnée au Musée par Son Excellence le maréchal duc de Malakoff.

Cette croix en fer repoussé et jadis doré, à double croisillon dont un légèrement incliné, suivant le rite russe, était placée au sommet de l'église Saint-Wladimir. Elle a été enlevée pendant le jour, en présence de l'ennemi, rapportée au camp et remise au général en chef, qui en a ordonné l'envoi immédiat au Musée des Thermes et de l'Hôtel de Cluny.

3733. — Fibule en bronze gravé, d'époque mérovingienne, trouvée à Paris et donnée au Musée par M. A. Forgeais, en 1861.

3734. — Christ de prédicateur en bois sculpté et peint du XIe au XIIe siècle.

Ce Christ, haut de 30 centimètres, est placé sur une croix de bois dont la base est formée par un socle destiné à être fixé sur la balustrade de la chaire. La tête du Sauveur est mobile et s'agite de haut en bas au moyen d'un ressort intérieur qui fait également mouvoir les yeux d'émail et la langue qui se tire et rentre par l'effet d'une légère pression. — Ce ressort existe encore; il pouvait être mis en mouvement sans l'aide des mains, la croix étant percée dans toute sa longueur pour le passage d'une tige en fer qui, traversant le socle, obéissait à la pression du pied du prédicateur. Ce curieux petit monument, précieux pour l'histoire des mœurs du moyen-âge, et qui remonte à une époque à laquelle il était souvent nécessaire d'agir d'une manière sensible sur l'imagination des habitants des campagnes, a été retrouvé dans une petite église de village, au milieu des montagnes de l'Auvergne, et il a été donné au Musée par M. Mallay, architecte du gouvernement, à Clermont-Ferrand.

3735. 3736. — Fioles antiques en verre, trouvées à Memphis (Haute-Égypte), découvertes et envoyées par Clot-Bey. H. $0^{m},07$.

Données par M. le professeur Jules Cloquet, 1861.

3737. — Fragment d'une mosaïque trouvée au château de Courtalin (Seine-et-Marne); cubes en pâte blanche et noire.

3738. — Fragments des mosaïques de Sainte-Sophie de Constantinople, rapportés par M. le professeur Jules Cloquet, membre de l'Institut.

3739. — Fragment d'un vase en terre trouvé dans les fouilles de l'Oppidum de Lochmariaker, près Vannes, en 1836.

3740. — Fragment d'un vase antique en poterie romaine, terre rouge de pâte fine, décorée d'ornements en relief, lapins, oiseaux, guirlandes et feuilles.

3741. — Brique romaine décorée de figures, et trouvée en 1835 dans un columbarium découvert à Rome, près la Porta Latina.

3742. — Colonne avec son chapiteau en verre de Murano, orné de spirales et de feuilles en verrerie de couleurs. — XVIIe siècle. — H. 0^{m} 023.

3743. — Manuscrit en caractères Tamouls (côte du Malabar), écrit et gravé sur feuilles d'écorce.

Les feuilles sont au nombre de 53; ce manuscrit n'a pu être déchiffré; il a été donné au Musée, ainsi que les objets précédents, par M. le professeur Jules Cloquet, membre de l'Institut, 1861.

3744. — Portrait de Madame de Warens, miniature, petit médaillon renfermé dans une boîte couverte en chagrin.

Ce portrait, conservé par M. le comte de Lenzi, qui le tenait de la famille Jurine de Genève, a été donné par lui à M. le professeur Jules Cloquet, membre de l'Institut, qui en a fait don au musée en 1861.

3745. — Lancetier en argent repoussé et ciselé, orné de médaillons et de rinceaux; règne de Louis XV.

3746. — Écu de six livres frappé en or, modèle présenté au

roi Louis XV à la date de 1740, à l'écu de France, avec la légende : *Sit nomen Domini benedictum*. — Poids : 155 fr.

3747. — Statuette en terre cuite, peinte et dorée, représentant un buveur ; ouvrage flamand du XVIIe siècle. — H. 0m 25.

Ces divers objets, depuis le no 3735, ont été donnés au Musée par M. le professeur Jules Cloquet, membre de l'Institut, en 1861.

3748 à 3766. — Antiquités gauloises trouvées aux environs de Contrexeville (Vosges), dans les fouilles faites en juillet 1861 par M. de Saulcy, sénateur, membre de l'Institut, et données par lui au Musée.

Collier d'homme en bronze (no 3748), à charnière, de forme ronde, trouvé dans une sépulture ouverte à Dombrot, près Contrexeville. — Diam. 0m 185.

Bracelets (nos 3749 et 3750) en même métal et de forme analogue, trouvés dans la même sépulture, aux jambes du même individu. — Diam. 0m 11.

Bracelets de même forme également en bronze, trouvés aux bras du même corps (nos 3751 et 3752). — Diam. 0m08.

Fragments de fibules en bronze (n. 3753) trouvés dans la même tombe et provenant de la même sépulture.

Bracelet en bronze (no 3754) en forme d'anneau rond et de dimension plus réduite, découvert, au bras droit de la femme trouvée dans la même sépulture. — Fragment du bracelet (no 3755) de forme analogue retrouvé sur l'autre bras.

Fragments des bracelets (no 3756) trouvés aux jambes de la même femme. Ces bracelets sont en bronze léger et creux à l'intérieur.

Beaux bracelets en bronze (nos 3757 et 3758) à neuf faces, renflés à leur partie antérieure, avec solution de continuité au revers, décorés de trois lignes perpendiculaires en relief, et présentant un arrêt prononcé à chacune des extrémités. Ces bracelets sont massifs; la largeur de leur écartement extérieur est de 0m09, et l'épaisseur du renflement de 0m03. Ils ont été découverts dans une des sépultures ouvertes à Dombrot, près Contrexeville.

Bracelets en fer (n 3759) trouvés aux bras du même individu, superposés aux bracelets de bronze qui portent encore la trace de cette juxtaposition; ces bracelets en fer sont très-oxydés, mais leur forme primitive paraît avoir été analogue à celle des bracelets en bronze.

Boule émaillée (no 3760), avec dessins incrustés, retrouvée au cou du même individu.

Fragments d'un petit bracelet (no 3761) en bronze plat, trouvé dans une sépulture à Suriauville (Vosges), et d'un objet en fer découvert dans la même tombe et dont la forme est difficile à préciser.

Fragments trouvés (nos 3762 à 3766) dans une sépulture ouverte à Noroy, près Contrexeville (Vosges). Cette sépulture renfermait un homme, un chevreuil et un cheval ; os de l'homme (no 3762) ; os, mâchoire et dents du cheval (no 3763) ; bois, maxillaire et dents du chevreuil (no 3764) ; fragments de poterie et instruments en silex (no 3765); anneaux en fer trouvés, l'un entre les jambes de l'homme et l'autre en dehors de la jambe droite (no 3766.)

Tous ces objets, d'origine gauloise, découverts, comme nous l'avons dit dans les environs de Contrexeville au mois de juillet 1861, ont été donnés au Musée par M. de Saulcy, sénateur, membre de l'Institut.

3767. — Plats en bronze d'origine gallo-romaine, trouvés à Reims dans les fondations d'une maison en 1861.

Ces plats sont au nombre de sept ; plusieurs sont creux à l'intérieur, et paraissent disposés pour recevoir une aiguière ; leur diamètre est de 0m 30. Donnés au Musée par M. de Saulcy, sénateur, membre de l'Institut, en 1861.

3768. — Aigle en bronze de même origine et de même époque, tenant une couronne dans son bec, trouvé dans les mêmes fouilles. — H. 0m 06.

Donné également au Musée par M. de Saulcy, en 1861.

3769. — Lampe en bronze, trouvée dans les fouilles d'Eleusis.

Rapportée en 1860 et donnée au Musée par M. François Lenormant.

3770. — Candélabre en bois sculpté, monté sur trois griffes et surmonté d'une figure debout ; ouvrage du siècle dernier.

Trouvé à Eleusis et donné au Musée par M. François Lenormant, 1860.

LISTE DES DONATEURS

1861.

Un grand nombre d'objets précieux ont été donnés au Musée depuis sa fondation, soit par legs en vertu de testaments, soit par simples donations.

Cette liste présente les noms des personnes qui ont bien voulu contribuer ainsi à enrichir les collections de l'Hôtel de Cluny.

LEGS FAITS PAR TESTAMENT.

M. le comte Honoré DE SUSSY.

Mme veuve LABADIE, née LEFÈVRE, dame dignitaire honoraire de l'institution impériale de la Légion d'Honneur.

M. le docteur BONNEAU, de Nantes.

M. Jules BEAUMONT.

M. HUBERT, architecte.

DONS.

His grace the duke of HAMILTON BRANDON and CHATELLERAULT.

Son Exc. le maréchal duc de MALAKOFF, gouverneur général de l'Algérie, etc.

Son Exc. M. Achille FOULD, membre du Conseil privé, etc.

MM.

MÉRIMÉE, sénateur, membre de l'Institut, vice-président de la Commission des monuments historiques.

De SAULCY, sénateur, membre de l'Institut, vice président de la Commission des monuments historiques.

Ch. LENORMANT, membre de l'Institut, ancien président de la Commission des monuments historiques.

DUBAN, membre de l'Institut, membre de la Commission des monuments historiques.

MM.

Professeur Jules CLOQUET, membre de l'Institut.

Baron TAYLOR, membre de l'Institut, ancien membre de la Commission des monuments historiques.

SANSON-DAVILLIER, ancien membre du Conseil général de la Seine.

Achille JUBINAL, député au Corps législatif.

COURMONT, chef de la division des Beaux-Arts au ministère d'État, membre de la Commission des monuments historiques.

LEFUEL, membre de l'Institut, architecte de S. M. l'Empereur.

VIOLLET-LEDUC, architecte du gouvernement, membre de la Commission des monuments historiques.

BOESWILWALD, architecte du gou-

MM.

vernement, inspecteur général des monuments historiques.

DE LA VILLEGILLE, ecrétaire des Comités historiques au ministère de l'Instruction publique.

Anatole DAUVERGNE, membre du Comité des travaux historiques près le ministre de l'Instruction publique.

LE HÉRICHER, correspondant du même Comité, à Avranches.

MATHON, correspondant du même Comité, à Beauvais.

DU MOUTET, correspondant du même Comité, à Bourges.

DE LA GALISSERIE, ingénieur en chef des ponts et chaussées.

BUFFET, ingénieur des ponts et chaussées.

BOUTAREL, id.

LASSUS, architecte du gouvernement.

MILLET, id.

BAILLY, id.

LENOIR, id.

ABADIE, id.

LABROUSTE jeune, id.

BALTARD, architecte en chef de la ville de Paris.

BALLU, architecte de la ville de Paris.

CHARLES, id.

JOLLY LETERME, architecte du gouvernement à Saumur.

MALLAY, architecte du gouvernement à Clermont-Ferrant.

GRÉGOIRE, architecte de la ville de Rouen.

LE QUEUX, architecte de l'arrondissement de Saint-Denis.

JEANNEZ, entrepreneur de travaux publics.

THOUVENIN, id.

TEXIER, id.

MM.

CHATENET jeune, entrepreneur de travaux publics.

DE LA REIBERETTE et SAUNIER, id

ARGOULON, id.

Comte MOLINO, de Venise.

David DE GHEEST, attaché à la légation de S. M. le roi des Belges.

BARDET, de Mexico.

L. OESCHGER.

Edouard DELESSERT.

Colonel THEUBET.

Le Curé de Saint-Séverin.

L'abbé CAILLES DES MARRES

L'abbé X. BARBIER DE MONTAULT.

L'abbé LELONG, curé de Chaveroche (Allier).

L'abbé MAILLARD, curé de Plailly (Aisne).

Mme la comtesse douairière de SAINTE-ALDEGONDE.

Mme D'AUCOURT.

Mme BRIGOT.

Mme veuve GRILLE DE BEUZELIN.

Mme veuve GRILLON.

Mme veuve GUILLEMINAULT.

Mme JEAN.

MM.

ALVAR TOUSSAINT, architecte.

Le docteur BEAUDE, inspecteur des établissements d'eaux minérales, etc.

BERNARD, propriétaire à Paris.

BERTRAND, de Lyon.

BIARDOT, propriétaire à Paris.

BLIN, professeur au collége d'Étampes.

MM.

Alexandre de BOSREDON.

BOURLA, architecte.

BOUVENNE, à Paris.

BUON, archiviste des Expositions de Beaux-Arts.

CABASSON, propriétaire à Passy.

CATTOIRE DE BIONCOURT, id.

Gabriel CHAUVIN, procureur impérial à Castellane (Basses-Alpes).

Th. CHRETIN, mosaïste.

CONSTANTIN, à Paris.

COURANT, à Thiais.

Lucien COUTANT, à Paris.

Ch. DAVILLIER.

DELAHAYE, bibliothécaire de la ville d'Amiens.

DOMARD, membre du Conseil municipal de Pantin.

DOUVILLE de MAILLEFEUX, à Abbeville.

DUCHESNOY, de Montargis.

Paul DURAND, dessinateur.

Baron de FEISTHAMEL.

Arthus FLEURY.

FORET.

Arthur FORGEAIS.

GALOUZEAU de VILLEPIN, sculpteur.

GAIMARD.

GALLIEN.

GALLOT, propriétaire à Paris.

GENTIL, de Lille.

GESTIN D'EVRON.

GUENEBAULT, propriétaire à Paris.

Eugène GUILLEMOT.

HACHETTE, éditeur à Paris.

HALTER (Pierre), à Paris.

D'HERTMANNI, propriétaire à Paris,

MM.

HUCHOT, commissaire à Enghien-les-Bains.

JOLLIVET, peintre d'histoire.

LABOURET, propriétaire à Paris.

LACORDAIRE, ancien administrateur de la manufacture impériale des Gobelins.

Ch. LALLEMENT, propriétaire à Paris.

Victor LANGLOIS, homme de lettres.

LE COQ DE LA GARDE, licencié ès-lettres, à Paris.

Louis LEGUAY, architecte.

LEFEBVRE, propriétaire à Paris.

François LENORMANT.

LESPART, de Caen.

LESUEUR, membre de l'Institut.

MARTIN-REY.

Stanislas MARTIN.

MÉTAYER MASSELIN, à Bernay.

Louis MICHAUD, de Saint-Florentin

MINEL.

MONGENOT, architecte.

MONTAGNE, instituteur communal de la ville de Paris.

NAISSANT, architecte.

NORBLIN, peintre d'histoire.

PASSERARD, propriétaire à Paris.

Docteur PECH, de Narbonne.

PÉRILLIEUX, d'Yères.

PERRAULT.

Capitaine PETIT.

Marquis DU PLESSIS-BELLIÈRE.

L. RAYMOND, graveur.

RIGAUD, propr. à Argenteuil.

Tite RISTORI, de Nevers.

ROGER, à Paris.

ROLLAND, architecte.

MM.

ROSSIGNOL, de Villeneuve-la-Guyard.

ROUARGUE aîné, graveur.

DE SAINT-MESMIN, membre de la commission des antiquités de la Côte-d'Or.

SARVY, architecte.

Ch. SAUVAGEOT, ancien pensionnaire de l'Académie impériale de musique.

Alfred SAY.

Adolphe SCHNEIDER, à Villeneuve-Saint-Georges.

SEBRET, propriétaire à Paris.

SEGUIN, marbrier de l'Empereur.

Joseph SEGUIN, de Montbard.

SERVEAU LÉAL.

MM.

SOUTY père, propriétaire à Paris.

STEINHEIL, peintre d'histoire.

TASSIN DE VILLIERS.

Colonel THEUBET.

THIRION, propriétaire à Paris.

Th. VACQUET, architecte.

ZÉVORT, propriétaire à Paris.

La ville de PROVINS (Seine-et-Marne).

La ville de BERNAY (Eure).

La commune de CHAMPDEUIL (Seine-et-Marne).

Le lycée SAINT-LOUIS.

Des objets importants ont, en outre, été remis au Musée par les administrations de l'État, entre autres par celles des Forêts, des Ponts et Chaussées, de l'Instruction publique et des Cultes; et grâce au bienveillant concours de M. le Préfet de la Seine, tous les fragments historiques découverts dans les travaux exécutés par la Ville ont pu être transportés au Musée des Thermes et de l'Hôtel de Cluny, où leur conservation est désormais assurée, et où leur réunion forme un ensemble d'un intérêt véritable pour l'histoire de l'ancien Paris.

Typ. Charles de Mourgues frères, rue J.-J. Rousseau, 8. — 7162.

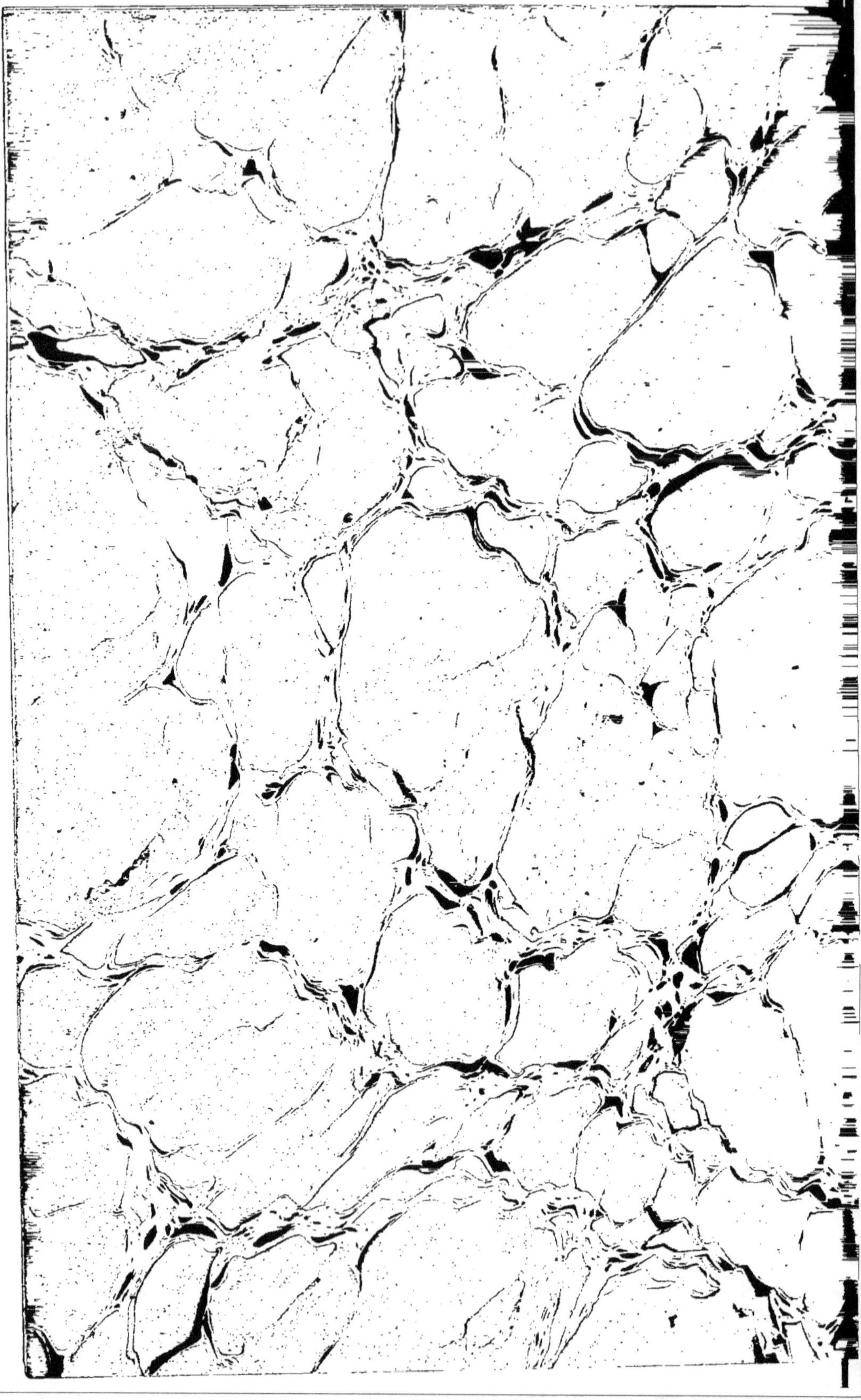

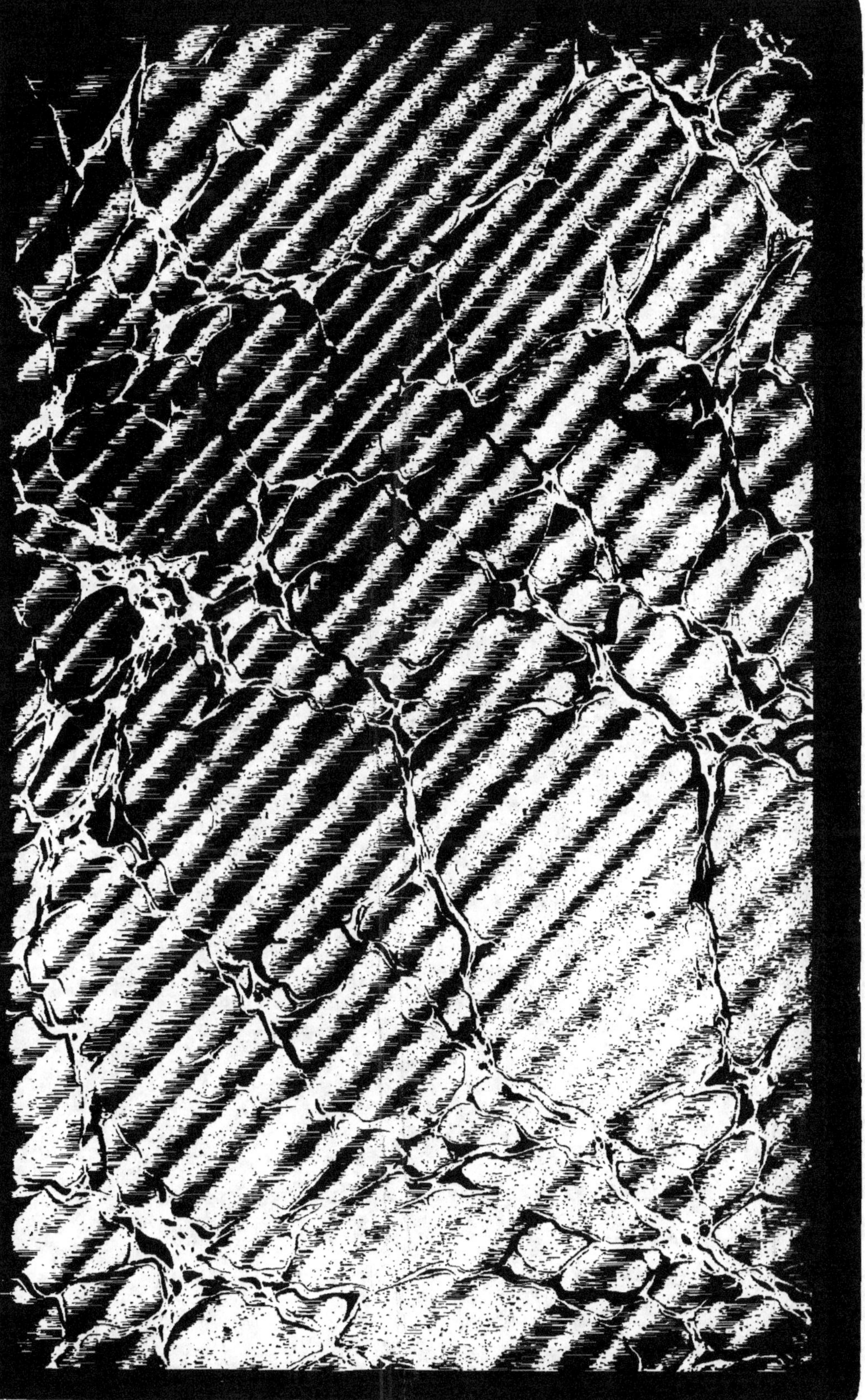

BIBLIOTHEQUE NATIONALE DE FRANCE
3 7531 04272632 4

www.ingramcontent.com/pod-product-compliance
Lightning Source LLC
LaVergne TN
LVHW020553110826
845149LV00002B/257

* 9 7 8 2 0 1 1 2 8 3 6 8 9 *